KB274828

국어 조사의 문법

황 화 상

지식과교양

“이 저서는 2007년 정부(교육인적자원부)의 재원으로 한국학술진흥재단의 지원을 받아 수행된 연구임” (KRF-2007-812-A00136)

　1994년 가을, 우리말의 조사에 대해 쓴 논문들을 찾으러 이리저리 열심히 다녔다. 논문을 찾아 복사하느라고 국회도서관에서 온종일을 보내는 일이 허다했다. 찾아온 논문은 읽고, 내용을 정리하여 발표 준비를 했다. 그렇게 한 학기를 보냈다. 대학원 석사 과정에 입학한 바로 그 학기였다. 김민수 선생님 강의 시간에 국어 문법의 각 분야별 연구를 사적으로 정리하여 발표를 했는데 그때 조사 연구사를 맡았다.

　돌이켜 보면 조사를 대상으로 한 수많은 논문 가운데 제대로 읽은 것은 별로 없다. 그러나 그 과정에서 조사에 대해 흥미를 느꼈고, 그 가운데 특히 마음이 갔던, 이른바 서술격조사 '이다'를 둘러싼 논쟁은 홍종선 선생님의 지도로 1996년에 제출한 석사학위 논문의 주제가 되었다. 그 당시에 관심을 가졌던 또 하나의 주제는 조사 중첩 현상이었다. 늘 마음의 한 구석을 차지하고 있었지만 문제는 생각만큼 쉽게 풀리지 않았다. 다다를 수 있을 것 같아서 다가가면 물러서고, 뚫고 갈 수 있을 것 같아서 나아가면 막히기를 몇 차례 반복했다. 그렇게 마음속에만 간직해 오다가 생각의 실마리를 찾은 것은 십여 년의 시간이 흐른 뒤였다. 2003년 8월, 생각의 실마리를 좇아 얻어낸 결과를 한 국어통사론연구회에서 발표하고, 이를 다시 정리하여 그 해 12월에 논문을 제출했다.

　이 두 편의 논문은, 보잘것없지만, 우리말의 문법 현상을 바라보는 내 생각의 틀이 되었다. 이후 조사를 대상으로 몇 편의 논문을 더 제출했다. 그 과정에서 형태, 통사, 의미를 아울러 조사에 관련된 문법 현상을 바라보고 싶은 욕심이 생겼다. 때마침 한국연구재단(구 한국학술진흥재단)에서 인문학 분야의 저술을 지원하는 제도가 생겼다. 무작정 지원 신청서를 제출했고, 운 좋게 삼 년의 연구 지원을 받게 되었다.

　본서는 이와 같은 무모한 욕심에서 비롯되었다. 능력과 준비의 부족은 조사의 형태, 통사, 의미 가운데 그 어느 하나도 찬찬히 살피지 못한 부끄러운 결과로 이어졌다. 앞으로 부족한 것은 보완하고, 미처 살피지 못한 것은 채워 나가겠다고 스스로 위로해 보지만 부끄러운 마음은 감출 길이 없다. 이미 엎지른 물을 되담을 수는 없는 노릇이다. 독자의 질책을 달게 받고 부끄러움을 조금이라도 덜어낼 준비를 할 따름이다.

　본서에는 이미 썼던 몇 편의 논문과 글이 담겨 있다. 일부 내용을 추가하여 보완한 것도 있으나 내용의 보완 없이 본서의 체재에 맞게 재구성하여 그대로 실은 것도 있다. 이미 발표한 글을 다시 싣는 것이 선뜻 내키지는 않았으나 내용의 균형과 독자의 편의를 핑계로 삼았다. 그리고 본서에는 이 연구 과제를 진행하면서 썼던 두 편의 논문이 실려 있다. 이 또한 본서의 체재에 맞게 재구성하여 실었다.

2012년 4월 26일

필자 씀

제Ⅲ부　국어 조사의 의미론

제I부 국어 조사의 형태론

국어 조사의 문법

1. 조사의 문법범주와 범주 특성

　　문법 형태에 대한 연구는 그것의 범주를 설정하는 일에서부터 시작되며, 또 그것의 범주를 설정하는 일에서 마무리된다. 어떤 문법 형태의 범주를 설정하는 일이 곧 그것의 문법적 속성(형태적 속성, 통사적 속성, 의미적 속성)을 이해하는 일이며, 다른 문법 형태와 그것 사이의 문법적 관계(문법적 속성의 같고 다름)를 이해하는 일이기 때문이다. 예를 들어 어떤 부류의 단어를 '동사'라는 문법범주로 묶는 것은 그것이 어미와 결합하며(형태적 속성), 문장에서 서술어로 쓰이며(통사적 속성), 사물의 움직임을 나타낸다(의미적 속성)는 것을 이해하는 일이다. 그리고 이는 예를 들어 동사와 형용사의 형태적 공통성(어미 결합)과 차이(결합하는 어미의 차이), 통사적 공통성(서술어로 쓰임)과 차이(문장 종결 유형의 차이), 의미적 공통성(서술)과 차이(행위와 상태)를 이해하는 일이다.

　　조사의 문법범주 설정에 관련된 문제는 크게는 조사 전체의 문법범주를 설정하는 것에서부터 작게는 개별 조사의 문법범주를 설정하는 것에 이르기까지 다양하다. 여기에서는 이 가운데에서 조사 전체의 문법범주 설정에 관련된 문제, 곧 조사를 단어로 볼 수 있는지 단어로

볼 수 없는지 하는 문제에 대해 살펴보기로 한다.[1]

한편 조사를 단어의 하나로 보든지 보지 않든지에 관계없이 여러 문법 형태들을 묶어 조사라는 문법범주를 설정하기 위해서는 그 범주 특성이 무엇인지를 밝히는 일이 선행되어야 한다. 그러나 '조사'의 경우에는 이에 속하는 문법 형태들의 범주 특성이 무엇인지 분명하게 제시하지 않은 채 전통적으로 이들을 묶어 '조사'라는 범주를 설정해 왔다.

1.1. 조사의 문법범주

우리말 연구의 초기에 문법가들의 주요 관심은 품사를 설정하는 데 있었다. 그런데 품사는 단어를 전제하므로 품사를 설정하기 위해서는 먼저 단어를 정의하여 그 대상을 한정해야 했다. 김민수(1954, 1964/1986, 1980)에 따르면 역대 문법가들이 단어를 보는 관점은 조사와 어미를 독립된 단어(품사)로 보는지 보지 않는지에 따라 다음과 같은 세 가지 유형으로 나뉜다.[2]

(1) 역대 문법가들의 단어관
제1유형: 조사와 어미를 모두 단어로 보는 관점
그 ㅣ 꽃 ㅣ 이 ㅣ 퍽 ㅣ 곱 ㅣ 다 (6단어)
제2유형: 조사만 단어로 보는 관점

---

1. 보격조사, 서술격조사, 부사격조사 등 특정 유형의 조사에 대한 범주 설정 문제는 5장에서, '에서, 께서, 이서' 등 주격조사를 중심으로 한, 개별 조사에 대한 범주 설정 문제는 2장에서 살펴볼 것이다.

2. 주시경을 비롯한 초기 문법가들은 제1유형의 견해를, 최현배를 비롯하여 1930년대에 한글맞춤법 제정에 참여한 학자들은 제2유형의 견해를, 정렬모, 장하일, 이숭녕 등 역사문법가들은 제3유형의 견해를 취했다. (고영근·구본관 2008:34 참조)

그 ㅣ 꽃 ㅣ 이 ㅣ 퍽 ㅣ 곱다 (5단어)

제3유형: 조사와 어미를 모두 단어로 보지 않는 관점

그 ㅣ 꽃이 ㅣ 퍽 ㅣ 곱다 (4단어)

(1)에서 주목할 수 있는 것은 단어를 정의하고 그 범위를 정할 때 조사와 어미를 같은 차원에서 다루었다는 점, 그리고 조사만 단어로 보는 견해는 있지만 어미만 단어로 보는 견해는 없다는 점이다. 이는 조사와 어미는 단어성과 관련된 어떤 공통성을 보이기도 하고 어떤 차이를 보이기도 한다는 것을 뜻한다. 현재 거의 생명력을 잃은 제1유형의 견해를 논외로 하면 이때 조사와 어미의 공통성은 조사와 어미를 모두 단어로 보기 어렵게 하는 그런 속성이어야 하며, 조사와 어미의 차이는 조사는 단어로 볼 수 있지만 어미는 단어로 보기 어렵게 하는 그런 속성의 차이여야 한다.

단어성과 관련하여 조사와 어미가 공통적으로 갖는 속성은 자립하여 쓰일 수 없다는 것이다. 곧 조사는 선행 체언에 의존적이며 어미는 선행 용언에 의존적이다. 조사와 어미를 모두 단어로 보지 않는 견해(제3유형)는 바로 이런 점을 근거로 한다. 그런데 조사와 어미는 선행 요소의 자립성에서 일정한 차이를 보인다. 곧 조사의 선행 요소인 체언은 자립하여 쓰일 수 있지만 어미의 선행 요소인 용언은 자립하여 쓰일 수 없다. 조사는 단어로 보고 어미는 단어로 보지 않는 견해(제2유형)는 바로 이런 점을 근거로 한다.

(2) 그 꽃이 퍽 곱다.

   ㄱ. 그 꽃 퍽 곱다.

   ㄴ. *그 꽃이 퍽 곱.

제2유형의 문법 연구에서 선행 요소의 자립성 유무를 조사와 어미의 단어성을 판별하는 잣대로 삼은 것은 이것이 조사와 어미의 분리성과 관련된다고 보았기 때문이다. 분리성은 단어를 정의하는 유용한 기준이 될 수 있다. 이익섭·채완(1999:56)에 따르면 '작은아버지'는 한 단어이고 '작은 아버지'는 한 단어가 아닌 것은 다음과 같이 전자는 분리성이 없고 후자는 분리성이 있기 때문이다.

(3) ㄱ. 너의 작은아버지는 아버지보다 몇 살 아래시니?
    ㄴ. *작은 너의 아버지는 아버지보다 몇 살 아래시니?
(4) ㄱ. 키가 작은 너의 아버지
    ㄴ. 몸집이 작은 철수 아버지

남기심·고영근(1985/1993:51)에서는 (5)의 예를 들어, 이익섭·채완(1999:58)에서는 (6)의 예를 들어 조사는 선행 요소에서 쉽게 분리되므로 단어에 가까운 성질을 갖는다고 보았다.

(5) ㄱ. 철수<u>만</u>이 동화를 읽었다.
    ㄴ. 철수가 동화<u>까지</u>를 읽었다
(6) ㄱ. <u>죽느냐 사느냐</u>가 문제다
    ㄴ. <u>밥이 먹히지</u>가 않는다.

(5)에서 체언과 조사 '이, 를' 사이에 다른 조사 '만, 까지'가 개입할 수 있으므로 '이, 를'이 선행 요소에서 분리되는 속성을 갖는 것은 분명하다. 그러나 이것이 조사를 단어로 보는 근거가 될 수 있을지는 의문이다. 용언과 어미 사이에도 다른 어미가 개입할 수 있기 때문이다.

예를 들어 (7)에서처럼 용언 어간 '먹-'과 어미 '-겠-' 사이에는 다른 어미 '-었-'이, 용언 어간 '오-'와 어미 '-었-' 사이에는 다른 어미 '-시-'가 개입할 수 있다.

> (7) ㄱ. 철수가 밥을 다 먹<u>었</u>겠다.
>
> ㄴ. 할아버지께서 이미 오<u>시</u>었다.

조사가 자립형이 아니라는 근거로 제시한 것이기는 하지만, 김민수(1964/1986:123)에서도 다음과 같은 예를 들어 체언과 조사 '이/가' 사이에 '만, 마다, 들' 등이 삽입되는 것(삽입법)은 용언과 어미 '아/어' 사이에 '었, 겠, 사오' 등이 삽입되는 것과 다르지 않은 것으로 보았다.[3]

> (8) ㄱ. '이/가'
>
> 돌만이, 돌마다가, 돌들이
>
> ㄴ. '아/어'
>
> 먹었어, 먹겠어, 먹사와

이익섭·채완(1999:58)에서는 (6)에서 조사가 구나 문장을 지배하므로 다소의 분리성을 인정할 수 있다고 보았다. 그러나 구나 문장(혹은 절)을 지배한다는 점은 다음에서처럼 어미의 경우에도 마찬가지라는 점에서 조사를 단어로 보는 근거가 되기는 어렵다. 곧 (9)에서 관형사형 어미 '-는'은 관형절을 이끌며 명사형 어미 '-음'은 명사절을 이끈다.

---

3. 김민수(1964/1986:121-125)에서는 명사에 조사가 결합하는 것을 명사의 어형변화인 첨용(declension)으로 보았다.

(9) ㄱ. <u>철수가 먹는</u> 사과가 맛있어 보인다.

　　ㄴ. <u>철수가 사과를 먹었음</u>이 분명하다.

　구나 문장을 지배한다는 점에서 조사가 어미와 다르지 않다는 점은 고영근(1993:22-26)에서도 지적된 바 있다. 고영근(1993:22-26)에서는 조사와 어미는 모두 의존 형식으로서 선행 요소의 음성 환경에 따라 모습을 교체한다는 점에서 형태론적 범주에 속하지만, 그 기능은 단어의 울타리를 뛰어넘어 구나 절에까지 미치므로 통사론적 범주에 속한다고 보았다.[4]

(10) ㄱ. [저 아기]$_{NP}$가 옷을 입는다.

　　ㄴ. [아기가 옷을 입]$_s$는다.

　사실 분리성은 Bloomfield(1933)의 최소 자립 형식(minimal free form)이라는 개념으로 단어를 정의하는 데에서 생기는 문제를 극복하기 위한 개념이다. 곧 이익섭·채완(1999:56-57), 고영근·구본관(2008:32-33)에서 지적했듯이 단어를 최소 자립 형식으로 정의하면 '손목, 돌다리'와 같은 합성어는 최소 자립 형식이 아니므로[5] 단어가 아니

---

4. 고영근(1993:22-26)에서는 어절이 문장 구성의 직접 재료가 된다는 지금까지의 통념과 어미가 동사의 활용형이라는 전통적인 견해를 비판하고 조사와 어미는 모두 문장 구성에 직접 참여하는 문장형성소의 자격을 갖는 것으로 보았다. 그리고 이를 토대로 어미는 단어로 인정하지 않고 조사만 단어로 인정하는 제2유형의 문법모형과 이를 받아들인 현행 학교문법의 형태론의 체계에 대해 비판적으로 검토했다. 결론적으로 고영근(1993:25)에서는 명사에 대하여도 동사처럼 어간을 인정해야 하고 조사에 대하여도 어미와 같은 이름을 주어야 한다고 보고, 조사류와 어미류에 대해 전통적으로 사용해 온 '토'라는 이름을 줄 것을 제안했다.
5. '손목, 돌다리'는 각각 '손'과 '목', '돌'과 '다리'라는 더 작은 자립 형식으로 나뉜다.

라고 해야 하는 문제가 생긴다. 이런 문제를 해결하기 위해 내부에 휴지(pause)를 둘 수 없고 다른 단어를 개입시킬 수도 없다는 것을 단어를 정의하는 기준으로 삼은 것이다.

조사를 단어로 보기 어려운 것은 그것이 자립성이 없는 의존형태이며 어휘적 의미를 갖지 못하는 형식형태라는 점이다. 홀로 자립하여 쓰이지도 못하고 어휘적 의미를 갖지도 못하는 조사를 예외적으로 단어로 인정할 이유가 없다. 선행 요소의 자립성을 들어 조사를 단어로 보는 것도 직관에 맞지 않는다.

조사를 단어로 보는 근거로 영어의 관사와 전치사가 자립성이 없지만 단어로 인정된다는 사실을 들기도 한다(최현배 1961:199-204, 이희승 1975, 남기심·고영근 1985/1993:51). 그러나 조사의 비자립성과 관사, 전치사의 비자립성은 그 성격이 분명히 다르다. 곧 조사는 다른 요소(단어, 형태소)와 형태론적으로 결합하지 않고는 홀로 쓰일 수 없다는 점에서 조사의 비자립성은 형태적인 것이지만 관사와 전치사의 비자립성은 형태적인 것이 아니라 통사적인 것이다. 영어의 관사와 전치사를 단어로 보는 것은 우리말의 의존명사와 보조용언을 단어로 보는 것과 같은 차원에서 다뤄야 할 성격의 것이지 조사와 같은 차원에서 다뤄야 할 성격의 것은 아니다.

선행 체언과 조사가 결합할 때 구개음화 현상이 일어난다는 점도 흔히 조사를 단어로 보기 어려운 근거로 제시된다.

(11) ㄱ. 굳이[구지], 같이[가치]

　　밭이[바치] 넓다.

　ㄴ. 밭이랑에[반니랑에] 씨를 뿌렸다.

　　머리에 솥 이고[손니고] 가는 할머니. (시정곤 1993:147-148)

ㄷ. 우리는 논이랑 밭이랑[바치랑] 샀다.

밭이랑[반니랑] 덮었니?

'ㄷ, ㅌ'의 구개음화는 (11ㄱ)과 같이 파생어 내부(용언과 파생접사 사이), 체언과 조사 사이에서는 일어나지만, (11ㄴ)과 같이 합성어 내부(명사와 명사 사이), 단어와 단어 사이에서는 일어나지 않는다. 이러한 차이는 (11ㄷ)의 비교 예에서 보다 분명하게 드러난다. 이는 체언과 조사의 결합이 단어와 단어의 결합보다는 단어와 접사의 결합에 가깝다는 것을 뜻한다.[6]

최현배(1961:197-198)에서 지적했듯이 선행 체언에 결합할 때 선행 체언의 말음이 대표음으로 소리가 나지 않고 본래의 음으로 소리가 난다는 것이나, 선행 체언의 음운론적 조건에 따라 이형태 교체 현상이 일어난다는 것도 조사를 단어로 보기 어려운 이유가 된다.[7]

(12) ㄱ. 붓이[부시], 꽃은[꼬츤], 밭에[바테], 젖으로[저즈로]

cf1) 옷안[오단], 꽃아래[꼬다래]

cf2) 붙이다[부치다], 씻어서[씨서서]

ㄴ. 받침 없는 말: 나무-가, 는, 와, 로, 를, 나

받침 있는 말: 사람-이, 은, 과, 으로, 을, 이나

---

6. 'ㄷ, ㅌ'의 구개음화를 김무림(1992:120-121)에서는 형태소 경계를 사이에 두고 일어나는 것으로, 신지영·차재은(2003:246-248)에서는 어휘 형태와 문법 형태(조사, 접사) 사이에서 일어나는 것으로, 이진호(2005:126-127, 275)에서는 실질형태소와 형식형태소 사이에서 일어나는 것으로 보았다.

7. (12)는 최현배(1961:197-198)에서 제시한 것을 토대로 하고 여기에 일부 예(cf2의 예)를 추가한 것이다.

비교 예로 제시한 '옷안, 꽃아래'에서 알 수 있는 것처럼 우리말에서 단어와 단어가 결합할 때에는 선행어의 말음에 평폐쇄음화 현상이[8] 일어나 대표음으로 바뀐 후 후행어의 첫소리로 연음된다. 그러나 역시 비교 예로 제시한 '붙이다, 씻어서'에서 알 수 잇는 것처럼 단어와 접사가 결합할 때에는 평폐쇄음화 현상이 일어나지 않고 본래의 소리가 바로 후행어의 첫소리로 연음된다. 이는 '붓이, 꽃은, 밭에, 젖으로'와 같은 체언과 조사의 결합은 단어와 단어의 결합보다는 단어와 접사의 결합에 가깝다는 것을 뜻한다.[9]

요컨대 본 연구에서는 조사는 단어가 아니라 접사라고 본다. 그런데 선행 요소에 형태론적으로 의존적이라는 공통성은 있지만 조사는 새로운 단어를 만들지 못한다는 점에서 '(먹)-이, (가위)-질, 헛-(수고)' 등의 접사와는 문법적 속성이 다르다. '-이, -질, 헛-' 등의 접사를 전통적으로 파생접사라고 하고, 조사와 어미를 굴절접사라고 하여 개념적으로 구별해 온 것이나,[10] 이를 대신하여 '-이, -질, 헛-' 등의 접사를 어휘적 접사라고 하고 조사와 어미를 통사적 접사라고 하여 구별하는 것

---

8. 신지영·차재은(2003:177-187)에 따르면 선행어의 평폐쇄음화는 뒤에 어휘형태소인 어근이 올 때 일어나고 그렇지 않을 때에는 재음절화(연음)가 일어난다.

9. 이 밖에 최현배(1961:197-199)에서는 조사를 단어로 보기 어려운 이유로 '를', '로' 등 'ㄹ'로 시작하는 것이 있다는 점, 다른 생각씨(觀念詞)에 붙어서 쓰일 뿐 제 홀로 따로 쓰이는 일이 없다는 점, 뜻을 더하고 말본스런 관계를 나타낸다는 점에서 다른 씨가지와 다르지 않다는 점 등을 들었다. 그러나 최현배(1961:199-204)에서는 말의 모든 문제는 소리로만 규정할 수 없다는 점, 영어에서도 관사인 a와 an이 후행어의 음운론적 조건에 따라 교체한다는 점, 영어의 관사와 전치사도 독립성은 없지만 단어라는 점, 선행 체언이 독립성이 있고 체언과 조사 사이에는 분리성이 있다는 점 등을 들어 조사를 단어로 보았다.

10. 남기심·고영근(1985/1993:49-52)에서는 기본적으로 조사를 단어로 보지만, 남기심·고영근(1985/1993:47)에서는 조사를 어미와 함께 형식형태소로서의 굴절접사에 포함했음을 주목할 수 있다.

은 바로 이런 이유에서이다.[11]

1.2. 조사의 범주 특성

조사의 범주 특성을 밝히는 문제는 조사를 단어의 하나로 볼 수 있는지 없는지 하는 문제와도 관련된다. 특히 조사를 단어의 한 부류로 보기 위해서는 조사로 묶이는 문법 형태들의 기능적 공통성을 찾아내는 일이 선행되어야 한다. 단어를 대상으로 품사를 분류할 때에는 기능(통사적 기능)이 우선적으로 고려되기 때문이다. 물론 조사를 단어로 보지 않더라도 조사의 기능적 공통성을 찾아내는 일은 필요하다. 조사는 문법적 기능을 주로 갖는 범주, 곧 기능범주의 하나이기 때문이다.

1.2.1. 조사의 형태적 특성

조사는 의존형태이면서 형식형태라는 형태적 특성을 갖는다. 그런데 이는 접사에 속하는 모든 문법 형태들이 갖는 공통적인 속성이므로 조사를 규정하는 형태적 특성으로 삼을 수는 없다. 조사를 단어로 인정하면 '의존형태이면서 형식형태인 단어'라는 것을 조사의 형태적 공통성으로 볼 수는 있겠지만 조사의 단어 인정 여부는 끊임없이 논란의 대상이 되고 있으며, 더욱이 본 연구에서는 앞서 살펴본 것처럼 조사는 단어로 인정하기 어렵다고 본다.

---

11. 본 연구에서는 조사는 어미와 더불어 통사적 접사라고 본다.·국어의 접사를 어휘적 접사와 통사적 접사로 구분할 필요성에 대해서는 고창수(1986, 1992ㄷ), 임홍빈(1989), 시정곤(1994), 황화상(1996, 1997, 2002)를 참조할 수 있다. 이 가운데에서 황화상(1997)을 [부록1]로 싣는다.

접사를 크게 보아 그 기능이 어휘적인 것(새로운 단어를 만드는 것, 곧 파생접사)과 통사적인 것(단어의 통사적 쓰임을 나타내는 것, 곧 굴절접사)으로 구별하면 조사와 어미는 굴절접사(혹은 통사적 접사)라는 공통성을 가지며, 이런 점에서 파생접사(혹은 어휘적 접사)의 범주에 속하는 문법 형태들과는 차이를 보인다. 이렇게 보면 형태론적인 측면에서 조사의 범주 특성을 규정하는 문제는 결국 조사와 어미를 어떻게 구별할 것인가의 문제로 귀결된다.

조사는 주로 명사(혹은 체언)에 결합한다는 점에서 동사와 형용사(혹은 용언)에 결합하는 어미와는 형태론적으로 구별된다. 전통적으로 조사를 명사토(혹은 체언토)라고 하고 어미를 동사토(혹은 용언토)라고 하여 서로 구별해 온 것이나,[12] 조사를 단어로 인정하는 경우에도 보통 그 결합 분포를 포함하여 조사를 정의하는 것은 이와 같은 특성이 조사와 어미를 구별하는 중요한 잣대가 된다는 것을 뜻한다.[13]

물론 조사가 명사에만 결합하는 것은 아니다. '마는, 그려, 그래' 등 명사에는 결합하지 못하고 종결어미에만 결합하는[14] 것은 예외적인 것으로 보아 문제 삼지 않더라도 조사 가운데 많은 것들은 (1)과 같이

---

12. 토는 전통적으로 경서언해의 구결을 가리키며 김희상(1909), 주시경(1914)를 비롯한 초기의 많은 문법서에서 조사류와 어미류를 포괄하는 뜻으로 사용되었고 〈한글맞춤법통일안〉(1933)의 띄어쓰기 규정에서도 조사를 '토'라고 하였다. 북쪽에서는 토를 조선어연구회의 〈조선어문법〉(1949)에서 격조사와 어미류 전반을 포괄하는 뜻으로 썼으며 언어문학연구소의 〈조선어문법〉(1960)부터는 조사류 전부와 어미류, 곧 통사적 기능을 자유로이 발휘하는 요소에 대하여도 이 말을 썼다. (고영근 1993:25-26, 각주 14)

13. 엄정호(2000:46)에서는 조사의 위치와 분포 자체가 조사의 기능을 기술하는 것은 아니지만 조사의 경우에만 유독 정의에 분포를 포함하는 특이성이 있는 것으로 보았다.

14. 정인승(1960:298-302, 1968:103-109), 남기심·고영근(1993:105)에서는 이들 조사가 '요'와 함께 문장 끝에만 쓰이는 종결보조사(혹은 종지보조조사)로서 명사, 부사, 연결어미 뒤에 두루 쓰이는 통용보조사와 구별되는 것으로 보았다.

부사나 연결어미 뒤에도 결합할 수 있다.

(1) ㄱ. 그 꽃은 예쁘지가 않다.

철수는 밥을 아예 먹지를 않는다.

ㄴ. 기차가 빨리도 달린다.

나도 그 책을 읽어는 봤다.

엄정호(2000:48-50)에서와 같이 조사를 분포에 따라 명사(구) 뒤에만 출현하는 것(1류 조사), 명사구, 부사, 비종결어미 뒤에 출현하는 것(2류 조사), 종결어미 뒤에만 출현하는 것(3류 조사), 위의 모든 환경에서 출현할 수 있는 것(4류 조사)의 네 가지 유형으로 구분할 수 있는 것도 이와 같이 조사의 분포가 일률적이지 않기 때문이다.

(2) 조사의 출현 환경과 유형
ㄱ. 1류 조사(명사구 뒤)
'께서, 께옵서, 의, 에게, 한테, 으로서, 으로써, 하고, 처럼, 이랑, 마따나; 마저, 서껀, 마다, 이란, 깨나; 아/야, 이여, 이/가' 등
ㄴ. 2류 조사(명사구 뒤, 부사 뒤, 어미 뒤, 비종결어미 뒤)
(수가 많아 목록은 제시하지 않음)
ㄷ. 3류 조사(종결어미 뒤)
'마는, 그려'
ㄹ. 4류 조사(위의 모든 환경에 출현)
'요'

그런데 '마는, 그려, 그래' 등의 이른바 종결보조사(혹은 (2ㄷ)의 3류 조

사)를 제외한 다른 조사는 명사에만 결합하는 것은 아니지만 모두 명사에 결합한다는 공통성을 갖는다. 따라서 엄정호(2000:50-51)에서와 같이 명사에만 결합하는 조사를 원형적 조사로 보고, 조사 부류를 분포의 측면에서 원형적 범주화의 대상으로 보는 것도 가능하다.[15] 부사와 연결어미 뒤에 조사가 결합하는 것은 분포의 확장으로 이해할 수 있기 때문이다.[16] 그리고 '마는, 그려, 그래' 등 종결보조사의 존재 자체가 분포를 기준으로 조사의 형태론적 범주 특성을 규정하는 데 걸림돌이 되는 것 같지는 않다. 이들 조사는 조사로서의 성격 자체가 의심스럽기도 하지만[17] 조사로 보더라도 특수한 것 혹은 예외적인 것으로 볼 수 있기 때문이다.

조사를 어미와 구별하는 데에만 목적을 둔다면 용언에 직접 결합하지 못한다는 것을 조사의 형태적 공통성으로 삼을 수도 있다. 조사 가운데에도 용언 어절에 결합하는 것들이 있지만 이들 조사는 어미 뒤에 결합할 수 있을 뿐이며 용언 어간에는 직접 결합하지 못하기 때문이다. 그리고 이는 종결보조사의 경우에도 예외 없이 적용된다. 다만 이는 결과적으로 용언 어간에 직접 결합하는 어미를 제외한 나

---

15. 원형적 범주화는 원형을 중심으로 그 원형과 얼마나 유사한가에 따라 범주를 확장시켜 나가는 방법으로 그 경계가 불분명하며, 따라서 어떤 형식이 조사에 포함되어야 하는지 말아야 하는지의 문제가 항상 제기될 수 있다. (엄정호 2000:50-51 참조)

16. 엄정호(2000:50-51)에서는 3류 조사인 '마는, 그려'는 1류 조사와 분포가 이질적이지만 이들 사이에는 2류와 4류 조사를 매개로 하는 가족 유사성이 존재하는 것으로 보았다.

17. '요'의 경우 엄정호(2000:51)에서 지적했듯이 주로 어미의 기능인 상대 존대를 표시한다는 점에서, 그리고 '마는'의 경우 그 의미 기능('앞의 사실을 인정을 하면서도 그에 대한 의문이나 그와 어긋나는 상황 따위를 나타내는 보조사', 『표준국어대사전』)이 연결어미 '-지만(=지마는)'의 의미 기능('어떤 사실이나 내용을 시인하면서 그에 반대되는 내용을 말하거나 조건을 붙여 말할 때에 쓰는 연결 어미', 『표준국어대사전』)과 크게 다르지 않다는 점에서 조사로 보기 어려운 면도 있다.

머지를 조사로 보게 된다는 점에서 범주 설정의 타당한 기준이 되기는 어렵다.

요컨대 예외가 없는 것은 아니지만 '형태론적으로 명사에 결합한다.'는 것을 조사의 형태론적 범주 특성으로 볼 수 있다. 이는 전통적으로 조사를 명사토(혹은 체언토)라고 하여 동사토(혹은 용언토)로서의 어미와 구별해 온 것과 다름이 없다. 한편 조사의 문법적 기능이 통사적 단위인 구나 절에 걸친다는 점을 고려하면 엄정호(2000)에서와 같이 포화 범주(논항을 필수적으로 요구하지 않는 범주) 뒤에 결합한다는 것을 조사의 범주 특성으로 삼을 수도 있다. 다만 조사가 통사구성 뒤에 결합한다는 것은 조사의 결합이 통사론적인 것임을 뜻하는데, 다음 절에서 살펴보겠지만 조사의 기능이 꼭 선행 통사구성과 관련되는 것은 아니라는 점에서 조사와 선행 통사구성의 결합을, 그것도 통사부에서의 결합을 어떻게 설명할 것인지의 문제가 남는다.[18]

1.2.2. 조사의 통사적 특성

조사를 단어의 하나로 인정하는 입장에서는 통사적 공통성을 조사를 규정하는 범주 특성으로 제시할 필요가 있는데, 조사의 통사적 범주 특성으로 보통 제시되는 것은 다음과 같이 '체언의 문법적 관계를 표시한다.'는 것이다.

(3) ㄱ. … '이, 가, 는, 에게, 을, 도, 에, 의, 은' 등은 명사, 대명사, 수사

---

18. 참고로 황화상(2005ㄷ)에서는 보조사의 문법적 기능이 때에 따라서는 선행 통사구성이 아닌 문장 전체에 걸치기도 한다는 점을 들어 조사의 결합 자체는 본질적으로 형태론적인 것이며, 따라서 어휘적 단위인 어근만이 조사의 어기가 된다고 보았다. 황화상(2005ㄷ) 가운데 조사의 어기 설정 관련 부분은 본서의 4장 1절에 실었다.

아래에 붙어서, 그 명사, 대명사, 수사가 다른 말에 대한 관계를 나타내는 구실을 한다. 이런 말[단어]들을 조사라 한다. (이희승 1968:11-12)

ㄴ. 조사는 문장에서 단어와 단어와의 관계를 나타내는 것이다. 그것은 바꾸어 말하면, 조사는 체언에 붙어 그 체언의 문장성분을 밝히는 구실을 가진 것임을 뜻한다. (이숭녕 1968:83)

ㄷ. … 체언에는 '가, 를, 도, 이' 등의 말이 붙어 있다. 이 말들은 자립성이 있는 말에 붙어 그 말과 다른 말과의 관계를 표시하므로 조사(助詞)[토씨]라 부른다. 이들 단어의 중요한 기능이 관계적이라고 하여 관계언(關係言)[걸림씨]이라고 부르기도 한다. (남기심·고영근 1985/1993:61)

ㄹ. 토씨는 다른 말본적 구실을 하지 못하고 임자씨에 붙어서 그 임자씨로 하여금 여러 가지 성분이 되게 하여 풀이말과의 관계를 나타내게 하여 준다. 그러므로, 토씨를 씨가름의 상위개념으로는 걸림씨라고 한다. (김승곤 1996:14)

조사가 표시하는 문법적 관계는 격(case)이다. 곧 (4ㄱ)에서 조사 '가'는 '철수'가 문장에서 주어로 쓰인다는 것을 표시하는 주격조사이며, '을'은 '책'이 문장에서 목적어로 쓰인다는 것을 표시하는 목적격조사이다. 그리고 (4ㄴ)에서 '에서'는 '운동장'이 문장에서 부사어로 쓰인다는 것을 나타내는 부사격조사이다.[19]

---

19. 본 연구에서는 부사격조사는 격과 관련된 기능을 갖는 것이 아니라 의미역과 관련된 기능을 갖는다고 보고, 부사격조사라는 용어 대신 '의미역조사'라는 용어를 사용하는 것이 옳다고 본다. 이에 대해서는 5장의 2절에서 살펴보기로 하고 그 이전에는 편의상 부사격조사(혹은 내재격조사)라는 일반적인 용어를 그대로 사용하기로 한다.

(4) ㄱ. 철수<u>가</u> 책을 읽는다.

ㄴ. 운동장<u>에서</u> 공놀이를 한다.

그러나 체언의 문법적 관계, 곧 격을 표시하는 것은 조사의 일부에 한정된 것일 뿐이라는 점에서 이를 조사의 범주 특성으로, 그것도 단어로서의 범주 특성으로 볼 수는 없다. 곧 격조사의 경우에는 체언의 문법적 관계(격 관계)를 표시한다고 볼 수 있지만, 보조사의 경우에는 그 기능이 의미적인 것이라는 점에서 격조사와는 본질적으로 그 속성이 다르다. 최현배(1937, 1961), 허웅(1995/2000) 등에서 (5)와 같이 문법적 관계를 표시하는 것과 뜻을 더하는 것을 모두 포괄하여 조사를 정의한 것이나, 남기심·고영근(1985/1993), 김승곤(1996) 등에서 (6)과 같이 조사의 정의를 다시 수정한 것도 이러한 사실과 무관하지 않다.

(5) ㄱ. 걸림씨 또는 토씨는, 생각씨에 붙어서 그것들 사이의 걸림(關係)을 보이며, 또는 그 뜻을 더하는 씨이니라. (최현배 1937, 1961:611)

ㄴ. 토씨는 … 주로 임자씨에 붙어서 그 임자씨로 하여금 어떠한 월조각이 되게 하거나, 어떠한 뜻을 덧보태는 낱말의 한 갈래이다. (허웅 1995/2000:1233)

(6) ㄱ. 이런 점들을 두루 살펴보면 조사는 단어 또는 어절에 붙어 그 말의 다른 말과의 관계를 표시하거나 이떤 뜻을 더해 주는 것이라고 고쳐 정의할 수 있다. (남기심·고영근 1985/1993:97)

ㄴ. … 임자씨에 붙어서 그 임자씨와 풀이말과의 사이에 이루어지는 말본적 관계를 나타내기도 하고 또는 어떤 의미적 관계를 나타내 주기도 하며 경우에 따라서는 어찌씨와 풀이씨에 붙

어서도 의미적 관계를 나타내어 주는 씨를 토씨라 한다. (김승곤 1996:220)

(5), (6)은 조사로 묶을 수 있는 문법 형태들 사이에는 적어도 통사적 기능의 공통성은 없다는 것을 의미한다. 격조사와 보조사는 각각 '관계'와 '의미'라는 서로 이질적인 기능을 갖기 때문이다. 다음과 같이 서정수(1996:137-138)에서 조사를 서로 문법적 속성이 다른 여러 기능 요소들을 담는 일종의 '주머니'에 비유하고, 조사를 기능에 따라 몇 갈래의 범주로 갈라서 다루어야 한다고 본 것도 이런 까닭에서이다.[20]

(7) 조사는 본디 형태적 기준에서 설정된 범주로서 너무나 다양한 기능 요소들을 포괄하고 있어서 문제가 많다. '조사'라는 용어는 본디 체언에 덧붙어 쓰는 일종의 어조사들을 포괄적으로 가리키는 말이었다. 체언에 덧붙는 의존 형태로서 문법적 기능이나 의미 변환 따위와 관련되는 것들은 모조리 조사라 불러 온 것이다. … 말하자면 체언에 덧붙어 쓰이는 기능 요소들을 모두 조사라는 '주머니'에 담아 놓은 셈이다. 이런 점에서 조사는 그 기능을 바탕으로 몇 갈래의 범주로 갈라서 다루는 것이 여러 모로 바람직하며 ….

그러나 조사를 특히 기능범주로 보는 한 조사의 범주 특성을 아예 규정하지 않는다거나 엄정호(2000)에서와 같이 그 분포만으로 조사의 범주 특성을 규정하는 것은 바람직하지 않다. 통사적 기능의 공통성

---

20. 서정수(1996:880)에서 "이런 주머니는 내용물을 담고 있을 뿐이고 그 내용물의 기능과는 직접 관계가 없다. 다시 말하면 조사는 여러 기능 범주를 포괄하는 상위의 기능 범주가 아니라는 것이다. 다만 우리는 편의상 이 범주들을 함께 가리켜 부를 때에 '조사라는 말을 쓴다."라고 한 것도 참조할 수 있다.

이 없는 문법 형태들을 하나의 기능범주로 볼 수는 없기 때문이다.

격조사와 보조사의 통사적 공통성을 찾기 위해서는 격조사의 '관계' 표시 기능과 보조사의 '의미' 기능을 이제까지와는 조금 다른 관점에서 바라볼 필요가 있다. 특히 보조사의 의미 기능을 단순히 선행 요소에 어떤 뜻을 더해 주는 것으로 보는 데 대한 비판적 검토가 필요하다. 새로운 단어를 만들고 만들지 못하고의 차이를 떠나서, 보조사의 의미 기능은 이를 테면 접미사 '-질'이 '가위'에 붙어 어떤 뜻을 더해 주는 것과는 본질적으로 다른 차원의 것이어야만 통사적인 것으로 볼 수 있기 때문이다.

보조사의 의미 기능은 통사적 구성에 걸친다는 점에서 통사적인 것이다. 예를 들어 (8ㄱ)의 두 문장에서 보조사 '만'의 의미 기능은 각각 명사 '꽃, 옷'이 아니라 명사구 '그 꽃, 흰 옷' 전체에 걸친다. 그리고 그 문법적 기능이 통사적 구성인 명사구와 관련된다는 점에서만 보면 (8ㄴ)에서 예시한 격조사의 문법적 기능과 다를 바 없으며, 또 이런 점에서 '-질'이 '가위'에 붙어서 어떤 뜻을 더해 주는 것과는 본질적으로 다르다.

(8) ㄱ. [[그 꽃]만] 노랗다.

　　　그는 [[흰 옷]만] 입는다.

　　ㄴ. [저 아기]$_{NP}$가 옷을 입는다. (고영근 1993:23)

　　　[[어제 온 사람]에게] (임홍빈 1989/1993:213)

그리고 보조사의 의미 기능은 선행 명사구의 의미역과 관련된다는 점에서 통사적인 것이다. 예를 들어 (9ㄱ)에서 보조사 '만'은 단순히 '철수'에 어떤 뜻을 더해 주는 것이 아니라 '철수'가 '행위의 주체'로서

유일하다는 것을 나타내 주며, (9ㄴ)에서 '만'은 '도서관'이 '행위의 처소'
로서 유일하다는 것을 나타내 준다.

(9) ㄱ. 철수만 그곳에 왔다.
　　ㄴ. 그는 도서관에서만 책을 읽는다.

　물론 보조사의 의미 기능이 명사구의 의미역에만 관련되는 것은 아
니다. 특히 다음과 같이 보조사가 부사나 연결어미의 뒤에 쓰일 때에
는 그 의미 기능은 명사구와는 아무런 관계가 없다.

(10) ㄱ. 다른 것은 기대하지 않을 테니 제발 빨리만 와라.
　　ㄴ. 나도 그 책을 읽어는 봤다.

　그렇다고 해서 (10)에서 보조사 '만, 는'의 의미 기능이 각각 선행 통
사구성인 부사 '빨리', 문장 '그 책을 읽어'에 걸친다고 볼 수 있는 것
도 아니다. 황화상(2005ㄷ)에 따르면 (10ㄱ)은 '다른 것은 기대하지 않
을 테니 (늦게가 아닌) 빨리만 와라.'의 뜻을 갖는다기보다는 '다른 것은
기대하지 않을 테니 제발 빨리 오기만 해라.'의 뜻을 갖는다고 보는 것
이 자연스럽다. 따라서 이때 보조사 '만'의 의미 기능은 선행 통사구성
인 '빨리'가 아닌 문장 '빨리 오다.'에 걸친다고 볼 수 있다. 이러한 점은
(10ㄴ)에서도 마찬가지이다. 곧 (10ㄴ)은 '는'의 의미 기능이 '그 책을 읽
어'에 걸치는 '나도 그 책을 (산 것은 아니지만) 읽어는 봤다.'의 뜻을 갖
는다기보다는 문장 '나도 그 책을 읽어 봤다.' 전체에 걸치는 '나도 그
책을 읽어 보기는 했다.'의 뜻을 갖는다.
　의미 기능이 문장에 걸치는 것은 보조사가 형태론적으로 명사에 결

합한 경우에서도 찾아볼 수 있다.

    (11) ㄱ. 너 시집도 읽었니?
          아니, <u>소설책만</u> 읽었어.
        ㄴ. 너 어제 하루 종일 뭐했니?
          (하루 종일) <u>소설책만</u> 읽었어.

    황화상(2003:123)에 따르면 (11ㄱ)에서 '소설책만 읽었어.'는 '(시집은 아니고) 소설책만 읽다.'는 뜻을 가지며, 따라서 이때 보조사 '만'은 '소설책'이 '행위의 대상'으로서 유일하다는 것을 나타낸다고 볼 수 있다. 이는 보조사 '만'의 의미 기능이 선행 명사구 '소설책'과 관련된다는 것을 뜻한다. 그러나 (11ㄴ)에서 '소설책만 읽었어.'는 '(다른 일은 하지 않고) 소설책을 읽기만 했다.'는 뜻을 갖는다. 따라서 이때 보조사 '만'의 의미 기능은 선행 명사구 '소설책'과 관련되는 것이 아니라 문장 '소설책을 읽다.' 전체에 걸치는 것으로 볼 수 있다.

    이와 같이 보조사의 의미 기능은 명사구의 의미역에만 관련되는 것은 아니다. 그러나 그 의미 기능이 통사구성(명사구, 문장 등)에 걸치는 것은 분명하며, 따라서 이 또한 통사적인 것이다. 특히 의미역은 격과 함께 주요 통사범주라는 점에서 보조사의 의미 기능의 통사적인 특성이 더욱 더 분명해진다. 그리고 (10), (11ㄴ)에서와 같이 보조사의 의미 기능이 명사구의 의미역에 관련되지 않는다고 해서 보조사의 의미 기능의 통사적인 특성이 약해지는 것은 아니다. (10), (11ㄴ)에서 보조사의 의미 기능이 선행 통사구성이 아닌 다른 통사구성에 걸친다는 것을 설명하기 위해서는 보조사와 해당 통사구성의 관계를 반영하는 통사구조를 설정해야 하며, 또 이와 같은 통사구조를 도출하기 위한 통사적 장치가 있어야 하기 때문이다. 말하자면 이때 보조사의 의미 기능은 의미역에 관련된 것일 때와 마찬가지로 통사적 장치를 통해 통사구조에서 실현되는 셈이다.[21]

그런데 문법적 기능이 통사적인 것은 어미도 마찬가지이다. 다만 어미는 그 문법적 기능이 문장 전체에만 걸친다는 점에서 그 문법적 기능이 문장을 구성하는 다양한 요소에 걸치는 조사와는 다르다. 물론 앞서 살펴보았듯이 보조사는 때에 따라 (12ㄱ)에서처럼 그 문법적 기능이 문장 단위에 걸치기도 한다. 그러나 (12ㄴ)에서 알 수 있는 것처럼 보조사는 그 문법적 기능이 문장 단위에 걸칠 때에도 그 문장은 의미적으로는 명사구와 대등한 통사 단위의 자격을 갖는다는 점에서 어미와는 다르다. 따라서 문법적 기능이 문장에 걸친다고 해서 (12ㄷ)과 같이 보조사가 문장에 직접 결합할 수는 없다.

> (12) ㄱ. 나는 어제 (다른 일은 하지 않고) 하루 종일 소설책만 읽었다.
>   ㄴ. 나는 어제 하루 종일 소설책을 읽기만 했다.
>   =나는 어제 하루 종일 소설책을 읽는 것만(을) 했다.
>   ㄷ. 나는 어제 하루 종일 소설책을 {*읽만었다, *읽었만다, *읽었다만}.

김민수(1971/1986:64-66)에 따라 문장을 구성하는 부분을 서술내용과 서술양상으로 나눈다면 조사의 문법적 기능은 서술내용과 관련된다는 점에서 그 문법적 기능이 서술양상과 관련되는 어미와는 통사

---

21. 황화상(2005ㄷ)에서는 보조사의 의미 기능은 보조사(혹은 보조사 결합 명사구의 핵)가 LF에서 그 의미 기능에 관련된 통사구성으로 핵 이동함으로써 드러나는 것으로 보았다.

적으로 다르다.

> (13) 나는 어제 하루 종일 소설책만 읽었다.
>> ㄱ. 서술내용: [나는 어제 하루 종일 소설책을 읽(기)]만
>> ㄴ. 서술양상: 었(시칭-과거), 다(서법-평서, 겸칭-해라)

1.2.3. 종합

조사를 단어로 볼 수 있는지 없는지 하는 문제와는 별개로 여러 문법 형태들을 묶어 '조사'라는 하나의 문법범주를 설정하기 위해서는 이 여러 문법 형태들이 공유하는 문법적 특성, 곧 범주 특성이 무엇인지를 밝히는 일이 선행되어야 한다. 특히 조사와 같은 기능범주의 범주 특성은 형태적인 특성은 물론 통사적인 특성까지 아우를 수 있는 것이어야 하지만, 조사를 단어의 하나로 인정하는 경우에도 조사의 분명한 범주 특성으로 제시된 것은 거의 없다.

조사는 분포 면에서 명사에 결합한다는 형태론적 범주 특성을 갖는다. 보통 조사의 범주에 포함해 온 것들 가운데 일부는 명사와는 결합하지 못하는 것도 있고, 또 많은 조사는 명사 외에도 부사나 어미 뒤에도 결합한다. 그런데 명사와 결합하지 못하는 일부 조사는 그 기능이 대개의 조사와는 달라서 조사로 보기 어려운 면이 있고, 조사가 부사나 어미 뒤에 결합하는 것은 분포의 확장으로 볼 수 있다. 이는 전통적으로 조사를 명사토(혹은 체언토)라고 하여 동사토(혹은 용언토)로서의 어미와 구별해 온 것과 다름이 없다.

그리고 조사는 그 기능이 통사구성에 관련되며, 통사구조에서 통사적 장치를 통해 그 기능이 실현된다는 통사론적 범주 특성을 갖는다.

특히 격조사는 그 기능이 통사범주인 격에 관련되며, 명사구에 관련된 것일 때에는 보조사 또한 그 기능은 통사범주인 의미역에 관련된다. 보조사의 의미 기능이 선행 통사구성이 아닌 다른 통사구성에 걸칠 때에도 그 의미 기능은 통사적 장치를 통해 통사구조에서 실현된다고 볼 수 있다는 점에서 역시 통사적인 것이다.

이에 따라 조사의 범주 특성은 형태론적인 것과 통사론적인 것을 아울러 다음과 같이 규정할 수 있다.

(14) 조사의 범주 특성
ㄱ. 형태론적인 범주 특성
조사는 형태론적으로 명사에 결합한다.
ㄴ. 통사론적인 범주 특성
① 조사는 그 기능이 통사구성에 관련되며, 통사구조에서 통사적 장치를 통해 그 기능이 실현된다.
② 이때 조사의 문법적 기능에 관련된 통사구성은 서술내용을 구성하는 통사 단위로서의 통사구성이다.

이 가운데에서 (14ㄴ①)이 조사와 어미, 곧 굴절접사가 갖는 범주 특성이라면, (14ㄱ)과 (14ㄴ②)는 어미는 갖지 못하고 조사만 갖는, 곧 조사 특유의 범주 특성이다. 그리고 조사는 전통적으로 구분해 왔던 것처럼 그 구체적인 기능에 따라 다시 그 기능이 격에 관련된 격조사와 그 기능이 의미에 관련된 보조사로 나눌 수 있다. 물론 접속조사를 조사의 한 유형으로 설정할 수도 있다.

2. 주격조사의 재검토

그동안의 조사 연구에서 주격조사로 설정되어 온 것에는 '이/가' 외에도 '에서, 께서, 이서' 등 특수한 기능을 갖는 형태들이 있다. 이 장에서는 이들 형태를 주격조사로 볼 수 있는지에 대해 검토하기로 한다.[1)]

2.1. 개관

국어에서 주어 명사(혹은 주어 명사구의 핵 명사)가 단체 명사일 때에는 '에서'가, 존칭 명사일 때에는 '께서'가, 인수(人數)를 나타내는 수사일 때에서는 '이서'가 주격조사 '이/가' 대신 결합하기도 한다.

(1) ㄱ. <u>우리 학교에서</u> 올해 신입생을 3,000여명 모집했다.

---

1. '에서'와 '께서'의 문법범주에 대한 본서의 기술은 각각 황화상(2006ㄴ)과 황화상(2005ㄱ)에서 살펴본 것을 일부 내용을 수정하고 보완하여 본서의 체재에 맞게 재구성한 것이다. 그리고 '이서'에 대한 것은 본 연구를 진행하는 과정에서 제출한 황화상(2009)에서 살펴본 것에 김민국(2009), 김창섭(2010) 등 이후의 연구 성과를 반영하여 내용을 일부 보완한 것이다.

　　ㄴ. <u>선생님께서</u> 영희를 만나셨다.

　　ㄷ. <u>그들 둘이서</u> 그곳에 갔다.

　주어 명사(혹은 수사)에 '에서, 께서, 이서'가 결합할 때에는 (2ㄱ)에서와 같이 주격조사 '이/가'가 결합하지 않고, 또 '에서, 께서, 이서'는 (2ㄴ)에서처럼 주어가 단체 명사, 존칭 명사, 인수를 나타내는 수사라고 하더라도 주어가 아닌 것에는 결합하지 못하는 분포 속성을 갖는다. '에서, 께서, 이서'를 주격조사로 보는 것은 바로 이런 까닭에서이다.

　(2) ㄱ. *<u>우리 학교에서가</u> 올해 신입생을 3,000여명 모집했다.

　　　　*<u>선생님께서가</u> 영희를 만나셨다.

　　　　*<u>그들 둘이서가</u> 그곳에 갔다.

　　　ㄴ. *예비 대학생들이 오늘 <u>우리 학교에서(=우리 학교를)</u> 찾았다.

　　　　*영희가 <u>선생님께서(=선생님을)</u> 만났다.

　　　　*우리는 <u>그들 둘이서를(=그들 둘을)</u> 창원에 보냈다.

　그런데 '에서, 께서, 이서'는 그것과 똑같이 주격의 기능을 갖는 '이/가', 그것과 유사하게 구조격의 기능을 갖는 목적격조사 '을/를', 관형격조사 '의' 등 다른 격조사와는 몇 가지 점에서 차이를 보인다. 먼저 (3)과 같이 '만' 등의 보조사와 결합할 때 다른 구조격조사가 '만'에 후행하는 것과 달리 '에서, 께서, 이서'는 '만'에 선행한다.[2]

---

2. 조사 중첩에 대한 최근의 연구로는 황화상(2003, 본서의 7장), 임동훈(2004), 최웅환(2005), 유하라(2006) 등을 참조할 수 있는데, 황화상(2003)에서는 '구조격조사와 구조격조사는 기능이 모순되므로 어떤 경우에도 서로 중첩되지 않으며, 구조격조사와 내재격조사는 그 기능이 완전히 다르므로 조건만 충족되면 늘 결합하며, 내재격조사와 보조사는 두 조사의 의미 기능이 서로 모순되지 않는 한 내재격조사와 내재격조사,

(3) ㄱ. 철수{<u>만이</u>, *가만} 그곳에 오지 않았다.

　　　너{<u>만을</u>, *를만} 사랑해.

　　　그것은 너{<u>만의</u>, *의만} 생각일 뿐이다.

　　ㄴ. 우리 학교{*만에서, <u>에서만</u>} 신입생을 모집한다.

　　　선생님{*만께서, <u>께서만</u>} 그곳에 오지 않으셨다.

　　　그들 둘{*만이서, <u>이서만</u>} 그곳에 갔다.

다음으로 (4)와 같이 다른 구조격조사가 '은/는, 도' 등의 보조사와 결합할 수 없는 것과 달리 '에서, 께서, 이서'는 이들 보조사와도 자유롭게 결합한다.[3]

(4) ㄱ. 철수{*<u>가는</u>, *<u>가도</u>} 그곳에 오지 않았다.

　　　너{*<u>를는</u>, *<u>를도</u>} 사랑해.

　　　그것은 너{*<u>의는</u>, *<u>의도</u>} 생각일 뿐이다.

　　ㄴ. 우리 {학교<u>에서는</u>, 학교<u>에서도</u>} 신입생을 모집한다.

　　　{선생님<u>께서는</u>, 선생님<u>께서도</u>} 그곳에 오지 않으셨다.

　　　그들 {둘<u>이서는</u>, 둘<u>이서도</u>} 그 일을 할 수 없다.

내재격조사와 보조사, 보조사와 보조사의 중첩은 늘 가능하다'고 보았다. 한편 황화상(2003)에서는 구조격조사는 명사구 전체를 작용역(scope)으로 하기 때문에 늘 명사구의 끝에 위치하는 속성을 갖고, 또 보조사가 한정하는 것은 명사구의 격이 아니라 명사구의 의미(역)이므로, 구조격조사와 보조사가 중첩할 때에는 늘 보조사가 구조격조사를 선행한다고 보았다.

3. 황화상(2003:128, 138)에 따르면 '는, 도' 등은 문장을 작용역으로 갖는 보조사들로서 어떤 경우에도 구조격조사와는 결합할 수 없다. 구조격조사가 이들 보조사를 선행할 경우('*철수가는')에는 구조격조사가 명사구 전체를 작용역으로 갖지 못하며, 이들 보조사가 구조격조사를 선행할 경우('*철수는이')에는 작용역이 넓은 조사가 작용역이 좁은 조사를 선행하게 되어 작용역이 교차하는 부적절한 구성을 도출하기 때문이다.

또한 (5)와 같이 '에서, 께서, 이서'는 다른 구조격조사와 달리 보격조사와도 결합이 가능한데, '에서, 께서, 이서'를 주격조사로 볼 경우 구조격조사와 구조격조사의 중첩이라는 문법적 예외를 허용해야 한다는 문제가 생긴다.

(5) ㄱ. 영희(*가)가 아니라 철수가 그곳에 오지 않았다.

영희(*를)이 아니라 너를 사랑해.

그것은 나(*의)가 아니라 너의 생각일 뿐이다.

ㄴ. 그 학교에서가 아니라 우리 학교에서 신입생을 모집한다.

우리 선생님께서가 아니라 다른 선생님께서 그렇게 말씀하셨다.

우리 둘이서가 아니라 철수와 셋이서 그 일을 했다.

더욱이 (6)과 같이 보조사가 개재하기는 하지만 '에서, 께서, 이서'가 결합한 명사(구)에 주격조사 '이/가'가 다시 결합하기도 한다.[4]

(6) ㄱ. 우리 학교에서만이 신입생을 모집한다.

ㄴ. 오직 공(公)께서만이 그것을 도모해 주실 수 있습니다.

ㄷ. 우리 둘이서만이 그 일을 할 수가 있다.

---

4. 보조사 '만'에 후행 결합하는 '이'가 주격조사인지는 좀 더 검토가 필요하리라고 본다. '만이'는 '먹어야만이 살 수 있다, 우리사회에 대한 비전은 우리 스스로의 노력 속에서만이 구체화될 수 있다'에서와 같이 어미 뒤나 처격의 부사어 뒤에서도 쓰일 수 있기 때문이다. 그러나 '만이'는 '*나는 도서관에서만이 책을 읽는다'에서 알 수 있듯이 처격의 부사어 뒤에 늘 쓰일 수 있는 것은 아니며, 또 '*그는 소설책만이(=소설책만을) 읽는다'에서처럼 목적어 뒤에는 쓰일 수 없으므로, 본 연구에서는 주어에 결합한 '만이'의 '이'는 주격의 기능을 갖는 것으로 본다.

특히 '에서'의 경우 (7)에서 알 수 있듯이 단체 명사인 주어라고 하더라도 늘 주격조사 '이/가' 대신 결합할 수 있는 것은 아니므로 이를 단체 명사에 결합하는 주격조사라고 쉽게 단정하기는 어려워 보인다.

(7) ㄱ. *<u>국회에서</u> 여의도에 있다.

　　　<u>국회가</u> 여의도에 있다.

　　ㄴ. *<u>우리 학교에서</u> 교정이 넓다.

　　　<u>우리 학교가</u> 교정이 넓다.

　　ㄷ. *<u>우리 학교에서</u> 더 유명한 학교다.

　　　<u>우리 학교가</u> 더 유명한 학교다.

　　ㄹ. *오늘 오후 <u>법사위원회에서</u> 열린다.

　　　오늘 오후 <u>법사위원회가</u> 열린다.

이와 같이 '에서, 께서, 이서'는 주격조사로 볼 수 있는 문법적 속성도 갖지만 동시에 주격조사로 보기 어려운 속성도 갖는다. 그런데 '에서, 께서, 이서'를 주격조사로 볼 때에는 (5)에서와 같이 보격조사와 겹쳐 쓰이며, (6)에서와 같이 주격조사 '이/가'와 같이 쓰이는 등의 문법적 속성을 설명할 방법이 없다. 이에 따라 본 연구에서는 '에서, 께서, 이서'가 주격조사가 아니라는 관점에서 이들의 문법범주를 재검토하고, 이를 토대로 (2)와 (3)에서 관찰할 수 있는, '에서, 께서, 이서'의 문법적 속성을 설명하기로 한다.

2.2. '에서'와 단체 주격

2.2.1. 선행 연구

단체 명사에 결합하는 '에서'에 대한 문법적 처리는 크게 그것을 주격조사로 보는 연구, 그것을 의사주어 표지로 보는 연구, 그것을 주격조사가 아닌 다른 것으로 보는 연구 등의 세 가지로 나뉜다(김양진 1999ㄱ 참조).

   (1) '에서'에 대한 문법적 처리 유형
      ㄱ. '에서'를 주격조사로 보는 연구
      ㄴ. '에서'를 의사주어 표지로 보는 연구
      ㄷ. '에서'를 주격조사가 아닌 다른 것으로 보는 연구

'에서'를 주격조사로 본 연구로는 주시경(1910, 1913), 최현배(1937, 1961), 김민수(1971), 이기동(1981), 남기심·고영근(1985/1993) 등이 있다.[5] 주시경(1910:74-76)에서는 주격조사로 '임홋만'(아모 다른 뜻 없이 단순하게 임이 되는 직권만 보이는 것)으로서의 '이/가'와 '덩이임만'(여럿이 겹치어 한 덩이 몸으로 임이 됨을 보이는 것)으로서의 '에서'를 설정했다.

---

5. 김두봉(1922:102)에서는 '우리나라에서 싸홈을 이기엇다'와 같은 예를 들어 모듬을 이름하는 임씨에는 '에서'가 '이/가'와 같이 쓰이는 일이 있으나 '우리나라에서 잘 되어 간다'와 같은 예에서는 임자토가 되지 못하므로 본은 될 수 없다고 보았다. 주시경(1910, 1913), 최현배(1937) 등에서 구체적인 기능이 다르다는 것에 주목하여 주격조사로서의 '에서'와 처격조사로서의 '에서'를 구별했다면 김두봉(1922)에서는 형태가 같다는 것에 주목하여 그 둘을 구별하지 않은 셈이다.

(2) ㄱ. 새<u>가</u> 날더라. (임홋만)

　　ㄴ. 우리 나라<u>에서</u> 이기엇다. (덩이임만)

최현배(1937, 1961:616)에서는 다음과 같이 주격조사(임자 자리 토)를
예사로 하는 말에 쓰이는 것과 임자씨를 특히 높일 때 쓰이는 것으
로 크게 나누고, 예사로 하는 말에 쓰인 것으로 '낱으로(개체적)' 가리
킬 때 쓰이는 '이/가, 은/는'과 '덩이로(단체적)'로 된 임자씨 뒤에 쓰이
는 '에서'를 구분했다.

(3) 임자 자리 토의 가름(최현배 1961:616)

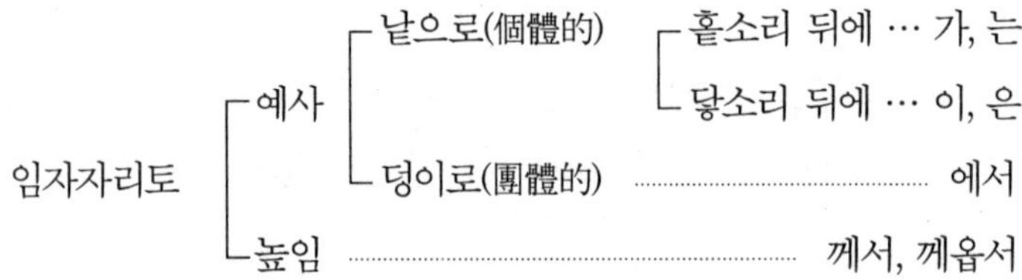

김민수(1971:122-123)에서는 주어는 '~이(가)' 같은 주격의 형으로 표
현되는데 필요에 따라 '~서'형으로 人數의 주격을,[6] '~께서'형으로 존칭
의 주격을, '~이란'으로 正義의 주격을 나타내는 것과 같이 '~에서'형으
로 집단의 주격을 나타낸다고 보았다.

(4) ㄱ. 집단 주격

　　총<u>회에서</u> 예산을 심의한다.

　　ㄴ. 인수 주격

---

6. '서'를 인수의 주격으로 설정한 최초의 연구는 고영근(1968)이다.

<u>혼자서</u> 공부를 한다.

ㄷ. 존칭 주격

<u>당신께서</u> 몸소 행하신다.

ㄹ. 정의 주격

<u>인간이란</u> 말하는 동물이다.

이기동(1981:29)에서는 보통 주어로 나타나는 것은 개체이지만 다음과 같이 어떤 상황이나 사건의 전체 배경을 나타내는 '에서'가 결합하여 이러한 개체가 포함되는 추상적 영역을 주어로 삼을 수 있다고 보았다.

(5) ㄱ. <u>나라에서</u> 이 법을 정했다.

ㄴ. <u>회사에서</u> 비용을 부담한다.

ㄷ. <u>우리 학교에서</u> 이겼다.

'에서'를 의사주어 표지로 본 연구로는 성광수(1977)이 있다. 성광수(1977:70-72)에서는 (6ㄱ)에서와 같이 특정인을 지정할 필요가 없을 경우에 처소어에 의미한정조사 '서'가 결합되어 주어의 구실을 하게 되는데, (6ㄴ, ㄷ)에서와 같이 '에서'는 상태 동사문이나 피동문의 주어 표지가 될 수는 없고 동작 동사문의 주어에 대해서 주격조사(주어조사) 구실을 할 수 있다고 보았다.

(6) ㄱ. <u>{문교부, 국가, …}에서</u> 그것을 계획하고 있다.

ㄴ. <u>S대학{이, *에서}</u> 크다.

ㄷ. <u>고등교육기관{이, *에서}</u> 국민에게 불신당한다.

그러나 '에서'는 처격에 '존재'의 의미를 지닌 한정조사 '서'가 결합되어[7] 동작 동사문의 주어 조사로 전용된 것으로서 '이/가'와 달리 의미론적인 관계에서 유도되어 주어 조사 기능의 일부에 사용되는 것이므로 의사주어 표지라고 하여 주격조사와는 구별해야 한다고 보았다.

'에서'를 주격조사가 아닌 다른 것으로 본 연구로는 김영희(1973), 박양규(1972, 1975), 이익섭·임홍빈(1983), 이남순(1983ㄴ), 이광호(1984), 이윤하(1988), 이익섭·이상억·채완(1997), 최재희(2004) 등이 있는데 대부분의 연구에서 '에서'를 처격조사로 보았다. 이익섭·임홍빈(1983:135-136)에서는 '에서'는 어원적으로 처격조사 '에'에 '서'가 결합한 것으로서 단체 명사 뒤에, 아주 한정된 서술어만 취하는데, 그 문장에 '누군가가'를 넣어서 문장이 될 때에는 '에서'가 주어 자리에 쓰이지만 그렇지 않을 때에는 쓰일 수 없다고 보았다.

(7) ㄱ. <u>나라에서</u> 장님들을 위한 큰 잔치를 벌였다.

<u>당국에서</u> 적절한 조처를 취하였다.

<u>학교에서</u> 책임을 지겠습니다.

ㄴ. *<u>우리 학교에서</u> 더 유명한 학교다.

*<u>당국에서</u> 책임이 더 크다.

이에 따라 이익섭·임홍빈(1983)에서는 (7ㄱ)의 '에서'는 따져 보면 결국 '집에서 놀아라'의 '에서'와 같은 처격조사요, 그 문장들의 주어는 '그 단체에 속해 있는 누군가가' 정도인 것이 감추어져 있다고 보았다.[8]

---

7. 구체적인 내용에 있어서는 차이가 있으나 '에서'를 공시적으로 '에'와 '서'의 결합형으로 분석했다는 점에서는 김양진(1999ㄴ)도 이와 같다. 참고로 김양진(1999ㄴ:215-227)에서는 'NP에서'를 후치사 '서'가 핵인 후치사구로 분석했다.

8. 김영희(1973:60)에서도 '에서'를 (행위격이 삭제된 문장의) 처소격조사로 보는 것이 타

이광호(1984), 이윤하(1988), 최재희(2004) 등에서도 '에서'를 처격조사로 보았다. 이광호(1984)에서는 다음과 같이 주어가 분명하게 드러나는 경우가 있어서 '에서'를 주격조사로 볼 수는 없고, 따라서 'NP+에서'는 어느 경우에나 처소만을 나타낸다고 하는 것이 합리적이라고 보았다.[9]

(8) ㄱ. <u>우리 학교에서</u> (운동선수가) 축구를 이겼다.

ㄴ. <u>우리반에서</u> (아이들이) 공부를 잘 하오.

ㄷ. <u>정부에서</u> (경제관료가) 경제계획을 수정발표했다.

한편 박양규(1972, 1975)에서는 (9ㄱ)을 (9ㄴ)으로부터의 변형으로 보았다.[10] 그리고 '에서'는 '에 있어'의 특수한 용법으로서[11] 이는 x를 특

당하다고 보았는데 '에서'를 '에'와 '서'의 결합형으로 보았다는 점에서 이익섭·임홍빈 (1983)과는 다르다. 한편 이남순(1983ㄴ)은 '에서'를 처격조사로 보면서도 또 다른 주어를 가정하지 않는다는 점에서 다른 연구와는 차이가 있다. 이남순(1983ㄴ:344-345)에 따르면 '학교에서 운동회를 매년 개최한다, 국가에서 자격시험을 매년 실시한다'의 '에서'가 '학교'나 '국가'와 같이 구체적인 실체를 가지지 않는 명사에 통합되어 주어의 위치에 나타나는 것은 '에서'가 가지는 素材 표시의 기능에서 비롯된 것인데, 주격 표지 '이/가'를 사용하지 않고 '에서'를 사용하는 것은 동작이 '학교, 국가'에서 비롯되는 것임을 나타내기 위한 것이다.

9. 예문의 괄호는 필자에 의한 것이다. 한편 최재희(2004:115)에서는 '생략(어떤 자리에 어떤 요소가 있었는데 어떤 이유로 그 요소가 나타나지 않는 경우)'과 '비실현(처음부터 그 위치에 어떤 요소가 나타나지 않은 경우)'를 구분하고 '학교에서 적절한 처리를 할 것이다'와 같은 구문을 주어 비실현 구문으로 보았다.

10. 박양규(1975:98)에서는 '동생은 안방에서 잔다'와 같이 '에서'가 처격조사로 쓰인 예도 '동생은 안방에 있어, 동생이 잔다'와 같이 분석하고 '에서'는 격 기능을 갖는 것이 아니라 副文 'A가 B에 있어'의 母文에 대한 관계를 나타내는 것이라고 보았는데, 이러한 해석은 '서'가 역사적으로 '있다(이시다, 시다)'의 부사형('이셔, 셔')에 소급한다는 사실에 토대를 둔 것이다.

11. 박양규(1972:38)에서는 '에서'를 격조사(격어미) '에'와 후치사 '서'의 결합형으로 보았다. 한편 이익섭·채완(1999:162)에서도 '에서'는 '~에 ~가 있어'와 같은 구조가 굳어

징지우지 않는 데에서 생기는 용법으로 보았다.

   (9) ㄱ. 외가에서도 왔어요.

      ㄴ. x가 외가에 있어 x도 왔어요.

  박양규(1975:99)에서는 '에서'의 이러한 용법에 대해 '단체는 유정물의 모임이므로 행동하고 경험할 필요가 생기는데, 이때 문법은 단체지칭어(無情)가 일으킨 통사론적 파격을[12] 감수하기보다는 단체와 성원 간의 관계를 표현하는 또 하나의 문장을 그 전제로서 모문에 종속시키는 합리적인 절차를 마련하고 있는 것'이라고 설명했다.[13]

2.2.2. 'NP'에서의 문법적 지위

  '에서'의 문법범주를 규정하는 일은 '에서' 결합 명사구의 문법적 지위를 어떻게 볼 것인지의 문제와 무관하지 않다. '에서' 결합 명사구가 주어라고 해서 꼭 '에서'가 주격조사인 것은 아니겠지만 적어도 '에서' 결합 명사구가 주어가 아니라면 '에서'는 주격조사일 수 없기 때문이다.

진 것으로 보았는데 이를 역사적인 변화로 보았다는 점에서 박양규(1975)와는 차이가 있다.

12. 박양규(1975:97)에 따르면 무정 체언은 동작주나 경험주 기능을 가질 수 없다.

13. 박양규(1975)는 '*철수에서 비용을 부담했다'에서와 같이 단체 명사가 아닌 주어 명사(구)에는 왜 '에서'가 결합하지 못하는지를 적절하게 설명해 준다는 점에서 의의가 있다. 곧 '철수'와 같은 유정 명사는 본래부터 '~가 비용을 부담했다'와 같은 구문에 쓰일 수 있는 것이므로, 다시 말해 이 문장은 본래부터 통사론적으로 적격한 문장이므로 통사론적 파격과 관련된 '에서'는 쓰일 필요가 없다. 그러나 박양규(1975)는 '회사[가, 에서] 비용을 부담했다'에서와 같이 주어인 단체 명사에 왜 '에서' 대신 주격조사 '이/가'도 결합할 수 있는지를 설명해 주지는 못한다. 이에 대해서는 후술하기로 한다.

앞서 살펴보았듯이 이익섭·임홍빈(1983), 이광호(1984), 이윤하(1988), 최재희(2004) 등에서는 다음과 같은 예를 들어 '에서'는 처격조사이고 각 문장의 주어는 '그 단체에 속해 있는 누군가가' 정도인 것이 감추어져 있다고 보았다.

(10) ㄱ. 나라에서 (누군가가) 장님들을 위한 큰 잔치를 벌였다.

　　ㄴ. 정부에서 (경제관료가) 경제계획을 수정발표했다.

　　ㄷ. 학교에서 (책임 있는 사람이) 적절한 처리를 할 것이다.

이와 같은 설명은 서술어에 따라 '에서'의 결합이 제약되는 이유를 적절하게 설명할 수 있다는 장점을 갖는다. '에서'가 처격조사이고 문장의 주어가 감추어져 있는 것이라면 '그 단체에 속해 있는 누군가'를 가정하기 어려운 문장에서는 '에서'의 쓰임이 제약될 것이기 때문이다.

(11) ㄱ. 오늘 오후 법사위원회가 열린다.

　　　=*오늘 오후 법사위원회에서 (누군가가) 열린다.

　　ㄴ. 우리 학교가 더 유명한 학교다

　　　=*우리 학교에서 (누군가가) 더 유명한 학교다.

　　ㄷ. 국회가 여의도에 있다.

　　　=*국회에서 (누군가가) 여의도에 있다.

그러나 단체 명사에 결합하는 '에서'가 모두 처격조사이고 'NP에서'는 처격의 부사어이며 문장의 주어는 감추어져 있는 것이라고 볼 수 있을지는 의문이다. 먼저 (12ㄱ)과 같이 '그 단체에 속해 있는 누군가'를 가정할 수 있는 문장도 있지만 (12ㄴ)과 같이 그것을 가정하기 어

려운 문장도 있다는 점에서 'NP에서'를 일률적으로 처격의 부사어로
보기는 어려워 보인다.

(12) ㄱ. 정부에서 그 회의에 참석했다.

　　　 =정부에서 {대통령이, 국무총리가, 법무부 장관이} 그 회의에
　　　　참석했다.

　　 ㄴ. 정부에서 북한에 쌀을 지원했다.

　　　 =*정부에서 {대통령이, 국무총리가, 법무부 장관이} 북한에 쌀
　　　　을 지원했다.

　그리고 문장의 주어로 '그 단체에 속해 있는 누군가'를 가정할 수 있
는 경우에도 감추어진 주어를 가정할 때와 가정하지 않을 때 늘 문장
의 의미가 같은 것 같지는 않다. 예를 들어 '정부에서 (누군가가) 그 회
의에 참석했다'와 같은 문장에서는 감추어진 주어와 관계없이 '회의에
참석하는 실질적인 주체'는 '정부'가 아니라 '정부를 대표하는 누군가'
일 것이므로 감추어진 주어를 가정할 때와 가정하지 않을 때 문장의
의미에 별다른 차이가 없다고 볼 수도 있다. 그러나 '정부에서 (경제관
료가) 경제계획을 발표했다'와 같은 문장의 경우 감추어진 주어를 드
러낼 때에는 '발표하다'가 말 그대로의 (다른 사람 앞에서의) '발표'의 의
미를 갖지만 감추어진 주어를 드러내지 않을 때에는 꼭 그렇다고 보
기 어려워서[14] 두 문장의 의미에 얼마간의 차이가 있는 것으로 보인

---

14. 따라서 '정부에서 경제관료가 경제계획을 발표했다'는 이를테면 기자회견장에서 경
　제관료가 (정부에서 마련한) 경제계획을 설명하는 상황이 가정될 때에나 쓰일 수
　있을 듯하다. 그러나 '정부에서 경제계획을 발표했다'는 이를테면 실질적인 발표 없
　이 보도자료로 경제계획에 대한 설명을 대신한 상황에서도 충분히 쓰일 수 있을 듯
　하다.

다. 이와 같은 차이는 다음과 같은 문장에서 더욱 뚜렷하게 드러난다.

    (13) ㄱ. 정부에서 부동산 종합 대책을 내놓았다.
         ≠정부에서 {대통령이, 재경부 장관이} 부동산 종합 대책을
         내놓았다.
      ㄴ. 우리 학교에서 응원상을 받았다. (남기심·고영근 1985/ 1993:100)
         ≠우리 학교에서 {교장 선생님이, 응원단장이} 응원상을 받
         았다.

    (13ㄱ)은 감추어진 주어가 드러난 문장이 단순히 '대통령, 재경부 장
관' 등의 주어가 개인적인 의견을 제시한 것으로 해석된다는 점에서,
(13ㄴ)은 '받다'가 상장을 받는 등의 구체적인 상황을 뜻한다는 점에
서 감추어진 주어가 드러나지 않은 문장과는 그 의미가 다르다. 특히
(13ㄴ)의 경우 두 문장의 의미가 다르다는 것은 다음과 같이 두 문장
에 '직접'과 같은 부사를 삽입했을 때 문법성에 차이가 생기는 것으로
도 확인할 수 있다.

    (14) ㄱ. 우리 학교에서 (*직접) 응원상을 받았다.
      ㄴ. 우리 학교에서 교장 선생님이 (직접) 응원상을 받았다.

    이런 관점에서 보면 (10ㄴ)과 같은 문장에서 '수정·발표했다'와 같이
두 개 이상의 행위가 복합된 형태의 서술어가 쓰일 때에는 감추어진
주어를 가정하게 되면 오히려 어색해지는 것으로 보인다. 물론 (15ㄱ)
과 같이 '수정'의 주체와 '발표'의 주체가 같을 수도 있지만 '경제계획'의
경우 (15ㄴ)과 같이 수정의 주체와 발표의 주체가 다르다고 보는 것이

훨씬 더 자연스럽기 때문이다. 이러한 사정은 (15ㄷ)과 같이 '경제관료'를 '재경부 대변인'과 같은 단어로 바꿨을 때 보다 뚜렷해진다.

(15) ㄱ. ?정부에서 <u>경제관료가</u> 경제계획을 수정했다.

정부에서 <u>경제관료가</u> 경제계획을 발표했다.

?정부에서 <u>경제관료가</u> 경제계획을 수정·발표했다.

ㄴ. <u>정부에서</u> 경제계획을 수정했다.

정부에서 <u>경제관료가</u> 경제계획을 발표했다.

<u>정부에서</u> 경제계획을 수정하여 <u>경제관료가</u> 발표했다.

ㄷ. *?정부에서 <u>재경부 대변인이</u> 경제계획을 수정했다.

정부에서 <u>재경부 대변인이</u> 경제계획을 발표했다.

*?정부에서 <u>재경부 대변인이</u> 경제계획을 수정·발표했다.

또한 이익섭·임홍빈(1983:136)에서는 단체 명사에 결합하는 '에서'가 '집에서 놀아라'의 '에서'와 같다고 보았으나 단체 명사에 결합하는 '에서'는 큰 의미 차이 없이 주격조사 '이/가'와 교체되어 쓰이기도 하고 보조사에 결합될 때 생략되기도 하는 등 처격조사로 쓰일 때와는 일정한 차이를 보인다.[15]

(16) ㄱ. <u>한국 정부에서</u> 북한에 쌀을 지원했다.

<u>집에서</u> 놀아라.

ㄴ. <u>한국 정부가</u> 북한에 쌀을 지원했다.

---

15. 이와 같은 사정은 'NP에서'와 'NP이/가'가 같이 드러난 문장에서도 마찬가지이다. 예를 들어 '<u>우리반에서</u> 아이들이 공부를 제일 잘 하오.'는 '<u>우리반</u>이 아이들이 공부를 제일 잘 하오.'와 같이 바꿔쓸 수 있지만, '<u>도서관에서</u> 아이들이 공부를 한다.'는 '*<u>도서관</u>이 아이들이 공부를 한다.'와 같이 바꿔쓸 수 없다.

*집이 놀아라.

　ㄷ. 한국 정부는 북한에 쌀을 지원했다.

　　*집은 놀아라.

다음과 같이 처격조사가 결합한 'NP에서'가 쓰인 문장은 자유롭게 관계절 구성으로 바꿀 수 있다. 그러나 감추어진 주어를 가정할 경우 '단체 명사+에서'가 쓰인 문장은 관계절로 전환하기 어렵다. 이런 점에서도 단체 명사에 결합하는 '에서'는 처격조사로서의 '에서'와는 그 성격이 다르다.

(17) ㄱ. 도서관에서 철수가 공부한다.

　　도서관에서 공부하는 철수.

　　철수가 공부하는 도서관.

　ㄴ. 정부에서 국무총리가 그 회의에 참석했다.

　　*정부에서 그 회의에 참석한 국무총리.

　　ʔ국무총리가 그 회의에 참석한 정부.

물론 다음과 같이 감추어진 주어를 가정하더라도 관계절 구성이 가능한 예를 찾아볼 수는 있다. 그러나 (18ㄱ)의 '국회'가 '법안을 심의하는 주체'로 해석되는 것과 달리 (18ㄴ-②,③)의 '국회'는 '법안을 심의하는 구체적인 장소'로 해석된다는[16] 점에서 두 문장의 의미가 같다고 보기는 어렵다.

---

16. 따라서 (18ㄴ)의 경우에는 '국회의원들'을 가정하지 않으면 통사론적으로 비문법적인 문장이 되는데, 이런 점에서 (18ㄴ)은 (17ㄴ)과는 본질적으로 그 성격이 다른 문장이다.

(18) ㄱ. 국회에서 법안을 심의한다.

　　 ㄴ. ① 국회에서 국회의원들이 법안을 심의한다.

　　　　② 국회에서 법안을 심의하는 국회의원들.

　　　　③ 국회의원들이 법안을 심의하는 국회.

이와 같이 때에 따라서는 '에서' 결합 명사구를 처소의 부사어로 보고 문장의 주어가 감추어져 있는 것으로 볼 수도 있지만 늘 그렇게 볼 수 있는 것은 아니다. 따라서 본 연구에서는 '국회에서 법안을 심의한다'와 같이 '단체 명사+에서'만 쓰인 문장과 '국회에서 국회의원들이 법안을 심의한다'와 같이 '단체 명사+에서' 외에 'NP이/가'가 쓰인 문장은 서로 다른 문장이며, '단체 명사+에서'만 쓰인 문장의 경우 '에서' 결합 명사구는 일률적으로 문장의 주어라고 본다.

2.2.3. '에서'의 문법범주

'단체 명사+에서'는 주어이지만 앞서 살펴보았듯이 다른 조사와의 결합 분포를 고려할 때 '에서'를 주격조사로 보기는 어렵다. 그렇다면 주어와 일정하게 관련되지만 주어는 아닌 어떤 다른 문법범주를 생각해 볼 수 있다. 한 가지 가능성은 '에서'가 격과 관련된 문법범주가 아니라 의미역과 관련된 문법범주라고 보는 것이다. 주어인 단체 명사에 '에서'가 결합하는 예와 결합하지 못하는 예에서 각 명사구의 문법적 공통성과 차이를 중심으로 '에서'의 문법범주를 의미역과 관련된 것으로 볼 수 있을지 살펴보자.

단체 명사인 주어라고 해서 늘 '에서'가 결합할 수 있는 것은 아니다. 특히 '에서'의 분포는 서술어와 밀접하게 관련되어 있는 것으로 보인다. 먼저 조사 '에서'는 타동사가 서술어로 쓰인 문장에서는 주어 명사구의 핵이 단체 명사인 경우 자유롭게 결합한다.[17]

(19) ㄱ. <u>나라에서</u> 장님들을 위한 큰 잔치를 벌였다. (이익섭·임홍빈 1983:135)

ㄴ. <u>국회 운영위원회에서</u> 4일 오후 회의를 열어 ○○○ 의원의 사퇴촉구결의안을 가결했다.

ㄷ. <u>헌재에서</u> 시각장애인에게만 허용한 '안마사에 관한 규칙'에 대해 위헌 결정을 내렸다.

그러나 '이다' 문장과 형용사가 서술어로 쓰인 문장에서는 주어 명사구의 핵이 단체 명사라고 하더라도 조사 '에서'는 결합할 수 없다.

(20) ㄱ. 우리 학교{가, *에서} 더 유명한 학교다.

ㄴ. S대학{이, *에서} 크다. (성광수 1977:71)

ㄷ. 국회{가, *에서} 여의도에 있다.

'에서'가 타동사 서술어 문장에서는 단체 명사에 자유롭게 결합하지만 '이다' 문장과 '형용사' 문장에서는 결합하지 못한다는 점에서 이

---

17. 김양진(1999ㄱ)에서는 '*S대학에서 여행을 떠났다'와 같은 예를 들어 '떠나다, 먹다' 등의 타동사가 서술어로 쓰인 문장에서도 '에서'의 쓰임이 제약된다고 보았다. 그러나 성광수(1977:71)에서와 같이 이 문장을 문법적인 것으로 볼 수도 있을 듯하고 또 이 문장을 비문법적인 것으로 본다고 하더라도 그것은 'S대학'에 '에서'가 결합했기 때문이라기보다는 'S대학' 자체가 이 문장의 주어로 쓰일 수 없기 때문인 것으로 보인다. 'S대학이 여행을 떠났다' 또한 자연스럽지 않기 때문이다. 단체 명사(X)인 주어에 '이/가'가 자연스럽게 결합할 수 있는 타동사 서술어 문장에서는 'X에서' 또한 자연스럽게 쓰일 수 있는 것으로 보인다.

를 주어와 관련된 문법범주로 보기보다는 의미역과 관련된 문법범주로 볼 수 있는 가능성이 크다. 타동사 서술어 문장의 주어가 보통 주체(agent 혹은 actor)인 것과 달리 '이다' 문장의 주어와 형용사 서술어 문장의 주어는 보통 대상(theme)이므로 '에서'를 '주체'와 관련된 문법범주로 보는 것이다. 이러한 가정의 타당성은 단체 명사인 주어에 '에서'의 결합이 허용되기도 하지만 제약되기도 하는 자동사 서술어 문장을 통해 검증해 볼 수 있다.

(21) ㄱ. 민주노총{이, 에서} 노사정위원회에 노조 대표로 참여했다.

ㄴ. 고등교육기관{이, *에서} 국민에게 불신당한다. (성광수 1977: 71-72)

ㄷ. 오늘 오후 '도시 및 주거환경정비법' 개정안 처리를 위한 법사위원회{가, *에서} 열린다.

위에서 알 수 있듯이 일반 자동사 서술어 문장에서는 '에서'가 단체 명사인 주어에 결합할 수 있지만 피동사 서술어 문장에서는 '에서'의 결합이 제약된다. 두 문장이 차이는 (21ㄱ)의 주어인 '민주노총'은 '참여하는' 행위의 주체이지만 (21ㄴ, ㄷ)의 주어인 '고등교육기관, 법사위원회'는 주체가 아니라 '불신당하는, 열리는' 대상이라는 것이다.[18]

---

18. 박양규(1975)에서는 '이번 사태로 정부에서 궁지에 몰리겠지?'와 같이 피동사 서술어 문장에 '에서'가 쓰인 예를 제시했는데 이 문장이 자연스럽게 쓰일 수 있는 것이라면 '주체'를 '행위의 주체(행위주)'는 물론 '경험의 주체(경험주, experience)'까지 확대해야 할 것이다. 본 연구에서는 행위주만 지칭하는 주체를 '좁은 의미의 주체', 행위주는 물론 경험주까지 지칭하는 주체를 '넓은 의미의 주체'라고 하여 개념적으로 구별하기로 한다. 참고로 박양규(1975:97)에서도 지적했듯이 무정체언은 쓰일 수 없고 유정체언만 쓰일 수 있다는 점에서 '행위주'와 '경험주'는 '대상'과는 다른 문법적 공통성을 갖는다.

본 연구에서의 입장과 다르기는 하지만 이익섭·임홍빈(1983), 이광호(1984), 이윤하(1988), 최재희(2004) 등 '그 단체에 속한 누군가' 정도의 주어를 가정할 수 있을 때에만 단체 명사에 '에서'가 결합할 수 있다고 본 연구나 'NP에서' 구문을 'x가 NP에 있어' 구문의 변형으로 본 박양규(1975)도 단체 명사에 '에서'가 결합하는 것을 주체와 관련시켰다는 점에서만 보면 본 연구와 다르지 않다. 감추어진 '그 단체에 속한 누군가' 혹은 'x가 NP에 있어'의 x는 문장의 주어가 되는 동시에 서술어에 의해 표현되는 행위의 주체가 될 것이기 때문이다.

이와 같이 단체 명사에 결합하는 '에서'의 문법범주는 격(주격)에 관련된 것이라기보다는 의미역(주체)에 관련된 것으로 볼 수 있는 가능성이 크다. 이에 따라 본 연구에서는 '에서'의 문법범주를 단체 명사(구)에 결합하여 그것이 주체임을 나타내는 '주체 표시'의 보조사로 본다.[19]

단체 명사에 결합하는 '에서'를 '주체 표시'의 보조사로 볼 때 생기는 문제는 (22ㄱ)에서와 같이 똑같이 주어이며 주체인 명사라고 하더라도 단체 명사일 때에는 '에서'가 결합할 수 있지만 단체 명사가 아닐 때에는 왜 '에서'가 결합하지 못하며, 또 (22ㄴ)에서와 같이 왜 단체 명사에 '에서'가 결합하지 않을 수도 있는가 하는 것이다.

---

19. '에서'가 '주체 표시'의 기능을 갖는다고 볼 때 이에 대해 '보조사'라는 명칭이 적절한 것인지는 좀 더 논의가 필요하리라고 본다. 보조사는 의미와 관련된다는 점에서 의미역과 관련된 '에서'와 일정한 차이가 있기 때문이다. 다만 본 연구는 '에서'가 '주어'가 아니라 '주체'와 관련된 문법 기능을 한다는 것을 밝히는 데 보다 궁극적인 목적이 있으므로 편의상 격조사가 아니라는 측면에만 주목하여 '에서'를 보조사의 범주에 포함하기로 한다. 한편 고석주(2001:167)에서도 단체 명사에 결합하는 '에서'를 ('단체 지정'의) 보조사로 보았는데 '단체'에 주목했다는 점에서 '주체'에 주목한 본 연구와는 차이가 있다.

(22) ㄱ. 회사에서 잔치를 벌였다.

　　　*철수에서 잔치를 벌였다.

　　ㄴ. 정부에서 북한에 쌀을 지원했다.

　　　정부(에서)는 북한에 쌀을 지원했다.

　　　정부가 북한에 쌀을 지원했다.

　이와 같은 두 가지 의문을 명쾌하게 해결하기는 현재로선 쉽지 않아 보인다. 다만 단체 명사는 무정물이므로 근본적으로는 어떤 행위의 주체로 쓰이기 어렵다는 점과 어떤 행위의 주체는 어떤 표지에 의해 드러나는 것이 아니라 서술어의 속성과 해당 명사구의 문장에서의 위치(보통의 경우 주어 위치)에 의해 드러난다는 점이 이러한 의문을 해결하는 데 어느 정도 관련이 있을 것으로 보인다. 곧 (22ㄱ)에서 '철수에서'가 쓰일 수 없는 것은 '철수'는 '회사'와는 달리 본질적으로 어떤 행위의 주체로 쓰일 수 있는 명사이며, 또 (22ㄱ)에서 '철수'가 주체가 된다는 것이 행위성 서술어 '벌이다'의 주어라는 사실로부터 드러나기 때문이라고 볼 수 있다. (22ㄴ)에서는 '정부'와 같은 단체 명사의 경우 본질적으로 어떤 행위의 주체로 쓰이기 어렵다는 점에 주목할 때에는 '에서'를 결합하여 그것이 주체로 쓰였음을 분명하게 드러내고, '정부'가 주체가 된다는 것이 행위성 서술어 '지원하다'의 주어라는 사실로부터 드러난다는 점에 주목할 때에는 '에서'를 결합하지 않는 것으로 볼 수 있다.

2.3. '께서'와 존칭 주격

2.3.1. '께서'의 문법범주

'께서'를 주격조사로 보는 근거는 무엇보다도 그것이 주어인 (존칭) 명사에 결합하는 분포적 속성을 갖는다는 것이다.[20] 물론 어떤 형태소의 문법범주를 규정하는 것이 그것의 분포 속성과 일정하게 관련되는 것임에는 틀림이 없다. 그러나 분포에 따라 어떤 형태소의 문법범주를 규정할 때에는 그것의 분포가 그것의 문법범주와 직접적으로 관련되어 있다는 것을 입증할 수 있어야 한다.

어떤 형태소의 분포가 그것의 문법범주와 직접적으로 관련되는 것인지 그렇지 않은 것인지를 판단하기란 쉬운 일이 아니다. 그런데 이러한 판단에 앞서 어떤 문법범주가 실현될 수 있는 환경에서 그 문법범주와 관련되는 것으로 생각되는 문법 형태소가 늘 나타나는지 그렇지 않은지를 살펴볼 필요가 있다. 어떤 형태소가 특정 문법범주와 관련된다면 특별한 이유가 없는 한 그 문법범주가 실현되는 환경이라면 그 형태소가 늘 나타날 수 있어야 하기 때문이다. '께서'의 경우 그것이 존칭의 주격조사라면, 그렇지 않아야 할 특별한 이유가 없는 한, [존칭]의 속성을 갖는 주어 명사에는 늘 결합할 수 있어야 한다.

---

20. 정인상(1990)에 따르면 '께서'를 주격조사로 설정한 것은 김두봉(1922)가 최초이다. 이 밖에 홍기문(1927), 박승빈(1935), 최현배(1937), 김민수(1971), 남기심·고영근(1985/1993), 류구상(1986), 이익섭·채완(1999) 등 대부분의 연구에서 '께서'를 주격조사로 설정했다. 그러나 고창수(1992ㄱ), 김양진(1999ㄱ,ㄴ), 고석주(2001) 등에서는 특히 '께서'가 주격조사 '이'를 선행할 수도 있다는 사실('께서만이')을 들어 이를 주격조사로 설정하지 않았다. 한편 홍윤표(1985)에 따르면 '께서(〈씌셔)'는 그 형태는 15세기 국어에서부터 나타나는데 이때에는 주격이 아닌 탈격의 기능을 하다가 『첩해신어』에서부터 주어와 연관되는 체언에 연결되어 나타나게 되었다.

(1) ㄱ. 선생님{<u>께서, [?]이</u>} 영희를 한번 만나 보신대.

　　ㄴ. 선생님{<u>*께서, 이</u>} 영희를 한번 만나 볼게.

위 두 문장의 주어는 똑같이 [존칭]의 속성을 갖는 명사 '선생님'이다. 그런데 (1ㄱ)에서 주어 명사에 주격조사 '이'가 결합하는 것보다 '께서'가 결합하는 것이 더 자연스러운 것과 달리 (1ㄴ)에서는 주어 명사에 주격조사 '이'는 결합할 수 있지만 '께서'는 결합할 수 없다. 선행 명사의 어휘적 속성([존칭])과 문법적 지위('주어')와 관련해서는 두 문장이 어떤 차이를 갖는 것이 아니므로 (1ㄱ)에서 '께서'가 더 자연스럽게 결합할 수 있는 것과 달리 (1ㄴ)에서 '께서'가 결합할 수 없는 특별한 이유를 찾기도 어려워 보인다.

(1ㄱ)과 (1ㄴ)의 유일한 차이는 주어 명사인 '선생님'과 화자의 관계이다. 그리고 '께서'가 결합할 수 있고 없고의 차이는 바로 이러한 관계의 차이에서 비롯된다. 곧 (1ㄱ)에서는 행위의 주체인 주어 명사 '선생님'이 화자에게 존대의 대상이 되므로 조사 '께서'가 주어 명사에 결합하지만, (1ㄴ)에서는 행위의 주체인 주어 명사 '선생님'이 화자와 동일 인물로서 화자에게 존대의 대상의 될 수 없으므로 조사 '께서'가 결합할 수 없는 것이다. 여기에서 주목할 수 있는 것은 (1)에서 조사 '께서'의 분포를 설명하기 위해서는 '주어'가 아닌 '주체'라는 개념을 사용해야 한다는 것이다. 이렇게 볼 때 조사 '께서'는 주어와 관련되는 문법 형태라기보다는 주체와 관련되는, 곧 문장의 어떤 성분과 관련되는 문법 형태라기보다는 발화 상황과 관련되는 문법 형태라고 볼 수 있다.

물론 (1ㄴ)에서는 '선생님'이 1인칭의 대명사적 용법을 가지므로, (1ㄱ)의 '선생님'과는 문법적 지위가 다르며, (1ㄱ)에서와 달리 (1ㄴ)에서 '께서'가 결합할 수 없는 것이 이러한 이유에서 비롯된 것이라고 볼 수도 있다. 그러나 이때에도 '선생님'이 1인칭 대명사적 용법을 갖는 것은 문장 자체의 어떤 속성에서 비롯된 것이라기보다는 발화 상황에서 비롯된 것이다. 따라서 조사 '께서'가 궁극적으로 발화 상황에서 행위의 주체와 관련되는 문법 형태라는 것은 분명해 보인다.

　다음과 같이 행위의 주체인 주어가 화자와 동일 인물이 될 수 없으므로 두 주어 명사의 문법적 지위가 다르지 않은 비교 문장에서도 조사 '께서'는 발화 상황에서 행위의 주체와 관련된다는 것을 확인해 볼 수 있다. 곧 똑같이 '김 장관'이 주어로 쓰였지만 (2ㄱ)에서와 같이 주어 명사가 화자에게 존대의 대상이 아닐 때에는 '께서'가 결합하지 않고, (2ㄴ)에서와 같이 주어 명사가 화자에게 존대의 대상일 때에는 '께서'가 결합한다.

　(2) ㄱ. (김 장관 동료들 사이의 대화에서)

　　　　김 장관이 주민들을 직접 만나 보기로 했어.

　　　ㄴ. (김 장관 후배들 사이의 대화에서)

　　　　김 장관께서 주민들을 직접 만나 보기로 하셨어.

　화자에게 행위의 주체가 본질적으로 존대의 대상이 아닐 때에도 행위의 주체인 주어 명사에 '께서'가 결합할 수 있는데, 이 또한 특정 발화 상황(공식적인 자리 등)에서 화자가 행위의 주체를 존대의 대상으로 인식할 때에만 가능한 일이다.

　(3) ㄱ. 박 사장은 이 문제에 대해 어떻게 생각해?

　　　ㄴ. 박 사장께서는 이 문제에 대해 어떻게 생각하십니까?

예를 들어 (3ㄱ)이 친구 사이인 '박 사장'과 화자가 회의에 참석하기 위해 오는 길에 우연히 만나서 서로 이야기를 주고받는 상황에서 쓸 수 있는 표현이라면, (3ㄴ)은 화·청자가 동일하고 대화 내용이 동일하지만 회의라는 발화 상황이 주어졌을 때 자연스럽게 쓸 수 있는 표현이다. 위 두 문장에서 행위의 주체인 주어 명사에 '께서'를 결합하고 결합하지 않고의 차이가 생기는 것은 결국 주어가 다르기 때문이 아니라 두 문장의 발화 상황이 다르기 때문인 것이다.

조사 '께서'가 주어가 아닌 주체와 관련되는 문법 형태라면 역시 주체 존대의 문법적 기능을 갖는 선어말어미 '-(으)시-'와 그 분포의 측면에서 일정한 관계가 있을 것임을 예측할 수 있다.

(4) ㄱ. 우리 아버지께서 철수를 부르셨다.

　　ㄴ. ?우리 아버지께서 철수를 불렀다.

　　ㄷ. ?우리 아버지가 철수를 부르셨다.

　　ㄹ. ?우리 아버지가 철수를 불렀다.

조사 '께서'와 선어말어미 '-(으)시-'가 반드시 공기해야 하는 것은 아니라고 하더라도, '께서'와 '-(으)시-'가 공기하는 (4ㄱ)에 비해 그렇지 않은 (4ㄴ, ㄷ)이나 '께서'와 '-(으)시-'가 모두 결합하지 않은 (4ㄹ)의 문법성이 떨어지는 것은 분명하다. 여기에서 중요한 것은 '께서'와 '-(으)시-'가 공기하느냐 공기하지 않느냐가 아니라 '-(으)시-'가 결합할 수 있는 조건에서는 '께서' 또한 결합할 수 있다는 것이다.[21] 그리고 다음에서 알 수 있듯이 주체 존대의 선어말어미 '-(으)시-'가 결합할 수 없는 조

---

21. 서술어에 '-(으)시-'가 결합한다고 해서 언제나 '께서'가 나타날 수 있는 것은 아닌데, 이에 대해서는 후술하기로 한다.

건에서는 '께서' 또한 결합할 수 없다.

 (5) ㄱ. 선생님이 철수를 부를게.
   ㄴ. *선생님이 철수를 부르실게.
   ㄷ. *선생님께서 철수를 부를게.
   ㄹ. *선생님께서 철수를 부르실게.

이상에서 살펴보았듯이 조사 '께서'는 주어와 관련되는 문법 형태라기보다는 주체와 관련되는 문법 형태이다. 따라서 주어 명사에 결합한다고 해서 '께서'를 주격조사로 볼 수는 없다. 본질적으로 주체와 관련되는 것이지만 주체와 주어가 동일하므로 주어에 결합하는 것처럼 보일 뿐이다.

이제 '께서'의 문법범주를 무엇으로 설정할 수 있을지 살펴보자. 먼저 '께서'는 그 기능이 '주체의 존대'와[22) 관련된다. 그리고 '께서'는 체언에 결합하는 형태론적 속성을 가지므로 넓게 보아 조사의 범주에 포함된다고 볼 수 있다. 그러나 격에 관련된 기능을 갖는 것은 아니므로 격조사는 아니다. 이에 따라 본 연구에서는 '께서'를 '주체 존대의 보조사'로 설정하기로 한다.[23)

그런데 '께서'를 주체 존대의 보조사로 설정할 때 다음과 같은 예가 문제가 될 수 있다. 역시 주체 존대의 기능을 갖는 선어말어미 '-(으)시-'가 나타나지만 '께서'는 나타날 수 없기 때문이다.

---

22. 이때의 '주체'는 경험주를 포함하는 넓은 의미의 주체이다. 참고로 허웅(1962)에서도 주체를 '동작의 동작자나 상태의 주인공'을 포괄하는 것으로 보았다.
23. 고석주(2001:167)에서는 '께서'를 '존대 대상 지정'의 의미를 갖는 보조사로 보았는데, 구체적인 내용에 있어서 차이가 없는 것은 아니지만 '께서'를 보조사로 설정했다는 점에서 본 연구에서의 입장과 본질적으로 다르지 않다.

(6) ㄱ. 사모님의 고통이 크시겠는데요. (임동훈 1996:44)

　　　*사모님께서의 고통이 크시겠는데요.

　　ㄴ. 할아버지의 눈이 크시다. (유혜원 1997: 52)

　　　*할아버지께서의 눈이 크시다.

이와 관련하여 다음과 같은 세 가지 가능성을 생각해 볼 수 있다.

(7) ㄱ. '께서'는 주어인 주체에만 결합한다.

　　ㄴ. (6)에서 주체는 '고통, 눈'이다.

　　ㄷ. (6)에서 문법적 존대의 대상은 '고통, 눈'이다.

(7ㄱ)은 '께서'의 분포를 적절하게 보여 주기는 하지만, 주어가 아닌 주체에는 왜 '께서'가 결합하지 못하는지를 설명해야 하는 문제가 여전히 남는다. (7ㄴ)은 '께서'가 결합하지 못하는 이유를 설명(주체가 존대의 대상이 아니므로)해 주기는 한다. 그러나 '고통, 눈'이 주체라는 것을 입증하는 문제는 차치하더라도 같은 문장에서 서술어에 '-(으)시-'가 결합하는 이유를 설명하기 어려울 뿐만 아니라, 다음과 같은 문장에서 '께서'가 나타나는 이유를 같은 방법으로는 설명할 수 없다는 문제가 있다.[24)]

(8) ㄱ. 사모님께서는 고통이 크시겠는데요.

　　ㄴ. 할아버지께서는 눈이 크시다.

---

24. 물론 (6)의 두 문장과 (8)의 두 문장이 구조적으로 같은 것은 아니다. 그렇다고 해서 (6)의 두 문장의 주체는 '고통, 눈'이고 (8)의 두 문장의 주체는 '사모님, 할아버지'라고 보기는 어렵다. 문장의 구조적 차이에 관계없이 각 대응 문장에서 '어떤 상태의 주인공'은 모두 '사모님, 할아버지'이기 때문이다.

한편 (7ㄷ)은 '의미·화용적' 측면에서의 존대 대상과 '문법적' 측면에서의 존대 대상이 다를 수 있다고 전제할 때, 곧 이른바 '간접적 존대'를[25] 인정할 때 가능한 설명이다. 간접적 존대를 하나의 문법적 장치로까지 인정할 수 있을지는 좀 더 논의가 필요하겠지만, 존대할 인물과 관련된 다른 인물을 높임으로써 궁극적으로 존대할 인물을 높이는 것은 충분히 가능한 것으로 보인다.

(9) (선생님의) <u>따님</u>이 정말 예쁘시던데요.

(9)에서 '-님'을 붙여 '딸'을 높인 것은[26] 화자와 '딸'의 관계에 의한 것이라기보다는 '화자'와 '선생님'의 관계에 의한 것이라고 볼 수 있다. 곧 (9)에서 의미·화용적 측면에서의 존대 대상은 '선생님'이지만 존대의 표현은 '딸'에 '-님'을 결합하는 방식을 선택했다고 볼 수 있다. 더욱이 (9)의 '따님'은 (간접적인) 존대의 대상이 된 것은 물론 '-님'의 결합에 의해 [존칭]의 어휘적 속성을 갖게 되었으므로, 다음과 같이 '께서'의 결합에[27] 의한 문법적 높임도 가능하다.

---

25. 간접적 존대는 허웅(1961)에서 '그 사람에 관한, 또는 그 사람에 소속된, 사람이나 물건이나 인물'에 대한 존대를 직접적 존대와 구별하여 지칭한 것이다. 이 밖에 성기철(1970), 서정수(1984, 1996: 1005-1006)에서도 간접적인 존대가 가능한 것으로 보았다. 한편 서정수(1996: 1009)에서는 '여쭈다, 모시다' 등을 이용한 대우 표현에 대해서도 '주체를 낮추어 표현하여서 객체를 높이는 간접 존대'로 보았다. 이와 같이 간접 존대는 다양한 양상을 보일 수 있지만 본 연구에서는 '께서'의 결합과 관련된 문제만 살펴보기로 한다.
26. 이를 선어말어미나 어말어미에 의한 문법적 대우와 구별하여 어휘적 대우라고도 하는데, 이에 대해서는 임홍빈(1990, 1998)을 참조할 수 있다.
27. 이때 '께서'의 결합 또한, '딸'이 존대의 대상이 되지 않았더라면 '께서'도 결합하지 못했을 것이므로, 본질적으로 화자와 '선생님'의 관계에서 비롯된 것이라고 볼 수 있다.

(9)' (선생님의) <u>따님께서</u> 정말 예쁘시던데요.

이렇게 간접적 존대를 인정하면 의미·화용적 측면에서의 존대와 문법적 측면에서의 존대를 구별할 수 있게 되고, 이렇게 함으로써 다음과 같이 '께서'의 출현을 적절하게 설명할 수 있게 된다.

(10) '께서'의 결합 양상

    ㄱ. 의미·화용적 존대 대상과 문법적 존대 대상이 같을 때:[28] 결합 가능

        선생님<u>께서</u> 철수를 부르셨다.

        사모님<u>께서</u>는 고통이 크시겠는데요.

    ㄴ. 의미·화용적 존대 대상과 문법적 존대 대상이 다를 때

        ① 문법적 존대 대상이 [존칭] 속성을 가질 때: 결합 가능

          (선생님의) 따님{<u>이, 께서</u>} 정말 예쁘시던데요.

        ② 문법적 존대 대상이 [존칭] 속성을 갖지 않을 때: 결합 불가능

          사모님의 고통{<u>이, *께서</u>} 크시겠는데요.

(10)은 결국 다음과 같이 '께서'는 주체의 존대와 관련되지만 그것은 [존칭]의 어휘적 속성을 갖는 문법적 존대 대상에 결합한다는 것으로 요약할 수 있다.

(11) '께서'의 문법범주와 결합 조건

---

28. 물론 이때에도 문법적 존대 대상은 [존칭]의 어휘적 속성을 가져야만 한다.

‘께서’는 주체 존대 보조사로서 문법적 존대 대상이 [존칭]의 어휘적 속성을 가질 때 그 문법적 존대 대상에 결합한다.

그런데 관형어 등 다른 문장성분으로도 실현될 수 있는 의미·화용적 존대 대상(곧 주체)과 달리 문법적 존대 대상은 늘 주어로 실현된다.[29] ‘께서’가 주어와 관련된 어떤 문법적 기능을 갖는 것은 아니지만 늘 주어 명사에 결합하는 것은 바로 이런 까닭에서이다.

2.3.2. ‘께서’의 형태소 결합 관계

이제 조사 ‘께서’의 문법범주를 주체 존대의 보조사로 설정할 때 조사 ‘께서’의 문법적 속성을 어떻게 설명할 수 있을지 ‘께서’의 형태소 결합 관계를 중심으로 살펴보기로 한다.

먼저 ‘께서’와 보조사의 결합 관계에 대해 살펴보자. 주격조사 ‘이/가’가[30] ‘은/는, 만, 도’ 등의 보조사와 결합할 수 없는 것과 달리 조사 ‘께서’는 이들 보조사와 자유롭게 결합한다.

---

29. 이는 의미·화용적 존대 대상인 주체는 주어로 실현되는 것이 보통인데, 의미·화용적 존대 대상이 관형어 등 다른 문장성분으로 실현될 때에는 문법적 존대 대상이 의미·화용적 존대 대상의 문법적 역할(주어)을 대신하기 때문이라고 볼 수 있다.

30. 목적격조사 ‘을/를’도 보조사 ‘은/는, 도’ 등과의 결합이 제약되지만, ‘에게, 에서, 으로’ 등 이른바 내재격조사는 ‘그는 철수에게만 책을 주었다.’에서 알 수 있듯이 이들 보조사와의 결합이 자유롭다. 이에 대해 황화상(2003)에서는 각 조사의 문법적 기능을 작용역(scope)의 관점에서 형식화하고, ‘*철수가도, *철수도가’와 같이 두 조사가 어떤 순서로도 결합할 수 없는 경우, ‘철수에게도, *철수도에게’와 같이 늘 일정한 순서로만 결합하는 경우, ‘도끼로만, 도끼만으로’와 같이 서로 다른 순서로 결합이 가능한 경우, ‘*빵만도, 윗옷만도’와 같이 같은 순서라고 하더라도 때에 따라 결합이 가능하기도 하고 불가능하기도 한 경우 등 조사 중첩의 다양한 양상에 대해 살펴보았다.

(12) ㄱ. 철수{*가는, *가도} 그곳에 오지 않았다.

    ㄴ. 선생님(께서)도 그곳에 오지 않으셨다.

  그런데 본 연구에서와 같이 '께서'를 주격조사가 아닌 보조사로 보면 그것이 보조사 '은/는, 만, 도' 등과 결합한다는 것 자체가 특별히 문제될 것은 없다. 다음에서 알 수 있듯이 보조사들끼리의 결합은 국어에서 흔히 찾아볼 수 있는 현상이기 때문이다.

(13) ㄱ. 거기까지는 미처 생각하지 못했다.

     지금까지도 그들은 내가 범인이라고 생각한다.

    ㄴ. 지금부터는 열심히 운동을 해야겠다.

    ㄷ. 다른 건 몰라도 이것만은 양보할 수 없다.

    ㄹ. 이거 윗옷만도 팔아요?

  조사 '께서'와 다른 보조사의 결합 현상과 관련하여 한 가지 더 생각해 보아야 할 것은 '께서'의 서열성이다.

(14) ㄱ. 선생님{께서만, *만께서} 그곳에 오지 않으셨다.

    ㄴ. 선생님{께서는, *는께서} 그곳에 오지 않으셨다.

    ㄷ. 선생님{께서도, *도께서} 그곳에 오지 않으셨다.

  특히 문제가 되는 것은 '께서'가 보조사 '만'과 결합할 때 늘 '께서'가 '만'을 선행한다는 것이다. 보조사 '은/는, 도'의 경우에는 '께서'뿐만이 아니라 어떤 다른 조사와 결합할 때에도 늘 다른 조사에 후행하지만, 보조사 '만'의 경우에는 '께서'와 결합할 때와는 달리 (13ㄷ, ㄹ)에서 알 수 있듯이 '은/는, 도' 등 다른 보조사와 결합할 때에는 이들 보조사를 선행하기 때문이다.

조사 '께서'와 보조사 '만'이[31] 결합할 때 늘 '께서'가 '만'을 선행하는 것은 두 조사와 선행 명사 사이의 관련성(relevance)의 차이에서 비롯된 듯하다.[32] 곧 '께서'와 선행 명사의 관련성이 '만'과 선행 명사의 관련성보다 높기 때문에 늘 '께서'가 선행 명사에 먼저 결합하는 것으로 보인다.[33]

선행 명사와의 관련성이 '만'보다 '께서'가 높다는 것은 '만'과 달리 '께서'는 그것의 결합이 선행 명사의 어휘적 속성과 밀접하게 관련된다는 것으로부터 확인해 볼 수 있다. 곧 '만'과 달리 '께서'는 [사람]의 어휘적 속성을 갖는 명사에, 그것도 [존칭]의 속성을 갖는 명사에만 결합한다.[34]

(3) ㄱ. <u>박 사장은</u> 이 문제에 대해 어떻게 생각해?

　　비교) <u>김철수는</u> 이 문제에 대해 어떻게 생각해?

---

31. 다른 보조사의 경우에도 그 양상이 동일하므로, 보조사 '만'을 예로 하여 '께서'가 다른 보조사를 선행하는 이유에 대해 살펴보기로 한다.

32. '관련성(relevance)'이라는 용어는 Bybee(1985)에서 형태론적 융합(morphological fusion), 접사의 결합 순서 등을 설명하기 위해 제안한 개념이다. Bybee(1985)에 따르면 어기와의 관련성이 높은 범주(혹은 형태)가 관련성이 낮은 범주를 선행하는 것이 범언어적으로 일반적인 현상이다.

33. 황화상(2003)에 따라 조사의 서열성이 각 조사의 작용역(scope)에 따라 결정(작용역이 좁은 조사가 작용역이 넓은 조사를 선행)된다고 보면, '께서'의 작용역이 '만'의 작용역보다 좁기 때문에 '께서'가 '만'을 선행한다고 볼 수도 있다. 후술하겠지만 '께서'는 선행 명사의 어휘적 속성과 밀접하게 관련되므로, 선행 명사(구)의 문법적 기능(의미역)과 관련된 '만'보다는 작용역이 좁다고 볼 수 있기 때문이다. 참고로 황화상(2003)에서는 '철수만 학교에 갔다.'와 같은 문장에서 '만'은 〈행위의 주체〉를 '철수'로 한정한다는 점에서 그 기능이 '의미역'과 관련된다고 보았다.

34. 이러한 점은 앞서 살펴본 '에서', 후술할 '이서'도 마찬가지이다. 곧 '에서'는 [단체]의 어휘적 속성을, '이서'는 [인수]의 어휘적 속성을 갖는 명사에만 결합한다.

ㄴ. <u>박 사장께서는</u> 이 문제에 대해 어떻게 생각하십니까?

비교) *<u>김철수께서는</u> 이 문제에 대해 어떻게 생각하십니까?

앞서 살펴보았듯이 (3ㄴ)처럼 주체가 본질적으로 존대의 대상이 아닐 때에도 특정 발화 상황(공식적인 자리 등)에서 화자가 행위의 주체를 존대의 대상으로 인식할 때에는 행위의 주체인 주어 명사에 '께서'가 결합할 수 있다. 그러나 비교 예에서 알 수 있듯이 화자가 행위의 주체를 존대의 대상으로 인식하는 상황이라고 하더라도 선행 명사가 [존칭]의 어휘적 속성을 갖지 않는 명사일 때에는 '께서'가 결합할 수 없다. 이때에는 다음과 같이 역시 [존칭]과 관련되는 접미사 '-님'을 먼저 선행 명사에 결합하거나, '님, 씨, 선생, 박사' 등 [존칭]과 관련되는 (의존) 명사를 먼저 결합해야만 '께서'가 결합할 수 있다.

(15) ㄱ. *(선생님의) <u>딸께서</u> 정말 예쁘시던데요.

ㄴ. (선생님의) <u>따님께서</u> 정말 예쁘시던데요.

(16) ㄱ. <u>김철수 님께서</u>는 이 문제에 대해 어떻게 생각하십니까?

ㄴ. <u>김철수 선생(님)께서</u>는 이 문제에 대해 어떻게 생각하십니까?

ㄷ. <u>김철수 씨께서</u>는 이 문제에 대해 어떻게 생각하십니까?

이와 같이 '께서'의 결합은 선행 명사의 어휘적 속성([존칭])에 의존적인데, 이와 같은 현상은 선행 요소와의 관련성이 낮은 형태(혹은 문법범주)보다 관련성이 높은 형태에서 일어나는 것이 보통이다.[35]

---

35. 동사 어간과 굴절 범주 사이의 관계에 대한, 그것도 이형태 선택에 관련된 것이기는 하지만, Bybee(1985: 36-37)에 따르면 접사가 어간에 미치는 영향뿐만 아니라 어간이 접사에 미치는 (순수하게 음운론적인 것은 아닌) 영향 또한 두 요소 사이의 관련성의 정도를 재는 척도가 될 수 있다. 국어의 '-이-, -히-, -리-, -기-' 등 선행 어간과

조사 '께서' 외에도 '-님, -(으)시-' 등 [존칭]과 관련된 다른 문법 형태의 경우에도 선행 어기에 가장 가까이 결합하는 것이 보통이므로, Bybee(1985)에 따른다면, 결국 [존칭]을 표시하는 문법범주가, 그것이 접사이든 조사이든 어미이든 관계없이, 선행 어기와의 관련성이 가장 높다고 볼 수 있다.

(17) ㄱ. 선생<u>님은</u> 오늘 이곳에 오지 못하실 것 같다.

　　 *선생<u>은님</u> 오늘 이곳에 오지 못하실 것 같다.

　　 ㄴ. 아버지께서는 벌써 신문을 다 읽<u>으셨</u>겠다.

　　 *아버지께서는 벌써 신문을 다 읽<u>었으시</u>겠다.

국어에 '진지, 생신, 드리다, 주무시다' 등 [존칭]에 관련된 속성을 갖는 어휘가 많다는 것도 선행 어기와 [존칭]에 관련된 문법범주 사이의 관련성이 가장 높다는 간접적인 증거가 될 수 있을 것이다. Bybee(1985)에 따르면 선행 어기와의 관련성이 높은 범주일수록 어휘적 표현(lexical expression)으로 나타날 가능성이 높기 때문이다.

다음으로 '께서'와 격조사의 결합 관계에 대해 살펴보자.[36]

(18) ㄱ. 철수(<u>*가</u>)가 아니라 영희가 그렇게 말했다.

　　 ㄴ. 철수(<u>*를</u>)이 아니라 영희를 만났다.

　　 ㄷ. 우리 선생님(<u>께서</u>)가 아니라 다른 선생님께서 그렇게 말씀하셨다.

의 관련성이 높은 피·사동 접사가 선행 어간의 '비음운론적' 조건에 따라 달리 선택되는 것도 '-ㅆ-, -었-, -았-' 등 선행 어간과의 관련성이 상대적으로 낮은 접사가 선행 어간의 '음운론적' 조건에 따라 달리 선택되는 것과 비교하여 주목해 볼 만하다.

36. 이 또한 '에서, 이서'도 마찬가지이므로 '께서'에 대해서만 살펴보기로 한다.

조사 '께서'가 주격조사가 아니라 보조사라면 '이/가, 을/를'과 달리 보격조사를 선행하는 것이 특별히 문제될 것은 없다. 모든 보조사가 그런 것은 아니지만 보조사 가운데에는 다음과 같이 보격조사를 선행하는 것도 있기 때문이다.

(19) ㄱ. 철수만이 아니라 영희도 그곳에 갔었다.

ㄴ. 고대 국가는 고려 시대부터가 아니라 삼국 시대부터이다.

ㄷ. 16페이지까지가 아니라 17페이지까지 읽어야 한다.

'께서'와 격조사의 결합에서 문제가 되는 것은 '께서'와 주격조사의 결합이다. 조사 '께서'는 주격조사 '이/가'와 직접 결합할 수는 없지만,[37) 보조사 '만'이 개재할 때에는 '께서'가 결합한 명사에 주격조사 '이/가'가 다시 결합할 수도 있다.

(20) ㄱ. *선생님께서가 영희를 만나셨다.

ㄴ. 오직 공(公)께서만이 그것을 도모해 주실 수 있습니다.

(20ㄴ)에서와 같이 '께서'가 결합한 명사에 주격조사 '이/가'가 다시 결합할 수 있다는 것은 '께서'를 주격조사로 볼 수 없는 결정적인 근거가 된다. 주격조사, 목적격조사, 관형격조사 등 이른바 구조격조사는 어떤 경우에도 서로 중첩될 수 없기 때문이다. 문제는 (20ㄱ)에서와 같이 '께서'와 '이/가'가 왜 직접 결합할 수는 없는가 하는 것이다.

---

37. 구어체 표현에서는 '사회자께서가 문학평론을 전공하시기 때문에 저보다 이 분야에 대해서는 더 잘 아실 걸로 압니다마는 ~.'(www.jcaf.or.kr/life_culture/pdf/2/2_008_021.PDF, 밑줄은 필자에 의한 것임)과 같이 '께서'와 '가'가 결합한 것도 찾아볼 수는 있지만, 문법적으로 자연스러운 표현이라고 보기는 어려울 듯하다.

조사 '께서'에 주격조사 '이/가'가 직접 결합할 수 없는 것은 '께서'의 형태적 속성과 관련이 있는 듯하다. '께서'는 어원적으로 조사 '께(끠)'에 '서(((이)서)'가 결합하여 만들어진 것인데,[38] '께서'와 함께 주격조사로 설정되기도 하는 '에서', '(이)서' 등 끝 형태가 '서'인 조사는 모두 주격조사 '이/가'와 직접 결합할 수는 없지만, 보조사 '만'이 개재할 때에는 그것이 결합한 명사에 주격조사 '이/가'가 다시 결합할 수 있다.

(21) ㄱ. 국회<u>에서</u> 그 법안을 심의할 수 있다.

　　　*국회<u>에서가</u> 그 법안을 심의할 수 있다.

　　　국회<u>에서만이</u> 그 법안을 심의할 수 있다.

　　ㄴ. 우리 둘<u>이서</u> 영희를 만났다.

　　　*우리 둘<u>이서가</u> 영희를 만났다.

　　　우리 둘<u>이서만이</u> 영희를 만났다.

그렇다고 하더라도 '서'를 끝 형태로 갖는 조사들이 왜 주격조사 '이/가'와 직접 결합할 수 없는지를 설명해야 하는데 현재로선 그 이유를 알기 어렵다.[39] 다만 국어에 어떤 문법 형태에 의해 다른 문법 형태의 출현이 제약되는 현상이 존재하는 것은 분명해 보인다.

---

38. '께서'의 기원에 대해서는 '끠셔(ㅅ+긍+의+(이)시+어)', '겨오셔(겨오시+어)'로 보는 두 가지 견해가 있다.(김양진 1999ㄴ:234-235 참조)

39. 고석주(2001:167-168)에서는 '께서'가 선행 명사가 '존대의 대상'임을 '지정'한다는 의미가 있어서, '가'와 직접 결합하면 '가'의 '선택 지정'이라는 의미로 인해 '지정된 개체의 선택 지정'이라는 기묘한 의미가 되며, 따라서 '께서'와 '가'의 직접 결합은 불가능하다고 보았다. 그러나 보조사 '만'이 두 조사 사이에 있을 경우에는 '만'의 '유일성'이라는 의미가 '선행 명사가 유일한 것'임을 나타냄으로써 '가'가 결합하여 '지정된 개체가 유일한 선택임'을 '지정'할 수 있게 하기 때문에 '께서' 결합 명사에 다시 '이/가'가 결합할 수 있다고 보았다.

(22) ㄱ. *그 해에는 시험도 볼 수 <u>없으므로</u> 별로 할 일이 없었다.

　　　그 해에는 시험도 볼 수 <u>없었으므로</u> 별로 할 일이 없었다.

　　ㄴ. 그 해에는 시험도 볼 수 <u>없어서</u> 별로 할 일이 없었다.

　　　*그 해에는 시험도 볼 수 <u>없었어서</u> 별로 할 일이 없었다.

위에서 알 수 있듯이 '-어서'는 앞 문장이 과거의 사건을 표시하는 것이 분명할 때에도 '-(으)므로'와 달리 과거 시제 선어말어미 '-었-'의 결합을 허용하지 않는다.[40] 연결 어미 '-어서'와 '-(으)므로'는 그 뜻이나 문법적 기능이 똑같은 것은 아니라고 하더라도 대체로 '이유, 원인' 등과 관련된다는 점에서는 비슷하므로, 이러한 현상이 '-어서'와 '-(으)므로'의 뜻 혹은 문법적 기능의 차이에서 비롯된 것이라고 보기는 어렵다.

2.4. '이서'와 인수 주격

국어에서 (1)과 같이 인수(人數)를 나타내는 수사가 주어(혹은 주어 명사구의 핵)로 쓰일 때에는 '이서'가 결합하기도 하는데 수사에 '이서'가 결합할 때에는 주격조사 '가'가 결합하지 않는다.[41] 주격 혹은 주어

---

40. 선행절의 시제기 후행절의 시제와 같아서 '-있-'이 쓰이지 않은 것이라고 볼 수도 없다. '어제 비가 많이 {와서, *왔어서} 지금도 땅이 질다.'에서 알 수 있듯이 후행절의 시제와 관계없이 '-어서' 앞에는 '-었-'이 쓰일 수 없기 때문이다.

41. 김영희(1984:139)에서는 '여자 혼자서가 할 수 있는 일을 장정 둘이서가 못한단 말이냐?'에서와 같이 '이서' 뒤에도 주격조사가 결합할 수 있다고 보았다. 그러나 고영근(2008:594-595)에서 지적했듯이 이와 같은 예문은 우리의 문법적 직관에 부합하지 않을 뿐만 아니라 설사 가능하다고 하더라도 이때의 '가'는 강조의 뜻을 갖는 조사로 볼 수 있다. 고영근(2008)에서 검색한 7천만 어절 규모의 '연세말뭉치', 필자가 검색한 550만 어절 규모의 '세종말뭉치'에서도 이와 같은 용례를 찾을 수 없다.

가 '이서'의 문법적 기능과 문법범주에 관련된 논란의 중심이 되어 온
것은 바로 이런 까닭에서이다.

(1) 그들 둘이서(*가) 그곳에 갔다.

'이서'에 대한 논의는, 최현배(1937)에서 '이'를 의존명사의 하나로 다
룬 일이 있으나, 고영근(1968/1989)에서 '서'를 새로운 하나의 조사('인수
칭 주격조사')로 설정하면서부터 본격화되었다.[42] 먼저 '이서'에 대한 논
의는 크게 이를 단일 형태소 '이서'로 보아 분석하지 않는 견해와 두
개의 형태소 '이'와 '서'로 분석하는 견해로 나뉜다.[43]

(2) '이서'의 형태 분석에 관련된 이견
  ㄱ. 단일 형태소 '이서'로 보아 분석하지 않는 견해
    한용운(2003), 임동훈(2004), 김백련(2005), 김민국(2009), 김창
    섭(2010)
  ㄴ. 두 형태소 '이'와 '서'로 분석하는 견해
    최현배(1937), 고영근(1968/1989, 2008), 김민수(1971), 김영희
    (1984), 안명철(1985), 박지홍(1986), 이태영(1991), 김석득(1992),

---

42. 북한에서 '서'가 처음으로 등록된 사전은 『조선말사전』(과학원 언어문학연구소,
    1960)인데 여기에서는 '서'를 ≪혼자, 둘이, 셋이, 넷이, …, 몇이≫ 등에 붙어서 해
    당 인원으로서의 뜻을 강조'하는 도움토의 하나로 보았다. 이를 통해 북한은 남한
    보다 7년이나 앞서 조사 '서'를 확인하고 그 기능을 부여했음을 알 수 있다.(고영근
    2008:593 참조)
43. 이 밖에 '이서'의 형태 분석과 범주 설정에 관련된 기존의 연구는 김창섭(2010:5 각주
    4)에서 유형화하여 정리한 것을 참조할 수 있다. 한편 '이서'를 하나의 형태소로 보아
    분석하지 않는 경우 '이서'는 주격조사(임동훈 2004), 부사격조사(김창섭 2010), 보조
    사(김민국 2009) 등으로 다루어져 왔는데, 본서에서는 '이서'가 '이'와 '서'로 분석된다
    고 보므로 이에 대해서는 따로 살펴보지 않기로 한다.

허웅(1995/2000), 이원근(1997), 국립국어연구원 편(1999), 강길운(2002), 김승곤(2003), 한용운(2005)

'이'를 '서'와 구별되는 별개의 형태소로 보는 견해는 크게 이를 접미사로 보는 견해, 주격조사로 보는 견해, 의존명사로 보는 견해로 나뉜다.[44]

(3) '이'의 문법범주 설정에 관련된 이견
　ㄱ. 접미사설
　　고영근(1968/1989, 2008), 한용운(2005)
　ㄴ. 주격조사설
　　김석득(1992), 허웅(1995/2000), 강길운(2002)
　ㄷ. 의존명사설
　　최현배(1937)

'서'는 대부분의 연구에서 조사의 하나로 보았다. 다만 이를 주격조사로 보는지, 보조사로 보는지에 있어서는 차이를 보인다. 이 밖에 후치사로 보는 견해와 접어로 보는 견해가 있다.

(4) '서'의 문법범주 설정에 관련된 이견
　ㄱ. 주격조사설
　　고영근(1968/1989, 2008), 김민수(1971), 이원근(1997), 국립국어

---

44. '서'에 대한 논의에 비해 '이'에 대한 논의가 적은 것은 '이'와 '서'를 분석하는 논의 가운데 '서'와 달리 '이'에 대해서는 그 기능이나 문법범주에 대해 별다른 언급이 없는 논의가 많기 때문이다.

    연구원 편(1999)

ㄴ. 보조사설

    안명철(1985), 박지홍(1986), 이태영(1991), 김석득(1992), 허웅
(1995/2000), 강길운(2002), 김승곤(2003), 한용운(2005)

ㄷ. 후치사설

    서정목(1984)

ㄹ. 접어(clitic)설

    김영희(1984)

'이서'에 대해 이와 같이 다양한 논의가 있었던 것은 무엇보다도 이 형태가 갖는 속성의 특이성 때문이다. 곧 '이'는 인수와 관련되지만 주어에만 결합하고 '서'는 주어에만 결합하지만 보조사가 후행하는 등 다른 주격조사와는 얼마간 그 속성이 다르다. 본 연구에서는 '이'와 '서'가 갖는 이러한 문법적 특이성을 어떻게 설명할 수 있을지를 중심으로 '이'와 '서'의 문법적 기능과 문법범주 설정 문제를 재검토하기로 한다.

2.4.1. '이'의 문법적 기능과 문법범주

'이'의 문법적 기능을 살피기 위해서는 먼저 '이'가 단일 형태소 '이서'의 한 부분이 아니라 '서'와는 다른 별개의 형태소라는 점을 분명히 할 필요가 있다. 임동훈(2004:132)에서는 다음과 같이 '이'가 두 단어 이상의 단위에도 붙고, 선행 명사와 '이' 사이에 '만' 등의 보조사가 올 수 있으며, 선행어와 '이'의 결합체 뒤에는 다른 격조사가 오기 어렵다는 점을 들어 '이서'를 하나의 형태소(주격조사)로 보았다.

(5) ㄱ. [친구 네 명]<u>이서</u> 고스톱을 쳤다.

   ㄴ. [둘만<u>이서</u> 오붓한 시간을 보냈다.

그런데 임동훈(2004)에서 제시한 세 가지 근거 가운데 첫 번째와 두 번째는 고영근(1968/1999)에서 '이'를 접미사로 본 데 대한 문제 제기일 뿐 '이서'를 하나의 형태소로 보아야 하는 근거라고 보기는 어렵다. 세 번째로 제시한 근거 또한 '서'를 주격조사로 보아야 하는 근거로 삼을 수 있을지는 몰라도 '이서'를 하나의 형태소로 보아야 하는 근거로 삼기는 어렵다.[45)]

다음과 같이 '이'와 '서'는 같이 나타나기도 하지만 '이' 없이 '서'만 나타나기도 하고 '서' 없이 '이'만 나타나기도[46)] 한다는 점을 고려하면 '이서'를 하나의 형태소로 보기는 어렵다.[47)] 무엇보다도 교체의 이유를 문법적으로 설명할 수 없다는 점에서 전체 형태('이서')와 선행 요소가 생략된 형태('서')와 후행 요소가 생략된 형태('이')가 서로 교체하는 형태소는 생각하기 어렵기 때문이다.

(6) ㄱ. 철수 혼자<u>서</u> 그곳에 갔다.

   ㄴ. 우리 둘<u>이(서)</u>는 그 일을 할 수가 없다.

---

45. 한용운(2003:155)에서는 '이서'와 '이'가 음운론적 조건에 따라 교체되는 것으로 보고, 이는 '이나, 이라도' 등 계사 활용형이 조사화한 형식에 유추된 것이라고 보았다.

46. 김창섭(2010:22-25)에서는 이때의 '이'는 '이서'에서 '서'가 생략된 것이라고 보았다. 그러나 본 연구에서는 하나의 형태소에서 그 일부가 특별한 이유 없이 생략되기는 어렵다는 점에서 '이'는 '이서'에서 '서'가 생략된 것이 아니라 '서'가 결합하지 않은 것이라고 본다. 이에 대해서는 후술하기로 한다.

47. '서'의 존재를 처음으로 확인한 고영근(1968/1989)에서 '서'를 '이'와는 별개의 형태소로 설정한 이유도 바로 '이'와 '서'가 교착된 형식이 아니라 자유로이 떨어질 수 있는 형식이라는 점이었다.

다음으로 '이'의 문법범주를 어떻게 설정할 수 있을지 살펴보자. 최현배(1937:286, 1961:246)에서는 사물을 셀 때 쓰이지만 수사가 아닌 명사로 보아야 할 단어들로 日數('하로, 이틀, 사흘, …'), 月次('1월, 2월, 3월, …')와 함께 人數를 들고, 이는 수관형사에 명사(의존) '이'가 결합하여 만들어진 것이라고 보았다.

(7) 한이,[48] 둘이, 서이, 너이, 다섯이, … (최현배 1937:286)

그러나 (7)의 단어들에 쓰인 '이'를 모두 의존명사로 보기는 어렵다. 고영근(1968/1989)에서 지적했듯이 '이'가 의존명사라면 '둘, 셋, 넷' 등은 '두, 세, 네' 등의 형태로 쓰여야 하기 때문이다.[49] 더욱이 최현배(1961:246)에 따르면 '둘이'는 수관형사 '두'와 의존명사 '이'가 결합하여 만들어진 것으로 보아야 하는데[50] '두+이〉둘이'의 변이의 근거를 찾을 수 없다.

'이'의 선행 형태가 '둘, 셋, 넷' 등의 체언(수사)이라는 점에서만 보면 '이'를 주격조사로 볼 수도 있고 접미사로 볼 수도 있다. 문제는 '이' 혹은 '이' 결합 형태의 문법적 특성을 얼마만큼 자연스럽게 설명할 수 있느냐 하는 것이다. 특히 '이'와 주어의 상관성, '이'의 다른 형태와의 결합 양상을 적절하게 기술할 수 있어야만 '이'의 문법범주에 대한 논의

---

48. '한이'에 대해서는 괄호 안에 「하나」로 쓰는 데가 많은 모양이다. 그러나, 人數로 하여서는 「한이」라 함이 옳을 것이니, 서울서도 쓰는 말이다.'와 같은 설명을 덧붙였다.

49. '서이, 너이'도 인수의 명사로 볼 수 있을지 의문이다. 『표준국어대사전』(국립국어연구원 편 1999)에 따르면 '서이'는 '셋'의 충청·함경 방언형이며, '너이'는 '넷'의 잘못이다.

50. 최현배(1937:286)에서는 단순히 이들 단어가 수관형사에 명사가 결합한 것이라고 했으나, 최현배(1961:246)에서는 수관형사의 예로 '한, 두, 서, 너, …'를 직접 들고 있음을 주목할 수 있다.

는 설명력을 갖는다.

먼저 '이'와 주어의 상관성을 살펴보자. '이'가 수사에 붙어 인수를 지시한다는 것은 주지의 사실이다. 고영근(1968/2008)에서는 '둘, 셋, 넷' 등 받침이 있는 수사에는 접미사 '-이'가 붙어 '둘이, 셋이, 넷이' 등의 인수가 형성되고 받침이 없는 수사 '하나'에는 보충법에 의해 '혼자'가 형성되어 '하나이'의 자리를 대신한다고 보았다. 그런데 '이'는 수사에 결합하지만 주어인 수사여야 하는, 곧 수사라고 하더라도 주어가 아닐 때에는 결합하지 못하는 속성을 갖는다.

(8) ㄱ. 그들 <u>둘이(서)</u> 어제 그곳에 갔다.
　　ㄴ. *우리가 철수와 영수 <u>둘이(서)</u>를 맡았다.
　　ㄷ. *그는 우리 <u>둘이(서)보다</u> 키가 크다.

'이'의 이러한 문법적 속성은 '이'를 주격조사로 볼 때(김석득 1992, 허웅 1995/2000, 강길운 2002 등)에는 아무런 문제가 되지 않지만 접미사로 볼 때(고영근 1968/1989, 2008, 한용운 2008)에는 그 이유를 설명해야 하는 부담이 된다. 특히 고영근(1968/1989:113-114)에서는 '이서'의 '이'를 접미사로 보면서 그 근거로 이것이 인명에 붙는 접미사 '이'('쇠돌이, 갑돌이, 수남이'의 '이')와 문법적 속성이 동일하다는 점을 들었다. 곧 '혼자'와 받침 없는 인명, '둘이, 셋이, …'와 받침 있는 인명이 병행하므로 '둘이서'의 '이'는 '쇠돌이'의 '이'와 동일한 접미사라는 것이다. 그러나 김창섭(2002)에서 지적했듯이 '이서'의 '이'는 목적격 등의 격으로는 나타날 수 없다는 점에서 인명의 '이'와 동일한 접미사로 보기는 어렵다.

한용운(2005:19-21)에서도 '이'를 '둘 이상의 사람을 하나의 대상으로 함께 묶음'의 의미를 갖는 접미사로 보고 '이서'의 '이'는 '옥순이가'의 '이'

와 동일한 형태소일 가능성이 있다고 보았다. 그러나 '이서'의 '이'가 왜 주어에만 결합하는지에 대해서는 아무런 설명이 없다.

다음으로 '이'의 형태 결합 양상을 살펴보자. 앞서(2.1절) 살펴보았듯이 다른 구조격조사와 형태 결합 양상이 달라서 '이'를 주격조사로 보기는 어렵다. 특히 '이'가 결합한 명사에 보격조사가 결합하기도 하고, 보조사 '만'이 개재하는 경우 주격조사 '이/가'가 다시 결합하기도 하는 점은 '이'를 주격조사로 볼 때에는 설명할 방법이 없다.

'이서'의 '이'가 수의적으로 생략될 수 없다는 점도 가벼이 지나칠 수 없는 문제이다. 주격조사 '이/가'도 문맥이나 대화 상황에 따라 꼭 쓰여야 할 때가 없는 것은 아니지만 특히 구어에서는 흔히 생략되어 나타나지 않을 때가 많다. 그러나 '이서'의 '이'는 생략하기 어렵다.

언뜻 보면 (9ㄱ)에서 '둘이는'의 '이'도 수의적으로 생략되어 (9ㄴ)과 같이 쓰일 수 있는 것처럼 보인다. 그러나 그렇게 되면 본래의 뜻과는 다른 문장이 되어 버린다. 곧 (9ㄱ)은 '우리 둘만으로는 그 일을 할 수가 없다.'나 '그 일을 하려면 우리 둘 이외에 다른 사람이 더 필요하다.'는 등의 의미를 갖지만 (9ㄴ)은 단순히 '그 일을 할 수 없는 사람이 우리 둘이다.'를 의미할 뿐 이러한 의미는 갖지 못한다.

(9) ㄱ. 우리 둘이는 그 일을 할 수가 없다.

ㄴ. 우리 둘은 그 일을 할 수가 없다.

이와 같이 '이서'의 '이'는 주어와의 상관성이라는 점에서는 주격조사로 보는 것이 이점이 있고, 다른 조사와의 결합 양상이라는 점에서는 접미사로 보는 것이 이점이 있다. 그런데 '이'를 주격조사로 보는 한 다른 조사와의 결합 특성은 예외적으로 다룰 수밖에 없으므로 본 연구에서는 '이'를 접미사로 보되 그 구체적인 의미 기능을 재검토하고 이를 바탕으로 '이'가 주어에만 결합하는 이유를 설명하기로 한다.

접미사, 특히 선행어의 품사를 바꾸지 않는 접미사의 주요 기능은 선행어에 어떤 뜻을 더하는 것이지 선행어가 특정 문장성분으로 쓰이도록 만드는 것은 아니다. 특정 문장성분으로의 쓰임과 직접적인 관계가 없는 것은 선행어의 품사를 바꾸는 접미사도 예외는 아니다. 그러나 어떤 접미사가 결합함으로써 더해지는 뜻이 특정 문장성분과 관계가 있다면 결과적으로는 그 접미사가 특정 문장성분으로 쓰이는 단어에만 결합하는 것으로 보일 수도 있다.

'이'가 더하는 뜻이 주어라는 문장성분과 어떤 관계가 있을 수 있는지 생각해 보자. 이와 관련하여, '서'의 의미 기능을 설명하기 위한 것이기는 하지만, 서정목(1984:182-183)에서 제시한 다음의 두 문장을 주목할 수 있다.

(10) ㄱ. 그들 둘이 그 술을 마셨다.

ㄴ. 그들 둘이서 그 술을 마셨다.

서정목(1984:183)에서는 (10ㄱ)은 ①'A가 먼저 그 술을 마셨고, B가 나중에 남은 술을 마셨다'는 의미로 해석되는 것이 보통이지만, (10ㄴ)은 'A와 B가 마주 앉아 서로 술잔을 나눈 것'으로 해석된다는 점에서 두 문장의 의미가 다르다고 보았다. 물론 서정목(1984:183), 고영근(2008:601)에서도 지적했듯이 (10ㄱ)도 ②의 의미를 가질 수 있다. 그러나 (10ㄴ)이 ①의 의미로 해석되지 않는 것은 분명하다.[51]

---

51. 고영근(1968/1989, 2008:601)에서는 (10ㄱ)의 '둘이'와 같은 형태는 그 용법이 人數 '혼자'에 일치하면 ②의 의미로, 物數 '하나'에 일치하면 ①의 의미로 해석된다고 보았다.

그 구체적인 의미가 무엇인지 분명하지 않고, 또 그 의미가 꼭 주어에만 관련될 수 있는 것은 아니라는 문제는 있지만 한용운(2005:19-20)에서 '이'를 '둘 이상의 사람을 하나의 대상으로 함께 묶음'의 의미를 갖는 접미사로 본 것도 (10)의 두 문장 사이에 의미 차이가 있다는 인식을 전제로 한다. 고영근(1968/1989:117-118)에서 수표시어를 '여동성(더불음)을 띤 인수표시어'로 보았다는 점도 '이'의 의미 기능과 관련하여 시사하는 바가 크다.

고영근(1968/1989, 2008)에서는 인수에, 서정목(1984)에서는 '서'에, 한용운(2005)에서는 '이'에 주목했다는 차이는 있지만 이들 연구는 '둘이서, 셋이서, 넷이서' 등의 형태가 단순히 수를 나타내는 것이 아니라 이에 더하여 여동의 의미와 관련된다고 보았다는 점에서는 큰 차이가 없다. 그런데 다음에서 알 수 있듯이 '이서'가 쓰인 문장에서 '서'는 나타나지 않을 수 있지만 '이'는 반드시 나타나야 하므로 여동(더불어 함께 함)의 의미는 '이'에[52] 의한 것이라고 보는 것이 자연스럽다.[53]

본 연구에서는 (10ㄱ)의 '둘이'는 ①의 의미를 가질 때에는 주격조사 '이'가 결합한 형태이며, ②의 의미를 가질 때에는 '이서'의 '이'가 결합한 형태라고 본다.

52. 고영근(1968/1989, 2008)에서는 인수가 갖는 여동성이 접미사 '이'에 의한 것은 아니라고 보았다. 고영근(1968/1989:118 각주 14)에서는 인수가 갖는 여동성에 대한 설명은 '다른 보조과학에 의지해야 할 과제'로 보았고, 고영근(2008:612)에서도 이에 대하여는 아직 실마리를 찾지 못했음을 밝히고 있다. 그러나 '둘이'가 갖는 의미(수, 여동) 가운데 '둘'이 갖지 않는 의미(여동)를 '이'가 갖는 것으로 보는 데에는 별다른 무리가 없는 것으로 보인다.

53. 김민국(2009:339)에서는 '너희 (둘이가/둘이는) 항상 문제를 일으킨다.', '둘이는 더 들어갈 수 있어도 둘이서는 못 들어갑니다.'에서 '서'가 결합하지 않은 '둘이'는 '두 사람이 함께 문제를 일으킴'을 뜻하는 것이 아니라 '문제를 일으키는 사람의 수가 두 사람'이라는 것을 뜻하므로, '이'는 여동의 뜻을 갖지 못한다고 보았다. 그러나 여동의 뜻을 갖지 못할 때에는 '둘이'가 쓰일 수 있다고 하더라도 '둘'이 쓰이는 것보다는 훨씬 더 부자연스러우며, 특히 두 번째 문장의 '둘이'는 거의 쓰이기 어려운 것으로 보인다.

(11) 우리 둘이(서)는 어제 도서관에 갔다.

'이'가 여동의 의미를 더한다는 것은 '둘이, 셋이, 넷이, …' 등이 '혼자'에 대응한다는 사실을 통해서도 확인해 볼 수 있다. 『표준국어대사전』(국립국어연구원 편 1999)에 따르면 '혼자'는 '다른 사람과 어울리거나 함께 있지 아니하고 홀로 …', 곧 '여동이 아닌 …'을 뜻한다. 따라서 '혼자가 아닌'의 뜻을 공통으로 함의하는 '둘이, 셋이, 넷이, …' 등은 '다른 사람과 어울려 함께 둘이/셋이/넷이 …', 곧 여동의 뜻을 갖는다고 볼 수밖에 없다.

다만 '혼자'에 대응하는 것은 '둘이'나 '셋이'나 '넷이' 등의 각각이 아니라 '둘이, 셋이, 넷이, …' 전체라는 점을 분명히 할 필요가 있다. '혼자'는 '여동이 아닌'을 뜻하며 그 부정 '여동'은 '둘이, 셋이, 넷이, …' 등이 공통으로 갖는 의미이기 때문이다. 곧 '혼자'와 '둘이, 셋이, 넷이, …' 등의 대응 관계는 (12ㄱ)과 같은 것이 아니라 (12ㄴ)과 같은 것이다.

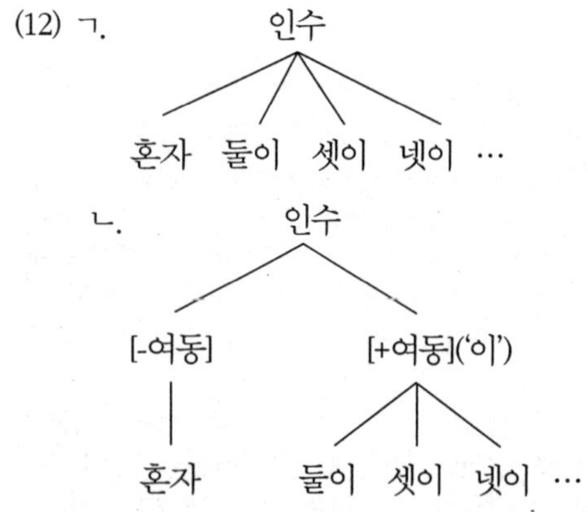

이는 고영근(1968/1989:115, 2008:606)에서처럼 '혼자'가 보충법에 의

해 만들어져 '하나이'의 자리를 대신한다고, 그래서 '혼자' 또한 여동
성을 띤다고 볼 수는 없다는 것을 뜻한다. '하나'는 '둘, 셋, 넷, …' 등
과 달리 본래부터 여동의 뜻을 가질 수 없는 수사이며, 그래서 '이'와
결합하여 '하나이'를 만들지 못하는 것이지 받침이 없어서 그런 것은
아니다.[54]

　'이'가 여동의 의미를 더한다고 보면 이것이 주어에만 결합하는 이
유를 자연스럽게 설명할 수 있게 된다. '여동, 곧 더불어 함께 하는' 것
은 다름 아닌 특정 행위이며, 따라서 행위의 주체인 주어에만 '이'가 결
합할 수 있는 것이다. 동사와 형용사로 같이 쓰이는 '있다'는 동작성을
적극적으로 띨 때에만 '이서'가 결합하고(고영근 1968/1989: 122),[55] '크
다, 예쁘다'와 같은 형용사 서술어의 주어에는 '이서'가 결합하지 못하
는 것도 바로 이런 까닭에서이다.

(13) ㄱ. 너희 <u>둘이서</u> 있어라.

　　 ㄴ. *학생 <u>여럿이서</u> 키가 크다.

　　　 cf) 학생 <u>여럿이서</u> 선물을 샀다. (안명철 1985:485)

　　 ㄷ. *민희와 영희 <u>둘이서</u> 예쁘다.

　한편 '이'를 접미사로 보기 위해서는 선행 형식의 문법 단위와 문법
범주에 대해서 좀더 살펴볼 필요가 있다. 임동훈(2004:132)에서는 '[
친구 네 명]이서 고스톱을 쳤다.'와 같이 구 단위에도 '이'가 붙을 수

---

54. '혼자'를 '하나이'의 보충법 형태로 보는 것은 고영근(1968/1989)에서 '이'를 '수남이'의
　　'이'와 동일한 것으로 본 것과도 배치된다. 받침이 없는 인명은 '이'가 결합하지 않는
　　방식으로 받침이 있는 인명에 대응하기 때문이다.

55. 고영근(1968/1989:122)에서는 '너 혼자서 있어라.'의 예를 제시했으나 본 연구에서는
　　'이'의 쓰임을 설명하기 위해 '혼자서'를 '둘이서'로 바꾸었음을 밝힌다.

있다는 점을 들어 '이'를 접미사로 보기 어렵다고 했다.[56] 그러나 '두 시 삼십 분쯤', '같은 학교 사람들끼리', '한 명꼴', '열 마리당', '두 말들 이', '다섯 살배기'의 '쯤, 끼리, 꼴, 당, 들이, 배기' 등 구에 붙는 접미사 가 적지 않다는 점에서 '이'가 구에 붙는다는 것이 특별히 문제될 것 은 없다고 본다.[57]

'네 명이서, 두 분이서, 다섯 놈이서, 두 사람이서' 등 '이'가 구 단위에 붙을 때에는 그 선행어가 '명, 분, 놈, 사람'[58] 등 이른바 단위성 의존명 사(혹은 단위성 의존명사의 기능을 갖는 명사와 의존명사)라는 점도 주목 할 수 있다. 이들 단위성 의존명사는 사람 그 자체를 나타내기 위해 쓰 이는 것이 아니라 사람의 수를 사물의 수와 구별하기 위해 쓰이는 이 른바 분류사일 뿐이므로, '수 관형사+단위성 의존명사' 구성도 수를 표 시하는 특별한 형식이라고 볼 수 있다. 따라서 수사로 바꿔 쓰는 것도 가능하며, 뒤에 여동의 뜻을 더하는 접미사 '이'가 결합할 수도 있다.

(14) ㄱ. 친구 네 명이서 고스톱을 쳤다. (임동훈 2004:132)

=친구 넷이서 고스톱을 쳤다.

ㄴ. 우리 두 사람이서(=둘이서/두 명이서) 거기로 갔지요. (고영근

1968/1989:119 각주 15)

---

56. 김창섭(2002:148)에서도 '시각한 다섯 놈이서'의 예를 들이 '이'가 구에 붙는다는 점 을 지적했다. 그런데 이러한 지적은 '이'가 구에 붙는다는 점 그 자체를 문제 삼은 것 이라기보다는 '이'를 '복둥이'의 '이'와 동일한 것으로 볼 수 없다는 점을 문제 삼은 것 으로 보인다. 한편 고영근(1968/1989, 2008:602)에서는 '다섯 놈이'는 '다섯이'를 더 구체화시키고자 하는 확대된 용법으로 쓰인 것이라고 보았다.

57. 문법범주에 대해 이견이 있는 형태도 포함되어 있기는 하지만 『표준국어대사전』에는 명사구에 붙을 수 있는 접미사 20여개가 표제어로 올라 있다.

58. '사람'은 '책을 읽는 사람'과 같이 자립명사로 쓰이기도 하지만 '학생 대표 두 사람'과 같이 단위성 의존명사로도 쓰인다.(남기심·고영근 1985/1993:78 참조)

그러나 (15)와 같이 수 표현의 명사구라고 하더라도 그 핵이 수사나 단위성 의존명사가 아닌, 곧 수를 표시하는 단어가 아닌 일반 명사일 때에는 '이'가 결합하기 어렵다.[59]

(15) ?두 분의 노인이서 외롭게 살아간다.

이 외에 임동훈(2004:132)에서는 '[둘만]이서 오붓한 시간을 보냈다.'와 같이 '이'와 선행어 사이에 '만' 등의 조사가 올 수 있다고 했으나, 고영근(2008:604-605)에서 지적했듯이 이는 '둘이서만 오붓한 시간을 보냈다.'와 같이 쓰이는 것이 자연스럽다.

요컨대 '이서'의 '이'는 사람의 수를 지시하는 수사에 붙어[60] 여동의

---

59. 김영희(1984:140)에서는 (15)가 가능한 것으로 보았으나 이는 '노인 두 분이서 외롭게 살아간다.'로 쓰는 것이 자연스럽다. 550만 어절 규모의 '세종말뭉치'에서도 이와 같은 용례는 찾을 수 없었다. 한편 말뭉치에서 수사와 단위성 의존명사 이외의 선행어로는 유일하게 '집'이 2회 검색되었는데('우리 이웃의 몇 <u>집이서</u> 그녀를 배척하건 말건 …', '화장실도 몇 <u>집이서</u> 공동으로 쓰는 …'), 문맥으로 보아 이때의 '집이서'는 '집에서'를 잘못 쓴 것이 아닌가 생각된다. 이에 대해 김민국(2009:340)에서는 두 번째 문장을 예로 들어 '집이서'를 '집에서'로 보면 더 어색하다고 했는데, 필자의 직관으로는 '몇 집에서 화장실을 공동으로 쓴다.'는 전혀 어색하게 느껴지지 않는다. 그리고 김민국(2009:340-341)에서는 이와 관련하여 '코트에는 달랑 두 팀이서 여유롭게 테니스를 쳤다.'와 같은 예도 있다는 점을 지적했는데, '팀'(같은 일에 종사하는 한 동아리의 사람)은 개념적으로 수를 내포한다는 점에서 '몇 집이서'의 '집'과는 다르다.

60. 여기에서 '이'가 사람을 지시하는 수사에 붙는다는 것은, 본래 수사는 사람의 수와 사물의 수를 모두 지시할 수 있지만, '이'는 사람의 수를 지시할 때에만 수사에 붙을 수 있다는 것을 뜻한다. 따라서 '이서'의 '이'가 수사에 붙은 '둘이(서), 셋이(서), 넷이(서), …' 등은 결과적으로 최현배(1937:286)의 개념으로는 인수라고 볼 수 있으며, 고영근(1968/1989:117)의 개념으로는 (여동성을 띤) 인수표시어라고 볼 수 있다. 다만 '이서'의 '이'가 수사에 붙어 인수를 형성하는 기능을 갖는다고 보는 것이 아니라 '이'가 붙음으로써 (인수와 물수로 모두 해석될 수 있는) 수사가 결과적으로 인수로 해석된다고 본다는 점에서 고영근(1968/1989, 2008)과는 다르다. 본 연구에서 수사가 본래부터 사람의 수와 사물의 수를 모두 지시할 수 있다고 본 것은 '철수와 영희 둘은 아직 안 왔다.'에서와 같이 '이서'의 '이' 없이도 '둘'이 사람의 수를 나타낼 수 있기

뜻을 더하는 접미사이다. 그리고 '이'가 주어로 쓰인 수사에만 결합하는 것은 그 의미와 관계가 있다. 곧 더불어 함께(여동) 하는 것은 다름 아닌 특정 행위이므로 '이'는 행위의 주체인 주어에만 결합한다.[61] 한편 '이'는 수사에 주로 결합하지만 '분, 명, 놈, 사람' 등의 단위성 의존명사(분류사)에도 결합할 수 있다. '이'가 이들 단위성 의존명사에 결합할 수 있는 것은 '수 관형사+단위성 의존명사' 구성도 사람의 수를 사물의 수와 구별한다는 점에서 특별한, 수를 표시하는 하나의 형식이기 때문이다.

2.4.2. '서'의 문법적 기능과 문법범주

'서'의 문법범주로는 그간 주격조사, 보조사, 후치사, 접어(clitic) 등이 제시되었다. 이 가운데에서 본 연구에서는 관련 논의의 대부분을 차지하는 주격조사설과 보조사설을 중심으로 '서'의 문법적 기능이 무엇이며 그것의 문법범주를 어떻게 설정할 수 있을지 살펴보기로 한다.[62]

고영근(1968/1989:114-115)에서는 '우리는 둘이서 걸었다.'에서 '둘이서'가 주체가 되며 '서'는 '는, 만, 도, 부터, 까지' 등의 보조사가 '분간, 단

때문이다. 특히 '너와 나는 둘 다 키가 크다.'에서는 '둘'이 사람의 수를 지시하지만 '이서'의 '이'는 붙기 어렵다.

61. 꼭 주어가 아니더라도 행위의 주체로 해석될 때에는 '그 술을 마신 것은 우리 둘이<u>(서)가</u> 아니다.'에서와 같이 '이'가 결합할 수 있다. 이 문장은 '우리 둘이서만 그 술을 마신 것이 아님'을, 곧 '우리 외에 술을 마신 사람(주체)이 또 있음'을 뜻하므로, 이때 '둘이(서)'는 문장성분으로는 보어이지만 술을 마신 주체로 해석된다.

62. 후치사설(서정목 1984)은 '이서'의 '서'뿐 아니라 '에서, 고서, 어서, 면서' 등의 '서'를 한데 묶어 다루기 위해 제시된 것이라는 점에서 '이서'의 '서'만 대상으로 하는 본 연구의 범위를 넘어선다. 그리고 접어설(김영희 1984)에서 제기한 문제는 앞서 '이'를 살펴보면서 대부분 언급한 것들이다. '이'를 후치사나 접어로 보기 어려운 이유는 고영근(2008:594-601)에서 자세히 다룬 바 있다.

독, 역시, 출발, 도착' 등의 어떤 의미를 표시하는 것과는 달리 의미를 표시하지 않는다는 점을 들어 '서'를 주격조사(특히 인수 아래에 쓰이는 '인수칭 주격조사')로 보았다. 고영근(2008:608-610)에서는 이를 더 구체화하여 보조사의 의미는 자매항목(sister member)을 전제로 하는 것이 보통인데 '서'는 특정 의미를 갖는다고 하더라도 자매항목을 전제로 하는 것은 아니라는 점과 수의적으로 생략될 수 있다는 점을 들어 보조사로 볼 수 없다고 하였다.

그러나 '둘이서'에서 '서'가 주체 혹은 주어에 결합했다는 것이 '서'를 주격조사로 보아야 할 직접적인 근거는 될 수 없다. 다른 대부분의 보조사도 주어에 결합할 수 있기 때문이다. 물론 '서'가 주체 혹은 주어에만 결합한다는 점은 보통의 보조사와는 다른 점이지만 이는 다른 방법으로도 설명이 가능하다. 예를 들어 앞서 살펴보았듯이 '이서'의 '이'가 여동의 뜻을 더하는 접미사로서 그 의미 특성 상 주어에만 결합한다고 보면, '서'를 '(둘)이'의 뜻을 강조하는 보조사라고 하더라도 문제될 것이 없다. '서'는 본래부터 주어와 관련된 기능을 갖는 것은 아니지만 주어에만 결합하는 '이'를 강조하는 기능을 갖기 때문에 주어에만 결합하는 것처럼 보인다고 설명할 수 있기 때문이다.

문제는 보통의 보조사와 달리 '서'가 뚜렷한 의미를 갖지 못하고 자매항목을 전제하지도 않으며 수의적으로 생략되기도 한다는 것인데, 이 또한 '서'를 보조사로 보기 어려운 이유가 될 수 있을지는 의문이다. 흔한 것은 분명 아니라고 하더라도 보조사 가운데 단순히 선행어의 뜻을 강조하는 기능을 갖는 것이 없지 않기 때문이다. '역시'를 기본 의미로 갖는 보조사 '도'의 경우에도 다음과 같이 단순히 강조의 기능을 가질 수 있으며, 이때에는 자매항목도 전제되지 않으며 수의적 생략도 가능하다.[63)

(16) ㄱ. 너무(나)<u>도</u> 피곤해서 잠이 들었다.

ㄴ. 아마<u>도</u> 내년에는 이루어지리라. (홍사만 1983:166)

(16)은 부사에 붙은 보조사의 예이지만 명사에 붙는 보조사 가운데에도 '다가'처럼 자매항목도 전제되지 않으며 수의적 생략도 가능한 것이 있다.[64]

(17) ㄱ. 책상에<u>다가</u> 꽃병을 올려놓았다.

ㄴ. 영희한테<u>다가</u> 모든 사실을 말했다.

ㄷ. 병으로<u>다가</u> 머리를 내리쳤다.

더욱이 '이서'의 '서'와 동일한 형태가 다음과 같이 다른 보조사('치고')의 뒤나 어미('기로')의 뒤에 결합하여 강조하는 뜻을 더할 수도 있다는 점을 주목할 수 있다.[65] 물론 이때에도 자매항목은 전제되지 않으며 수의적으로 생략될 수도 있다.

(18) ㄱ. 우리 학교 학생<u>치고서</u> 그를 모르는 사람은 없다.

---

63. 『표준국어대사전』에 따르면 (16ㄱ)의 '너무나'는 '너무'를 강조하여 이르는 말이므로 이때의 '나'도 강조의 보조사로 볼 수 있다. 물론 '나'가 결합할 때에도 자매항목은 전제되지 않는나.

64. 『표준국어대사전』에서는 '다가'를 '의미를 더 뚜렷하게 하는' 보조사로 보았다.

65. 이 예문은 『표준국어대사전』에서 가져온 것인데 '치고서, 기로서'가 '치고, 기로'를 강조하여 이르는 말이라는 설명만 있을 뿐 '서' 항에는 이와 관련된 기술이 없다. 이때의 '서'가 '이서'의 '서'와 같은 것인지는 분명하지 않으나 '이서'의 '서'를 보조사로 보면 같은 범주에서 충분히 다룰 수 있을 것으로 보인다. 이 외에도 '(은즉)슨, (기로서)니, (다시)금' 등 강조의 기능을 갖는 것으로 보이지만 기술이 누락되어 있는 형태가 있다. 다만 '금'의 경우에는 옛 형태 '곰'이 앞말의 뜻을 강조하는 보조사로 기술되어 있다.

ㄴ. 눈이 좀 <u>좋기로서</u> 망원경을 당하겠소?

　본 연구에서는 '서'가 여동의 뜻을 더하는 접미사 '이' 뒤에 붙어 강조의 뜻을 나타내는 보조사라고 본다. '서'가 강조의 뜻을 나타낸다는 것은 '서'가 결합한 문장과 결합하지 않은 문장 사이에 별다른 의미 차이가 없다는 것을 뜻하는 동시에 '서'가 붙으면 '이'가 갖는 의미(여동)가 더욱 분명해진다는 것을 뜻하기도 한다. 앞서 살펴보았듯이 (10ㄱ)은 (10ㄴ)과 같은 뜻('둘이 마주 앉아 …')으로 해석되기도 하고 (10ㄴ)과 다른 뜻('둘이 따로따로 …')으로 해석되기도 한다. 따라서 (10ㄴ)에서 '서'를 결합하지 않으면 두 가지 의미로 해석될 수 있어서 그 본래의 뜻이 분명하게 드러나지 않는다.

　(10) ㄱ. 그들 둘이 그 술을 마셨다.
　　　ㄴ. 그들 둘이서 그 술을 마셨다.

　한편 '이서'에서 보조사 '서'가 나타나지 않으면 '이서'의 '이'와 주격조사 '이'의 구별이 문제된다. 이때에는 고영근(1968/1989, 2008)에서와 같이 여동의 의미를 갖는지 갖지 않는지, 인수 '혼자'에 대응하는지 물수 '하나'에 대응하는지 등을 점검하여 이 둘을 구별할 수 있다.

　(19) ㄱ. 철수와 영희는 <u>둘이</u> 갔다.
　　　ㄴ. 철수와 영희 <u>둘이</u> 오지 않았다.

　(19ㄱ)에서 '철수와 영희는 둘이'는 '철수와 영희는 둘이서 함께'의 뜻을 가지며 '민호는 혼자'로 바꿀 수 있다. 따라서 (19ㄱ)의 '둘이'는 '둘'에

'이서'의 '이'가 결합한 것이다.[66] 그러나 (19ㄴ)의 '철수와 영희 둘이'는 '철수와 영희 둘이서 함께'의 뜻을 갖는다고 보기도 어렵고 '민호 혼자'로 바꾸기도 어렵다.[67] 따라서 (19ㄴ)의 '둘이'는 '둘'에 주격조사 '이'가 결합한 것이다. '둘이'는 (19ㄴ)에서는 '둘은'으로 바꿔 쓸 수 있지만 (19ㄱ)에서는 바꿔 쓸 수 없는 것도 이런 까닭에서이다.

(19)에서는 '서'가 붙을 수 있는지 없는지에 따라 '이서'의 '이'와 주격조사의 '이'를 구별할 수도 있지만 이는 절대적인 기준이 되지는 못한다. 다음과 같이 '서'가 붙을 수 있지만 '이서'의 '이'로 볼 수도 있고 주격조사 '이'로 볼 수도 있는 예가 있기 때문이다.

(20) ㄱ. 그들 둘이 그 술을 마셨다.

ㄴ. 철수와 영희 둘이 그곳에 갔다.

요컨대 '이서'의 '서'는 여동의 뜻을 더하는 접미사 '이' 뒤에 붙어서 '강조의 뜻을 나타내는' 보조사이다. 따라서 다른 보조사와 마찬가지로 보조사가 후행하기도 하며('둘이서만'), '는, 도' 등의 보조사와 결합할 수도 있으며('둘이서는, 둘이서도'), (보조사 '만'이 후행할 때) 주격조사와 보격조사 등의 구조격조사를 선행하기도 한다('둘이서만이, 둘이서가'). 그리고 일부 강조의 뜻을 갖는 보조사가 쓰인 문장에서와 마찬가지로 '서'가 쓰인 문장에서도 자매항목이 전제되지 않으며 '서'가 쓰

---

66. (19ㄱ)의 '둘이'는 '둘이서'에서 '서'가 생략된 것으로 볼 수도 있겠으나 이보다는 본래부터 '서'가 결합하지 않은 것으로 보는 것이 자연스럽다. 격조사, 특히 구조격조사와 달리 보조사는 수의적으로 생략되는 것이 아니라 나타나는 경우와 나타나지 않는 경우가 구별될 뿐이기 때문이다. 이러한 점은 앞서 편의상 수의적 생략이라고 본 (16), (17), (18)에서도 마찬가지이다.

67. (19ㄴ)도 이를테면 '철수와 영희 둘이 같이 왔니? 아니, 둘이 오지 않고 민호와 셋이서 함께 왔어.' 등과 같은 대화 상황에서 쓰였다고 보면 (19ㄱ)과 같은 해석도 가능하다.

인 문장과 쓰이지 않은 문장은 (강조 이외의) 특별한 의미 차이를 보이지 않는다.

인수(人數)를 나타내는 수사에 결합하지만 주격조사로 보기 어려운 '이'가 여동의 뜻만 갖는 것인지는 본 연구에서 미처 다루지 못했다. '우리 둘이는 그곳에 안 갈래.', '너희 둘이는 왜 그곳에 안 갔니?'와 같은 문장이 문제가 될 수 있다. 이 문장은 아주 자연스럽지는 않더라도 단순히 사람의 수를 지시하는 뜻으로도 어느 정도 쓸 수 있을 듯한데 이때에는 '서'의 결합도 어려워 보인다. 이러한 점을 고려하여 '서'와 결합할 수 없는 또 하나의 '이'를 설정할 수 있을지 의문이다. 이 문장이 여동의 뜻을 갖는 것으로 해석될 가능성이 전혀 없는 것인지, '서'가 절대로 결합할 수 없는 것인지도 분명하지 않다.

3. 조사의 결합 양상

격조사 가운데에는 (1ㄱ)과 같이 보조사 '만'을 후행하는 것들도 있고 (1ㄴ)과 같이 보조사 '만'을 선행하는 것들도 있다. 이러한 차이는 격조사를 구조격조사와 내재격조사(혹은 의미격조사)로 나누는 하나의 근거로 삼을 수 있다는 점에서 문법적 의의가 있다.

(1) ㄱ. <u>그녀만이</u> 그곳에 오지 않았다.

　　　<u>너만을</u> 사랑해.

　　　<u>너만의</u> 생각.

　　ㄴ. 나는 <u>도서관에서만</u> 공부를 한다.

　　　그는 어제 <u>도서관에만</u> 갔다.

　　　그는 <u>철수와만</u> 같이 가려고 한다.

한편 (2ㄱ)에서처럼 보조사 가운데에는 주격조사를 선행하는 것도 있고 선행할 수 없는 것도 있으며, (2ㄴ)에서처럼 부사격조사와 보조사가 결합할 때 부사격조사가 늘 선행하는 것도 있고 그 순서를 달리하여 결합하는 것도 있다.

(2) ㄱ. <u>그녀만이</u> 그곳에 오지 않았다.

　　*<u>그녀도가</u> 그곳에 오지 않았다.

ㄴ. 그는 {도서관에만, *도서관만에} 갔다.

　　그는 {도끼로만, 도끼만으로} 나무를 벴다.

　구체적인 기능의 차이에 따라, 그리고 그 형태에 따라 조사의 결합 양상이 다르다는 것은 달리 말하면 조사의 결합 양상을 검토하는 것이 그것의 문법적 기능을 설명하고 문법범주를 설정하는 데 일정한 역할을 할 수 있다는 것을 뜻한다. 조사의 분포를 다양한 관점에서 체계적으로 검토해야 할 이유가 바로 여기에 있다.[1]

　조사의 분포는 범주에 따라 대체적인 차이를 보이지만 조사나 선후행 요소의 형태에 따라 차이를 보이기도 한다. 이에 따라 본 연구에서는 조사의 분포를 범주별 분포와 형태별 분포로 나누어 살펴보기로 한다. 다만 조사의 후행 요소는 다른 조사가 대부분이므로 선행 요소를 중심으로 살펴볼 것이다. 조사와 조사의 결합 양상은 따로 떼어 3절에서 살펴보기로 한다.[2]

---

1. 본 연구에서 제시한 자료는 '21세기 세종계획'에서 구축한 550만 어절 규모의 형태소 분석 말뭉치를 토대로 한 것이다. 본 연구에서는 서술격조사를 조사가 아닌 것으로 보았고, '께서'를 보조사로 보았고, 또 5장의 3절에서 살펴보겠지만 보격조사를 따로 설정하지 않는다. 그러나 분포를 살피는 것은 그것의 범주 설정과 관련하여 의미가 있으므로 여기에서는 '21세기 세종계획'에서 설정한 조사 목록과 분류를 그대로 따랐음을 밝힌다.

2. 이 장의 1절 '조사의 선후행 요소'와 2절 '조사와 의존명사의 결합 양상'은 황화상(2004:37-63)에서 살펴본 것 가운데 일부를 오류를 수정하여 본서의 체재에 맞게 재구성한 것이며, 3절 '조사와 조사의 결합 양상'은 황화상(2004:37-63)에서 일부 조사를 대상으로 살펴본 것을 전체 조사로 확대한 것이다.

3.1. 조사의 선행 요소

주격조사를 선행하는 요소(분석 표지 기준)는 13개가 있는데 명사류(명사, 대명사, 수사, 명사형, 명사 파생 접미사, 명사형 전성 어미 등)가 대부분이고 이 외에 조사류(보조사, 부사격조사, 접속조사 등), 어기, 연결어미, 부사가 있다.[3]

  (1) 주격조사를 선행하는 요소

    ㄱ. 명사류

      일반명사(206481), 의존명사(27680), 대명사(23715), 명사파생접미사(20097), 고유명사(15050), 명사형전성어미(2614), 수사(1170)

    ㄴ. 조사류

      보조사(1460), 부사격조사(36), 접속조사(4)

    ㄷ. 기타

      연결어미(973), 어기(31), 일반 부사(30)

목적격조사를 선행하는 요소는 다음의 13개가 있는데 명사류(명사, 대명사, 수사, 명사형, 명사 파생 접미사, 명사형 전성 어미 등)가 대부분이고 이 외에 조사류(보조사, 부사격조사, 접속조사 등), 어기, 연결어미, 부사가 있다. 후행 요소의 수와 유형, 유형별 빈도 등이 주격조사와 다

---

3. 말뭉치에서 검색된 것 가운데에서 기호, 분석 오류에 의한 것, 띄어쓰기 오류에 의한 것을 제외한 것이며, 의존명사는 『표준국어대사전』에 등재된 것만을 대상으로 했다(말뭉치에는 '개짜리, 년씩' 등 의존명사와 접미사의 결합형이 포함되어 있어 이를 제외한 것임). 이하에서 제시된 것도 이와 같다. 한편 보격조사는 주격조사 '이/가'와 형태가 같고 형태소 결합 관계 또한 크게 다르지 않을 것이므로 따로 살펴보지 않기로 한다.

를 바 없다.[4]

(2) 목적격조사를 선행하는 요소

　ㄱ. 명사류

　　일반명사(349625), 의존명사(20170), 대명사(14646), 명사파생접
　　미사(8949), 고유명사(8697), 명사형전성어미(7592), 수사(826)

　ㄴ. 조사류

　　보조사(1654), 부사격조사(270), 접속조사(3)

　ㄷ. 기타

　　연결어미(2792), 어기(70), 일반부사(56)

　관형격조사를 선행하는 요소는 다음의 12개가 있는데 명사류(명사,
대명사, 수사, 명사형, 명사 파생 접미사, 명사형 전성 어미 등)가 대부분이
고 이 외에 조사류(보조사, 부사격조사, 접속조사 등), 어기, 연결어미, 부
사가 있다. 후행 요소의 수와 유형은 주격조사, 목적격조사와 다를 바
없으나 조사류에서 부사격조사의 빈도가 보조사의 빈도보다 높다는
것이 주격조사, 목적격조사와 다르다.

(3) 관형격조사를 선행하는 요소

　ㄱ. 명사류

　　일반명사(182610),　고유명사(27308),　대명사(23639),　의존명사
　　(16408),　명사파생접미사(13589),　수사(2275),　명사형전성어미

---

4. 말뭉치에서는 이외에 감탄사(2회)가 목적격조사를 후행하는 요소로 분석되었는데
'예, 아니오를 분명히 하지 않으면 곤란을 겪게 되는 경우가 많다.'와 같이 분석 오류
에 의한 것이어서 제외했다.

(425)

ㄴ. 조사류

부사격조사(7725), 보조사(1238), 접속조사(1)

ㄷ. 기타

연결어미(555), 일반부사(185), 어기(106)

부사격조사를 선행하는 요소는 다음의 13개가 있는데 명사류(명사, 대명사, 수사, 명사형, 명사 파생 접미사, 명사형 전성 어미 등)가 대부분이고 이 외에 조사류(보조사, 부사격조사 등), 연결어미, 부사, 관형형 전성 어미, 접속 부사 등이 있다.[5]

(4) 부사격조사를 선행하는 요소

ㄱ. 명사류

일반명사(395193), 의존명사(44022), 대명사(24671), 고유명사(22267), 명사형전성어미(13092), 명사파생접미사(10739), 수사(1277)

ㄴ. 조사류

부사격조사(1271), 보조사(1261)

ㄷ. 기타

연결어미(1096), 일반부사(155), 관형형전성어미(13), 접속부사(4)

인용격조사를 선행하는 요소는 다음의 6개가 있는데 명사류가 대

---

5. 부사격조사 가운데 접속 부사가 선행하는 것으로는 '서'가 유일하며, '서'를 선행하는 접속 부사로는 '그리고'가 유일하다.

부분인 다른 격조사와 달리 조사류(부사격조사, 보조사)가 대부분이라는 특징이 있다. 이 외에 명사류(명사, 대명사), 연결 어미, 긍정 지정사('이다'), 부사가 인용격조사를 선행한다.

(5) 인용격조사를 선행하는 요소
    ㄱ. 명사류
       일반명사(10), 고유명사(4), 대명사(3)
    ㄴ. 조사류
       부사격조사(1271), 보조사(1261)
    ㄷ. 기타
       연결어미(4), 긍정지정사(3), 일반부사(1)

조사 가운데 유일하게 호격조사는 선행하는 요소가 명사류에 국한되는데 이는 그 기능에 비추어 충분히 예측 가능하다.

접속조사를 선행하는 요소는 다음의 12개가 있는데 명사류(명사, 대명사, 수사, 명사형, 명사 파생 접미사, 명사형 전성 어미 등)가 대부분이고 이 외에 조사류(부사격조사, 보조사), 연결 어미, 어기, 부사가 있다.

(6) 접속조사를 선행하는 요소
    ㄱ. 명사류
       일반명사(62502), 고유명사(5642), 의존명사(1738), 명사파생접미사(995), 대명사(648), 명사형전성어미(552), 수사(74)
    ㄴ. 조사류
       부사격조사(201), 보조사(12)
    ㄷ. 기타

연결어미(42), 어기(37), 일반부사(4)

보조사를 선행하는 요소는 다음의 19개가 있다. 격조사에 비해 보조사가 훨씬 더 다양한 유형의 선행 요소에 결합한다는 것을 알 수 있다. 보조사를 선행하는 요소는 명사류(명사, 대명사, 수사, 명사형, 명사 파생 접미사, 명사형 전성 어미 등)가 상대적으로 많기는 하지만 격조사와 달리 조사류와 기타 요소의 유형과 수도 무시할 수 없다.

(7) 보조사를 선행하는 요소

　ㄱ. 명사류

　　일반명사(210147), 대명사(51883), 의존명사(46978), 고유명사(24761), 명사파생접미사(19842), 명사형전성어미(13361), 수사(2574)

　ㄴ. 조사류

　　부사격조사(63519), 보조사(5921), 주격조사(430), 인용격조사(164), 목적격조사(56), 접속조사(32)

　ㄷ. 기타

　　연결어미(29469), 일반부사(5926), 접속부사(1034), 어기(49), 감탄사(25), 종결어미(2)

3.2. 조사와 의존명사의 결합 양상

조사를 선행하는 요소 가운데 의존명사는 형태별로 결합 양상을 살펴볼 필요가 있다. 일반 명사와 달리 의존명사는 보편적으로 쓰이는 것도 있지만 특정 문장성분으로 자주 쓰이는 것도 있으므로 이를 통해 각 의존명사의 문법적 쓰임을 파악할 수 있기 때문이다. 예를 들어 고영근(1989)에서는 의존명사와 후행 조사의 결합 관계를 다음과 같이 제시했다.

(1) 의존명사와 조사의 결합 관계

    ㄱ. 보편성을 띤 것: 것, 녘, 놈, 따위, 데, 등, 등지, 무렵, 바, 분(분네), 이, 자, 쪽, 즈음, 축, 폭

    ㄴ. 주격조사와만 통합되는 것: 나위, 리, 수, 지, 턱

    ㄷ. 서술격조사와만 통합되는 것: 나름, 노릇, 따름, 때문, 마련, 뿐, 짝, 지경, 참, 터, 폭, 해

    ㄹ. 목적격조사와만 통합되는 것: 둥, 양, 줄 체

    ㅁ. 사용격조사와만 통합되는 것: 빨, 줄, 채

    ㅂ. 처소격조사와만 통합되는 것: 김, 딴, 바람, 섟, 짝, 차, 통

    ㅅ. 특수조사와만 통합되는 것: 대로, 듯, 만, 만큼, 뻔, 법, 상

    ㅇ. 조사와 대체로 결합되지 않는 것: 겸, 족족, 듯, 척, 둥, 겸, 양

본 연구에서는 고영근(1989), 임홍빈·이홍식(2000) 등 선행 연구에서 조사 결합 제약을 설명하기 위해 제시한 것과 김홍규 외(2002)에서 제시한 것('21세기 세종계획'에서 2002년도에 구축한 250만 어절 규모의 말뭉치에서 빈도 100 이상을 추출한 것)을 합친 105개의 의존명사를 대상으로 각 의존명사의 조사 결합 관계를 살펴보았는데, 결합하는 조사의 유형 수 순서에 따라 그 결과를 제시하면 다음과 같다.

(2) 의존명사 형태별 조사 결합 양상

형태	유형	주격	보격	관형격	목적격	부사격	호격	인용격	보조사	접속조사	긍정지정사
것	9	12799	4058	214	10649	11403	14	x	22277	443	42448
군	9	62	3	114	36	33	1	x	97	16	4
년	9	513	99	772	484	2038	45	x	1286	77	238
놈	9	320	17	275	116	105	80	x	284	5	173
자	9	267	11	145	123	195	4	x	276	70	83
말	8	3	5	93	11	191	x	x	291	33	24
살	8	41	66	87	10	67	x	x	99	6	124
따위	8	120	14	204	225	157	x	x	209	3	15
마리	8	195	7	194	131	42	x	x	115	12	25
번	8	59	41	197	127	589	x	x	1054	17	218
가지	8	185	58	254	208	299	x	x	180	3	137
간	8	8	5	1407	59	725	x	x	80	10	38
개	8	189	13	1378	359	247	x	x	244	42	129
개월	8	63	11	31	30	53	x	x	66	5	29
거리	8	55	68	7	68	64	x	x	35	10	59
군데	8	6	2	20	18	69	x	x	45	1	10
권	8	42	3	138	85	67	x	x	51	10	15
기	8	13	1	26	16	34	x	x	21	3	45
녀석	8	135	1	47	36	39	7	x	111	x	27
대	8	147	9	325	186	303	x	x	127	36	46
데	8	284	2	2	96	1442	x	x	1319	5	61
도	8	18	1	36	28	82	x	x	35	1	21
등	8	2108	13	2474	2853	2915	x	x	952	50	379
리	8	221	4	32	27	44	x	x	142	2	22
명	8	1389	24	1544	848	944	x	x	715	134	265
무렵	8	2	23	47	3	155	x	x	77	3	100
바	8	202	36	12	99	546	x	x	128	1	125
분	8	239	14	435	104	181	x	x	349	10	254
세	8	42	21	139	30	131	x	x	85	15	71
시	8	123	56	49	66	369	x	x	399	14	104
식	8	23	14	431	18	725	x	x	26	21	169

형태	유형	주격	보격	관형격	목적격	부사격	호격	인용격	보조사	접속조사	긍정지정사
씨	8	1352	9	1286	506	772	x	x	2534	254	168
월	8	34	24	314	47	792	x	x	635	54	71
위	8	15	3	39	97	107	x	x	26	1	41
이	8	118	x	37	11	25	1	x	123	3	18
일	8	71	19	202	123	656	x	x	1261	79	108
장	8	54	5	110	177	73	x	x	84	23	22
점	8	90	6	35	162	207	x	x	81	21	107
주년	8	2	11	4	93	5	x	x	2	1	8
주일	8	39	5	12	35	115	x	x	38	1	11
중	8	2	5	629	1	2541	x	x	5	9	1434
쪽	8	375	27	369	438	2663	x	x	437	36	140
채	8	19	1	20	28	293	x	x	18	7	39
편	8	180	43	285	107	285	x	x	112	19	477
평	8	13	2	101	62	84	x	x	53	6	15
호	8	80	4	83	51	255	x	x	111	3	48
회	8	12	1	27	9	77	x	x	13	1	8
가량	7	44	6	92	26	12	x	x	17	x	72
개국	7	19	x	17	12	41	x	x	8	6	8
거	7	7	6	x	8	12	x	x	64	7	2821
건	7	23	x	87	32	100	x	x	35	2	19
년대	7	17	x	236	70	342	x	x	144	36	20
년도	7	1	x	34	6	77	x	x	15	2	1
녘	7	x	5	4	3	39	x	x	5	1	4
등등	7	23	x	54	15	15	x	x	14	1	6
만큼	7	3	2	87	10	2	x	x	125	x	11
발	7	7	x	12	14	10	x	x	8	2	2
부	7	6	x	13	20	76	x	x	25	3	4
설	7	79	x	22	68	72	x	x	76	17	15
양	7	70	x	106	44	61	x	x	176	16	20
인	7	15	x	44	22	22	x	x	17	4	4
적	7	1298	x	16	1	175	x	x	499	1	23

형태	유형	주격	보격	관형격	목적격	부사격	호격	인용격	보조사	접속조사	긍정지정사
종	7	10	5	40	5	37	x	x	15	x	1
주	7	12	3	34	17	53	x	x	32	x	5
차	7	2	x	12	12	123	x	x	21	4	17
척	7	55	x	57	31	14	x	x	49	3	16
초	7	2	x	58	9	233	x	x	160	3	39
측	7	283	x	343	16	503	x	x	534	27	12
통	7	7	x	21	22	74	x	x	12	1	5
판	7	5	3	11	10	86	x	x	7	x	137
만	6	8	3	44	x	788	x	x	55	x	97
내	6	3	x	307	5	586	x	x	5	x	3
노릇	6	4	18	x	115	14	x	x	47	x	181
법	6	108	4	x	x	1	x	x	93	3	226
뿐	6	x	9	6	1	91	x	x	862	x	2290
수	6	2959	x	9	12	8	x	x	6336	x	5
지	6	92	x	4	49	21	x	x	177	x	5
지경	6	x	44	2	6	96	x	x	2	x	238
폭	6	3	x	23	4	2	x	x	2	x	2
푼	6	1	x	19	15	12	x	x	53	x	16
등지	5	x	x	29	19	204	x	x	3	x	2
때문	5	2	163	x	x	7040	x	x	100	x	6908
짝	5	117	x	2	6	3	x	x	2	x	x
줄	4	x	x	x	247	89	x	x	365	x	23
대로	4	x	x	20	1	x	x	x	23	x	22
셈	4	x	31	x	x	4	x	x	7	x	518
즈음	4	x	x	4	x	34	x	x	8	x	17
한	4	32	x	x	x	24	x	x	10	x	1
바람	3	x	x	1	x	456	x	x	x	x	5
터	3	x	x	x	x	37	x	x	3	x	1869
나름	3	x	x	226	x	537	x	x	x	x	19
딴	3	x	x	x	x	29	x	x	2	x	x
외	3	x	x	76	x	725	x	x	9	x	x

형태	유형	주격	보격	관형격	목적격	부사격	호격	인용격	보조사	접속조사	긍정지정사
체	3	x	x	x	32	x	x	x	12	x	3
턱	3	45	x	x	x	1	x	x	14	x	x
마련	2	x	x	x	x	1	x	x	x	x	656
김	2	x	x	x	x	122	x	x	x	x	6
둥	2	x	x	2	x	x	x	x	x	x	1
나위	2	43	x	x	x	x	x	x	41	x	x
따름	1	x	x	x	x	x	x	x	x	x	199
듯	1	x	x	x	x	x	x	x	64	x	x
겸	0	x	x	x	x	x	x	x	x	x	x
듯이	0	x	x	x	x	x	x	x	x	x	x
뻔	0	x	x	x	x	x	x	x	x	x	x
족족	0	x	x	x	x	x	x	x	x	x	x

　10개의 조사(긍정 지정사 '이다' 포함)와 모두 결합하는 의존명사는 없다. '것, 군, 년, 놈, 자' 등 5개 의존명사는 인용격조사를 제외한 모든 조사에 결합하여 조사와의 결합이 가장 자유롭다. 이 밖에 '따위, 마리, 녀석, 이' 등 42개 의존명사는 8개 조사와, '가량, 개국, 만큼, 양' 등 23개 의존명사는 7개 조사와 결합하여 조사와의 결합이 비교적 자유로운 것들이다.

　한편 '겸, 듯이, 뻔, 족족' 등 4개 의존명사는 어떤 조사와도 결합하지 않으며, '따름'은 서술격조사(긍정지정사)를 제외한 어떤 조사와도 결합하지 않으며, '듯'은 보조사를 제외한 어떤 조사와도 결합하지 않는다. 이 밖에 '마련, 김, 둥, 나위' 등 4개 의존명사는 2개 조사와만, '바람, 터, 나름, 딴, 외, 체, 턱' 등 7개 의존명사는 3개 조사와만 결합하여 조사와의 결합이 극히 제약되는 것들이다.

　조사별로는 인용격조사가 어떤 의존명사와도 결합하지 않아 가장 제약이 심하고, 다음으로 호격조사는 '놈, 년, 것, 녀석, 자, 군, 이' 등 7개 의존명사와만 결합한다. 인용격조사와 호격조사를 제외한 다른 조사는 의존명사와의 결합이 비교적 자유롭다. 주격조사는 82개, 보격조사는 60개, 관형격조사는 85개, 목적격조사는 83개, 부사격조사는 95개, 보조사는 95개, 접속조사는 65개, 긍정 지정사는 95개 의존명사와 결합한다. 각 조사별 의존명사의 결합 제약을 보이면 다음과 같다.

(3) 의존명사 형태별 조사 결합 제약

    ㄱ. 주격조사와 결합하지 않는 의존명사 (23개)

        겸, 듯이, 뻔, 족족, 듯, 외, 딴, 뿐, 터, 마련, 셈, 지경, 따름, 줄, 대로, 나름, 즈음, 김, 바람, 녘, 체, 등지, 등

    ㄴ. 보격조사와 결합하지 않는 의존명사 (45개)

        겸, 듯이, 뻔, 족족, 듯, 외, 딴, 터, 마련, 따름, 줄, 대로, 나름, 즈음, 김, 바람, 체, 등지, 등, 수, 적, 측, 이, 짝, 지, 설, 양, 척, 턱, 나위, 한, 건, 등등, 개국, 년대, 인, 통, 발, 부, 내, 폭, 초, 차, 푼, 년도

    ㄷ. 관형격조사와 결합하지 않는 의존명사 (20개)

        겸, 듯이, 뻔, 족족, 듯, 딴, 터, 마련, 따름, 줄, 김, 체, 턱, 나위, 한, 때문, 셈, 노릇, 거, 법

    ㄹ. 목적격조사와 결합하지 않는 의존명사 (22개)

        겸, 듯이, 뻔, 족족, 듯, 딴, 터, 마련, 따름, 김, 턱, 나위, 한, 때문, 셈, 법, 나름, 외, 만, 즈음, 등, 바람

    ㅁ. 부사격조사와 결합하지 않는 의존명사 (10개)

        겸, 듯이, 뻔, 족족, 듯, 따름, 나위, 등, 체, 대로

    ㅂ. 보조사와 결합하지 않는 의존명사 (10개)

　　겸, 듯이, 뻔, 족족, 따름, 둥, 나름, 바람, 김, 마련
　ㅅ. 접속조사와 결합하지 않는 의존명사 (40개)
　　따름, 겸, 듯이, 뻔, 족족, 둥, 나름, 바람, 김, 마련, 수, 뿐, 줄, 지,
　　만큼, 녀석, 때문, 듯, 만, 푼, 노릇, 나위, 주, 대로, 가량, 종, 턱,
　　체, 한, 외, 즈음, 판, 셈, 내, 둥지, 터, 지경, 딴, 짝, 폭
　ㅇ. 긍정 지정사와 결합하지 않는 의존명사 (10개)
　　겸, 듯이, 뻔, 족족, 듯, 나위, 턱, 외, 딴, 짝

　부사격조사는 보조사와 더불어 의존명사와 가장 자유롭게 결합하는데, 형태에 따라 의존명사와의 결합 양상에 큰 차이를 보인다. 의존명사에 가장 보편적으로 결합하는 부사격조사 '(으)로, 에, 에서'에 국한해 보면, '나름, 가량, 이, 셈, 거, 마련' 등 6개 의존명사는 '(으)로'와만 결합하고, '김, 터, 뿐, 법, 턱, 폭, 주년' 등 7개 의존명사는 '에'와만 결합하는데, '에서'와만 결합하는 의존명사는 없다.

　(4) 조사 형태('-으로, 에, 에서')별 의존명사 결합 양상
　　ㄱ. '(으)로'와만 결합하는 의존명사
　　　나름, 가량, 이, 셈, 거, 마련
　　ㄴ. '에'와만 결합하는 의존명사
　　　김, 터, 딴, 법, 턱, 폭, 주년
　　ㄷ. '에, 에서'와만 결합하는 의존명사
　　　즈음, 한

　부사격조사를 선행하는 의존명사 95개와 부사격조사 '(으)로, 에, 에서'의 결합 관계를 제시하면 다음과 같다. 의존명사를 가나다순으

로 배열한 것인데, 수치는 각 의존명사와 결합하는 조사의 빈도이다.

〈부사격조사와 의존명사의 결합 양상〉

형태	(으)로	에	에서	형태	(으)로	에	에서
가량	12	x	x	등등	9	5	x
가지	265	25	1	등지	12	86	100
간	15	693	12	따위	57	53	5
개	115	99	16	딴	x	29	x
개국	3	16	17	때문	77	6959	4
개월	11	30	7	리	16	19	7
거	2	x	x	마련	1	x	x
거리	50	10	1	마리	9	21	3
건	36	57	2	만	2	784	x
것	6952	923	115	만큼	1	1	x
군	1	6	3	말	24	138	14
군데	15	20	15	명	334	344	46
권	32	32	1	무렵	4	149	2
기	10	15	9	바	35	181	x
김	x	121	x	바람	17	437	1
나름	51	x	x	발	9	1	x
내	27	235	321	번	21	543	1
녀석	2	3	x	법	x	1	x
년	78	1847	52	부	22	14	38
년대	15	309	13	분	29	92	10
년도	2	74	x	뿐	12	4	x
녘	2	36	1	살	7	52	8
노릇	5	7	1	설	20	26	12
놈	13	5	x	세	35	69	11
대	83	170	35	셈	3	x	x
데	117	470	66	수	6	1	x
도	33	15	31	시	12	314	16
등	932	1186	424	식	707	2	3

형태	(으)로	에	에서
씨	26	145	3
양	21	4	x
외	26	691	8
월	43	716	22
위	50	52	4
이	5	x	x
인	6	7	1
일	146	469	18
자	49	40	4
장	29	26	13
적	1	169	x
점	30	37	129
종	12	20	4
주	5	46	2
주년	x	5	x
주일	1	112	2
줄	85	4	x
중	41	1473	1026
즈음	x	30	4
지	5	16	x

형태	(으)로	에	에서
지경	24	69	3
짝	1	2	x
쪽	1260	656	646
차	40	76	7
채	285	6	1
척	4	6	x
초	20	204	1
측	2	175	219
터	x	36	x
턱	x	1	x
통	3	70	1
판	2	71	8
편	109	119	50
평	24	53	2
폭	x	2	x
푼	3	8	x
한	x	7	17
호	78	116	37
회	28	46	3

3.3. 조사와 조사의 결합 양상

조사와 조사의 결합은 대체로 범주에 따라 결정되지만 같은 범주에
속하는 조사라고 하더라도 형태에 따라 일정한 차이를 보이기도 한다.
이에 따라 본 연구에서는 조사의 결합 양상을 범주별 결합 양상과 형
태별 결합 양상으로 나누어 살펴보기로 한다.

3.3.1. 개관

우리말 조사는 둘 이상이 서로 결합할 수 있지만 조사의 결합에는 일정한 제약이 있다. 예를 들어 보조사 '만'은 부사격조사 '으로'와는 (1ㄱ)과 같이 그 순서를 달리하여 결합할 수 있지만, 부사격조사 '에서'와는 (1ㄴ)과 같이 '에서'가 선행할 때에만 결합이 가능하다.

(1) 조사 결합의 양상 1
ㄱ. <u>바늘만으로</u> 바느질을 할 수는 없다.
이 나무는 <u>톱으로만</u> 자를 수 있다.
ㄴ. <u>도서관에서만</u> 책을 읽는다.
*<u>식당만에서</u> 밥을 먹는다.

더욱이 동일한 두 개의 조사가 서로 결합할 때에도 때에 따라 결합 양상에 차이를 보인다. 예를 들어 보조사 '만'과 주격조사 '이'는 (2ㄱ)에서처럼 서로 결합하기도 하지만 (2ㄴ)에서처럼 서로 결합하여 쓰일 수 없을 때도 있다.

(2) 조사 결합의 양상 2
ㄱ. <u>그녀만이</u> 그곳에 오지 않았다.
ㄴ. *<u>철수만이</u> 오면 아기가 운다.

우리말 조사는 두 개가 중첩되는 것이 가장 흔하기는 하지만 한 어절에 최대 4개까지 중첩될 수 있다. 4개 조사의 중첩은 한 유형만 가능할 뿐만 아니라 중첩되는 조사 형태도 '에서+뿐+만+이'가 유일하다.[6)]

(3) 4개 조사의 중첩

　부사격조사+보조사+보조사+보격조사: (술집)+에서+뿐+만+이

　3개 조사의 중첩은 열 유형이 가능한데, 부사격조사와 보조사만이 첫 번째 위치에 결합하고, 호격조사, 인용격조사, 접속조사는 3개 조사의 중첩에는 쓰이지 않는다.

(4) 3개 조사의 중첩

　ㄱ. 부사격조사가 첫 번째 위치에 결합

　부사격조사+부사격조사+부사격조사: (사람)+에게+서+처럼

　부사격조사+부사격조사+관형격조사: (시간)+에+로+의

　부사격조사+부사격조사+보조사: (여기)+서+만큼+은

　부사격조사+보조사+보격조사: (시)+에서+만+이

　부사격조사+보조사+관형격조사: (체제)+로+까지+의

　부사격조사+보조사+주격조사: (소설)+에서+만+이

　부사격조사+보조사+보조사: (나)+에게+조차+도

　ㄴ. 보조사가 첫 번째 위치에 결합

　보조사+부사격조사+보조사: (것)+만+으로+도

　보조사+보조사+보격조사: (영화)+뿐+만+이

　보조사+보조사+목적격조사: (여기)+까지+만+을

　2개 조사의 중첩은 스물 한 개 유형이 가능한데, 호격조사만 유일하게 다른 조사와 중첩되지 않는다. 그리고 인용격조사는 첫 번째 위치

---

6. 말뭉치에서는 '보조사+부사격조사+보조사+보조사'의 중첩('알지만서도요')도 나타났지만 이는 어미 '-지만'의 오분석에 의한 것이므로 제외한다.

에만 결합하며, 보격조사와 관형격조사는 두 번째 위치에만 결합한다.

(5) 2개 조사의 중첩

ㄱ. 주격조사가 첫 번째 위치에 결합

주격조사+보조사 : (아버지)+께서+는

ㄴ. 목적격조사가 첫 번째 위치에 결합

목적격조사+보조사 : (개)+를+요

ㄷ. 부사격조사가 첫 번째 위치에 결합

부사격조사+접속조사 : (이상)+에서+와

부사격조사+부사격조사 : (그)+에게+로

부사격조사+보격조사 : (차원)+에서+가

부사격조사+관형격조사 : (앞)+으로+의

부사격조사+목적격조사 : (학교)+에+ㄹ

부사격조사+주격조사 : (여기)+부터+가

부사격조사+보조사 : (이후)+부터+는

ㄹ. 인용격조사가 첫 번째 위치에 결합

인용격조사+보조사 : ('신')+이라고+도

ㅁ. 보조사가 첫 번째 위치에 결합

보조사+접속조사 : (저녁)+까지+와

보조사+부사격조사 : (이유)+만+으로

보조사+보격조사 : (인간)+만+이

보조사+관형격조사 : (나)+만+의

보조사+목적격조사 : (것)+만+을

보조사+주격조사 : (사람)+만+이

보조사+보조사 : (현재)+까지+는

ㅂ. 접속조사가 첫 번째 위치에 결합

접속조사+관형격조사 : (은지)+하고+의

접속조사+주격조사 : (일본)+하고+가

접속조사+목적격조사 : (빵)+이랑+을

접속조사+보조사 : (누나)+하고+도

이 가운데에서 접속조사와 주격조사, 접속조사와 보조사, 부사격조사와 주격조사 등의 결합은 그 예가 극히 적어 자유롭지 못하고, 보조사와 보조사, 부사격조사와 부사격조사, 부사격조사와 보조사 등의 결합은 그 예가 많아 자유롭다는 것을 알 수 있다. 부사격조사와 보조사가 서로 자유롭게 결합할 수 있는 것은 의미 기능이 서로 다른 다양한 형태가 존재하기 때문이다.

3.3.2. 범주별 결합 양상

주격조사는 다른 조사와의 결합이 극히 제약된다. 주격조사 '이/가'를 선행하는 조사로는 보조사, 부사격조사, 접속조사가 있는데, 보조사는 전체 47개 가운데 다음의 8개가, 부사격조사는 전체 62개 가운데 다음의 11개가 주격조사에 선행 결합할 뿐이다.[7]

(6) 주격조사를 선행하는 조사

ㄱ. 보조사

만(1276), 부터(104), 까지(53), 나(16), 조차(7), 뿐(2), 마다(1), 마

---

7. 말뭉치에서 추출한 자료 가운데 '와/과, 은/는/ㄴ, 으로/로' 등의 이형태는 하나로 묶어 처리했고 '부터, 부팀' 등의 방언형은 따로 떼어 처리했다.

저(1)

ㄴ. 부사격조사

으로서(8), 에다(7), 에서(7), 으로(4), 다(2), 에게(2), 으로써(2), 이랑(1), 서(1), 서부터(1), 에서부터(1)

ㄷ. 접속조사[8]

하고(3), 과(1)

주격조사를 후행하는 요소는 조사가 유일하고 조사 가운데에서도 보조사가 유일하다. '이/가'를 후행하는 보조사는 '요'가 유일하며 '께서'를 후행하는 보조사는 '는, 도'가 대부분이고 이 외에 '만, 부터, 요'가 있다. '께서'가 주격조사가 아니라고 보고(본서 2장의 3절 참조) 선행 요소 제약이 거의 없는 보조사 '요'를 제외하면 주격조사를 후행하는 요소는 없는 것이나 다름없다.

(7) 주격조사를 후행하는 보조사

ㄱ. '이/가'를 후행하는 보조사

요(384)

ㄴ. '께서'를 후행하는 보조사

는(282), 도(66), 만(1), 부터(1), 요(1)

목적격조사도 다른 조사와의 결합이 극히 제약된다. 목적격조사를 선행하는 조사로는 보조사, 부사격조사, 접속조사가 있는데, 보조사

---

8. 접속조사와 주격조사의 중첩은 '옛날 우리 조선하고 일본하고가 난리 친 것 말야.', '凡夫의 생활은 그대로가 욕망의 생활이고, 특히 食과 色과가 凡夫의 근본적 욕망이라 하여, 범인은 이 欲塊를 벗어나지 못한다는 帝王과의 설화가 있다.' 등의 예가 있다.

는 전체 47개 가운데 다음의 9개가, 부사격조사는 전체 62개 가운데 다음의 7개가 목적격조사에 선행 결합할 뿐이다.

(8) 목적격조사를 선행하는 조사
　ㄱ. 보조사
　　만(1472), 까지(168), 부터(6), 마다(2), 조차(2), 꺼지(1), 서껀(1), 요(1), 이나(1)
　ㄴ. 부사격조사
　　에(247), 서(15), 만큼(2), 와(2), 대로(1), 에게(1), 에서(1)
　ㄷ. 접속조사[9]
　　이나(1), 이랑(1), 하고(1)

　목적격조사를 후행하는 요소도 조사가 유일하고 조사 가운데에서도 보조사 '요'가 유일하다. 보조사 '요'가 선행 요소 제약이 거의 없는 보조사라는 점을 고려하면 목적격조사를 후행하는 요소도 없는 것이나 다름없다.

　관형격조사를 선행하는 조사로는 보조사, 부사격조사, 접속조사가 있다. 주격조사, 목적격조사 등 다른 구조격조사와 달리 관형격조사에는 보조사보다 부사격조사가 그 유형과 수 면에서 훨씬 더 활발하게 결합한다는 것을 알 수 있다.

(9) 관형격조사를 선행하는 조사
　ㄱ. 부사격조사

---

9. 접속조사와 목적격조사의 중첩은 '우유랑 빵이랑을 너무 많이 먹었을 때, 엄마는 가끔씩 샛별이의 불러진 배를 쿡쿡 찌르며 야단치곤 했었기 때문이다.' 등의 예가 있다.

      과(1613), 대로(144), 으로(600), 으로부터(293), 으로서(1684), 으로써(5), 만큼(33), 서(34), 서부터(1), 에(457), 에게(2), 에서(1827), 에서부터(1), 와(998), 하고(3)

   ㄴ. 보조사

      까지(678), 나(3), 나마(12), 마다(32), 만(473), 부터(38), 뿐(2)

   ㄷ. 접속조사

      하고(1)

  관형격조사는 조사가 후행하지 못할 뿐만 아니라 어떤 다른 요소도 후행하지 못한다. 조사 가운데 후행 요소가 없는 유일한 조사인데 이는 다른 조사와 달리 명사와 명사 사이의 문법적 관계를 나타내는 기능상의 특수성에서 비롯된 것이라고 볼 수 있다.

  부사격조사는 다른 조사가 선행하기도 하고 후행하기도 하여 보조사와 더불어 다른 조사와의 결합이 가장 자유롭다. 부사격조사를 선행하는 조사로는 부사격조사와 보조사가 있다.

  (10) 부사격조사를 선행하는 조사

   ㄱ. 부사격조사

      에게(731), 에서(234), 에(160), 한테(77), 서(11), 으로서(15), 께(8), 대로(8), 으로(13), 헌테(4), 만큼(3), 처럼(2), 게(1), 만치(1), 에게서(1), 와(1), 한티(1)

   ㄴ. 보조사

      만(1103), 까지(119), 마다(18), 뿐(8), 부터(6), 나(6), 조차(1)

  부사격조사 가운데 가장 많은 조사가 선행하는 것은 '(으)로'로서 다음과 같은 부사격조사와 보조사가 선행한다.

    (11) '(으)로'를 선행하는 조사
        ㄱ. 부사격조사
           에게(254), 에(152), 한테(23), 께(8), 대로(8), 만큼(2), 처럼(2), 만치(1)
        ㄴ. 보조사
           만(902), 까지(49), 뿐(8), 부터(4)

호격조사와 인용격조사를 제외한 모든 조사는 부사격조사를 후행한다. 특히 관형격조사, 목적격조사, 보격조사, 주격조사 등의 구조격조사도 후행한다는 점에서 다른 조사와는 일정한 차이를 보인다. 부사격조사를 후행하는 조사 가운데 부사격조사와 보조사를 형태별 빈도에 따라 제시하면 다음과 같다.

    (12) 부사격조사를 후행하는 부사격조사와 보조사
        ㄱ. 부사격조사
           서(523), 으로(451), 처럼(118), 보다(79), 와(78), 만큼(14), 나(2), 루(2), 같이(1), 로다(1), 에(1)
        ㄴ. 보조사
           은/는(42645), 도(15090), 만(2920), 이나(1037), 까지(941), 야(602), 조차(136), 나마(129), 두(98), 밖에(71), 다가(45), 요(43), 뿐(38), 마저(27), 부터(24), 야말로(16), 다(15), 마다(10), 르랑(4), 꺼정(4), 사(3), 든지(1), 라도(1), 부텀(1)

　부사격조사 가운데 가장 많은 조사가 후행하는 것은 '에서'이다. 부사격조사 '에서'를 후행하는 조사로는 보격조사, 관형격조사, 부사격조사, 보조사가 있는데, 이 가운데 부사격조사 '에서'를 후행하는 부사격조사와 보조사에는 다음과 같은 것들이 있다.

　(13) '에서'를 후행하는 부사격조사와 보조사
　　ㄱ. 부사격조사
　　　처럼(111), 와(68), 보다(44), 만큼(10)
　　ㄴ. 보조사
　　　는(8544), 도(3335), 만(487), 나(194), 조차(92), 까지(53), 야(53), 나마(46), 뿐(25), 마저(19), 두(17), 마다(8), 요(5), 밖에(3), 부터(2), 야말로(2), ㄹ랑(1), 라도(1), 부텀(1)

　인용격조사도 다른 조사와의 결합이 극히 제약된다. 인용격조사를 선행하는 조사는 없으며 후행하는 조사는 보조사가 유일하다. 보조사 가운데에서도 다음의 다섯 형태만이 인용격조사를 후행한다.

　(14) 인용격조사를 후행하는 보조사
　　　도(85), 까지(31), 만(25), 는(20), 요(3)

　보조사도 다른 조사가 선행하기도 하고 후행하기도 하여 부사격조사와 더불어 다른 조사와의 결합이 가장 자유롭다. 조사 가운데 주격조사('께서' 제외), 보격조사, 호격조사, 관형격조사는 보조사('요' 제외)를 선행하지 못한다. 보조사를 선행하는 부사격조사, 보조사에는 다음과 같은 것들이 있다.

(15) 보조사를 선행하는 부사격조사와 보조사

　ㄱ. 부사격조사

　　에(29906), 에서(12884), 으로(6311), 에게(3793), 보다(3680), 와(3305), 로서(1261), 서(995), 한테(360), 만큼(323), 하고(194), 으로부터(97), 으루(68), 께(51), 으로써(58), 에게서(40), 대로(27), 헌테(26), 처럼(25), 랑(24), 한테서(15), 만치(9), 에다(8), 같이(7), 보고(7), 허구(7), 서부터(6), 에다가(6), 보담(5), 게(4), 더러(4), 에서부터(4), 하구(4), 루서(2), 르로(1), 보구(1), 한티(1)

　ㄴ. 보조사

　　까지(2619), 만(1413), 부터(596), 뿐(474), 조차(246), 밖에(178), 마저(162), 은/는(96), 치고(65), 말고(41), 도(8), 두(6), 꺼정(4), 르랑(3), 다가(3), 일랑(3), 나마(1), 마다(1), 만큼(1), 이나(1)

　보조사 가운데 가장 많은 조사가 선행하는 것은 '도'로서 부사격조사, 인용격조사, 보조사, 접속조사가 선행하는데, '도'를 선행하는 부사격조사와 보조사로는 다음과 같은 것들이 있다.

(16) '도'를 선행하는 조사

　ㄱ. 부사격조사

　　에(7214), 에서(3335), 보다(1238), 으로(1194), 에게(760), 와(605), 서(331), 로서(168), 한테(94), 으로부터(53), 하고(40), 만큼(30), 께(12), 로써(9), 만치(7), 에게서(7), 처럼(5), 같이(3), 대로(3), 보고(3), 한테서(3), 랑(2), 에다가(2), 에서부터(2), 더러(1), 보담(1), 에다(1), 헌테(1)

　ㄴ. 보조사

까지(967), 만(272), 조차(246), 마저(162), 말고(24), 부터(21), 밖에(5), 치고(2), 나마(1), 다가(1)

인용격조사와 호격조사를 제외한 모든 조사가 보조사를 후행하는데, 보조사를 후행하는 부사격조사와 보조사로는 다음과 같은 것들이 있다.

(17) 보조사를 후행하는 부사격조사와 보조사
　ㄱ. 부사격조사
　으로(963), 에(235), 와(29), 으로써(11), 에서(7), 으로서(5), 처럼(3), 하고(3), 서(2), 에게(2), 보다(1), 으루(1)
　ㄴ. 보조사
　은/는(2916), 도(1698), 만(761), 나(372), 요(95), 커녕(30), 이야(20), 두(17), 밖에(10), 뿐(1)

보조사 가운데 가장 많은 조사가 후행하는 것은 '까지'로서, 주격조사, 부사격조사, 목적격조사, 관형격조사, 접속조사, 보조사가 후행하는데, 이 가운데 '까지'를 후행하는 부사격조사와 보조사로는 다음과 같은 것들이 있다.

(18) '까지'를 후행하는 부사격조사와 보조사
　ㄱ. 부사격조사
　로(49), 에(38), 와(28), 로서(1), 보다(1), 처럼(1)
　ㄴ. 보조사
　도(967), 는(964), 나(368), 만(284), ㄴ(44), 두(11)

한편 보조사와 다른 조사의 결합은 대체로 그 결합 순서가 고정되어 있는데, '까지'와 '만'은 각각 부사격조사 '로, 에', '(으)로, (으)로써' 등과 그 순서를 달리하여 결합하기도 한다.

(19) '까지'와 '로, 에'의 결합
　ㄱ. 근무 경력은 1년 미만에서 <u>5년까지로</u> 다양한 편이다.
　　몽골과 동맹 <u>관계로까지</u> 발전했다.
　ㄴ. 그의 유년 시절 이야기는 <u>5권에까지</u> 실려 있다.
　　그의 유년 시절 이야기는 <u>5권까지에</u> 실려 있다.
(20) '만'과 '(으)로, (으)로써'의 결합
　ㄱ. <u>바늘만으로</u> 바느질을 할 수는 없다.
　　<u>우편으로만</u> 서류를 접수한다.
　ㄴ. '나의 길'의 <u>주석만으로써</u> 우리는 도덕철학의 체계를 ~.
　　행정 난맥도 정부의 ~ 엄정한 <u>집행으로써만</u> 해소될 수 있다.

접속조사도 선행 요소와의 제약이 심하다. 접속조사를 선행하는 조사로는 부사격조사와 보조사가 있는데 보조사는 '까지'가 유일하다.

(21) 접속조사를 선행하는 부사격조사와 보조사
　ㄱ. 부사격조사
　　에서(89), 으로(83), 에(15), 에게(8), 로서(3), 서(2), 한테(1)
　ㄴ. 보조사
　　까지(12)

접속조사는 주격조사, 목적격조사, 관형격조사, 부사격조사, 보조사 등 대부분의 조사가 후행한다. 접속조사가 다양한 유형의 조사와 결합할 수 있는 것은 예를 들어 '우유랑 빵이랑을 ~' 등과 같은 구성이 가능하기 때문이다.

3.3.3 .형태별 결합 양상1: 부사격조사

550만 어절 말뭉치에서 빈도 100 이상의 주요 부사격조사를 대상으로 다른 조사와의 결합 양상(빈도 순으로 기술)을 살펴보기로 한다. 부사격조사를 제외한 다른 격조사는 형태가 단순하므로 범주만 제시하고 부사격조사와 보조사는 그 형태를 같이 제시하기로 한다.

'에'를 선행하는 조사는 보조사가 유일한데 이 가운데 '까지'는 '에'를 후행하기도 한다. '에'를 후행하는 조사에는 구조격조사(관형격조사, 목적격조사), 부사격조사, 보조사가 있다. 구조격조사 가운데에는 주격조사와 보격조사가 '에'를 후행하지 못한다.[10]

    (22) ㄱ. '에'를 선행하는 조사

        〈보조사〉 까지, 마다

      ㄴ. '에'를 후행하는 조사

        〈목적격조사〉, 〈관형격조사〉,

        〈부사격조사〉 으로, 다가, 보다, 처럼

        〈보조사〉 는, 까지, 도, 만, 이나, 이야, 조차, 부터, 마저, 야말로, 나마, 요

---

10. '에'를 선행하는 조사로 '만'이 검색되었으나 모두 의존명사 '만'의 오류이다.

'(으)로'를 선행하는 조사에는 부사격조사, 보조사가 있고, '(으)로'를 후행하는 조사에는 구조격조사(관형격조사, 보격조사), 부사격조사, 보조사, 접속조사가 있다. 선행하는 보조사 가운데 '만, 뿐, 까지'는 '(으)로'를 후행하기도 한다는 점을 주목할 수 있다. 구조격조사 가운데에는 주격조사와 목적격조사가 '(으)로'를 후행하지 못한다.

(23) ㄱ. '(으)로'를 선행하는 조사

<부사격조사> 에게, 에, 께, 대로, 한테, 처럼, 만큼, 만치

<보조사> 만, 뿐, 까지, 부터

ㄴ. '(으)로'를 후행하는 조사

<관형격조사>, <보격조사>, <접속조사>

<부사격조사> 보다

<보조사> 는, 만, 도, 이나, 이나마, 까지, 밖에, 조차, 뿐, 이야

'에서'를 선행하는 조사로는 보조사 '마다'가 유일한데 '마다'는 '에서'를 후행하기도 한다는 점이 눈에 띈다. '에서'를 후행하는 조사에는 구조격조사(관형격조사, 보격조사), 부사격조사, 보조사, 접속조사가 있다. 구조격조사 가운데에서는 주격조사와 목적격조사가 '에서'를 후행하지 못한다.

(24) ㄱ. '에서'를 선행하는 조사

<보조사> 마다

ㄴ. '에서'를 후행하는 조사

<보격조사>, <관형격조사>, <접속조사>

<부사격조사> 보다, 와, 처럼, 만큼

〈보조사〉 도, 는, 만, 이나마, 뿐, 야말로, 밖에, 이나, 마저, 까지, 부터, 조차, 마다, 일랑, 이야, 요

'에게'를 선행하는 조사로는 보조사('마다, 이나')가 유일한데 이 가운데에서 '(이)나'는 '에게'를 후행하기도 한다. '에게'를 후행하는 조사에는 구조격조사(관형격조사), 부사격조사, 보조사가 있다. 구조격조사 가운데에는 관형격조사가 유일하게 '에게'를 후행한다.

(25) ㄱ. '에게'를 선행하는 조사
　　　〈보조사〉 마다, 이나
　　ㄴ. '에게'를 후행하는 조사
　　　〈관형격조사〉
　　　〈부사격조사〉 서, 으로, 보다
　　　〈보조사〉 는, 도, 만, 까지, 이나, 조차, 마저, 밖에, 이나마, 뿐, 요

'와'는 다른 조사와의 결합이 비교적 자유롭지 못하다. 선행하는 조사로는 부사격조사 '에서, 서', 보조사 '까지'가 있고, 후행하는 조사로는 구조격조사(목적격조사, 관형격조사), 보조사 '는, 도, 만'이 있을 뿐이다.

(26) ㄱ. '와'를 선행하는 조사
　　　〈부사격조사〉 에서, 서
　　　〈보조사〉 까지
　　ㄴ. '와'를 후행하는 조사

　　　　〈관형격조사〉, 〈목적격조사〉
　　　　〈보조사〉 는, 도, 만

　'처럼'은 다른 조사와의 결합이 비교적 자유롭지 못하다. '처럼'을 선행하는 조사로는 부사격조사 '에, 에서, 서'가 있고, 후행하는 조사로는 보격조사, 부사격조사 '으로', 보조사 '만, 는, 도, (이)나, 요'가 있을 뿐이다.

　(27) ㄱ. '처럼'을 선행하는 조사
　　　　　〈부사격조사〉 에, 에서, 서
　　　　ㄴ. '처럼'을 후행하는 조사
　　　　　〈보격조사〉
　　　　　〈부사격조사〉 으로
　　　　　〈보조사〉 만, 는, 도, 이나, 요

　'보다'를 선행하는 조사로는 부사격조사가 유일하고, '보다'를 후행하는 조사로는 보조사가 유일하다. 보조사 가운데에는 '는, 도, (이)야' 세 개만이 '보다'를 후행한다.

　(28) ㄱ. '보다'를 선행하는 조사
　　　　　〈부사격조사〉 에, 에게, 에서, 으로, 으로서, 한테
　　　　ㄴ. '보다'를 후행하는 조사
　　　　　〈보조사〉 는, 도, 이야

　'(으)로서'는 다른 어떤 조사도 선행하지 못한다. 구조격조사 가운데

에서는 관형격조사, 보격조사가 '(으)로서'를 후행하며 부사격조사 가
운데에서는 '보다'만이, 보조사 가운데에서는 '는, 도, 만, (이)나, 뿐' 등
이 '(으)로서'를 후행한다.

    (29) ㄱ. '(으)로서'를 선행하는 조사

         없음

       ㄴ. '(으)로서'를 후행하는 조사

         〈보격조사〉, 〈관형격조사〉

         〈부사격조사〉 보다

         〈보조사〉 는, 도, 만, 이나, 뿐

'(으)로써'는 다른 조사와의 결합에 제약이 심하다. 보격조사와 보조
사만이 '(으)로써'와 결합할 수 있는데 선행하는 조사로는 보조사 '만'
이 유일하고 후행하는 조사로는 보격조사와 보조사 '는, 도, 만'이 있
다. 보조사 '만'은 '(으)로써'에 선행하기도 하고 후행하기도 한다.

    (30) ㄱ. '(으)로써'를 선행하는 조사

         〈보조사〉 만

       ㄴ. '(으)로써'를 후행하는 조사

         〈보격조사〉

         〈보조사〉 는, 도, 만

'(으)로부터'는 다른 조사가 선행하지 못한다. 후행하는 조사도 관형
격조사와 보조사가 있을 뿐이다. 보조사 가운데에는 '는, 도, 만' 세 개
가 '(으)로부터'에 후행 결합할 수 있다.

    (31) ㄱ. '(으)로부터'를 선행하는 조사

         없음

      ㄴ. '(으)로부터'를 후행하는 조사

         〈관형격조사〉

         〈보조사〉 는, 도, 만

  '대로'를 선행하는 조사는 없다. 후행하는 조사도 관형격조사, 보조사 '는, 만'이 있을 뿐이어서 '대로'는 다른 조사와의 결합이 극히 제약된다는 것을 알 수 있다.

    (32) ㄱ. '대로'를 선행하는 조사

         없음

      ㄴ. '대로'를 후행하는 조사

         〈관형격조사〉

         〈보조사〉 는, 만

  '한테'는 다른 조사가 선행하지 못한다. 후행하는 조사로는 부사격조사 '다, (으)로, 보다, 서'와 보조사 '는, 도, 만, 까지, 조차, (이)나, (이)야'가 있다.

    (33) ㄱ. '한테'를 선행하는 조사

         없음

      ㄴ. '한테'를 후행하는 조사

         〈부사격조사〉 다, 로, 보다, 서

         〈보조사〉 는, 도, 만, 까지, 조차, 이나, 이야

‘만큼’은 다른 조사가 선행하기도 하고 후행하기도 하는데 선행하는 조사보다는 후행하는 조사의 유형과 수가 더 많다. ‘만큼’을 선행하는 조사로는 부사격조사 ‘에서, 서’가 있을 뿐이고 후행하는 조사로는 관형격조사, 부사격조사 ‘으로’, 보조사 ‘는, 도, 만, 밖에, 이나’가 있다.

(34) ㄱ. ‘만큼’을 선행하는 조사

〈부사격조사〉 에서, 서

ㄴ. ‘만큼’을 후행하는 조사

〈관형격조사〉

〈부사격조사〉 으로

〈보조사〉 는, 도, 만, 밖에, 이나

이 밖에 부사격조사 ‘더러’는 어떤 다른 조사도 선행하거나 후행하지 못하며, ‘에다’는 다른 조사가 선행하지 못하고 후행하는 조사도 보조사 ‘도’가 유일하다. 부사격조사 ‘같이’도 다른 조사가 선행하지 못하고 후행하는 조사도 보조사 ‘만’이 있을 뿐이다.

본 연구에서 살펴본 부사격조사 16개 가운데 부사격조사와 보조사가 모두 선행하는 것으로는 ‘으로, 와’가 있을 뿐이다. 그리고 ‘으로서, 으로부터, 대로, 한테, 더러, 에다, 같이’ 등의 부사격조사는 어떤 다른 부사격조사와 보조사도 선행하지 못한다.

(35) 부사격조사의 다른 조사와의 결합 양상1: 선행

ㄱ. 부사격조사와 보조사 모두 선행

으로, 와

ㄴ. 부사격조사만 선행

처럼, 보다, 만큼

ㄷ. 보조사만 선행

에, 에서, 에게, 으로써

ㄹ. 부사격조사와 보조사 모두 선행하지 못함

으로서, 으로부터, 대로, 한테, 더러, 에다, 같이

16개 부사격조사 가운데 다른 부사격조사와 보조사가 모두 후행하는 것으로는 '에, 에서, 에게, 으로, 으로서, 처럼, 대로, 한테, 만큼' 등 9개가 있다. 그리고 어떤 다른 부사격조사와 보조사도 결합하지 못하는 것으로는 '더러'가 유일하다.

(36) 부사격조사의 다른 조사와의 결합 양상2: 후행

ㄱ. 부사격조사와 보조사 모두 후행

에, 에서, 에게, 으로, 으로서, 처럼, 대로, 한테, 만큼

ㄴ. 부사격조사만 후행: 없음

ㄷ. 보조사만 후행

와, 보다, 으로써, 으로부터, 에다, 같이

ㄹ. 부사격조사와 보조사 모두 후행하지 못함

더러

부사격조사 가운데 '으로'는 다른 부사격조사와 보조사가 선행하기도 하고 후행하기도 하여 조사 결합이 가장 자유롭고, '더러'는 어떤 다른 부사격조사와 보조사도 선행하거나 후행하지 않아 조사 결합이 가장 제약된다. 그리고 보조사와만 결합하는 부사격조사에는 '(으)로써, (으)로부터, 에다, 같이'의 네 개가 있는데 이 가운데에서 '(으)로써'

는 보조사가 선행하기도 하고 후행하기도 하지만 '(으)로부터, 에다, 같이'는 보조사가 선행하지는 못하고 후행하기만 한다.

3.3.4. 형태별 결합 양상2: 보조사

550만 어절 말뭉치에서 빈도 100 이상의 주요 보조사 13개를 대상으로 다른 조사와의 결합 양상(빈도 순으로 기술)을 살펴보기로 한다. 부사격조사를 제외한 다른 격조사는 형태가 단순하므로 범주만 제시하고 부사격조사와 보조사는 그 형태를 같이 제시하기로 한다.

보조사 '은/는'과 '도'는 다른 조사와의 결합 양상에 별다른 차이를 보이지 않는다. 조사 형태에는 일부 차이가 있지만 '은/는, 도'는 다른 조사(부사격조사, 보조사)가 비교적 자유롭게 선행하지만 다른 조사가 후행하기는 어렵다. 인용격조사와 접속조사는 '은/는, 도'를 선행하지만 구조격조사('께서'를 논외로 하면)는 선행하지 못한다. 다른 요소와의 결합에 별다른 제약이 없는 '요'를 제외하면 '은/는, 도'를 후행하는 조사는 없다.

 (37) ㄱ. '은/는'을 선행하는 조사

   〈주격조사〉('께서'), 〈인용격조사〉, 〈접속조사〉

   〈부사격조사〉 와, 께, 대로, 으로, 으로부터, 으로서, 으로써, 보고, 보다, 서, 서부터, 에, 에게, 에서, 하고, 한테, 만큼, 처럼, 이랑

   〈보조사〉 까지, 마다, 만, 밖에, 부터, 치고, 일랑

  ㄴ. '은/는'을 후행하는 조사

   〈보조사〉 요

(38) ㄱ. '도'를 선행하는 조사

〈주격조사〉('께서'), 〈인용격조사〉, 〈접속조사〉

〈부사격조사〉 와, 께, 이랑, 으로, 으로부터, 으로서, 으로써, 만큼, 보다, 서, 에, 에게, 에다, 에서, 에서부터, 처럼, 하고, 한테

〈보조사〉 만, 까지, 마저, 조차, 밖에, 부터

ㄴ. '도'를 후행하는 조사

〈보조사〉 요

'만'은 다른 보조사가 선행하고 '까지'는 다른 보조사가 선행하지 못한다는 차이는 있지만 보조사 '만, 까지'는 구조격조사(주격조사, 목적격조사, 관형격조사), 부사격조사, 보조사가 후행한다는 점에서 '은/는, 도'와는 다른 공통점을 갖는다. 그리고 '만'과 '까지'는 서로 결합할 수 있는데 두 조사의 결합은 '만'이 '까지'를 선행('까지만', '만까지')할 때에만 가능하다.

(39) ㄱ. '만'을 선행하는 조사[11]

〈인용격조사〉

〈부사격조사〉 같이, 대로, 으로, 으로서, 으로써, 만큼, 서, 에, 에게, 에서, 이서, 처럼, 하고, 한테

〈보조사〉 까지, 부터, 뿐

ㄴ. '만'을 후행하는 조사

---

11. 말뭉치에서는 '만'에 주격조사 '이'가 선행 결합한 어절('단둘이만', 1회 출현), '밖에'가 후행 결합한 어절('콩꼬투리만밖에', 1회 출현), '이나'가 후행 결합한 어절('하나만이나', 1회 출현)이 추출되었으나 일반적인 것으로 보기 어려워 제외했다. 참고로 본 연구에서는 '단둘이만'의 '이'는 여동(더불어 함께 함)의 뜻을 더하는 접미사로 보는데 이에 대해서는 본서 2장의 4절을 참조할 수 있다.

　　　　〈주격조사〉, 〈목적격조사〉, 〈관형격조사〉, 〈보격조사〉

　　　　〈부사격조사〉 서, 에, 으로, 으로써

　　　　〈보조사〉 는, 도, 요

(40) ㄱ. '까지'를 선행하는 조사

　　　　〈인용격조사〉

　　　　〈부사격조사〉 께, 으로, 에, 에게, 에서, 한테

　　ㄴ. '까지'를 후행하는 조사

　　　　〈주격조사〉, 〈목적격조사〉, 〈관형격조사〉, 〈접속조사〉

　　　　〈부사격조사〉 으로, 에, 와

　　　　〈보조사〉 는, 도, 만, 이나, 밖에, 이야

　　'부터'는 다른 조사가 선행하기 어려운 보조사 가운데 하나이다. 말뭉치에서 '부터'를 선행하는 부사격조사로 '에, 에서'가 확인되었는데 '에서'는 (세종 말뭉치에서 결합형으로 처리한) '에서부터'를 잘못 떼어 분석한 결과이며 '에'는 '전에부터'(1회 출현)가 유일하다. '부터'를 후행하는 조사로는 주격조사, 목적격조사, 관형격조사 등의 구조격조사, 보조사 '는, 도, 만, 이야' 등이 있다. '부터'를 후행하는 부사격조사로 '서'가 확인되었지만('자체부터서, 전야제부터서' 각각 1회 출현) 일반적인 것으로 보기 어렵다.

(41) ㄱ. '부터'를 선행하는 조사[12]

　　　　〈부사격조사〉 에, 에서

　　ㄴ. '부터'를 후행하는 조사

---

12. 말뭉치에서는 '부터'에 주격조사 '께서'가 선행 결합한 어절이 추출되었으나 '뒤꼍께서 부터'의 접미사 '께'를 잘못 분석한 것이므로 제외했다.

〈주격조사〉, 〈목적격조사〉, 〈관형격조사〉, 〈보격조사〉

〈부사격조사〉 서

〈보조사〉 는, 도, 만, 이야

‘(이)나’를 선행하는 조사로는 접속조사, 부사격조사, 보조사(‘까지’)가 있고, 후행하는 조사로는 구조격조사(주격조사, 관형격조사), 부사격조사 ‘하고, 에게’가 있다. 부사격조사 ‘에게’는 보조사 ‘(이)나’를 선행하기도 하고 후행하기도 하는데 선행하는 것이 보통이다. ‘(이)나’를 후행하는 ‘에게’의 예는 ‘누구나에게’(1회 출현)에서 확인할 수 있는데 이 또한 ‘누구에게나’와 같이 쓰이기도 한다. 말뭉치에서 ‘(이)나’를 선행하는 보조사로 ‘만’이 확인(‘하나만이나’, 총 1회 출현)되었는데 일반적인 것이라고 보기는 어려워 제외했다.

(42) ㄱ. ‘(이)나’를 선행하는 조사

　　〈접속조사〉

　　〈부사격조사〉 으로, 으로서, 서, 에, 에게, 에서, 하고, 한테, 만큼, 처럼

　　〈보조사〉 까지

　　ㄴ. ‘(이)나’를 후행하는 조사

　　〈주격조사〉(‘누구나가, 아무나가’), 〈관형격조사〉, 〈보격조사〉

　　〈부사격조사〉 하고, 에게

‘밖에’를 선행하는 조사로는 부사격조사, 보조사 ‘까지’가 있고, 후행하는 조사로는 보조사 ‘는, 도’가 있다. 말뭉치에서 ‘밖에’를 선행하는 보조사로 ‘만’이 확인(‘콩꼬투리만밖에’, 총 1회 출현)되었는데 일반적인

것이라고 보기는 어려워 제외했다.

    (43) ㄱ. '밖에'를 선행하는 조사

        〈부사격조사〉 으로, 만큼, 에게, 에서, 서

        〈보조사〉 까지

     ㄴ. '밖에'를 후행하는 조사

        〈보조사〉 는, 도

  '마다'를 선행하는 조사는 부사격조사 '에서'가 유일하고, 후행하는 조사에는 주격조사, 목적격조사, 관형격조사 등의 구조격조사, 부사격조사 '에, 에게, 에서' 등이 있다.[13] 부사격조사 '에서'는 '마다'를 선행(3회 출현)하기도 하고 후행(2회 출현)하기도 한다. '에서'가 '마다'에 선행하는 예로는 '촌락에서마다, 계기에서마다, 만찬장에서마다'가 있고, 후행하는 예로는 '곳마다에서, 끝마다에서는'이 있다.

    (44) ㄱ. '마다'를 선행하는 조사

        〈부사격조사〉 에서

     ㄴ. '마다'를 후행하는 조사

        〈주격조사〉, 〈목적격조사〉, 〈관형격조사〉

        〈부사격조사〉 에, 에게, 에서

  '뿐'을 선행하는 조사는 부사격조사가 유일하고, 후행하는 조사는 보격조사, 부사격조사 '으로', 보조사 '만'이 있다. 특히 후행하는 조사

---

13. '마다'가 보조사 '는'에 결합한 어절('저마다는', 1회)이 추출되었으나 일반적인 것으로 보기 어려워 제외했다.

가 적은 것은 '뿐'이 '~뿐이 아니다, ~뿐만 아니라'와 같이 관용적으로 흔히 쓰이기 때문인 것으로 보인다. '(으)로'는 '뿐'을 선행하기도 하고 후행하기도 하는데 그 예가 극히 드물다. '으로뿐'은 '안내책자로뿐'의 예가 유일하고, '뿐으로'도 '생각뿐으로, 유산들뿐으로, 한때뿐으로'의 셋에 불과하다.

(45) ㄱ. '뿐'을 선행하는 조사

〈부사격조사〉 으로, 으로서, 에, 에게, 에서

ㄴ. '뿐'을 후행하는 조사

〈보격조사〉

〈부사격조사〉 으로

〈보조사〉 만

'(이)야'는 다른 조사가 선행하기는 하지만 후행하지는 못한다. '(이)야'를 선행하는 조사로는 부사격조사 '보다, 서, 에, 에서, 으로, 한테'와 보조사 '까지, 부터'가 있다.

(46) ㄱ. '(이)야'를 선행하는 조사

〈부사격조사〉 보다, 서, 에, 에서, 으로, 한테

〈보조사〉 까지, 부터

ㄴ. '(이)야'를 후행하는 조사

없음

의미 기능이 유사한 '조차'와 '마저'는 다른 조사와의 결합에서도 비슷한 양상을 보인다. 결합하는 조사의 형태에 차이는 있지만 부사격조사만 유일하게 '조차, 마저'를 선행하며, 보조사 '도'만이 유일하게 후행한다.

   (47) ㄱ. '조차'를 선행하는 조사

       〈부사격조사〉 서, 에, 에게, 에서, 으로, 한테

     ㄴ. '조차'를 후행하는 조사

       〈보조사〉 도

   (48) ㄱ. '마저'를 선행하는 조사

       〈부사격조사〉 에, 에게, 에서

     ㄴ. '마저'를 후행하는 조사

       〈보조사〉 도

'(이)나마'는 다른 조사와의 결합에 제약이 심하다. '(이)나마'를 선행하는 조사로는 부사격조사 '으로, 에, 에게, 에서'가 있다. 후행하는 조사로는 관형격조사('그나마의'), 보조사가 있는데 이 가운데 보조사는 '도'가 유일하다.

   (49) ㄱ. '(이)나마'를 선행하는 조사

       〈부사격조사〉 으로, 에, 에게, 에서

     ㄴ. '(이)나마'를 후행하는 조사

       〈관형격조사〉

       〈보조사〉 도

본 연구에서 살펴본 13개 보조사 가운데 부사격조사와 보조사('요' 제외)가 모두 선행하는 것으로는 '은/는, 도, 만, (이)나, 밖에, (이)야' 등의 6개가 있다. 이 여섯을 제외한 7개 보조사는 모두 부사격조사만 선행한다. 보조사 가운데 다른 보조사만 선행하는 보조사도 없고 다른 보조사와 부사격조사가 모두 선행하지 못하는 보조사도 없다.

(50) 보조사의 다른 보조사와의 결합 양상1: 선행
  ㄱ. 부사격조사와 보조사 모두 선행
  '은/는, 도, 만, (이)나, 밖에, (이)야
  ㄴ. 부사격조사만 선행
  까지, 부터, 마다, 뿐, 조차, 마저, (이)나마

13개 보조사 가운데 다른 보조사와 부사격조사가 모두 후행하는 것으로는 '만, 까지, 부터, 뿐' 등의 4개가 있다. 그리고 어떤 다른 보조사와 부사격조사도 후행하지 못하는 것으로는 '은/는, 도, (이)야'가 있다. '마다, (이)나'는 부사격조사만 후행하고 '밖에, 조차, 마저, (이)나마'는 보조사만 후행한다.

(51) 보조사의 다른 보조사와의 결합 양상2: 후행
  ㄱ. 부사격조사와 보조사 모두 후행
  만, 까지, 부터, 뿐
  ㄴ. 부사격조사만 후행
  마다, 이나
  ㄷ. 보조사만 후행
  밖에, 조차, 마저, 이나마
  ㄹ. 부사격조사와 보조사 모두 후행하지 못함
  은/는, 도, 이야

보조사 가운데 '만'은 유일하게 다른 보조사와 부사격조사가 모두 선행하기도 하고 후행하기도 하여 조사 결합이 가장 자유롭다. 그리고 '은/는, 도, (이)야'는 어떤 다른 조사도 후행하지 못하는데 '은/는, 도'는 보조사 가운데 선행하는 보조사가 가장 많다. '은/는, 도'를 선행하는 보조사를 제외하면 다른 모든 보조사를 선행하는 것은 모두 합쳐도 '만, 부터, 까지, 뿐'의 4개에 불과하다.

3.3.5. 종합: 조사의 서열성

이상에서 살펴본 것처럼 조사와 조사의 결합은 범주에 따라 일정한 양상을 보이지만 같은 범주에 속한 조사라고 하더라도 그 형태에 따라 일정한 차이를 보이기도 한다. 보조사들 사이의 결합 순서, 보조사와 부사격조사의 결합 순서를 중심으로 보조사를 분류하면 다음과 같이 세 유형을 설정할 수 있다.

(52) 보조사의 유형

　ㄱ. 보조사1: 부사격조사가 후행하는 보조사

　　만, 부터, 까지, 뿐, 마다, 이나

　ㄴ. 보조사2: 보조사만 후행하는 보조사

　　밖에, 조차, 마저, 이나마

　ㄷ. 보조사3: 다른 보조사와 부사격 조사가 후행하지 못하는 보조사

　　은/는, 도, 이야

같은 유형에 속한 보조사라고 하더라도 부사격조사나 다른 보조사

와의 결합에 차이는 있지만 (52)에 따라 조사의 서열성을 제시하면 다음과 같다.[14]

(53) 조사의 서열성

ㄱ. 보조사1— 부사격조사 — 보조사3

ㄴ. 부사격조사

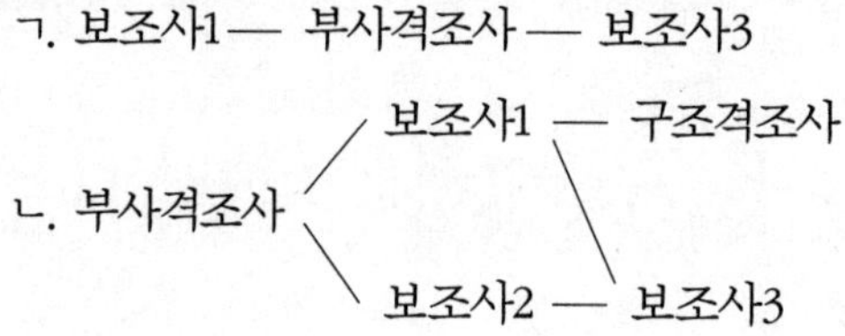

  제1유형 보조사들 사이에도 일정한 서열성이 존재한다. '까지'는 '만, (이)나'를 선행하며, '만'은 '까지, 부터, 뿐'을 후행한다. 제1유형 보조사 '까지'와 제2유형 보조사 '밖에'는 '까지'가 선행할 때 서로 결합할 수 있다. 제1유형 보조사 가운데 '마다, (이)나'는 구조격조사에는 선행하지만 제3유형 보조사에는 선행하지 못한다. 그리고 제1유형 보조사 '뿐'은 부사격조사 '으로', 보격조사 '이'에 선행하고 보조사 가운데에는 같은 유형에 속하는 보조사 '만'에만 선행한다.

---

14. 부사격조사 사이의 서열성은 고려하지 않았다. 그리고 결합하는 요소에 특별한 제약이 없는 보조사 '요'도 제외했다.

4. 조사 결합의 형태론

이 장에서는 조사의 분포와 조사의 문법적 기능에 대한 이해를 바탕으로 조사가 결합하는 어기가 어떤 문법단위인지에 대해서,[1] 그리고 내부에 조사를 포함하는 복합어를 중심으로 조사가 단어형성에서 어떤 역할을 하는지에 대해서 살펴보기로 한다.

4.1. 조사의 어기

조사 결합을 명사의 굴절로 이해하거나 어미 결합을 동사의 굴절로 이해하는 것은 문법적 기능에 관계없이 접사의 결합 그 자체는 형태론 영역의 문제라는 인식에 토대를 둔 것이다. 그러나 접사의 결합 그 자체보다는 그것의 문법적 기능에 먼저 주목하게 되면서, 자연스럽게 접사 첨가가 통사론 영역의 문제가 될 수도 있다는 인식이 싹트게 되었다.[2]

---

1. 이 장의 1절은 황화상(2005ㄷ)의 일부를 어미 관련 부분을 빼고 용어의 수정을 제외한 내용의 수정이나 보완 없이 그대로 실은 것이다.
2. 고영근(1993)은 조사와 어미의 기능이 통사적인 구성에 미친다고 본다는 점에서는 다른 세 논의와 다름이 없지만, 조사와 어미의 결합을 '통사적 파생'으로 보거나 조사와

(1) ㄱ. 어간형성접미사는 내적구성의 서열성을 갖고 있으며, 문장의
　　　　어떤 요소(phrase)들을 어간화하면서 선행요소들의 범주 및
　　　　기능에 변질을 가하는 통사적 접미사로 정의한다.
　　　　(고창수 1986:15)

　　　ㄴ. 어휘적 의미를 온전히 가지는 것으로 보기 어려운 문법적인
　　　　요소가 통사적 구성 뒤에, 통사적인 연결장치의 도움 없이, 연
　　　　결되는 것을 '통사적 파생'이란 이름으로 부르기로 한다.
　　　　(임홍빈 1989/1993:186)

　　　ㄷ. 조사류는 의존형식이라는 점과 교체가 일어날 때 앞선 명사
　　　　의 음성환경에 직접 영향을 받는다는 점으로는 그 성격이 형
　　　　태론적이라고 할 수 있으나 기능상으로는 통사론적이라고 할
　　　　수 있다. 이런 관점으로는 어절이 문장 구성의 직접재료가 된
　　　　다는 지금까지의 통념은 수정되어야 한다. 조사의 기능이 궁
　　　　극적으로는 구에 미치므로 차라리 구절을 성분의 재료라고 하
　　　　는 것이 현상에 합당하다. … . 이런 점으로 보면 조사는 다른
　　　　어휘항목과 같이 문장형성소의 자격을 충분히 지니고 있음을
　　　　확인할 수 있다. 문장형성소란 문장의 형성에 적극적으로 참
　　　　여하는 기능이 있음을 뜻한다. (고영근 1993:23-24)[3]

어미를 '통사적 접사'로 보지는 않는다는 점에서 다른 세 논의와 다르다. 후술하겠지
만 본 연구는 조사와 어미는 형태론적 성격(형태단위인 단어 혹은 어근에 결합함)과
통사론적 성격(그 기능이 통사단위인 구나 문장에 미침)을 동시에 갖는다고 본다는
점에서 고영근(1993)과 다르지 않다. 다만 본 연구는 조사와 어미를 통사적 접사로 본
다는 점에서 고영근(1993)과는 차이가 있다.
3. 고영근(1993:24-25)에서는 어미도 그 성격이 조사와 같은 것으로 보았다. 곧 고영근
(1993:25)에서는 '어미도 조사와 같이 의존형식이며 교체가 일어날 때 직접 어간의 음
성환경에 영향을 받는다는 점에서는 형태론적이라 할 수 있으나 기능상으로는 통사
론적이라 규정할 수 있다. 단어의 울타리를 뛰어넘어 문장구성에 직접 참여하기 때문
이다. 지금까지 어미를 동사의 활용형으로 처리하던 전통적인 견해나 단어 중심의 구

ㄹ. 어휘부(Lexicon)에서 어근(Root)과 함께 단어형성에 참여하는 일련의 접사와 통사부에서 구와 결합하여 새로운 구를 형성하는 접사로 양분할 수 있다. 우리는 전자를 '어휘적 접사(lexical affix)'라 하고, 후자를 '통사적 접사(syntactic affic)'라고 가정하고, …. (시정곤 1994:31)

이른바 통사적 접사의 첨가 현상에서 관찰할 수 있는, 파생처럼 보이기도 하고 그렇지 않기도 한 이중적인 속성을 설명하기 위해 고창수(1986), 임홍빈(1989), 시정곤(1994) 등에서는 먼저 이들 접사의 통사적 기능에 주목했다. 곧 통사적 접사의 어기를 통사적 단위로 설정함으로써 (2ㄴ, ㄷ)처럼 서술어이면서 관형어의 수식을 받는 등의, 이들 접사('-이-, -답-')가 결합한 단어의 문법적 특이성을 설명하고자 했다.

(2) ㄱ. [[어제 온 사람]에게] (임홍빈 1989/1993:213)

　　ㄴ. 철수가 [[우리의 착한 학생]$_{NP}$ [이]$_{Vaf}$]$_{VP}$다. (고창수 1992ㄷ:267)

　　ㄷ. 명수는 [용감한 군인]$_{NP}$답다. (시정곤 1994:34)

이와 달리 김양진(1995), 황화상(1996, 2001) 등에서는 이들 접사의 어기는 통사적 단위인 구가 아니라 어휘적 단위인 어근이라고 보았다.[4]

조주의적 처리는 기능적 측면을 고려하지 않았다는 비난을 면하지 못한다. 어미도 조사와 같이 문장형성소의 기능을 충분히 지니고 있음을 알 수 있는 것이다.'고 보았다.

4. 김양진(1995), 황화상(1996, 2001) 등은 그 종류에 관계없이 접사의 결합 그 자체는 본질적으로 형태론적인 것이라는 관점에서 출발한다. 이와 같은 관점은 흔히 통사부의 규칙(핵 이동)으로 간주되는 접사 첨가(Affix-hopping)가 어휘부의 형태 규칙과 다르지 않다(Affix-hopping is basically a rule of affixation which derives a complex verb … . … it is not very different from the morphological rules of derivation which apply in the Lexicon, ….)고 본 Ouhalla(1994:58)에서도 확인해 볼 수 있다.

그리고 통사적 접사의 문법적 특이성을 설명하기 위해 이들 접사는 선행 어근의 통사범주를 폐쇄하지 못한다고 보았다.[5] 곧 '철수는 착한 학생이다.'와 같은 구성에서 '-이-'는 형태론적으로 선행 어근 '학생'에 결합하지만 선행 어근의 통사범주 [N]을 폐쇄하지 못하고, 따라서 통사적 단어 '학생이다'는 통사범주 [N]을 갖게 되어 관형어 '착한'의 수식을 받을 수 있다는 것이다.[6]

본 연구에서는 김양진(1995), 황화상(1996, 2001) 등에 따라 오직 어휘적 단위만이 통사적 접사의 어기가 된다고 보고, 조사를 예로 하여 그 타당성을 검증해 보기로 한다. 그런데 '형태론적'으로는 통사적 접사가 어휘적 단위에 결합하는 것이 분명하다고 볼 수 있으므로,[7] '통사론적'으로 통사적 접사가 선행 통사구성에 결합한다고 볼 수 있는가 하는 점에 주목하여 살펴보기로 한다.

(1)에서 알 수 있듯이 통사적 접사가 통사부에서 통사구성에 결합한다는 가정은 그것의 문법적 기능이 선행 통사구성에 걸친다는 인식에

---

5. '통사적'이라는 개념을 김양진(1995)에서는 '결합 어근의 통사범주를 개방하는'으로, 황화상(1996:23)에서는 '약한 범주 자질을 갖는, 따라서 어근의 어휘 범주 자질을 폐쇄하지 못하는'으로 수정하여 받아들였다. 한편 황화상(2001:38-39)에서는 통사적 단어를 '통사적 필요성에 의해 만들어지는 단어'로 정의하고, 이에 따라 통사적 접사를 '통사적 단어를 형성하는 접사'로 규정했다.

6. 물론 '학생이다'는 '-이'의 통사범주 [V]도 동시에 가지므로 해당 문장에서 서술어로 쓰인다.

7. 통사적 접사와 선행 어근 사이에 형태소 경계가 개재하며, 또 통사적 접사의 어기를 통사적 단위로 보는 논의에서도 형태론적으로는 통사적 접사가 선행 어근에 결합한다고 가정하기 때문이다. 시정곤(1994:290)에서 지적했듯이 국어에서 'ㄷ, ㅌ' 구개음화는 형태소 경계를 조건으로 일어나는 음운 현상이다. 그런데 '밭이 기름지다.'에서 '밭이'는 [바치]와 같이 구개음화되므로, '밭'과 '이' 사이에는 형태소 경계가 개재한다고 볼 수 있다. 한편 시정곤(1994:239)에서는 '핵 이동은 통사론의 이동규칙이지만 그 속성은 형태론적인 것이라고 할 수 있다. 핵 이동은 접사(의존형태)와 그 모체인 어근이 결합하려는 현상이기 때문에 형태론적인 속성에 의해 이루어진다고 할 수 있다.'고 보았다.

토대를 둔 것이다.[8] 따라서 통사적 접사가 통사구성을 어기로 취한다는 가정이 설득력을 얻기 위해서는 우선 통사적 접사의 문법적 기능이 선행 통사구성에 걸친다는 것을 입증해야 한다.

먼저 격조사와 내재격조사에 대하여 살펴보자. 격과 의미역은 명사구가 갖는 문법범주이므로, 다음 예에서 격조사 '-을'과 내재격조사 '-에서'의 문법적 기능은 (격 할당이든 격 점검이든 관계없이) 각각 선행 명사 '책'과 '학교'가 아닌, 선행 명사구 '읽고 있던 책'과 '내가 다니는 학교' 전체에 걸치는 것이라고 보아야 한다.

(3) ㄱ. <u>읽고 있던 책</u>을 덮고 잠시 생각에 잠겼다.

　　ㄴ. 철수도 <u>내가 다니는 학교</u>에 다닌다.

따라서 고창수(1986), 임홍빈(1989), 시정곤(1994)에서와 같이 통사부에서의 접사 첨가를 허용한다면 (3)에서 목적격조사 '을'과 내재격조사 '에'는 통사부에서 각각 선행 명사구 '읽고 있던 책'과 '내가 다니는 학교'에 결합한 것이라고 볼 수도 있다.

다음으로 보조사에 대해 살펴보자. 보조사는 주로 의미 기능을 갖는 만큼 보조사의 문법적 기능이 미치는 통사구성은 그것과 의미적 관계를 맺는 것이어야 한다. 똑같이 보조사 '만'이 결합했지만 그 의미가 다른 다음 예를 비교해 보자.

---

8. 본 연구에서 따로 살펴보지는 않겠지만, 조사(보조사 포함)가 통사구성의 핵(윤종렬 1990 등)이 된다고 보거나, 조사를 문장 형성소(고영근 1993 등)나 교착소(임홍빈 1997 등)나 통사 원자(박진호 1994 등)로 보는 데 이르기까지 조사의 문법적 기능이 선행 명사구에 걸친다는 인식은 통사적 접사를 가정하지 않는 논의에서도 기본적으로 전제되어 있다.

(4) ㄱ. 너 시집도 읽었니?

　　아니, <u>소설책만</u> 읽었어.

　ㄴ. 너 어제 하루 종일 뭐했니?

　　(하루 종일) <u>소설책만</u> 읽었어. (황화상 2003:123)

(4ㄱ)은 '<u>시집은 읽지 않고</u> 소설책만 읽었다.'를 뜻한다. 따라서 (4ㄱ)에서는 보조사 '만'의 문법적 기능('자매항 배제', 홍사만 1983)이 선행 명사구 '소설책'에 걸친다고 볼 수 있다. 곧 '만'을 결합하여 배제하고자 하는 자매항은 '시집'이 된다고 볼 수 있다. 이와 달리 (4ㄴ)은 '다른 것은 읽지 않고 소설책만 읽었다.'를 뜻하는 것이 아니라 '<u>다른 일은 하지 않고</u> 소설책만 읽었다.(=다른 일은 하지 않고 소설책을 읽는 일만 했다.)'를 뜻한다. 따라서 (4ㄴ)에서는 '만'의 문법적 기능이 선행 명사구 '소설책'에 걸치는 것이 아니라 '소설책을 읽다.' 전체에 걸친다고 보아야 한다.[9] 곧 '만'에 의해 배제되는 자매항은 '다른 종류의 읽을거리'가 아니라 소설을 읽는 일 이외의 다른 일들, 예컨대 '공부를 하다, 친구를 만나다, 영화를 보다' 등이 된다.

보조사의 문법적 기능이 늘 선행 명사구에 걸치는 것이 아니라는 것은 '만' 이외의 다른 보조사의 경우에도 마찬가지이다.

---

9. 보조사의 문법적 기능이 문장에도 관련된다는 것은 최재웅(1996)에서 '-만'을 중심으로, 황미향(2002)에서 '-도'를 중심으로 이미 살펴본 바 있다. 한편 황화상(2003)에서는 최재웅(1996)에서 '-만'의 문법적 기능의 차이를 설명하기 위해 사용한 '작용역(scope)'이라는 용어를 받아들여 조사와 그것의 문법적 기능이 미치는 통사구성 사이의 관계를 형식화하고, 이를 토대로 조사 중첩 현상을 설명했다. 이에 따르면 보조사는 그것의 작용역(명사구)이 격조사의 작용역보다 좁을 때에는 격조사와 중첩되지만('<u>철수만의</u> 그곳에 왔다.'), 그것의 작용역(문장)이 격조사의 작용역보다 넓을 때에는 중첩되지 않는데('*<u>철수만이</u> 오면 아기가 운다.'), 이는 작용역이 넓은 조사가 선행하게 되면 작용역이 교차하는 부적격한 구성이 만들어지기 때문이다.

   (5) ㄱ. (철수도 오고) <u>영희도</u> 왔다.

      ㄴ. (철수는 안 왔지만) <u>영희는</u> 왔다.

      ㄷ. (이 책부터 읽지 말고) <u>저 책부터</u> 읽자.

      ㄹ. (철수는 물론) <u>영희까지</u> 왔다.

   (6) ㄱ. (밥도 먹고) <u>영화도</u> 봤다.

      ㄴ. (같이 밥은 먹었는데) <u>영화는</u> 보지 않았어.

      ㄷ. (밥은 나중에 먹고) <u>영화부터</u> 보자.

      ㄹ. (난 아직 세수도 못했는데) 넌 벌써 <u>밥까지</u> 먹었니?

   (5)에서는 보조사 '도, 는, 부터, 까지'의 문법적 기능이 선행 명사구에 걸친다고 볼 수도 있지만, (6)에서는 그렇게 보기 어렵다. (5)에서는 보조사를 결합하여 서로 대응시키려고 하는 것이 선행 명사구('철수'와 '영희', '이 책'과 '저 책')이지만, (6)에서는 선행 명사구들이 아니라 각 명사구를 포함하는 문장들이기 때문이다. 곧 (6ㄱ-ㄷ)에서는 각각 '밥을 먹는 것'과 '영화를 보는 것'이, (6ㄹ)에서는 '세수를 하는 것'과 '밥을 먹는 것'이 대응한다. 따라서 (6)에서는 각 보조사의 문법적 기능이 문장 전체에 걸친다고 보아야 한다.

   보조사 '만'과 '도'가 중첩되어 쓰이는 예를 통해서도 보조사의 문법적 기능이 늘 선행 통사구성에 걸치는 것은 아니라는 것을 확인할 수 있다.

   (7) ㄱ. *나는 어제 <u>철수만도</u> 만났다.

       *<u>나만도</u> 학교에 갔다.

      ㄴ. <u>윗옷만도</u> 팔아요?

       바나나 한 <u>쪽만도</u> 팔아요? (황화상 2003:117)

보조사 '만'과 '도'는 그 의미 기능이 모순되므로 (7ㄱ)에서와 같이 일반적으로 같이 쓰일 수 없다. 그러나 (7ㄴ)에서와 같이 '도'는 그 문법적 기능이 선행 명사구가 아닌 전체 문장에 걸칠 때에는[10] (문법적 기능이 선행 명사구에 걸치는) 보조사 '만'과의 중첩이 허용된다.

보조사의 문법적 기능이 늘 선행 통사구성에 걸치는 것이 아님은 명사구가 아닌 다른 성분이 선행할 때에도 마찬가지이다.[11]

(8) ㄱ. 다른 것은 기대하지 않을 테니 제발 <u>빨리만</u> 와라.

　　ㄴ. 아침을 굶더니 참 <u>잘도</u> 먹는구나.

　　ㄷ. 저 선수는 자세는 엉성해도 <u>빨리는</u> 달린다.

이와 같이 보조사의 문법적 기능은 선행 통사구성에 걸치기도 하지만 때에 따라서는 선행 통사구성이 아닌 문장 전체에 걸치기도 한다. 따라서 통사적 접사가 통사부에서 통사구성에 결합한다는 가정은, 적어도 보조사의 경우에는 그대로 받아들이기 어렵다. 선행 통사구성과 아무런 문법적 관계가 없는 보조사가 선행 통사구성에, 그것도 통사부에서 결합한다고 볼 아무런 이유가 없기 때문이다.

더욱이 (4ㄱ)에서의 '만'과 같이 그것의 문법적 기능(의미 한정)이 선행 명사구에 걸칠 때에도 보조사가 통사부에서 선행 명사구에 결합

---

10. 이때에는 각각 '(치마 혹은 바지와 같이가 아닌) 윗옷만 따로 팔기도 한다.'와 '(한 송이가 아닌) 바나나 한 쪽만 떼어 팔기도 한다.'의 뜻을 갖는데, 형식적으로도 보조사 '도가 문장에 결합한 '윗옷만 팔기도 해요?'와 '바나나 한 쪽만 팔기도 해요?'로 바꿀 수 있다.

11. 예를 들어 (8ㄱ)은 '다른 것은 기대하지 않을 테니 <u>(늦게가 아닌) 빨리만</u> 와라.'의 뜻을 갖는다기보다는 '다른 것은 기대하지 않을 테니 제발 빨리 <u>오기만</u> 해라.'의 뜻을 갖는다고 보는 것이 자연스럽다. 따라서 이때 보조사 '만'의 문법적 기능은 선행 통사구성인 '빨리'가 아닌 전체 문장에 걸치는 것이라고 볼 수 있다.

한다고 보기는 어렵다. 명사구의 '의미를 한정'하거나 명사구를 '의미론적으로 요구하는'[12] 보조사가 왜 '통사론적으로(혹은 통사부에서)' 명사구에 결합해야 하는지를 설명하기 어렵기 때문이다.[13]

문법적 기능이 전체 문장에 관련된 것일 때에도 조사가 명사적인 요소에 의존적이라는 사실은 통사적 접사의 결합 그 자체는 본질적으로 형태론적인 것임을 의미한다. 본 연구에서 통사적 단위인 구는 통사적 접사의 어기가 될 수 없고 오직 어휘적 단위인 어근만이 통사적 접사의 어기가 된다고 보는 것은 바로 이런 이유에서이다.

4.2. 조사와 단어형성

조사는 선행 명사구가 다른 단어와 맺는 문법적 관계를 표시하거나 특정 통사구성의 의미를 한정하는 기능을 갖는 것이 보통이다. 이는 조사의 쓰임이 기본적으로 문장을 전제로 한다는 것을 뜻한다. 그런데 '떡을할, 눈엣가시, 사랑의 열매, 뒤로훑기, 나도밤나무' 등과 같이 조사가 복합어의 내부에 나타나기도 한다.[14] 본 연구에서는 이와 같이 조사를 포함하는 복합어를 '조사결합어'라고 하고 이들 복합어가 어떻게 형성되며, 이들 조사의 문법범주를 어떻게 설정할 수 있을지에

---

12. 박진호(1994:23, 32-33, 52)에서는 조사(보조사 포함)는 명사구를 작용역으로 하며, 의미론적으로 명사구를 요구하는데, 이는 조사가 의미상으로 불완전하기 때문이라고 보았다.

13. 격조사의 경우에는 격 자체가 통사론적으로 의의 있는 문법범주이며, 따라서 격 할당이든 격 점검이든 관계없이 그것의 문법적 기능은 일정한 통사구조에서 통사적 장치(예를 들어 지정어-핵 일치, α 이동 등)를 통해서 드러난다. 그러나 보조사의 의미나 명사구의 의미 자체는 통사론적 영역의 문제라고 보기 어렵다. (황화상 2003:119)

14. 이 장에서 제시한 단어 예는 최형용(2002/2003)에서 제시한 것에 일부 다른 단어를 포함한 것이다.

대해 살펴보기로 한다.

4.2.1. 조사결합어의 종류

주격조사, 목적격조사, 관형격조사 등의 구조격조사를 포함하는 조사결합어로는 다음과 같은 것들이 있다. 주격조사와 목적격조사가 단어형성에 참여한 예는 한두 개에 불과하지만 관형격조사가 참여한 예는 상당수 존재한다.

    (1) 구조격조사를 포함하는 조사결합어

        ㄱ. 주격조사를 포함하는 조사결합어

           물이못나게

        ㄴ. 목적격조사를 포함하는 조사결합어

           떡을할, 뭘

        ㄷ. 관형격조사를 포함하는 조사결합어

           꿩의다리, 닭의난초, 남의눈, 사랑의 열매, 스승의 날

부사격조사 가운데에는 '에, (으)로, 에서'가 조사결합어를 형성한다. '에서'의 경우에는 단어의 끝에 결합하는 예가 하나 있고, '에'와 '로'의 경우에는 단어의 끝에 결합하는 예가 상대적으로 많기는 하지만 단어의 중간에 결합하는 것도 적지 않다. 그리고 '로' 결합어 가운데에는 '무시로(무시로객주)'와[15] 같이 다시 새로운 단어를 형성하는 예도 발견된다.

---

15. '무시로객주'는 '주로 쓰는 세간을 거래하는 객줏집.'을 뜻한다.

(2) 부사격조사를 포함하는 조사결합어

　ㄱ. '에'를 포함하는 조사결합어

　　뜻밖에, 단숨에, 이왕에, 천만에, 엉겁결에

　　눈엣가시, 귀엣말, 앞에총, 제자리에서

　ㄴ. '(으)로'를 포함하는 조사결합어

　　무시로, 대체로, 억지로, 실지로, 예사로, 생으로, 의외로

　　뒤로훑기,[16] 외로뒤기,[17] 앞으로나란히, 뒤로돌아, 우로봐

　ㄷ. '에서'를 포함하는 조사결합어

　　이에서

보조사 가운데에는 '도, 만, 은/는, 만큼, 대로, 같이' 등이 조사결합어를 형성한다.[18] 대부분의 보조사는 단어의 끝에 결합하는데 '도, 만' 등의 보조사는 단어의 중간에 결합한 예도 발견된다. 그리고 보조사 '대로' 결합어 가운데에는 '제대로(제대로운동), 맘대로(맘대로운동)'와[19] 같이 다시 새로운 단어를 형성하는 예도 발견된다.

(3) 보조사를 포함하는 조사결합어

　ㄱ. '도'를 포함하는 조사결합어

---

16. '줄타기 재주의 하나. 줄에서 발을 떼지 않고 뒤로 훑어 간다.'
17. '씨름에서, 상대편을 안걸이나 연장걸이로 걸어 넘어뜨리거나, 걸린 사람이 몸을 왼쪽으로 돌려 상대편을 넘어뜨리는 기술.'
18. 이 밖에 보조사 '까지(이까지로, 그까지로, 저까지로), 이나(가뜩이나, 언제나, 얼마나), 이나마(이나마, 그나마, 저나마), 이야(그야, 이제야, 그제야, 하기야), 이야말로(이야말로, 그야말로), 서(앞서, 이어서), 요(글쎄요, 아니요, 여봐요)' 등이 결합한 단어 예가 최형용(2002/2003:73-82)에 제시되어 있다.
19. '제대로운동'은 '불수의 운동(운동 신경의 자극으로 인하여 의지와 관계없이 자율적으로 일어나는 운동. 경련, 하품, 재채기 따위.)'을, '맘대로운동'은 '수의 운동(척추동물에서, 의지에 따른 근육의 움직임.)'을 뜻한다.

　　아마도, 그리도, 이리도, 너도나도

　　예도옛날, 예도옛적, 나도밤나무, 너도바람꽃

ㄴ. '만'을 포함하는 조사결합어

　　자꾸만, 이만, 그만, 저만, 이만저만, 그만저만

　　눈곱만하다, 대문짝만하다, 어지간만하다[20], 얼마만하다

ㄷ. '은/는'을 포함하는 조사결합어

　　가설랑은, 딴은, 또는, 실은, 혹은, 하기는

ㄹ. '만큼'을 포함하는 조사결합어

　　이만큼, 그만큼, 저만큼, 요만큼, 고만큼

ㅁ. '대로'를 포함하는 조사결합어

　　제대로, 맘대로, 멋대로, 이대로, 그대로, 저대로, 곧이곧대로

ㅂ. '같이'를 포함하는 조사결합어

　　이같이, 그같이, 저같이, (쏜)살같이, 새벽같이

4.2.2. 조사결합어의 형성

　조사결합어의 형성이 이론적으로 문제가 되는 것은 보통 그 쓰임이 문장을 전제로 하는 조사가 결합한다는 점 때문이다. 조사결합어의 형성에 대한 이론적 설명은 그 대상으로 한 조사결합어의 종류에 따라 얼마간 차이가 있기는 하지만 다음과 같이 크게 통사적 구성의 단어화로 보는 견해, 파생으로 보는 견해, 합성으로 보는 견해로 나뉜다.

　(4) 조사결합어의 형성에 대한 견해

---

20. 북한어로 '어지간하다'를 강조하여 이르는 말이다.

ㄱ. 통사적 구성의 단어화(어휘화)

　구본관(1992, 1998), 김창섭(1994/1996), 최형용(1997, 2002 /2003)

ㄴ. 파생

　허웅(1966), 고영근(1972/1989), 이양혜(2000)

ㄷ. 합성

　김창섭(1994/1996)

　허웅(1966:16-17)에서는 '진실로, 간대로, 날로' 따위는 '로'가 접미한 파생부사로서 이때의 '로'는 조사가 파생접사화한 것으로 보았다. 고영근(1972/1989:524-525)에서는 '진실로, 여태까지, 마음대로, 아마도, 얼마나'의 '로, 까지, 대로, 도, (이)나' 등은 일반적인 조사와 양상이 같지만 조사가 특정한 어근과 통합됨으로써 문법성이 상실되어 접사의 직능을 발휘하는 것으로 보았다. 그리고 이양혜(2000:39-113)에서는 선행 요소들이 다른 조사와 결합하기 어렵다는 점, 선행 요소로 불완전 어근이 오는 경우가 많다는 점 등을 들어 '한꺼번에, 고의로' 등에 결합한 '에, 로'를 파생접사로 보았다.

　이와 달리 구본관(1992:71-73)에서는 '여태까지, 마음대로, 아마도' 등의 '까지, 대로, 도'는 의미상의 특수화를 입었다고 볼 수 없으며, 또한 이런 요소가 파생접사로서의 생산성을 가지고 새로운 단어를 만들어 내는 것이 아니므로 파생접사로 볼 수 없다고 하고, 이들 조사결합어를 통사적 구성이 어휘화한 것으로 보았다. 김창섭(1994/1996:25-27)에서는 '스승의 날, 학생의 날, 생명의 전화' 등의 단어들은 '구의 공시적 단어화'에 의해 만들어진 것들로서 처음부터 구 구조를 가진 채 하나의 어휘항목이 되도록 만들어진 것으로 보았다.[21] 그리고 이를 문장 속에서 한 성분으로 쓰여 오는 과정에서 단어화한, 곧 '구의 통시적 단

어화'에 의해 만들어진 '입때' 등의 단어들과 구별했다.[22]

(5) ㄱ. [스승의 날]$_{NP}$ → [[스승의 날]$_{NP}$]$_N$

ㄴ. [[이 빼]$_{NP}$]$_{AdvP}$ 〉 [입때]$_{Adv}$

한편 김창섭(1994/1996:20)에서는 '나도감, 나도밤나무, 나도바람꽃' 등의 단어들은 합성명사이며, 이때 '나도'는 복합어의 성분으로 나타날 때만 가지는 특수한 의미를 가진 채 보다 복잡한 단어를 형성하기 위한 요소로 발달한 것으로서의 '단어형성전용요소'라고 보았다.[23] '나도'의 형성을 일종의 구의 단어화로 봄으로써 '나도밤나무'의 형성 과정을 결과적으로 합성명사를 형성하는 과정으로 본 셈이다.

조사가 끝에 결합하는 조사결합어들은 대체로 통사적 요소로서 문장에서 쓰이던 것이 단어화한 것으로 보인다. 무엇보다도 이들 조사결합어들 가운데에는 통사적 구성과 형식적인 차이가 없을 뿐만 아니라 통사적 구성으로부터 그 의미를 추론하는 것이 충분히 가능한 것들이 많기 때문이다. 물론 조사결합어 가운데에는 형식은 동일하지만 그 의미가 얼마간 다른 통사적 구성이 존재하는 것들도 있다.

---

21. "구 구조를 가진 이들이 단어가 된 것은 '어떤 성분으로서 문장 속에서 쓰임'에 의한 것도 아니고 '통시적 과정'을 거친 것도 아니다. 그 과정은 국어의 문법을 운용하는, 문법 체계의 상위에 있는 어떤 용법에 따른 것이라고 해야 할 것이다."(김창섭 1994/1996:26)

22. 김창섭(1994/1996:26)에서는 '입때'는 그것의 단어화가 통시적 과정으로서 그 내부구조가 마멸되었으므로 부사구의 범주표시를 갖지 못하지만, '스승의 날'은 그것의 명사화가 공시적 과정으로서 그 내부구조가 의식되므로 명사구의 범주표시를 갖는다고 보았다.

23. 최형용(2002/2003:19)에서는 김창섭(1994/1996)에서 '나도밤나무'의 '도'를 단어형성전용요소로 보았다고 했으나 김창섭(1994/1996)에서 단어형성전용요소로 본 것은 '도'가 아니라 '나도' 전체이다.

(6) ㄱ. 그 일은 아들의 억지로 진행되었다.

　　ㄴ. 그 일은 억지로 될 일이 아니었다. (이양혜 2000:87-89)

이양혜(2000:87-89)에서 지적했듯이 (6ㄱ)의 '로'와 (6ㄴ)의 '로'는 기능에 차이가 있고,[24] 또 사전의 뜻풀이에 따르면 (6ㄱ)의 '억지로'는 '잘 안될 일을 무리하게 기어이 해내려는 고집으로'를 뜻하고 (6ㄴ)의 '억지로'는 '이치나 조건에 맞지 아니하게 강제로'를 뜻한다는 점에서 어느 정도의 의미 차이도 있다. 그러나 (6ㄴ)의 '억지로'가 갖는 의미를 (6ㄱ)과 같은 의미에서 파생한 것으로 보는 데에는 별다른 무리가 없어 보인다. 통사적 구성이 단어화하면서 어느 정도의 의미 파생이 수반된 것으로 볼 수도 있기 때문이다.

다만 조사가 끝에 결합하는 조사결합어 가운데 '한꺼번에, 제풀에, 제풀로' 등의 경우에는 '한꺼번, 제풀'이 독립된 요소로 인식된다고 보기 어려우므로[25] 현재로선 통사적 요소로서 문장에서 쓰이던 것이 단어화한 것으로 보기 힘든 면이 있다.[26] 따라서 '한꺼번, 제풀'을 불규칙 어근으로 보고 이들 조사결합어가 어휘부에서의 단어형성 과정을 거쳐서 만들어진 것으로 볼 수 있는 가능성도 충분히 있다.

조사가 중간에 결합하는 조사결합어들은 그 성격이 단일하지 않다. 통사적 구성으로 환원이 가능하여 통사적 구성의 단어화로도 볼 수 있는 것들이 있고 통사적 구성으로 환원이 어려워서 통사적 구성의

―――――――――――――

24. (6ㄱ)의 '억지로'는 명사에 조사가 결합한 통사적 구성이며 (6ㄴ)의 '억지로'는 부사이다.

25. '한꺼번'과 '제풀'은 『표준국어대사전』, 『금성판 국어대사전』, 『우리말큰사전』 등에 표제어로 등재되어 있지 않다.

26. '제풀에'의 경우에는 '제 풀에'와 같은 통사적 구성은 가능하므로 이것이 단어화한 것으로 볼 수 있는 가능성이 있지만 '한꺼번에'는 어떤 식으로도 이에 대응하는 통사적 구성을 가정하기 어렵다.

단어화로는 보기 어려운 것들도 있다. 먼저 '뒤로훑기, 남의눈, 제자리에서, 뒤로돌아' 등의 조사결합어들은 통사적 구성으로도 자연스럽게 쓰일 수 있는 것들이어서 통사적 구성의 단어화에 의해 형성된 것으로 볼 수 있는 가능성이 크다.[27]

    (7) ㄱ. 그는 줄에서 발을 떼지 않고 <u>뒤로 훑기</u> 시작했다.

        ㄴ. 그는 <u>남의 눈</u>을 의식하지 않는다.

        ㄷ. 제자리에 서.

        ㄹ. 뒤로 돌아.

'물이못나게, 떡을할' 등과 같은 단어들도 끝에 '-게, -을' 등의 어미가 결합해 있다는 형식적인 특성을 고려하면 통사적 구성의 단어화에 의해 만들어졌을 가능성이 크다. 그러나 '물이못나게'의 경우 '물'의 의미가 불분명하고 '떡을할'의 경우 그 의미가 통사적 구성인 '떡을 할'의 의미와 차이가 크다는 문제가 남는다.

다음으로 '꿩의다리, 스승의 날, 앞에총, 앞으로나란히, 나도밤나무' 등의 조사결합어들은 통사적 구성의 단어화로 설명하기가 쉽지 않다. '꿩의다리'의 경우 유사성에 기초하여 이를테면 '그 풀은 꿩의 다리와 같이 생겼다.'와 같은 문장에 쓰인 명사구 '꿩의 다리'에서 단어화한 것으로 볼 수도 있을지 모르나 똑같은 식물명 조사결합어 가운데에는 '닭의덩굴, 닭의난초'와 같이 이와 같은 방식으로 그 형성 과정을 설명하기 어려운 것들이 많다.

---

27. 물론 조사가 어휘부에서의 단어형성 과정에서 결합하는 것을 이론적으로 자연스럽게 설명할 수 있다면 이와 같은 유형의 모든 조사결합어들이 (7)과 같은 통사적 구성이 단어화하여 만들어진 것이라고 볼 필요는 없다. 어휘부 단어형성에서의 조사 결합에 대해서는 후술하기로 한다.

'스승의 날, 생명의 전화'와 같은 조사결합어들은 (8ㄱ)과 같은 구성이 가능하다. 그러나 '스승의 날'이 정해지기 이전에 '스승의 날'이 명사구로 쓰인 (8ㄱ)과 같은 문장이 가능할 수 있었을지는 의문이다. '스승의 날'이 정해지기 이전이라면 (8ㄱ)이 아닌 (8ㄴ)과 같은 종류의 문장이나 가능했을 것이다.

(8) ㄱ. 스승의 날을 정하자.
    ㄴ. 스승의 은혜를 기념하기 위한 날을 정하자.

이런 점에서 김창섭(1994/9996:26)에서 '스승의 날, 학생의 날, 국군의 날, 사랑의 전화, 생명의 전화' 등의 조사결합어들은 '처음부터 구 구조를 가진 채 하나의 어휘항목이 되도록' 만들어졌다고, 곧 이들이 단어가 된 것이 '어떤 성분으로서 문장 속에서 쓰임'에 의한 것이 아니라고 본 것은 타당하다. 다만 본 연구에서는 이들 조사결합어들은 구 구조를 갖는 것이 아니라 구의 형식을 가질 뿐이라고 본다. '구'는 문장을 전제로 성립하는 개념이므로 문장에서의 쓰임을 전제하지 않는 이들 조사결합어와는 어울리지 않는다. 이들 조사결합어들은 형식적으로 구와 닮았을 뿐 구가 아닌 단어이다.

'앞에총, 앞으로나란히'와 같은 군사 용어도 그 의미를 추론할 만한 적절한 통사구성을 상정하기 어렵다. '앞으로나란히'의 경우에는 (9)와 같은 문장을 가정해 볼 수는 있으나 무엇보다도 (9)에서 '앞으로 나란히'가 하나의 통사구성을 이루는 것으로 보기 어렵다.

(9) 장병들에게 팔을 앞으로 나란히 뻗어 줄을 맞추라고 했다.

'나도밤나무, 너도바람꽃' 등의 식물명도 (10)과 같은 문장을 가정하고 이들 조사결합어가 이에 기초하여 만들어진 것으로 보기는 어렵다.

　(10) ㄱ. 나도 밤나무이다.
　　　　ㄴ. 너도 바람꽃이니?

이와 같이 조사결합어 가운데는 그 형성 과정을 통사적 구성의 단어화로 설명할 수 있는 것들도 있지만 이론적으로 이와 같은 방식으로는 설명할 수 없는 것들도 있다. 이에 따라 본 연구에서는 조사결합어 가운데에는 통사적 구성의 단어화에 의해 만들어진 것도 있고 어휘부에서 단어형성 과정을 거쳐 직접적으로 만들어진 것도 있다고 본다.

4.2.3. 조사의 문법범주

앞서 살펴보았듯이 조사결합어 가운데에는 어휘부에서 단어형성 과정을 거쳐서 만들어진 것으로 보아야 할 것들도 있다. 문제는 이 과정에서 결합하는 조사의 문법범주이다. 조사는 굴절접사(혹은 통사적 접사)의 하나이지만 굴절과는 분명하게 구별되는 단어형성 과정에서 이들이 결합하기 때문이다.

본 연구에서는 황화상(2001, 2002)에 따라 (11)과 같이 사전의 등재소(listeme)로서의 접사는 단지 접사일 뿐이지 그것이 본질적으로 굴절접사와 파생접사, 혹은 어휘적 접사와 통사적 접사로 구분되는 것은 아니며, 다만 필요에 따라 동일한 접사라고 하더라도 어휘적 단어를 형성하는 과정에서 결합할 때에는 어휘적 접사라는 명칭을, 통사적 단어를 형성하는 과정에서 결합할 때에는 통사적 접사라는 명칭을 사용하여 서로 구별할 수 있다고 본다.[28]

(11) 접사의 형태범주(황화상 2001:166-167)

ㄱ. 나는 이번 방학 때 <u>작은집</u>에 다녀올 생각이다.

  〈사전〉　→　〈어휘적 단어 형성부〉　→　〈사전〉

  작(어근)　　　작(어기)+　　　　　　　　작은집

  은(접사)　　　은(어휘적 접사)+　　　(어휘적 단어=어근)

  집(어근)　　　집(어기)

ㄴ. 나는 제일 <u>작은</u> 집 안으로 들어갔다.

  〈사전〉　→　〈통사적 단어 형성부〉　→　〈통사부〉

  작(어근)　　　작(어기)+　　　　　　　　작은

  은(접사)　　　은(통사적 접사)　　　　(통사적 단어)

ㄷ. 저기 <u>뛰어가는</u> 사람이 철수다.

  〈사전〉　→　〈어휘적 단어 형성부〉　→　〈사전〉

---

28. 황화상(2001, 2002)에서 접사의 문법범주를 (11)과 같이 설정한 데에는 기존의 단어형성 이론과 접사 분류 체계로는 복합어, 특히 단어의 중간에 접사가 결합하는 '뛰어가다, 작은집, 참을성, 달아매다' 등의 복합어들이 형성되는 것을 자연스럽게 설명할 수 없다고 보았기 때문이다. 곧 김창섭(1994/1996)에서와 같이 이들 복합어들이 어휘부에서 형성된다고 볼 경우 '-어, -아, -은, -을'에 대해 '어휘부 단어형성에 참여하는 굴절접사'라는 모순된 형태범주를 설정해야 한다는 문제가 있고, 시정곤(1994)에서와 같이 통사부 단어형성을 가정할 경우 '갈림길, 참을성, 넘어뜨리다, 달아매다' 등 통사적 구성으로 환원하기 어려운 복합어들의 형성을 설명할 수 없다는 문제가 있다. 이에 대한 자세한 내용은 [부록2]에 제시한 황화상(2002)를 참조할 수 있다. 황화상(2002)는 주로 어미가 개재하는 복합어들을 대상으로 한 것이기는 하지만 단어형성과 접사에 관련된 기본적인 전제와 결론은 조사를 대상으로 한 본 연구와 다름이 없다.

뛰(어근)   뛰(어기)+   뛰어가

어(접사)   어(어휘적 접사)+   (어휘적 단어)

가(어근)   가(어기)

ㄹ. 철수는 <u>뛰어</u>(서) 가고, 영희는 걸어(서) 갔다.

〈사전〉   →   〈통사적 단어 형성부〉 → 〈통사부〉

뛰(어근)   뛰(어기)+   뛰어

어(접사)   어(통사적 접사)   (통사적 단어)

이런 관점에서 보면 '스승의 날, 앞에총, 나도밤나무' 등에 결합한 '의, 에, 도'는 사전의 등재소로서는 접사로서 문장을 형성하는 과정에서 결합하는 조사와 다를 바 없지만, 단어형성요소로서는 어휘적 단어를 만드는 과정에서 결합한 어휘적 접사로서 문장을 형성하는 과정에서 결합하는 통사적 접사와 구별된다. 어휘적 단어 '스승의 날, 앞에총'과 통사적 단어 '철수의, 앞에'를 예로 들어 이들 조사의 형태범주를 제시하면 다음과 같다.

(12) 조사의 형태범주

ㄱ. 오늘은 <u>스승의</u> 날이다.

〈사전〉   →   〈어휘적 단어 형성부〉   → 〈사전〉

스승(어근)   스승(어기)+   스승의 날

의(접사)   의(어휘적 접사)+   (어휘적 단어=어근)

날(어근)   날(어기)

ㄴ. 이것은 <u>철수의</u> 책이다.

〈사전〉   →   〈통사적 단어 형성부〉 → 〈통사부〉

철수(어근)   철수(어기)+   철수의

| 의(접사) | 의(통사적 접사) | (통사적 단어) |

ㄷ. <u>앞에총</u>을 하라는 구령이 떨어졌다.

〈사전〉	→ 〈어휘적 단어 형성부〉	→ 〈사전〉
앞(어근)	앞(어기)+	앞에총
에(접사)	에(어휘적 접사)+	(어휘적 단어=어근)
총(어근)	총(어기)	

ㄹ. 군인들이 총을 창고 <u>앞에</u> 세워 놓았다.

〈사전〉	→ 〈통사적 단어 형성부〉	→ 〈통사부〉
앞(어근)	앞(어기)+	앞에
에(접사)	에(통사적 접사)	(통사적 단어)

이와 같이 조사를 사전의 등재소로서는 구별하지 않되 단어형성 요소로서는 개념적으로 구별함으로써 예를 들어 '앞에총'과 '앞에'에서 이들 조사의 공통적인 속성(의미의 유사성)과 차이(명사를 수식하도록 만들고 동사를 수식하도록 만드는 것)을 자연스럽게 설명할 수 있다.

제Ⅱ부 국어 조사의 통사론

국어 조사의 문법

5. 조사와 문장성분

　국어의 조사는 크게 그 기능이 선행 명사구의 격과 관련된 격조사, 의미와 관련된 보조사, 둘 이상의 명사구를 이어주는 접속조사로 나뉘는 것이 보통이다.[1] 그리고 현행 학교문법에서는 격조사를 다시 어떤 격과 관련되는지에 따라 주격조사, 목적격조사, 보격조사, 관형격조사, 부사격조사, 호격조사, 서술격조사 등으로 구분한다. 그런데 보격조사와 서술격조사는 그 범주 설정의 타당성에 관련된 논의가 꾸준히 이어져 오고 있다. 보격조사의 설정과 관련해서는 그 형태가 주격조사와 동일하다는 것이 논란의 핵심이며, 서술격조사의 경우에는 격이 명사구와 서술어의 문법적 관계를 나타내는 문법범주라는 점에서 서술격이라는 용어 자체에서부터 논란의 불씨를 안고 있다. 그리고 부사격조사는 다른 격조사와 달리 형태가 여럿이라는 특이성을 보인다.

---

1. 접속조사와 보조사는 그 통사적 기능이 뚜렷하므로 여기에서는 조사의 한 유형으로 설정은 하되 따로 살펴보지는 않기로 한다. 다만 접속조사는 그것이 결합한 구문의 통사구조에 대해서 8장의 2절에서, 그리고 보조사는 그 의미 기능에 대해서 10장에서 따라 살펴보기로 한다.

5.1. 서술격조사와 서술어

'이(다)'의 문법범주를 설정하는 문제는 '격이란 무엇인가?' 하는 근원적인 문제를 포함한다는 점에서, 그리고 '접사는 어떤 문법 단위(형태 단위나 통사 단위)에 결합하는가?' 하는 문법 체계의 재검토와 관련된 문제를 포함한다는 점에서 국어 문법을 기술하는 데에서 무엇보다도 중요한 문제로 대두된다.[2] '이(다)'의 문법범주 설정이 국어 연구에서 꾸준히 관심을 끌어 온 것은 바로 이런 까닭에서이다.

'이(다)'는 선행 요소와의 결합형이 서술어로 쓰인다는 점에서 그 속성이 '-스럽-'등의 파생접사와 같아 보이지만, 그 결합형이 관형 성분의 수식을 받을 수 있다는 점에서는 그렇지 못한 '-스럽-' 등의 파생접사와 큰 차이를 보인다.

(1) ㄱ. 철수는 <u>훌륭한 학생이다</u>.

ㄴ. *아버지는 <u>훌륭한 어른스럽다</u>.

(1)에서 드러나는, '이(다)'의 특이성을 설명하기 위해 이제까지 다양한 견해가 제시되어 왔는데 다음과 같이 크게 '이(다)'를 단어(용언)의 일종으로 보는 입장과 접사의 일종으로 보는 입장으로 나누어 볼 수 있다.

(2) '이(다)'의 문법범주에 대한 제 가설

ㄱ. 단어설(용언설)

---

2. '이(다)'의 문법범주에 대한 본서의 기술은 황화상(2005ㄴ)에서 살펴본 것에 일부 내용 (조사설에 대한 반론)을 추가하고 일부 표현을 수정하여 재구성한 것이다.

　　① 잡음씨(지정사)설: 최현배(1930), 박승빈(1935) 등

　　② 동사설: 김규식(1909), 엄정호(1989) 등

　　③ 의존 형용사설: 서병국(1967), 김창섭(1994) 등

　　④ 계사설: 성광수(1976), 김광해(1983) 등

　　⑤ 접어설: 오미라(1991), 엄정호(1993) 등

ㄴ. 접사설(넓은 의미에서의 접사)

　　① 조사설

　　　　a. 서술격조사설: 장하일(1947), 김민수(1964) 등

　　　　b. 주격조사설: 우순조(2000, 2001), 최기용(2001) 등

　　② 어미설

　　　　a. 격어미설: 이숭녕(1956) 등

　　　　b. 체언의 활용어미설: 이희승(1949), 이남덕(1954) 등

　　③ 접사설(좁은 의미에서의 접사)

　　　　a. 접요사설: 이길록(1969), 정해천(1978) 등

　　　　b. 통사적 접사설

　　　　-통사부 결합설: 고창수(1986, 1992ㄷ), 시정곤(1993, 1994)

　　　　등

　　　　-어휘부 결합설: 황화상(1996, 2001) 등

　구체적인 내용에 있어서는 얼마간의 차이가 있겠지만 크게 용언설, 주격조사설, 통사부 결합 통사적 접사설, 어휘부 결합 통사적 접사설로 나누어 (1ㄱ)에서 보이는 '이(다)' 구문의 특이성을 어떻게 설명하는지 살펴보자.

(3) '이(다)' 구문의 구조

　　ㄱ. 용언설

　　　철수는 훌륭한 학생 이다.

　　ㄴ. 주격조사설 (우순조 2000:135 참조)

　　　('이다' 구문)　　철수-가 훌륭한 학생-이　ø　-다

　　　('아니다' 구문)　철수-가 훌륭한 학생-이 아니 -다

　　ㄷ. 통사부 결합 통사적 접사설 (고창수 1992ㄷ:267 참조)

　　　철수가 [[훌륭한 학생]NP이]다.

　　ㄹ. 어휘부 결합 통사적 접사설 (황화상 2001:38-42 참조)

　　　(형태론적 분석)　　　철수가 훌륭한 [[학생]이]다.

　　　(통사·의미론적 분석)　철수가 [[훌륭한 학생]이]다.

　'이(다)'의 문법범주를 설정하는 문제는 '이(다)' 구문에서 관찰할 수 있는 다양한 문법 현상을 어떻게 설명할 것인지의 문제와 밀접하게 관련되어 있다. 본 연구에서는 먼저 우순조(2000), 최기용(2001)을 대상으로 조사설(서술격조사설, 주격조사설)의 타당성을 검토해 보고, 다음으로 '이(다)' 선행 명사(구)의 격, '이(다)' 구문에서 부사의 위치, '이(다)' 선행 명사의 구개음화 등을 중심으로 '이(다)'의 문법범주 설정에 관련된 주요 쟁점을 살펴보기로 한다. 그리고 이를 토대로 '이(다)'의 문법범주를 무엇으로 설정할 수 있을지 살펴보기로 한다.

5.1.1. '이(다)'는 조사인가?

　(1)에서처럼 '이(다)' 결합 성분이 관형 성분의 수식을 받는 것은 '이(다)'를 조사로 보는 근거가 될 수 있다. 관형 성분의 수식을 받는 것

은 명사(구)에 조사가 결합한 어절이 갖는 일반적인 속성이기 때문이다. 그러나 격이 주로 서술어에 대한 명사구의 문법적 관계를 나타내는 문법범주라는 점에서, 그리고 조사 뒤에 어미가 직접 결합하는 것으로 보아야 한다는 점에서 '이(다)'를 서술격조사로 보기는 어렵다.

다음으로 '이(다)'를 주격조사로 볼 수 있는지 살펴보자. 우순조(2000)에서는 다음의 음운론적 근거를 들어, 최기용(2001)에서는 다음의 형태론적·통사론적 근거를 들어 '이(다)'를 주격조사로 보았다.

(4) '이(다)'를 주격조사로 보는 근거

   ㄱ. 음운론적 근거 (우순조 2000:134)

      ① 구개음화의 조건으로 작용한다.

      ② 음운적 환경에 따라서 생략 가능하다.

      ③ 음운론적으로 비자립적이다.

      ④ 선행 명사구와 단일한 강세구를 형성한다.

   ㄴ. 형태론적·통사론적 근거 (최기용 2001:104-105)

      ① 격조사 반복의 양상이 주격조사와 같다.

      ② 특수조사와의 결합 양상이 주격조사와 같다.

      ③ 부정문에서 주격조사가 출현한다.

(4ㄱ-①③④)의 음운론적 근거는 '이(다)'가 주격조사라는 직접적인 근거가 될 수는 없다. '이(다)'가 구개음화의 조건으로 작용하며, 음운론적으로 비자립적이며, 선행 명사구와 단일한 강세구를 형성한다는 것은 '이(다)'가 단어가 아니라는 근거가 될 뿐이다. 접사(접사설)나 어미(어미설)나 접어(clitic)도 이와 같은 속성을 갖기 때문이다.

(4ㄱ-②)의 음운론적 근거는 오히려 '이(다)'가 주격조사가 아니라는

근거가 될 수도 있다. 주격조사는 음운론적 환경에 따라 생략되는 것이 아니라 (5)에서처럼 형태 교체를 보이기 때문이다.

    (5) 주격조사 '이'
       ㄱ. <u>닭이</u> 모이를 먹는다.
       ㄴ. <u>소가</u> 풀을 뜯는다.
    (6) '이(다)'의 '이'
       ㄱ. 이것은 <u>책이</u>다.
       ㄴ. 이것은 <u>의자(이)</u>다.

이에 대해 우순조(2001:355-356)에서는 '가'는 특수조사로서 조사 체계에 편입되어 주격조사 '이'의 음운론적 변이 형태의 지위를 획득했기 때문에 '이(다)' 구문의 제2 명사구 자리에 출현하지 않는다고 보았다. 곧 '이(다)' 구문의 제2 명사구는 서술어로서 강조의 대상이 되지 않으므로 특수조사가 나타나지 않는 자리이며 따라서 특수조사였던 '가'도 나타나지 않는다는 것이다. 그러나 현대 국어에서 주격조사 '이'와 교체되는 '가'가 특수조사의 속성을 갖는다고 볼 만한 근거가 제시되지 않는 한 이해하기 어려운 설명이다. (5)에서 '닭이'와 달리 '소가'가 특수조사의 속성을 갖는다고 볼 수는 없다.[3]

  (4ㄴ-①②)의 형태론적 근거, 곧 격조사 반복의 양상(7ㄴ), 특수조사와의 결합 양상(8ㄴ)이 주격조사와 같다는 것도 '이(다)'가 주격조사라는 직접적인 근거가 될 수 없다. 격조사 반복 양상과 특수조사 결합 양상은 흔히 구조격조사(주격조사, 목적격조사, 관형격조사)라고 하는 조

---

3. 문장의 성격이 얼마간 다르기는 하지만 '시험은 12시부터이다.'에서 알 수 있듯이 '이(다)' 앞에 특수조사가 올 수 없는 것도 아니다.

사들이 모두 같다(*철수를을/*철수만을/*철수는을, *철수의의/*철수만의/*철수는의). 따라서 이것이 '이(다)'가 조사라는 부분적인 근거는 될 수 있을지 몰라도 주격조사라는 직접적인 근거는 될 수 없다.

(7) ㄱ. *박 사장이가 영이를 만났다.

　　ㄴ. *철수가 사장이가다.

(8) ㄱ. 철수만이 영이를 좋아한다.

　　　*철수는이 영이를 좋아한다.

　　ㄴ. 영이를 좋아하는 것은 철수만이다.

　　　*영이를 좋아하는 것은 철수는이다.

(4ㄴ-③)의 통사론적 근거, 곧 부정문에서 주격조사가 출현한다는 것 또한 '이(다)'가 주격조사라는 근거로 삼기에는 부족하다. 다음에서 알 수 있는 것처럼 '아니다' 앞의 명사구와 '이(다)' 명사구는 조사 결합의 양상이 다르다. 곧 '아니다' 앞의 명사구에는 음운적 조건에 따라 '이/가'가 교체되어 결합하지만 '이(다)' 명사구에서는 이러한 교체가 일어나지 않는다. 따라서 '아니다' 앞의 명사구에 결합한 '이/가'와 '이(다)' 구문의 '이'를 같은 조사로 보기 어렵다.

(9) ㄱ. 그 사람은 군인이다.

　　　저 사람은 의사다.

　　ㄴ. 그 사람은 군인이 아니다.

　　　저 사람은 의사가 아니다.

'이(다)'를 주격조사로 보기 어려운 또 다른 이유는 어미가 후행 결합한다는 점이다. 최기용(2001:107)에서는 '조사는 명사 및 명사상당어 뒤에 나타나며, 어미는 서술어 뒤에 나타난다.'고 했으나 이는 논리적으로 불가능한 설명이다. 명사가 서술어로 쓰일 수 있는 것은 분명하다. 그러나 주격조사가 결합하여 서술어가 된다는 것은 이해하기 어렵다. 예를 들어 '철수는 학생이다.'에서 '학생이다'는 '주어에 결합하는 주격조사가 결합하여 서술어가 된 것'이라는 논리적으로 모순인 설명을 필요로 하기 때문이다.

요컨대 '이(다)'가 조사라는 입장에서 제시된 음운론적인 근거, 형태론적인 근거, 통사론적인 근거는 대부분 그것이 조사라는 직접적인 근거가 되기 어려운 것들일 뿐만 아니라 그 가운데에는 그것을 조사로 보기 어려운 근거로 볼 수 있는 것도 포함되어 있다. 그리고 '이(다)'를 (서술격조사든 주격조사든) 조사로 보는 한 어미가 직접 후행 결합한다는 점을 설명하기 어렵다.

5.1.2. '이(다)'의 문법범주

1) '이(다)'의 문법범주 설정 논의의 쟁점

여기에서 주목하고자 하는 것은 '이(다)'의 접사적 성격인데, 편의상 '이(다)'를 (어휘부에서 결합하는) 통사적 접사로 보는 입장에서 용언설의 문제점을 지적하는 형식을 취하기로 한다.[4]

---

4. 용언설의 문제점을 위주로 살펴보는 것은 '이(다)'를 접사의 하나로 보는 본 연구의 입장과 (단어로 볼 것인지 아닌지의 보다 근본적인 문제와 관련된다는 점에서) 크게 다르기 때문이다. (통사부 결합) 통사적 접사설의 문제점은 그간 엄정호(1993), 양정석(1996, 2001) 등에서 지적한 바 있으나, 본 연구에서는 '이(다)'가 어휘부에서 결합한다고 가정하므로, 이에 대해서는 본 절에서 다루지 않고 다음 절에서 기존 연구에서 제

① 선행 명사(구)의 격

'이(다)'가 용언이라면 선행 통사 요소는 명사구이다. 따라서 격 여과(case filter)에 따라 '이(다)'의 선행 명사구는 격을 할당받아야 한다. 그런데 최정순(1991), 고창수(1992ㄷ), 시정곤(1994), 황화상(1996) 등에서 지적했듯이 '이(다)'의 선행 명사구에는 어떤 격 표지(case marker)도 결합하지 못한다.

(10) *철수는 학생이/학생을/… 이다.

이와 관련하여 엄정호(1993)에서는 '이(다)'의 선행 명사구에는 격이 할당되지만 표지되지 않을 뿐이라고 보았다. 선행 명사구에 격이 할당되었다는 증거로 제시한 다음 예문을 살펴보자.

(11) 돌이를 사랑하는 여인이 누구냐? (엄정호 1993:327)

엄정호(1993)에서는 의문사 이동은[5] 비논항 위치로의 이동이므로 의문사가 출현하는 자리에는 격이 할당된다고 볼 수 있는데, (11)에서와 같이 '이(다)'의 선행 명사구 위치에 의문사가 출현할 수 있으므로 그 위치에 격이 할당되는 것이라고 보았다. 그러나 Huang(1982)의 견해를 수용하더라도 국어에서 의문 요소(wh-element)가 논리형태에서 이동한다는 것이 곧바로 (11)에서 '누구'의 위치가 격을 할당받는 위치

기되지 않았던 문제점들을 위주로 살펴보기로 한다. 이 밖에 어미설의 문제점은 고창수(1986), 황화상(1996), 양정호(2003) 등에서의 지적을 참조할 수 있다.

5. 이를 위해 엄정호(1993)에서는 통사부에서 의문사 이동이 일어나지 않는 언어라고 할지라도 논리형태(LF)에서는 의문사가 이동한다는 Huang(1982)의 견해를 수용한다.

라는 근거가 되는 것은 아니다. 논리형태에서의 이동은 격과는 아무런 관계가 없기 때문이다. 본래 의문 요소 이동(wh-movement)이 격과 관련되는 것은 의문사구(wh-phrase)가 외현적(overt)으로 이동할 때 남긴 흔적(trace)이 변항(variable)으로서 격 여과의 적용을 받아야 하기 때문인데, 촘스키(1995)에 따르면 논리형태에서의 이동은 의문사구의 동반 이동(piped piping)이 아니라 의문 자질(wh-feature)의 이동일 뿐이다.

한편 후술하겠지만 엄정호(1993)에서는 '이(다)'의 선행 명사구에 주격이 할당된다고 가정한다. 따라서 (11)에서 '누구'는 주어라고 봐야 하는데, '누구'가 주어로 쓰일 때에는 격조사가 생략되지 않고 '누가'의 형태로 쓰이는 것이 보통이다(12ㄱ, ㄴ). 그런데 '이(다)' 구문에서는 격조사가 결합하지 않고 늘 '누구'의 형태로만 쓰이므로(12ㄷ), '누구'가 격을 할당받았다고 보기 위해서는 다른 구문에서는 주어 자리에 잘 쓰이지 않는 '누구'가 '이(다)' 구문의 주어 자리에 쓰이는 이유를 설명해야 한다.

(12) ㄱ. <u>누가/[?]누구가/^{?*}누구</u> 돌이를 사랑하니?

ㄴ. 너는 <u>누가/[?]누구가/^{?*}누구</u> 더 좋니?

ㄷ. 돌이를 사랑하는 여인이 [*]누가/[*]누구가/<u>누구</u>냐?

양정석(1996)에서도 격 여과는 표면적으로 볼 수 있는 명사구의 격 형태에 대한 것이 아니고 추상적인 격 특질과 관련하여 작동한다고 보고, '이(다)'의 선행 명사도 격을 할당받았지만 형태적으로만 실현되지 않았을 가능성이 있다고 보았다.[6] 그리고 그 근거로 다른 용언 구문에서도 격 표지가 나타나지 않는다는 사실을 들었다.

(13) ㄱ. 그는 밤새 작업을 한 것 같다.

　　　*그는 밤새 작업을 한 것이 같다.

　　ㄴ. 비가 오기 시작했다.

　　　*비가 오기가 시작했다.

　　　?*비가 오기를 시작했다.

　그러나 (13ㄱ)이 '같다'가 서술어이고 '~은 것' 전체가 논항인 문장인지는 의문이다. 그렇다면 '그는'은 관형절 내포문의 주어라고 봐야 하는데 다음에서 알 수 있듯이 국어에서 관형절 내포문의 주어에는 보조사 '는'이 결합하지 않고 주격조사 '가'가 결합하는 것이 보통이기 때문이다.[7]

(14) ㄱ. 철수는 [[?*그는/그가 밤새 작업을 한] 것]을 알았다.

　　ㄴ. 철수는 [[?*그는/그가 어제 산 책]을 읽었다.

---

6. 양정석(2001:342)에서는 '이(다)' 선행 명사구의 위치가 본질적으로 '속성'을 표현하기 위해 있는 것이므로 담화화용상의 특정 정보의 부각 또는 환기 등을 본질적 기능으로 가지는 '이/가', '을/를', 또는 그 밖의 보조사들이 이 자리에서 제약된다고 보았다. 그러나 시정곤(2001)에서 지적했듯이 '이(다)' 구문에서 선행 명사구의 위치가 '속성'을 표현하기 위한 위치이기 때문에 격조사가 제약된 것이라면 '아니다' 구문에서도 이 위치에 격조사가 제약되어야 한다고 본다. 시정곤(2001)에 대한 답변인 양정석(2001:393)에서처럼 '아니다' 구문에서 부정소의 영향권 안에 있는 속성적 의미가 특별히 부각될 때에는 '이/가'가 출현할 수 있다고 보기도 어려운 듯하다. 이 또한 '이(다)' 구문에서는 속성적 의미가 특별히 부각될 수 없다는 것을 증명해야 하는 부담이 여전히 남아 있기 때문이다. 더욱이 "철수는 학생도 이다'와 같이 보조사 결합이 제약되는 것까지 의미·화용상의 문제로 설명하기는 어려워 보인다. 유사한 혹은 동일한 의미를 갖는 '철수는 학생이기도 하다.'와 같은 문장이 성립하기 때문이다.

7. 이런 점에서 (13ㄱ)은 '같다'가 서술어이고 '~은 것'이 논항인 문장이라기보다는 선행 명제에 양태 의미(추측 등)를 덧보태기 위해 '-은 것 같다'를 결합한 문장이라고 보는 것이 옳은 듯하다.

'같다'가 서술어이고 '~은 것'이 논항이라고 하더라도 (13ㄱ)과 같은 문장에서 '~은 것'에 격 표지가 나타나지 않는다는 것이 곧바로 '이(다)'의 선행 명사구에 격이 할당되었지만 표지가 나타나지 않았을 뿐이라는 근거가 되는 것은 아니다. 다음에서 알 수 있듯이 '~은(/을) 것' 뒤에는 '도, 만' 등의 보조사가 결합하기도 하여 그것이 논항일 가능성을 완전히 배제할 수는 없지만[8] '이(다)' 선행 요소에는 이들 보조사가 결합하지 않기 때문이다.

(15) ㄱ. 밤새 작업을 한 <u>것도</u> 같고 아닌 것도 같다.

　　　밤새 비가 올 <u>것만</u> 같다.

　　ㄴ. *철수가 <u>학생도</u> 이다.

　　　*철수가 <u>학생만</u> 이다.

이와 같이 '이(다)'의 선행 명사구에는 어떤 격 표지도 겉으로 드러나지 않으며,[9] 또 그것을 논항이라고 볼 만한 어떤 다른 경험적 증거도 찾을 수 없다. 따라서 '이(다)'가 용언이며 선행 요소가 명사구 논항으로서 격을 할당받았다고 보기는 어려운 듯하다. 그리고 (13ㄴ)의 경우

---

8. 어떤 요소에 '도, 만' 등의 보조사가 결합한다는 사실이 그것이 격을 할당받을 수 있는 명사구 논항이라는 근거가 되는 것은 물론 아니다. 그러나 격조사가 결합할 자리에 이들 보조사가 결합하는 일은 국어에서 흔히 있는 일이므로, (문법적 성격이 의심스러운) 어떤 요소에 이들 보조사가 결합한다면 그것이 명사구 논항일 가능성을 완전히 배제할 수는 없다.

9. 남길임(2004:25-26)에서는 앞의 명사항이 격 표지를 가지지 못한다는 이유로 '이(다)'를 접사로 볼 경우 예를 들어 '너 <u>바보('가)</u> 아냐?'와 '너는 <u>바보가</u> 아니란 걸 명심해라.'와 같은 구문에서 '아니다'를 각각 통사적 접사와 용언으로 각기 다르게 봐야 한다는 문제가 있다고 보았다. 그러나 '이(다)' 구문은 어떤 경우에도 선행 명사(구)에 격 표지가 나타나지 않는다는 점에서 일부 구문에서 격 표지가 나타나지 않는 '아니다'류의 구문과는 본질적으로 다르다고 본다.

에도 '진우는 푸득푸득 날기를 시작한 한 마리 새를 떠올렸다.'와 같이 '-기 시작하다.' 구문에서 '-기'에 조사 '를'이 결합한 예를 말뭉치에서 흔히 찾아볼 수 있다는 점에서 적절하다고 보기 어렵다.

'이(다)'의 선행 명사구에 격이 할당된다고 하더라도 어떤 격이 할당되는지를 설명해야 하는 문제는 여전히 남는다. 엄정호(1993)에서는 '아니다' 구문을 '이(다)' 구문의 단형 부정문이라고 보고 '이(다)'의 선행 명사구에 '아니다' 구문의 선행 명사구가 그렇듯이 주격이 할당된다고 보았다. 이를 위해 엄정호(1993)에서는 '아니'를 부정 부사로 보고, '아니다' 구문에서는 '이'의 형태적 의존성이 '아니'에 의해 충족된다고 보았다.[10)]

그러나 '이(다)' 구문에서 선행 명사와 '이(다)' 사이에는 다음과 같이 어떤 부사도 올 수 없다는 점에서 이를 그대로 받아들이기는 어렵다. 엄정호(1993)에 따라 '이(다)'의 형태적 의존성이 부사에 의해 충족될 수도 있다고 본다면 (16ㄴ)에서도 '이(다)'의 형태적 의존성은 부사 '정말'에 의해 충족될 수 있기 때문이다.

    (16) ㄱ. 철수가 정말 학생이니?

        ㄴ. *철수가 학생(이) 정말이니?

이와 관련하여 엄정호(1993)에서는 '아니'를 제외한 어떤 요소도 '이(다)'와 선행 명사구 사이를 분리시킬 수 없는 완강한 성격을 '이(다)'가 갖는다고 보았으나, 이 또한 왜 '아니'는 예외가 될 수 있는지 설명

---

10. 본 연구에서는 기원적으로는 '아니'와 '이(다)'가 결합하여 만들어졌겠지만 '아니다'가 별개의 어휘부 등재 요소라고 본다. 관형사형에서도 '-이-'가 나타나지 않('아닌/아니인', "의산/의사인'과 비교)는 등 '아니다'는 보통의 'X+이다'와는 문법적 속성이 다르기 때문이다.

해야 하는 부담이 있다. 더구나 '아니'가 결합한 문장이기는 하지만 다음과 같이 선행 명사구와 '이(다)' 사이에 '정말'과 같은 부사가 올 수 없는 것도 아니다.

(17) 철수가 학생이 정말 아니니?

한편 양정호(2003)에서는 임홍빈·장소원(1995), 이홍식(1996)에서 제시한 것을 일부 수정하여 다음과 같은, 보어의 확인 기준을 제시하고 '이(다)'의 선행 명사구는 보어로서 부정격으로 표시되거나 보격조사 '이'가 생략된 것일 수 있다고 보았다.

(18) ㄱ. 형태론적 기준: 보어는 명사 상당 어구와 조사의 결합으로 이루어진다.
　　 ㄴ. 통사론적 기준: 보어는 서술어가 요구하는 통사적 필수 성분이다.
　　 ㄷ. 의미론적 기준: 보어는 서술어가 요구하는 의미적 필수 성분이다.

그러나 (18)이 '이(다)' 선행 명사구를 보어로 볼 수 있는 근거가 될 수 있는 것인지는 의문이다. (18)은 주어와 목적어를 포함하여 논항을 확인할 수 있는 기준이 될 수 있을지는 몰라도 오직 보어만을 확인하는 기준이라고 보기는 어렵기 때문이다.

임홍빈·장소원(1995), 이홍식(1996)에서와 같이 주어와 목적어를 제외하는 부가 조건을 추가한다고 하더라도 문제는 여전히 남는다. 이 기준은 이홍식(1996)에서 본래 '되다, 아니다'를 선행하는 명사구 외에

'에, 에서, 에게, 로' 등 이른바 내재격조사가 결합한 명사구를 보어로 처리하기 위해 설정한 것이므로, '이(다)'의 선행 명사구와 이들 내재격조사가 결합한 명사구의 형태론적, 통사론적, 의미론적 동일성이 전제되지 않는 한 '이(다)'의 선행 명사구를 이홍식(1996)에서 설정한 보어의 범주에 그대로 포함시킬 수는 없기 때문이다.[11]

② '이(다)' 구문에서 부사의 위치

국어가 어순이 자유로운 언어라는 것은 주지의 사실이다. 특히 부사의 경우 다음에서 알 수 있듯이 문장의 여러 위치에 자유롭게 나타난다.

(19) ㄱ. <u>정말</u> 철수가 밥을 먹었니?
　　 ㄴ. 철수가 <u>정말</u> 밥을 먹었니?
　　 ㄷ. 철수가 밥을 <u>정말</u> 먹었니?
　　 ㄹ. 철수가 밥을 먹었니, <u>정말</u>?

'이(다)'가 용언이라면 '이(다)' 구문에서도 부사가 자유롭게 나타나야 하지만 (20ㄷ)에서처럼 선행 명사(구)와 '이(다)' 사이에는 부사가 나타나지 못한다.[12]

---

11. 이홍식(1996:137)에서는 주어나 목적어와 달리 이들 내재격조사가 결합한 명사구 보어의 경우에는 반드시 조사를 동반한다는 특징이 있다고 보았는데, '이(다)'의 선행 명사구를 보어로 볼 때에는 '이(다)'의 선행 명사구에는 반드시 조사가 생략되어야 한다는, 다른 보어와는 정반대의 특징이 있다고 보아야 한다.

12. '이(다)'를 용언(접어)으로 보는 엄정호(1993)에서도 '이(다)'의 형태적 의존성은 부사에 의해서도 충족될 수 있다고 보았다는 점을 주목할 필요가 있다. 한편 Spencer(1991)에 따르면 접어는 어떤 단어에든지 붙을 수 있다는 점에서 접어화는 접사 첨가보다

(20) ㄱ. <u>정말</u> 철수가 학생이니?

　　 ㄴ. 철수가 <u>정말</u> 학생이니?

　　 ㄷ. *철수가 학생(이) <u>정말</u>이니?

　　 ㄹ. 철수가 학생이니, <u>정말</u>?

접어설의 관점에서 '이(다)'의 형태론적 혹은 음운론적 의존성 때문에 선행 명사구와 '이(다)' 사이에 부사가 개입하지 못한다고 볼 수 없는 보다 근본적인 이유는 '이(다)'와 선행 명사의 결합은 음운형태(PF)에서 일어나는, 곧 통사부 운용 이후의 일이라는 것이다.[13] 따라서 '이(다)'의 의존성 때문에 '이(다)'와 선행 명사구 사이에 부사가 개입하지 못한다고 보기 위해서는 이후에 일어날 음운론적 현상이 앞서 일어날 수 있는 통사론적 현상을 막을 수 있다고 가정해야 하는데,[14] 이를 자연스럽게 받아들이기는 어려워 보인다.

한편 시정곤(1994), 황화상(1996, 2001) 등에서 '이(다)'와 같이 통사적 접사로 설정한 '답(다)' 구문에서 정도 부사의 위치 문제도 '이(다)'의 문법적 지위와 관련하여 시사하는 바가 크다.[15]

(21) 철수가 아주 부자답다.

어휘적으로 덜 제약되므로, 오미라(1991), 엄정호(1993) 등에 따라 '이(다)'가 접어라면 (20ㄷ)에서와 같이 부사 '정말'에 '이(다)'가 결합하지 못할 이유가 없다.

13. 접어설의 관점에서 볼 때 '이(다)'와 선행 명사구의 결합은 통사론적 현상이라기보다는 음운론적 현상이기 때문이다.

14. Halle(1973)의 단어 형성 모델에서 설정한, 음운부에서 단어형성 규칙으로의 회송 장치(loop)를 연상케 한다.

15. '답-'이 통사론적 기능을 갖는다는 것은 김창섭(1984)에서 처음으로 관찰한 이래 통사적 접사를 설정하는 연구에 적극적으로 수용되었다.

황화상(1996, 2001:41-42)에 따르면 (21)은 정도 부사 '아주'가 수식하는 것이 무엇인지에 따라 서로 다른 두 가지 의미를 갖는다. 곧 '아주'가 '부자'의 [정도성]을 수식할 때에는 (21)은 '철수가 부자 가운데에서도 돈이 아주 많은 부자의 속성을 가지고 있음'을 뜻하며, '아주'가 '답(다)'의 [정도성]을 수식할 때에는 (21)은 '철수가 부자의 속성을 아주 많이 가지고 있음'을 뜻한다. 곧 (21)은 다음과 같은 두 가지의 통사론적 혹은 의미론적 분석이 가능하다.

(22) ㄱ. 철수가 [[아주 부자]답다].
　　 ㄴ. 철수가 [아주 [부자답다]].

그런데 문장 부사와 달리 성분 부사, 특히 정도 부사는 꼭 그래야 하는 것은 아니라고 하더라도 피수식 성분의 바로 앞에 위치하는 것이 훨씬 더 자연스럽다.

(23) ㄱ. 철수는 책을 <u>아주</u> 빨리 읽는다.
　　　 [?]철수는 <u>아주</u> 책을 빨리 읽는다.
　　 ㄴ. 이 마을에서 가장 부자가 누구냐? (송철의 1992:95)
　　　 [?]가장 이 마을에서 부자가 누구냐?

따라서 '답(다)'가 용언이라면 (22ㄴ)과 같이 의미론적으로 분석될 때에는, 곧 '아주'가 '답(다)'의 의미([정도성])를 수식할 때에는 '아주'가 '답(다)'의 바로 앞 위치에 나타나야 하지만, 어떤 경우에도 '아주'와 같은 부사는 '답(다)'와 선행 명사구의 사이에 나타날 수 없다.[16)]

(24) *철수가 부자(가) 아주답다.

　'답(다)' 구문이 (22)와 같은 중의적인 해석의 가능성을 감수하면서까지 (24)와 같은 형식을 취하지 않고 늘 (21)과 같은 형식을 취한다는 것은 '답(다)'가 독자적인 통사론적 단위가 아닐 가능성이 높다는 것을 뜻한다. 더욱이 선행 명사가 [정도성]을 갖지 않으므로 '아주'가 '답(다)'의 [정도성]을 수식한다고 볼 수밖에 없을 때에도 다음에서 알 수 있듯이 정도 부사 '아주'는 늘 선행 명사의 앞에만 위치한다.

(25) ㄱ. 철수가 [가장 [학생답다]].
　　　ㄴ. *철수가 학생(이) 가장답다.

　이와 같이 '이(다)' 구문뿐만 아니라 '답(다)' 구문도 '이다, 답다'와 선행 명사 사이에 어떠한 부사의 개입도 허용하지 않는 공통 속성을 갖는데, 이러한 속성은 '이(다)', '답(다)'를 용언으로 볼 때보다는 '접사'로 볼 때 자연스럽게 설명할 수 있다.[17]

---

16. 이 밖에 선행 명사구의 격 표지 문제도 '답(다)'를 용언으로 볼 때보다는 접사로 볼 때 자연스럽게 설명된다. '답(다)'가 용언이라면 그것의 통사적 선행 요소는 명사구가 되어야 하는데 (21)과 같은 문장에서 '아주 부자'에는 어떠한 격 표지도 결합할 수 없기 때문이다.

17. '이(다)'와 '답(다)'는 부정문에서 서로 다른 양상을 보여서('학생이지 않다/학생이 아니다, 학생답지 않다/학생 안답다) 같은 문법범주에 속한다고 보는 데 이견이 있을 수 있다. 그러나 동일한 문법범주에 속하는 문법 형태라고 해서 늘 통사적으로 동일한 양상을 보여야 하는 것은 아닌 듯하다. 특히 부정문의 경우 '있다'와 같이 용언의 범주에 속하지만 보통의 용언과 달리 '-지 않다' 형식의 부정문이 잘 쓰이지 않는 예('돈이 있지 않다/돈이 없다)가 있음을 주목할 수 있다.

③ '이(다)' 선행 명사의 구개음화

'이(다)'를 통사적 접사로 보는 입장에서 용언설의 문제점으로 지적해 온 것 가운데 다른 하나는 선행 명사의 구개음화 현상이다. 곧 국어에서 구개음화 현상은 형태소 경계를 사이에 두고 일어나는 음운 현상(김무림 1992:120-121)인데 '이(다)'와 선행 명사 사이에서 구개음화 현상이 일어나므로 '이(다)'를 용언으로 볼 수 없다는 것이다.

    (26) ㄱ. 이것은 논이고 저것은 <u>밭이다[바치다]</u>.

         ㄴ. <u>밭이랑[반니랑]</u>에 씨를 뿌렸다.

         ㄷ. 머리에 솥 <u>이[손니]</u>고 가는 할머니. (시정곤 1994:290-291)

이와 관련하여 양정석(1996)에서는 구개음화 현상은 단지 '이(다)'의 음운론적 의존성을 보여주는 것일 뿐이며, '국어에서 음운론적인 요인이 통사론적 단위의 확인에 절대적인 것이 되지는 못한다는, 자못 평범한 사실을 보여 주는 한 예'(양정석 1996:106)가 된다고 보았다. 그리고 그 근거로 단어 사이에서 일어나는 다음과 같은 음운 현상을 제시했다.

    (27) 찾아야 할 약국[할략국]이 이름이 무어랬죠? (양정석 1996:105)

물론 음운론적인 조건이 통사론적 단위를 확인하는 유일하거나 절대적인 기준이 될 수 없다는 것은 분명한 사실이다. 그러나 '이(다)'를 접사로 보든 용언으로 보든 관계없이 (26)에서 보이는 뚜렷한 차이를 설명해야 한다는 것 또한 분명한 사실이다.[18] 그리고 (27)도 모든 음운 현상이 형태론적으로(혹은 통사론적으로) 동일한 조건에서 일어난다는 것을 증명하지 못하는 한 '이(다)'가 접사가 아니라는 근거는 되지 못한다.[19]

한편 오미라(1991), 엄정호(1993) 등에서는 '이(다)'를 통사론적으로는 하나의 단어이지만 형태(음소)론적으로는 의존성을 띤 접어(clitic)라고 봄으로써 '이(다)'를 선행하는 명사가 구개음화되는 현상을 설명했다.[20] 그러나 '이(다)'를 접어로 보기 위해서는 접어의 정의에 따라 '이(다)'가 통사적으로 단어라는 것을 입증할 수 있어야 하는데 앞서 살펴보았듯이 '이(다)'가 단어라는 어떤 경험적 증거도 찾기 어렵다.

---

18. 양정호(2003)에서는 (중세국어에서) 의존명사 '이'도 음운론적·형태론적으로 의존적이지만 단어이므로, '이(다)'가 음운론적·형태론적으로 의존적이라고 해서 단어가 아니라고 할 수는 없다고 보았다. 의존명사 '이'의 음운론적·형태론적 의존성이 무엇을 뜻하는지는 뚜렷하게 제시하지 않았지만 '분철 표기' 문제를 이야기한 것으로 보아 아마도 '연철 표기'를 염두에 둔 것으로 보인다. 그러나 '이(다)'의 음운론적·형태론적 의존성은 단순히 표기 상의 문제에 관련된 속성이 아니라 ('이(다)'의 형태범주에 관련된, 곧 형태소 경계를 두고 일어나는) 구개음화라는 뚜렷한 음운 현상과 관련된 속성이라는 점을 주목할 필요가 있다.

19. 시정곤(2001)의 지정 토론에 대한 답변인 양정석(2001:392)에서는 '팥입니다'가 /파침니다/로 발음되기도 하지만 /팥#입니다/로 발음되기도 한다는 사실을 들어 '이(다)'의 음운론적 의존성이 접사의 그것과는 다른 것이라고 보았다. 그러나 이 또한 '이(다)'가 접사가 아니라는 근거는 되기 어려운 듯하다. 흔히 볼 수 있는 현상이 아닌 것은 분명하지만 '팥이나 콩, 팥이든지 콩이든지' 등에서 '팥이나, 팥이든지'도 /팥-이나/, /팥-이든지/와 같이 발음될 수 있기 때문이다.

20. 구개음화 현상이 형태소 경계를 사이에 두고 일어나는 음운 현상이 틀림없다면, 이때에는 단어 경계를 형태소 경계로 바꾸는, 일종의 재구조화를 가정해야 할 것으로 보인다. 한편 김의수(2004:160-163)에서는 '이(다)'는 형식용언으로서 LF에서는 접사인데 LF에서 단일 성분이 되면 PF에서도 단일 성분이 되므로 '이(다)'와 선행 명사 사이에서 구개음화가 일어날 수 있다고 보았다. 그러나 PF 운용이 LF 정보를 참조한다는 가정의 논리적·경험적 증거를 찾기 어렵고, 또 어떤 두 요소가 PF에서 단일 성분이 된다는 것이 꼭 그것들 사이에 형태소 경계가 있다는 것을 보장하는 것은 아니라는 점에서 받아들이기 어렵다. '먹을 것, 어찌할 바'와 같이 음운론적 단어로 설정(시정곤 1994)되지만 형태소 경계가 있다고 보기 어려운 것들도 있기 때문이다.

2) '이(다)'의 문법범주

'이(다)' 선행 명사구의 격 문제, '이(다)' 구문에서 부사의 위치 문제, '이(다)' 선행 명사의 구개음화 문제 등 그간 '이(다)'의 문법범주 설정 논의에서 주요 쟁점이 되었던 문제들은 '이(다)'를 용언으로 볼 때보다는 접사로 볼 때 훨씬 더 자연스럽게 설명된다. 문제는 '이(다)'의 접사적 성격을 문법의 큰 틀 안에서 어떻게 포착할 것인가 하는 것이다. 본 절에서는 '이(다)'가 통사부에서 통사구성에 결합한다고 가정하는 통사부 결합 통사적 접사설의 문제점을 살펴보고, 황화상(1996, 2001)에서 제시한, 어휘부 결합 통사적 접사설에 대해 황화상(2003ㄱ, 2003ㄴ)에서의 근거를 추가하여 재검토하기로 한다.

통사부 결합 통사적 접사설에서 '이(다)'가 통사적 구성인 명사구(NP)에 결합한다고 본 것은 다음과 같이 '이(다)'와 선행 명사의 결합형이 관형 성분의 수식을 받는다는 것을 포착하기 위한 것이다.

(28) 철수는 <u>착한 학생이다</u>.

그런데 '이(다)'가 통사론적으로는 명사구에 결합한다고 하더라도 형태론적으로는 선행 명사에 의존적이므로, '이(다)'와 선행 명사의 결합을 설명하기 위한 문법적 장치를 필요로 한다. 고창수(1992ㄷ), 시정곤(1994)에서는 '이(다)'와 선행 명사의 형태론적 결합을 설명하기 위해 통사부에서의 핵 이동을 가정한다.

(29) 철수는 [[[t$_i$]$_N$ [학생$_i$이]$_V$]$_{VP}$]다. (시정곤 1994:286)

　　그러나 Ouhalla(1994)의 지적대로 그 쓰임에 관계없이 접사의 결합은 본질적으로 형태론적 과정이라는 점에서[21] 통사부에서 선행 명사구의 핵이 이동한다는 가정의 이론적 근거를 찾기 어렵다(황화상 2001:55-56). 이는 '학생'이 통사부에서 '-이-'로 핵 이동할 통사론적인 이유는 없다는, 다시 말해 (29)에서와 같은 핵 이동은 격 점검이나 일치 등을 위한 (통사론적 목적의) 핵 이동과는 근본적으로 다르다는 것을 뜻한다.[22]

　　통사적 접사가 통사부에서 선행 명사구에 결합한다는 가정 그 자체도 되짚어볼 필요가 있다. 황화상(2003ㄱ, 2003ㄴ)에서 지적했듯이 통사적 접사가 통사부에서 통사구성에 결합한다는 가정은 그것의 문법적 기능이 선행 통사구성에 걸친다는 인식에 토대를 둔 것이다. 따라서 통사적 접사가 통사부에서 통사구성에 결합한다는 가정이 타당성을 갖기 위해서는 먼저 통사적 접사의 문법적 기능이 선행 통사구성에 걸친다는 것을 입증할 수 있어야 한다. 그런데 고창수(1992ㄷ), 시정곤(1994) 등에서 통사적 접사의 범주에 포함한 조사, 특히 보조사의 경우 선행 명사구와 어떤 문법적 관계도 맺지 않을 수 있다. 다음 예

---

21. 초기 생성 문법에서 통사부에서의 접사 뛰기(affix hopping) 현상으로 처리했던, 동사 어간과 굴절접사의 결합을 Chomsky(1995)에서 어휘부에서 처리한 것도 이와 같은 사실과 무관하지 않은 것으로 보인다.

22. 한국어에서 어간과 (굴절) 접사가 어휘부에서 결합한다고 본 Sells(1995)에 대해 최기용(2003)에서는 어간은 물론 일부 어미류(시제소, 일치소, 보문소)도 통사 핵을 이루므로 이들은 어휘부에서 결합하는 것이 아니라 통사부에서 핵 이동에 의해 결합한다고 보았다. 그러나 본 연구에서는 격 점검, 일치 등 통사론적 작용과 관련된 접사라고 하더라도 어간과의 결합 그 자체는 어휘부에서의 형태론적 과정에 의한 것이라고 본다. Chomsky(1995) 등에 따라 통사부에서의 이동을 (자질 점검을 위한) 자질의 이동이라고 보면 어간과 접사가 어휘부에서 결합한다고 하더라도 그 결합체의 자질 이동을 통해 격 점검이나 일치 등의 통사론적 현상을 자연스럽게 설명할 수 있기 때문이다.

를 비교해 보자.

>(30) ㄱ. 너 시집도 읽었니?
>
>　　ㄴ. <u>소설책만</u> 읽었어.
>
>(31) ㄱ. 너 어제 하루종일 뭐했니?
>
>　　ㄴ. <u>소설책만</u> 읽었어.

(30ㄴ)은 '시집은 읽지 않고 소설책만 읽었다.'를 뜻한다. 따라서 (30ㄴ)에서는 보조사 '만'의 문법적 기능('자매항 배제', 홍사만 1983)이 선행 명사구 '소설책'에 걸친다고 볼 수 있다. 곧 '만'을 결합하여 배제하고자 하는 자매항은 '시집'이 된다고 볼 수 있다. 이와 달리 (31ㄴ)은 '다른 것은 읽지 않고 소설책만 읽었다.'를 뜻하는 것이 아니라 '다른 일은 하지 않고 소설책을 읽는 일만 했다.'를 뜻한다. 따라서 (31ㄴ)에서는 '만'의 문법적 기능이 선행 명사구 '소설책'에 걸치는 것이 아니라 '소설책을 읽다.' 전체에 걸친다고 보아야 한다. 곧 '만'에 의해 배제되는 자매항은 '다른 종류의 읽을거리'가 아니라 '소설을 읽는 일 이외의 다른 일'들, 예컨대 '공부를 하다, 친구를 만나다, 영화를 보다' 등이 된다. 결국 (31ㄴ)에서 보조사 '만'과 선행 명사구 '소설책' 사이에는 아무런 문법적 관계도[23] 성립하지 않는 셈인데, 이는 보조사 '만'이 선행 명사구에, 그것도 통사부에서 결합한다고 볼 만한 어떤 이유도 없

---

23. 황화상(2003ㄱ)에서는 조사의 문법적 관계 혹은 문법적 기능을 작용역(scope)의 관점에서 파악하고, 보조사 '만'이 논리형태에서 그것의 문법적 기능에 관련된 통사구성(곧 작용역)으로 핵 이동한다고 보았다. 이에 따르면 (30ㄴ, 31ㄴ) 두 문장의 의미 차이는 '만'의 작용역 차이로 설명된다. '만'의 작용역 중의성에 대해서는 최재웅(1996)을, 국어 조사의 작용역에 대한 전반적인 내용과 설정의 의의 등에 대해서는 황화상(2003ㄴ)을 참조할 수 있다.

다는 것을 뜻한다.

김양진(1995), 황화상(1996, 2001) 등에서는 그 종류에 관계없이 접사의 결합은 본질적으로 형태론적인 것이라고 전제하고, 따라서 통사적 접사도[24] 어휘부에서 어근에 결합한다고 보았다.[25] 그리고 '이(다), 답(다), 같(다)' 등의 통사적 접사는 선행 어기의 통사범주를 폐쇄하지 못한다는 점에서 '스럽(다)' 등 선행 어기의 통사범주를 폐쇄하는 어휘적 접사와 다르다고 보았다.[26] 이에 따르면 '이(다)' 구문의 특이성, 곧 '이(다)'와 선행 명사의 결합형이 관형어의 수식을 받는 것은 '이(다)'와 선행 명사의 결합형이 선행 명사의 통사범주([N])를 갖기 때문이다. '이(다)' 구문에서 다음과 같이 형태론적 분석과 통사론적(혹은 의미론적) 분석이 다를 수 있는 것도 바로 이런 까닭에서이다.[27]

---

24. 통사부 결합 통사적 접사설에서는 '통사적'이라는 것이 '통사부에서 결합하는'의 의미를 갖지만, 황화상(2001)에서는 '통사적 단어(통사적 필요성에 의해 만들어지는 단어)를 만드는'의 의미를 갖는다. 결국 어휘부 결합 통사적 접사설에서 (통사적 접사의) '통사적'은 '통사적 필요성에 의해 결합하는'을 뜻하는 셈이다.

25. 황화상(2001:70)에서는 (어휘부의) 단어 형성부를 어휘적 단어 형성부와 통사적 단어 형성부로 나누고, 어휘적 단어(어휘적 필요성에 의해 만들어진, 어휘적 단어 형성부의 출력형)는 다시 사전에 등재되고 통사적 단어(통사적 필요성에 의해 만들어진, 통사적 단어 형성부의 출력형)는 통사부에 입력된다고 보았다.

26. 결국 어휘부 결합 통사적 접사설에서는 기존의 파생접사와 굴절접사의 구분, 어휘부 결합 접사(어휘적 접사)와 통사부 결합 접사(통사적 접사)의 구분 등을 선행 어기의 통사범주를 폐쇄하는 접사(어휘적 접사)와 폐쇄하지 못하는 접사(통사적 접사)로 구분한 셈이나. 이러한 구분의 필요성에 대해서는 황화상(2001:153-168, 2002)에서 '갈림길, 달아매다, 넘어뜨리다' 등 복합어 내부에 개재하는 (굴절접사로 봐야 하지만 단어 형성에 참여하는, 혹은 통사부에서 결합하는 통사적 접사로 봐야 하지만 선행 요소와의 결합형이 통사론적 단위가 될 수 없는) '-음, -어' 등의 접사에 대한 문법적 처리를 중심으로 살펴본 바 있다.

27. '이(다)'의 문법범주에 대한 판단이 본 연구에서의 판단과 다르긴 하지만 엄정호(1993)에서도 (통사부 결합) 통사적 접사설의 문제점 가운데 하나로 형태구조와 통사구조의 일치 문제를 지적하고, '이(다)' 구문에서 통사론적 분석과 형태음소론적 분석이 다르다고 보았다.

(32) ㄱ. 형태론적 분석: 철수는 [훌륭한] [학생이다].

　　　ㄴ. 통사론적 (혹은 의미론적) 분석: 철수는 [[훌륭한 학생]이다].

이와 같이 '이(다)'를 어휘부에서 결합하는 통사적 접사로 봄으로써 생기는 이점은 무엇보다도 '이(다)'의 접사적 성격과 '이(다)' 구문의 특이성을 동시에 자연스럽게 설명할 수 있다는 것이다. 곧 '이(다)'가 어휘부에서 선행 명사에 결합한다고 봄으로써 기존의 통사부 결합 통사적 접사설의 설명력(관형어 수식 등)을 수용하되 형태론적 결합을 위한, 통사부에서의 핵 이동을 가정하지 않아도 되는 것이다.[28]

'이(다)'를 어휘부에서 결합하는 통사적 접사로 봄으로써 생기는 또 다른 이점은 명사형 어미, 관형사형 어미 등 그것의 문법적 기능은 통사구성인 문장에 걸치는 것이 분명하지만 형태론적으로는 선행 용언에 의존적인 문법 형태들을 똑같은 방식으로 처리할 수 있다는 데 있다. 황화상(2001:38)에서 제시한 다음 예를 보자.

(33) ㄱ. 형태론적 분석

　　　돈이 많은 일을 하는 데 [쓰임]을 비로소 알았다.

　　　ㄴ. 통사론적 분석(의미론적 분석)

　　　[[돈이 많은 일을 하는 데 쓰이]음]을 비로소 알았다.

---

28. (32ㄴ)은 '훌륭한 학생'이 통사적 명사구라는 것을 형식화한 것이 아니라 수식 관계가 '훌륭한'과 ('학생이다' 전체가 아닌) '학생' 사이에서 성립한다는 것을 형식화한 것이다. 따라서 '이(다)'를 용언으로 볼 때 생기는, 선행 명사구의 격 문제는 본 연구에서와 같이 '이(다)'를 어휘부에서 결합하는 통사적 접사로 볼 때에는 생기지 않는다. 한편 본 연구에서는 통사적 단어는 어휘적 단어와 달리 (선행 요소의 속성과 후행 요소의 속성을 동시에 가지므로) 선후행 요소가 (22), (32ㄴ)에서와 같이 각각 공기하는 통사적 요소와 문법적 관계를 가질 수 있다고 본다.

　(32), (33)에서 알 수 있듯이 '이(다)'와 '-음'은 형태론적으로 의존적이라는 점에서, 그리고 통사부에서 선행 요소의 독자적 쓰임(명사로서의 쓰임, 동사로서의 쓰임)을 허용한다는 점에서 같다. 이들 문법 형태를 통사적 접사라는 동일 범주로 묶어[29] 처리하는 것이 자연스러운 것은 바로 이런 까닭에서이다.

5.1.3. 요약

　조사와 어미를 넓은 의미의 접사에 포함하면 '이(다)'의 문법범주 설정에 관련된 연구는 크게 보아 용언의 하나로 보는 연구와 접사의 하나로 보는 연구로 나눌 수 있다. 그런데 '이(다)' 선행 명사(구)의 격 문제, '이(다)' 구문에서 부사의 위치 문제, '이(다)' 선행 명사의 구개음화 문제 등을 자연스럽게 설명하기 위해서는 '이(다)'를 용언으로 보기보다는 접사로 볼 필요가 있다.

　먼저 용언설의 입장에서 보면 통사부에서 '이(다)'를 선행 하는 요소는 명사구(NP)이다. 따라서 격 여과(case filter)에 따라 '이(다)'의 선행 명사구는 격을 할당 받아야 한다. 그러나 '이(다)'의 선행 명사구에 격이 할당되었다는 경험적 증거를 찾기 어렵고, 또 선행 명사구에 격이 할당된다고 하더라도 어떤 격이 할당되었는지를 설명하기 어렵다는 점에서 '이(다)'를 통사적으로 독립적인 단어라고 보기는 어렵다.

　다음으로 '이(다)'가 용언이라면 부사가 선행 명사구와 '이(다)' 사이에 개재할 수 있어야 한다. 부사는 국어 문장에서 그 위치가 자유롭

---

29. 황화상(1996)에서는 명사형 어미라는 용어를 통사적 명사화 접사라는 용어로 대신하고 '-이(다), -답(다), -같(다)'를 통사적 동사화 접사로 설정함으로써 이들 문법 형태를 동일 범주(통사적 접사)로 묶었다.

기 때문이다. 그러나 "그는 학생(이) 정말이다.'에서 알 수 있듯이 '이(다)'와 선행 명사 사이에는 어떤 부사도 개재할 수 없다.

끝으로 '이(다)'를 용언으로 보면 '이(다)' 선행 명사의 구개음화를 설명하기 어렵다. 국어에서 구개음화 현상은 형태소 경계를 사이에 두고 일어나는 것이 보통인데 '이(다)'가 단어라면 '이(다)'와 선행 명사 사이에는 형태소 경계가 아닌 단어 경계가 놓일 것이기 때문이다.

본 연구에서는 그 종류에 관계없이 접사의 결합은 본질적으로 형태론적인 현상이라는 전제를 토대로 '이(다)'를 어휘부에서 결합하는 통사적 접사라고 가정한다. 그리고 '-이(다), -답(다), -같(다)' 등의 통사적 접사는 선행 어기의 통사범주를 폐쇄하지 못한다는 점에서 '-스럽(다)' 등 선행 어기의 통사범주를 폐쇄하는 어휘적 접사와 다르다고 본다. 이러한 가정은 '이(다)'가 선행 명사에 형태론적으로 의존적이라는 것과, '이(다)'와 선행 명사의 결합형이 관형 성분의 수식을 받는다는 것을 동시에 포착하기 위한 것이다.

5.2. 부사격조사와 부사어

격조사 가운데 부사격조사는[30] 그 형태가 여럿이라는 점에서 다른 격조사들과는 차이를 보인다. 곧 (1ㄱ-ㅁ)에서처럼 주격, 목적격, 보격, 관형격, 호격, 서술격이 각각 '이/가', '을/를', '이/가', '의', '아/야', '이(다)'라는 하나의 형태로 실현되는 것과 달리[31] (1ㅂ)에서처럼 부사격은 '에,

---

30. 부사격조사는 어휘격조사, 의미격조사, 내재격조사, 본유격조사 등 다양한 이름으로 불린다.
31. 주격조사의 경우 '이/가' 외에 존칭의 '께서', 단체의 '에서', 인수의 '이서'를 설정하기도 하는데, 이에 대해서는 이견(본서의 2장 참조)이 있다. '께서'를 주격조사로 인정하지 않는 연구로는 고창수(1992ㄱ), 김양진(1999), 고석주(2001), 황화상(2005) 등이

로, 만큼' 등의 여러 형태로 실현된다.

(1) ㄱ. 철수<u>가</u> 사과<u>를</u> 먹는다.

ㄴ. 그는 학생<u>이</u> 아니다.

ㄷ. 그것은 철수<u>의</u> 시계가 아니다.

ㄹ. 철수<u>야</u>, 이리 오너라.

ㅁ. 그는 학생<u>이</u>다.

ㅂ. 영희는 학교<u>에</u> 갔다.

종이<u>로</u> 비행기를 접는다.

명주는 무명<u>만큼</u> 질기지 못하다.

⋮

　(1ㅂ)의 조사들이 보이는 이와 같은 특이성은 이들 조사를 부사격조사로 보는 데 적지 않은 부담이 된다. 격이 본질적으로 명사구의 문법적 관계(혹은 문법적 자격)를 표시하는 문법범주라는 점에서 보면 하나의 동일한 격(곧 부사격)을 나타내는 데 여러 개의 서로 다른 형태가 쓰인다는 것은 자연스러운 현상이 아니기 때문이다.

5.2.1. 부사격조사는 부사격을 표시하는가?

부사격조사라는 명칭에는 이들 조사의 문법적 기능이 기본적으로

있고, '에서'를 주격조사로 인정하지 않는 연구로는 김영희(1973), 박양규(1972, 1975), 이남순(1983), 이광호(1984), 황화상(2006ㄴ) 등이 있고, '이서'를 주격조사로 인정하지 않는 연구로는 서정목(1984), 박지홍(1986), 한용운(2005), 황화상(2009), 김민국 (2009), 김창섭(2010) 등이 있다. 한편 본서(5장의 3절 참조)에서는 보격을 설정하지 않지만 여기에서는 편의상 학교 문법에 따라 서술하기로 한다.

부사격을 표시하는 것이라는, 혹은 이들 조사가 결합한 명사구가 문법적으로 부사어라는 인식이 반영되어 있다. 그러나 (2)에서 알 수 있는 것처럼 이들 조사가 결합한 명사구 가운데에는 부사어가 아닌 것들도 있다.

(2) ㄱ. 내가 그를 만난 것은 학교에서가 아니다.
　　ㄴ. 산사(山寺)로의 초대.

(2ㄱ)의 '학교에서가'는 보어이고, (2ㄴ)의 '산사로의'는 관형어이다. 따라서 '에서'와 '로'를 부사격조사로 보는 한 부사어에 결합하여 그 격을 표시하는 조사가 각각 보어와 관형어에 결합했다는 모순된 설명을 피할 길이 없다.

이들 조사를 부사격조사로 볼 때에는 (2)의 두 문장에 격조사가 겹쳐 쓰인다는 것도 문제다. 물론 '이/가', '을', '의' 등을 구조격을 표시하는 조사(곧 구조격조사)라고 하고 '에서', '로' 등을 내재격을 표시하는 조사(곧 내재격조사)라고 하여 서로 구별하는 것이 보통이기는 하지만, 그 속성의 차이에 관계없이 하나의 명사구에 두 개의 서로 다른 격조사가 결합한다고 하는 것은 자연스러운 설명이 아니다. 이러한 점은 이들 조사끼리 서로 겹쳐 쓰이는 (3)에서도 마찬가지이다.

(3) 너에게로 또 다시 돌아오기까지가 왜 이리 힘들었을까?

다음으로 부사격조사는 보조사와의 결합 양상에서 다른 격조사들과 차이를 보인다. (4)에서 알 수 있는 것처럼 주격조사 '이/가', 목적격조사 '을/를', 관형격조사 '의'는 보조사 '만'에 후행하지만 부사격조사는 보조사 '만'에 선행한다.

  (4) ㄱ. 그리움을 아는 자만이 고통을 알리.

     그가 올 날만을 손꼽아 기다린다.

     그것은 너만의 문제가 아니다.

    ㄴ. 그는 그 도서관에서만 책을 읽는다.

     그는 철수에게만 선물을 주었다.

     그는 대각선으로만 움직이며 심판을 본다.

 그리고 (5)에서 알 수 있듯이 주격조사, 목적격조사, 관형격조사는 '은/는, 도' 등의 보조사와 결합할 수 없지만 부사격조사는 이들 보조사와도 자유롭게 결합한다.

  (5) ㄱ. 그리움을 아는 자{가, *도가, *가도} 고통을 알리.

     그가 올 날{을, *은을, *을은} 손꼽아 기다린다.

     그것은 너{의, *도의, *의도} 문제가 아니다.

    ㄴ. 그는 그 도서관에서도 책을 읽는다.

     그는 철수에게는 선물을 주었다.

     그는 대각선으로도 움직이며 심판을 본다.

 (4)와 (5)에서 주목할 수 있는 것은 이들 조사의 위치이다. 격이 명사구가 갖는 문법범주라는 점에서 보면 (4ㄱ)과 같이 격조사가 명사구의 끝에 결합하는 것은 자연스럽지만 (4ㄴ), (5ㄴ)과 같이 명사구의 가운데에 결합하는 것은 자연스럽지 않다. 물론 (4ㄴ), (5ㄴ)에서 보조사를 제외한 '그 도서관, 철수, 대각선'도 명사구인 것은 분명하다. 그러

나 부사어인 것은 '그 도서관, 철수, 대각선'이 아니라 보조사를 포함하는 전체 명사구라는 점에서 이들 조사가 보조사에 선행한다는 것은 부자연스러운 현상이다.[32]

본 연구에서는 이들 조사가 선행 명사구의 격을 표시하는 것으로서의 격조사가 아니라 '장소(처소), 도구, 재료' 등 서술어에 대한, 선행 명사구의 의미역을 표시하는 것으로서의 의미역조사라고 본다.[33] 무엇보다도 이렇게 봄으로써 이들 조사의 형태가 여럿이며, 특정한 문장성분에만 결합하지 않으며, 다른 격조사와 겹쳐 쓰이기도 하는 등 그 문법적 속성이 보통의 격조사와 다르다는 것을 자연스럽게 설명할 수 있기 때문이다.

(2)의 경우에도 문장성분보다는 각각 '학교, 산사'와 '만나다, 초대' 사이의 의미적 관계를 고려할 때 설명이 가능하다. 특히 (6)은 관형격조사 '의'의 선택과 달리 '로'의 선택은 의미적인 것이라는 점을 잘 보여준다.

---

32. (5ㄱ)에서처럼 '이/가, 을/를, 의'는 명사구의 끝에 위치하더라도 '은/는, 도'와는 결합할 수 없는데, 이는 작용역이 넓은 보조사 '은/는, 도'가 작용역이 좁은 격조사 '이/가, 을/를, 의'를 선행하여 작용역이 서로 교차하기 때문이다. 이에 대해서는 본서의 7장을 참조할 수 있다.

33. 대부분의 선행 연구에서도 이들 조사들은 선행 명사구의 의미(혹은 의미역)와 관련된 기능도 갖는 것으로 보았다. 그러나 본 연구는 이들 조사가 격에 관련된 기능(격할당 혹은 격 표시)은 갖지 않는다고 본다는 점에서 이를 부사격조사로 본 연구, 이를 후치사로 본 연구 등과는 구별된다. 한편 이익섭·채완(1999)에서는 부사격을 설정하지 않고 '처격, 구격, 공동격, 비교격' 등을 설정했는데, 이를 주격, 대격, 속격과 대등한 하나의 격으로 보았다는 점에서 격조사와 의미역조사를 유형적으로 구분하고자 하는 본 연구와는 차이가 있다. 참고로 이들 조사를 후치사로 보았다는 점에서는 본 연구와 차이가 있지만 고창수(1992ㄴ:52-53)에서도 이들 조사는 격과는 무관한 것으로 보았다.

(6) ㄱ. 산사<u>로</u> 초대하다.

　　ㄴ. 산사<u>로의</u> 초대. (=2ㄴ)

　이에 따라 본 연구에서는 부사격조사는 격을 표시하는 조사로서의 격조사가 아니라 의미역을 표시하는 조사로서의 의미역조사라고 보고 국어의 조사를 다음과 같이 크게 네 가지 유형으로 나눈다.[34]

(7) 국어 조사의 유형

　ㄱ. 격조사

　　명사구의 격을 표시하는 격표지로서의 조사[35]

　ㄴ. 의미역조사

　　명사구의 의미역을 표시하는 의미역표지로서의 조사[36]

　ㄷ. 보조사

　　명사구, 문장 등의 의미를 한정하는 조사

---

34. 격을 다른 말과 맺는 문법적 관계를 나타내는 문법범주로 이해하면 호격은 설정하기 어려울 수도 있지만, 격을 단순히 명사구의 문법적 자격을 나타내는 문법범주로 이해하면 호격을 설정할 수 있다. 한편 호격이라는 용어도 주격, 목적격, 관형격과는 그 성질이 다르다. 주격, 목적격, 관형격은 명사구의 문장성분을 반영한 이름이지만 호격은 이를 반영한 이름이 아니다. 호격이 결합한 명사구는 문장성분으로 보면 '부르는 말'이 아니라 '독립어'이다. 이와 같이 호격을 격의 하나로 볼 수 있는지에 대한 의문이 있고, 또 용어의 문제도 있으나 본 연구에서는 일단 호격을 격의 하나로 설정해 온 전통에 따라 (7ㄱ)에 호격조사를 포함하기로 한다.

35. 격조사가 격을 표시하는 격표지라는 점에 대해서는 6장의 1절에서 살펴볼 것이다.

36. 본서에서는 앞서 '에서'를 '주체 표시'의 보조사로 보았는데 국어의 조사를 (7)과 같이 분류하면 '에서'를 의미역조사에 포함할 수도 있을 듯하다. 한편 본 연구에서 '주체 존대'의 보조사로 본 '께서'도 그 기능이 '주체'와 관련된다는 점에서 보면 의미역조사에 포함할 수도 있을 듯하며, 또 단순히 주체를 표시하는 것이 아니라 주체의 '존대'를 표시한다는 점에서 보면 보조사의 하나로 볼 수도 있을 듯하다. 여기에서는 잠정적으로 '께서'를 주체가 존대의 대상일 때 그 주체를 표시하기 위해 결합하는 의미역조사의 하나로 본다.

ㄹ. 접속조사

둘 이상의 명사구를 접속하는 조사

의미역조사가 의미역을 할당하는 것이 아니라 의미역을 표시한다고[37] 보는 것은 의미역이 기본적으로 서술어에 대한 명사구의 문법적 역할을 나타내는 것이기 때문이다. 따라서 본 연구에서는 의미역은 서술어에 의해 명사구에 할당되며, 명사구에 할당된 의미역이 의미역조사에 의해 표시된다고 본다.[38]

그런데 격조사와 달리 의미역조사는 쉽게 생략되지 않는다. 이는 다음에서 알 수 있는 것처럼 똑같은 서술어가 쓰인 문장에서도 선행 명사구의 의미적 역할이 얼마간 다를 수 있기 때문인 것으로 보인다. 곧 때에 따라 서술어와 선행 명사구 사이에는 서로 다른 의미역 관계가 성립할 수 있는데, 의미역조사가 생략되면 서술어에 의해 선행 명사구에 할당된 의미역이 무엇인지 분명하게 드러나지 않게 되므로, 의미역조사는 생략이 어렵다.

(8) ㄱ. 철수가 <u>학교로</u> 출발했다.

철수가 <u>학교에서</u> 출발했다.

ㄴ. 철수는 <u>학교에</u> 갔다.

---

37. 본 연구에서는 조사가 선행 명사구의 문법적 역할(격, 의미역 등)을 결정하는 등의 적극적인 기능을 한다고 볼 때 이를 '할당(혹은 부여, assignment)'이라고 하고, 단순히 선행 명사구의 (이미 할당된) 문법적 역할을 형식적으로 보여주는 등의 소극적인 기능을 한다고 볼 때 이를 '표시(representation)'라고 하여 개념적으로 구별하기로 한다. 그리고 이러한 기능에 주목하여 조사를 지칭할 때에는 각각 '할당자(혹은 부여자, assigner)'와 '표지(marker)'라는 용어를 사용하기로 한다.

38. 임동훈(1991:126-127)에서도 이들 명사구의 의미역은 서술어에 의해 할당되는 것으로 보았다.

철수는 <u>학교로</u> 갔다.
ㄷ. 아이들이 <u>운동장에서</u> 공을 찼다.
아이들이 <u>운동장으로</u> 공을 찼다.
ㄹ. 그도 <u>그녀만큼</u> 똑똑하다.
그도 <u>그녀처럼</u> 똑똑하다.
그도 <u>그녀보다</u> 똑똑하다.

격조사에 비해 드물기는 하지만 의미역조사가 나타나지 않는 때도 있다. 예를 들어 (9ㄱ)에서는 의미역조사 '에'가, (9ㄴ)에서는 의미역조사 '와'가 생략될 수 있다.

(9) ㄱ. 철수 학교(에) 갔니?
ㄴ. 이거 고사리(와) 비슷하게 생겼지만 고사리는 아니다.

이 또한 의미역조사가 의미역을 할당하는 적극적인 기능을 갖는다고 보기보다는 서술어에 의해 선행 명사구에 할당된 의미역을 표시하는 소극적인 기능을 갖는다고 볼 때 더 자연스러운 현상이다. 특히 (9)의 두 문장에서는 선행 명사구와 서술어 사이에 성립할 수 있는 의미적 관계가 분명하여, 곧 선행 명사구에 할당되는 의미역이 충분히 예측 가능하여 의미역조사가 생략될 수 있는 것으로 보인다.

물론 의미역을 예측하는 것이 가능하다고 해서 의미역조사가 늘 생략될 수 있는 것은 아니다. (10ㄱ)에서 '영희'와 '바람'은 모두 의미역이 예측 가능하지만 의미역조사의 생략에는 차이가 있다. 더욱이 선행 명사구의 의미범주와 후행 서술어가 동일하지만 (10ㄴ)에서 '설악산'은 의미역조사 없이도 나타날 수 있지만 '산'은 의미역조사 없이 쓰이기 어렵다. 현재로선 그 이유를 분명히 알 수는 없지만 의미역조사의 생략이 단순히 선행 명사구의 의미역에만 관련되어 있는 것이 아니라는 점은 분명해 보인다.[39]

(10) ㄱ. 그 책 영희(에게) 줬어.

　　　나무가 바람(*에) 쓰러졌다.

　　ㄴ. 철수 설악산(에) 갔니?

　　　철수 산(*?에) 갔니?

5.2.2. 선행 명사구의 격

부사격조사를 대신하여 의미역조사를 설정하기 위해서는 다음과 같은 두 가지 문제를 해결해야 한다.

(11) ㄱ. 주어, 목적어 등의 다른 명사구와 달리 왜 부사어만 조사에 의해 의미역이 표시되는가?

　　ㄴ. 의미역조사를 선행하는 명사구의 격은 어떻게 할당되며 왜 형태적으로 드러나지 않는가?

의미역이 조사에 의해 표시되고 안 되고의 문제는 예측 가능성과

---

39. 조사의 생략(혹은 비실현) 문제는 국어 조사 연구의 난제 가운데 하나이다. 격조사를 중심으로 한 것이기는 하지만 김지은(1991), 이익섭·채완(1999), 이선웅(2005), 국립국어원(2005), 임홍빈(2007) 등에서는 조사의 생략(혹은 비실현) 가능성이 선행 명사구의 특성, 문장의 특성, 담화의 특성 등 다양한 요인에 의해 결정되는 것으로 보았다. 그러나 반례가 있는 것도 있고, 문제의 명사구가 어떤 문장성분인지에 따라서 조사의 실현 가능성이 다른 것도 있어서, 현재로서는 조사의 실현과 생략을 결정하는 엄밀한 조건을 설정하기가 쉽지 않다. 이에 대해서는 6장에서 살펴보기로 한다.

관련이 있는 것으로 보인다. 곧 주어나 목적어는 문장에서의 위치(문장성분)와 의미 특성, 그리고 서술어의 의미 특성 등에 따라 그 의미역을 충분히 예측할 수 있어서 조사의 도움이 필요하지 않지만, 부사어는 그것만으로는 그 의미역을 충분히 예측할 수 없어서 조사에 의해 그 의미역이 표시된다고 보는 것이다. 예를 들어 주어의 경우 (12)에서처럼 동사가 서술어인 문장에서는 대체로 '동작주'의 의미역을, 동사가 형용사인 문장에서는 '경험주(혹은 대상)'의 의미역을 갖는다.

> (12) ㄱ. <u>철수가</u> 책을 읽는다.
>
> ㄴ. <u>영희가</u> 예쁘다.

그러나 부사어의 경우에는 앞서 살펴보았듯이 때에 따라 동일한 명사구가 동일한 서술어와 같이 쓰인 문장에서도 의미역이 다를 수 있다.

> (8) ㄱ. 철수가 <u>학교로</u> 출발했다.
>
> 철수가 <u>학교에서</u> 출발했다.
>
> ㄴ. 철수는 <u>학교에</u> 갔다.
>
> 철수는 <u>학교로</u> 갔다.
>
> ㄷ. 아이들이 <u>운동장에서</u> 공을 찼다.
>
> 아이들이 <u>운동장으로</u> 공을 찼다.
>
> ㄹ. 그도 <u>그녀만큼</u> 똑똑하다.
>
> 그도 <u>그녀처럼</u> 똑똑하다.
>
> 그도 <u>그녀보다</u> 똑똑하다.

한편 선행 명사구의 격 할당에 대한 일반적인 설명은 이들 조사를 후치사로 보고 이 후치사로부터 선행 명사구(혹은 후치사구)에 사격 (Oblique Case)이 할당된다고 보는 것이다.[40] 그런데 이렇게 볼 경우 (3)과 같이 이들 조사가 겹쳐 쓰일 때 동일한 종류의 격이 동시에 할당된다는 문제가 있다. (2)와 같이 격조사가 이들 조사를 후행한다는 것 또한 문제다. 종류는 다르지만 결과적으로 하나의 명사구에 두 가지 격이 동시에 할당되기 때문이다.

(2) ㄱ. 내가 그를 만난 것은 학교<u>에서가</u> 아니다.

ㄴ. 산사(山寺)<u>로의</u> 초대.

(3) 너<u>에게로</u> 또 다시 돌아오기 까지가 왜 이리 힘들었을까?

최동주(1997)에서와 같이 후치사를 선행하는 명사구와 후치사가 결합하여 만들어진 후치사구를 구별하면 하나의 명사구가 두 개의 격을 받는 것은 아니라고 볼 수 있다. 그러나 이 또한 최동주(1997:209)에서 지적했듯이[41] 후치사구를 명사구로 바꾸어 주는 예외적인 약정을 필요로 한다는 점에서 문제는 여전히 남는다.

사격이 형태적으로 드러나지 않는다는 것도 문제다. 유동석(1995: 96-97)에서는 국어에서 사격은 형태적으로 실현되지 않는데, 이는 (13 ㄱ)과 같이 선행 명사구의 핵('동생')이 후치사로 핵 이동하면서 격을

---

40. 이와 같은 견해는 유동석(1995), 최동주(1997), 한정한(2003) 등에서 제시되었다.

41. "후치사의 뒤에 격조사가 나타난다면 [[명사구+후치사]+격조사]와 같은 구조를 예상할 수 있는데, 이는 후치사구에 격이 부여된 것을 의미하는 것이다. 그러나 후치사구가 명사적인 역할을 하는 경우가 있다면 이러한 구조가 존재할 가능성을 배제할 수는 없다. 단, 이를 위해서는 후치사구를 명사구로 바꾸어 주는 예외적인 약정이 필요한데, 이러한 절차가 이론적으로 가능한지는 의문이다." (최동주 1997:209)

받아야 할 명사구의 핵 자리에 음성적 내용이 없는 혼적이 남게 되어,[42] (13ㄴ)에 따라 격 실현이 면제되기 때문이라고 보았다.

> (13) ㄱ. [PP[NP영수의 [N t_i]][P 동생_i에게]]
>
> ㄴ. 격 실현 면제 조건
>
> 격 배당된 명사구의 핵이 음성적 내용이 없는 경우 형태론적 격 실현은 의무적으로 면제된다.

그러나 이와 같은 설명에는 (14)와 같이 조사가 나타나지 않아서 선행 명사구의 핵이 이동할 필요가 없는 명사구('학교')의 경우에도 격은 형태적으로 실현되지 않을 수 있다는 문제가 있다.

> (14) 철수 <u>학교</u> 갔니?

한편 임동훈(1991)에서는 부사어의 격이 서술어에 의해 할당되는 것으로 보았다. 임동훈(1991:126-127)에서는 국어에서 주격, 속격, 대격을 제외한 대부분의 격은 내재격(inherent case)으로서 피할당자인 명사구에 대한 격 할당자와 의미역 할당자가 동일하며, 비록 의미격처럼 특정한 격형태와 특정한 의미역간에 긴밀한 관계가 있는 것은 아니지만, 내재격을 갖는 명사구는 격 할당자에 의미역상으로도 의존해 있다고 보았다.[43] 예를 들어 (15)의 '형수에게, 양녀로'는 후행하는 서술

---

42. 이와 같은 견해는 최동주(1997)에서도 받아들여졌다. 한편 유동석(1995:97)에서는 선행 명사구의 핵 이동은 후치사가 가지는 의존성에 의해 촉발된다고 보았다.

43. 임동훈(1991:126)에서는 Chomsky(1986)의 격 여과(Casd Filter)가 가시성 조건 (Visibility Condition)에서 도출된다는 점을 토대로 격과 의미역의 관계에 따라 격의 종류를 설정했는데, 이에 따르면 격과 의미역의 관계가 가장 긴밀한 것은 의미격

어에 의해 격을 할당받으면서 동시에 그것에 의미역상으로도 의존해 있다는 것이다.

    (15) ㄱ. 이것을 형수<u>에게</u> 보내라.

         ㄴ. 할머님은 미아를 양녀<u>로</u> 삼았다.

  본 연구에서는 이들 조사를 격조사가 아닌 의미역조사로 본다는 점에서 임동훈(1991)과는 차이가 있지만 선행 명사구에는 임동훈(1991)에서와 같이 서술어에 의해 내재격이 할당된다고 본다. 그리고 현재로선 그 이유가 무엇인지 분명하게 알 수는 없지만 구조격과 달리 내재격은 국어에서 조사와 같은 형태에 의해 형식적으로 표시되지는 않는다고, 다시 말해 내재격을 표시하는 격표지는 없다고 본다.[44]

(semantic case)으로서 특정한 격으로 나타나는 명사구가 그 격과 관련된 특정한 의미역을 가지며, 격과 의미역의 관계가 가장 느슨한 것은 구조격으로서 격 할당자가 피할당자를 지배하기만 하면 후자가 전자와 무관하여도 격을 할당할 수 있다. 내재격은 격과 의미역의 관계가 의미격보다는 느슨하고 구조격보다는 긴밀한 중간적인 성격을 갖는다. 참고로 임동훈(1991:126)에서는 '에게, 에서, 로' 등이 항상 'Goal, Source, Direction'을 나타낸다면 이들을 의미격의 예로 볼 수 있으나, 이러한 형태들이 이러한 의미역을 갖는 경우는 특정한 동사와 결합한 경우에 한정된다는 점에서 순수한 의미격은 아니라고 보았다.

44. 주격, 목적격의 영형태(zero morph)를 설정하는 것처럼 내재격이 영형태로 실현된다고 보는 방법도 있을 수 있다. 그러나 이 또한 주격, 목적격은 음성적 내용을 갖는 형태와 영형태가 같이 존재하는데 왜 내재격은 영형태만 존재하는지 설명해야 하는 부담이 있다. 본 연구에서는 내재격은 형태적으로 실현되지 않는다고 보는데, 주격, 목적격, 관형격 등의 이른바 구조격도 때에 따라 형태적으로 실현되지 않을 수 있다. 이에 대해서는 6장에서 살펴보기로 한다.

5.3. 보격조사와 보어

보격조사를 설정하고 그 범위를 한정하는 문제는 보어를 설정하고 그 범위를 한정하는 문제와 직접적으로 관련된다. 이에 대한 문법적 견해는 보격조사의 설정 여부, 보어의 설정 여부, 보어 설정의 범위에 따라 다양한데 이를 조사의 형태를 중심으로 보면 크게 다음과 같은 다섯 가지로 나뉜다.[45]

    (1) 보격조사의 설정과 범위

        ㄱ. 보격조사 미설정

           ① 보어 설정

           ② 보어 미설정

        ㄴ. 보격조사 설정(=보어 설정)

           ① '이/가'만을 보격조사로 설정

           ② '이/가'를 포함하여 다른 조사를 보격조사로 설정

           ③ '이/가'를 제외한 다른 조사를 보격조사로 설정

(1ㄱ-①)은 보어는 설정하면서도 보격조사는 설정하지 않는다는 점에서, 곧 문장성분에 따라 격조사를 하위 구분하는 일반적인 방식에서 벗어난다는 점에서 특이성을 갖는다. 이홍식(1996:138)에서는 주격조사와 음운론적 교체 양상이 동일하다는 점을 들어 보어에 결합한 '이/가'는 주격조사로서 보어 위치에 나타난 것으로 보았다.[46] 그러나

---

45. 보어 설정에 관련된 연구의 유형은 이길록(1974), 주복매(1986), 최호철(1995), 민현식(1999) 등을 참조할 수 있다.

46. 이홍식(1996:138)에 따르면 보어에 결합한 '이/가'는 주격조사이며 보어 표지이다.

격이 본질적으로 명사구와 다른 단어(문장성분) 사이의 문법적 관계를 나타내는 문법범주라는 점에서 문법적 기능이 다른 두 명사구에 동일한 격조사가 결합한다고 보는 것은 자연스럽지 않다.

　문장에서의 기능과 격 사이의 불일치 문제는 다른 조사의 경우에도 마찬가지로 생긴다. 이홍식(1996:135-169)에서는 보어의 범위를 확대하고 결합하는 조사에 따라 '이/가' 보어, '와' 보어, '에' 보어, '로' 보어로 나누었는데 이때의 '와, 에, 로'는 모두 부사격조사이다.[47] 곧 이들 조사는 보어에 결합하여 선행 명사구가 보어라는 것을 나타내는 부사격조사인 셈이다. 부사격조사라는 용어 또한 선행 명사구가 부사어로 쓰인다는 점을 반영한 것임을 고려할 때 이해하기 어려운 설명이다.[48]

　(1ㄱ-②)와[49] (1ㄴ)은 보어를 문장성분의 하나로 설정할 수 있는지 없는지, 그리고 보어를 문장성분의 하나로 설정한다면 그 범위를 어떻게 한정해야 하는지를 단계적으로 나누어 살펴보아야 할 성격의 것이다. 만일 보어를 설정할 수 없다면 그것의 범위를 한정하는 일은 애초부터 불가능한 일이기 때문이다.

---

47. 본문에는 이들 조사의 문법범주가 명확히 제시되지 않았으나 결론에 '형태론적인 측면에서 보어는 체언과 부사격조사로 이루어진다.'(이홍식 1996:220)는 기술이 보인다.

48. 이홍식(1996:138)에서는 보어에 결합하는 조사를 주격조사로 볼 수 있는 근거로 체언이 굴절하는 언어의 경우에 보어 위치에 보통 주격 명사가 나타난다는 점을 들었다. 그러나 '와, 에, 로' 등을 보어에 결합하는 부사격조사로 보는 한 우리말의 보어와 굴절어의 보어를 동일한 차원에서 보기는 어렵다. 한편 이익섭·채완(1999:165)에서도 주격조사가 보어에 결합할 수 있다고 보고 이를 주격조사의 비주어적 용법으로 설명했다.

49. 주시경(1913), 허웅(1968), 민현식(1999) 등에서 이러한 입장을 보인다. 한편 주복매(1986), 민현식(1999)에서는 김민수(1960)에서도 보어를 설정하지 않은 것으로 보았다. 그러나 김민수(1960:99)에 '객어(客語) 중에서 [무엇을]에 들어맞는 말을 특히 목적어(object)라 이르고, [무엇이]에 들어맞는 말들을 보어(complement)라 이른다.'는 기술이 있으므로 김민수(1960)은 보어를 설정한 논의에 포함되어야 한다. 참고로 김민수(1960:99)에서 보어로 본 것은 '구름이 비가 된다.'의 '비'이다.

보어를 문장성분의 하나로 설정할 수 있을지 살펴보자. 보어의 설정 문제는 문제의 명사구를 그 기능의 차이를 중심으로 볼지 결합한 조사의 형태를 중심으로 볼지의 선택에 관련된 문제이다.

   (2) <u>얼음이</u> <u>물이</u> 되었다.

(2)에서 '물이'와 '얼음이'는 그 기능이 동일하지 않지만 똑같은 형태의 조사 '이/가'가 결합해 있다. 조사의 형태가 같다는 점은 적어도 '얼음이'를 '물이'와 같이 주어로 볼 수 있는 표면적 근거는 된다. 문제는 두 명사구의 기능이 동일하지 않다는 것인데 사실 이러한 문제는 보어 설정에 국한된 문제는 아니다.

   (3) ㄱ. 너는 애국자가 아니야.
       ㄴ. 그 사람이 언제 과장이 됐나?

허웅(1979:96)에서 '애국자가, 과장이'를 서술절의 주어로 본 것에 대해[50] 남기심·고영근(1985/1993:264)에서는 '애국자가 아니야, 과장이 됐나'는 문장으로서 완전하지 못하여 서술절이 되기가 힘들다고 보았다. 그러나 남기심·고영근(1985/1993)에서 서술절로 본 것 가운데에도 문장으로서 완전하지 못한 것도 있다.

---

50. 최호철(1995:472-475)에서는 '나는 바보가 아니다.'에서 '바보가 아닌 나'는 가능하지만 '나는 아닌 바보'는 불가능하다는 점을 들어 보어로 인식한 '-이'형이 서술어와 함께 한 덩이를 이루는 것으로 보고 이를 서술어의 주어로 보았다.

(4) ㄱ. 철수가 키가 아주 크다.

　　ㄴ. 저 사람은 아들이 유명한 화가이다.

　　ㄷ. 네 옷이 흙이 묻었구나!

　　ㄹ. 이 산은 나무가 많습니다.

　(4)는 남기심·고영근(1985/1993:378)에서 서술절을 안은 문장으로 제시한 것이다. 그런데 (4ㄹ)의 서술절 '나무가 많다.'는 따로 떼어 놓아도 완전한 문장이 되지만 (4ㄱ-ㄷ)의 서술절 '키가 아주 크다, 아들이 유명한 화가이다, 흙이 묻었구나'는 따로 떼어 놓으면 완전한 문장이 되기 어렵다. 예를 들어 '아들이 유명한 화가이다.'는 (5)와 같은 대화 상황이 전제될 때라야 쓰일 수 있으며, 더욱이 이때에도 '저 사람'이 생략된 것으로 보아야 한다. (3)의 '언제 과장이 됐나?'도 이와 마찬가지로 (6)과 같은 대화 상황이 전제되면 충분히 쓰일 수 있다.

　(5) A: 저 사람 유명한 화가니?

　　　B: 아니, 아들이 유명한 화가야.

　(6) A: 그 사람은 과장이야.

　　　B: 그래? 언제 과장이 됐나?

　이와 같이 보격조사로 설정되기도 하는 '이/가'는 주격조사와 그 형태가 같으며, 또 보어로 다루어지기도 하는 '이/가' 명사구는 이른바 주격중출문의 두 번째 명사구와 문법적으로 다르지 않다. 이에 따라 본 연구에서는 문제의 '이/가' 명사구는 주격조사가 결합한 주어 명사구라고 본다.

　다음으로 '이/가' 이외의 다른 조사가 결합한 명사구를 살펴보자.

‘되다, 아니다’ 앞의 ‘이/가’ 명사구 외에 흔히 보어로 다루어지는 명사구에는 ‘에’ 명사구, ‘로’ 명사구, ‘와’ 명사구가 있다.

    (7) ㄱ. 그는 <u>세상 물정에</u> 어둡다.

        ㄴ. 그는 그녀를 <u>아내로</u> 삼았다.

        ㄷ. 그는 어제 <u>아내와</u> 다퉜다.

    (8) ㄱ. 그는 <u>언덕 위에</u> 집을 지었다.

        ㄴ. 그는 나무를 <u>**톱으로**</u> 베었다.

        ㄷ. 그는 어제 <u>아내와</u> 나들이를 했다.

   (7)과 (8)의 명사구는 결합한 조사의 형태가 동일하다. 그리고 다른 문장성분과의 문법적 관계도 별다른 차이를 보이지 않는다. 곧 이들 명사구는 모두 서술어(혹은 서술부)를 꾸며 그 뜻을 보충한다는 문법적 공통성을 갖는다. 물론 (7)의 명사구는 문장 성립에 필수적인 성분이고 (8)의 명사구는 문장 성립에 필수적인 성분이 아니라는 차이는 있다.

   결국 (7)의 명사구를 보어로 설정하느냐 하지 않느냐의 문제는 이들 명사구의 문법적 역할을 우선시하느냐 필수적 출현을 우선시하느냐를 선택하는 문제로 귀결되는 셈이다. 그런데 문장성분은 본질적으로 문장 안에서의 문법적 역할에 따라 설정되어야 할 성질의 것이지 필수적인지 수의적인지에 따라 설정될 성질의 것은 아니다. 더욱이 다음 예에서 알 수 있는 것처럼 이들 명사구(‘집에’)의 문법적 역할은 대화 상황에 관계없이 동일하지만 필수적인 성분이냐(9ㄱ) 아니냐(9ㄴ)는 대화 상황에 따라 달라질 수도 있다.

(9) ㄱ. A: 철수 안 보이네?

　　　B: 조금 전에 (집에) 갔어.

　　ㄴ. A: 철수 어디 갔니?

　　　B: 조금 전에 *(집에) 갔어.

　민현식(1999:229)에서 지적했듯이 고유한 보격조사 형태가 없다는 것도 문제다. 주어, 목적어가 각각 '이/가', '을/를'이라는 고유 형태를 갖는 것과 대조적이다. 고유한 보격조사 형태가 없다는 것은 서술어에 따라 문제의 명사구에 결합하는 조사가 결정된다는 것을 뜻하는데 이러한 점은 부사격조사와 다를 바 없다. 문장 성립에 필수적인 성분이라는 것만으로 문법적 역할에 차별성이 없는 보어를 따로 설정할 이유가 없다.

　요컨대 보어로 다루어 왔던 '이/가' 결합 명사구는 주어이다. '이/가' 결합 명사구가 서술절의 주어인지 이중주어문의 주어인지는 별개의 문제이다.[51] 그리고 흔히 보어로 다루어 왔던 '에, 로, 와' 결합 명사구는 부사어이다. 부사어가 필수적인 것과 수의적인 것으로 나뉘는 것은 서술어나 대화 상황에 따른 것일 뿐이다.

---

51. 이른바 주격중출문의 통사구조에 대해서는 8장의 1절에서 살펴보기로 한다.

6. 격조사의 통사적 지위와 격조사 비실현

명사구는 때에 따라 격조사가 결합하지 않고 쓰이기도 하는데, 이를 격조사의 생략으로 보기도 하고, 격조사가 실현되지 않은 것으로 보기도 하고, 영형태가 실현된 것으로 보기도 한다. 이러한 관점의 차이는 격조사의 문법적 기능을 어떻게 이해하느냐 하는 문제와도 관련되며, 논항에 격조사가 결합하고 하지 않고의 차이가 문장의 의미에 어떤 영향을 끼치느냐 하는 문제와도 관련된다. 이 장에서는 격조사가 통사적 핵인지 아닌지, 격할당자인지 격표지인지를 중심으로 격조사의 통사적 지위를 살펴보고, 이를 바탕으로 격조사가 때에 따라 나타나지 않는 현상을 어떻게 이해할 수 있을지 살펴보기로 한다.

6.1. 격조사의 통사적 지위

격조사의 통사적 지위를 어떻게 설정할 것인지의 문제는 그것의 통사적 기능을 이해하는 문제와도 관련되며, 또 때에 따라 격조사가 나타나지 않기도 하는 현상을 어떻게 이해할 것인지의 문제와도 관련된다. 본 연구에서는 다음과 같은 두 가지 문제를 중심으로 격조사의 통사적 지위에 대해 살펴보기로 한다.

(1) 격조사의 통사적 지위

　ㄱ. 격조사는 통사적 핵(head)인가?

　ㄴ. 격조사는 격 할당자(case assigner)인가? 격표지(case marker)
　　인가?

격조사를 통사적 핵으로 볼 수 있는지 없는지 하는 문제에서 시작해 보자. 임동훈(1991), 최규수(1994), 최형용(2002/2003) 등에서는 격조사가 통사적 핵인 것으로 보았다. 임동훈(1991:128)에서는 격조사(K)는 통사적 핵으로서 격조사구(KP)를 형성한다고 보고, 예를 들어 명사구 '철수에게만의 승리'는 다음과 같은 통사구조를 갖는다고 보았다.

(2) '철수에게만의 승리'의 통사구조

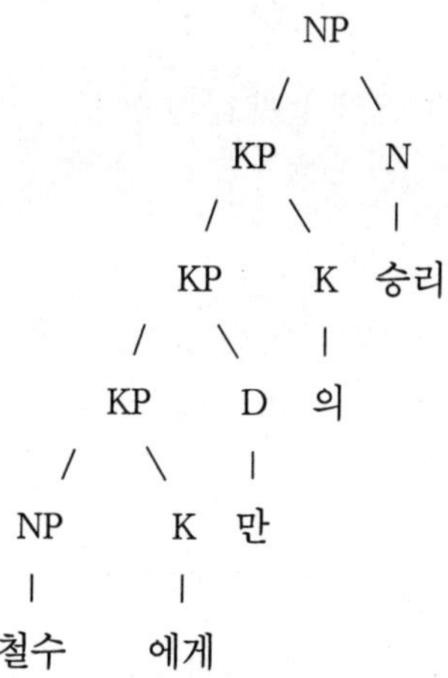

임동훈(1991:124-125)에서는 격조사를 통사적 핵으로 보아야 하는

근거로 다음과 같이 서술어에 의한 격조사 선택, 격조사와 선행 명사구의 일치, 격조사 선행 성분의 제약 등 세 가지를 제시한다.[1]

   (3) ㄱ. 대부분의 격조사는 서술어의 어휘적 속성에 따라 선택된다.

       ㄴ. 일부 격조사는 선행 명사구와 일치(agreement) 관계를 보인다.

       ㄷ. 격조사는 선행 성분으로 올 수 있는 범주가 제약되어 있다.

임동훈(1991)에서 격조사를 핵으로 보아야 하는 근거 가운데 하나로 (3ㄱ)을 제시한 것은 다음과 같은 문장에서 '와, 에, 처럼'이 후행하는 서술어에 의해 선택된다고 보았기 때문이다. 곧 격조사를 핵이 아니라 부가어라고 한다면 이러한 선택 관계를 설명하기 어려우므로, 결국 '와, 에, 처럼'은 각각 '민들레와, 내 마음에, 사장처럼'의 형태통사적 자질을 결정하는 핵이라고 볼 수 있다는 것이다.[2]

   (4) ㄱ. 씀바귀는 민들레<u>와</u> 비슷하다.

       ㄴ. 그 옷은 내 마음<u>에</u> 들지 않는구나.

       ㄷ. 점원이 사장<u>처럼</u> 군다.

그러나 (4)에서 서술어에 의해 선택되는 것이 꼭 조사 '와, 에, 처럼'인 것인지는 의문이다. 서술어에 의해 특정한 의미역을 갖는 명사구

---

1. 최형용(2002/2003)은 대체로 임동훈(1991)의 견해를 수용한 것이므로 따로 살펴보지 않기로 한다.

2. 임동훈(1991:119-120)에서는 이제까지 언급되어 온 핵의 특성을 소개하고, 이 가운데에서 국어 통사론에 유효한 개념으로 '핵은 전체 구성의 형태통사적 자질(morphosyntactic feature)을 결정한다.'는 것과 '핵은 函數子(functor)로서 論項(argument)을 취한다.'는 두 가지를 들었다.

가 선택되고, 이렇게 선택된 명사구의 의미역을 표시하는 조사가 각 명사구에 결합한 것으로 볼 수도 있기 때문이다.[3] 특히 (4ㄱ)의 경우에는 다음과 같이 때에 따라 '와'가 결합하지 않기도 하여 일률적으로 조사가 서술어에 의해 선택되는 통사적 핵이라고 보기는 어렵다.[4]

(5) 민들레(와) 비슷하게 생겼지만 이건 민들레가 아니라 씀바귀다.

(3ㄴ)은 '에게'와 '에'가 선행 명사구의 유정성/무정성에 따라 교체되며, 주격조사 '이/가'와 '께서'는 선행 명사구의 평칭성/존칭성에 따라 교체된다는 점을 반영한 것이다.[5] 그러나 조사에 의해 선행 명사구가 선택되는 것이 아니라 선행 명사구에 의해 조사가 선택된다는 점에서 보면 조사가 아닌 선행 명사구를 이들 조사가 결합한 명사구의 핵으

---

3. 5장의 2절에서 살펴보았듯이 본 연구에서는 '와, 에, 처럼' 등은 의미역을 표시하는 조사, 곧 의미역조사라고 본다.

4. 임동훈(1991:119)에 따르면 핵은 수의적 성분이 아니라 필수적 성분이다. 한편 임동훈(1991:120-122)에서는 핵의 필수성·수의성의 문제는 화용론이 아닌 통사론의 차원에서 다루어야 하는데, 조사의 생략 현상은 통사적 요인이 아니라 비통사적 요인에 의하여 발생한다고 볼 수 있으므로, 이는 격조사가 핵이 아니라는 주장의 근거가 될 수 없다고 보았다. 이는 문장이 도출되는 과정에서 통사부에서 필수 성분으로 존재하면서 통사론적 운용에 적극적으로 관여하던 격조사가 이후의 도출 과정에서 생략된다는 것으로 이해할 수 있는데, 핵의 지위를 갖는 격조사를 생략할 만한 비통사적(혹은 화용론적인) 요인이 무엇인지는 분명하게 제시되어 있지 않다. 그리고 다음 절에서 살펴보겠지만 생략은 복원 가능성을 전제하는데 격조사가 나타나지 않은 명사구에 격조사를 복원하기 어려운 때도 있어서, 통사부에서 필수 성분으로 존재하던 격조사가 이후의 도출 과정에서 생략된 것으로 보는 데에는 이론적인 어려움도 있다. 한편 임동훈(1991:121, 129)에서는 격조사의 생략을 생략이 아니라 특정의 화용론적 조건 아래에서 격조사가 Ø로 교체한 것으로 이해할 수도 있다고 보았다. 그러나 본 연구에서는 격조사가 형태적으로 드러나지 않은 명사구에 영형태가 실현된다고 보는 것보다는 격조사가 실현되지 않았다고 보는 것이 더 자연스럽다고 본다. 이에 대해서는 다음 절에서 살펴보기로 한다.

5. 임동훈(1991:119)에 따르면 핵은 지배(government)와 호응(concord)의 중심성분이다.

로 보는 것이 자연스럽다.[6]

(3ㄷ)은 격조사가 선행 성분으로 NP나 KP(격조사구)만 취한다는 점을 고려한 것이다. 그러나 이는 격조사가 선행 성분을 선택한다는 결정적인 근거로 삼기는 어렵다. 격을 갖는 요소에 격조사가 결합한다고 보면 오히려 선행 요소가 격조사를 선택한다고 볼 수도 있기 때문이다. 이는 조사를 격 할당자로 볼 것인지 격표지로 볼 것인지의 문제와 관련되는데 이에 대해서는 후술하기로 한다.[7]

한편 임홍빈(1987), 최동주(1997), 한정한(2003) 등에서는 격조사는 통사적 핵이 아니라고 보았다. 임홍빈(1987)에서는 명사구는 본질적으로 격조사를 갖는다고 보고 (6)과 같은 구구조규칙을 설정했고, 최동주(1997), 한정한(2003:178)에서는 (7), (8)과 같이 격조사(K)는 그것이 결합하는 성분 전체의 통사범주를 바꾸지 못하는 것으로 보았다.[8]

(6) NP → NP - K (임홍빈 1987)

---

6. 한정한(2003:260-261)에서도 임동훈(1991)과는 반대로 '[[피곤한 할아버지]께서]'와 같은 구성에서는 [존칭]의 자질을 가지고 있는 '할아버지'가 '께서'를 선택하는 것이지, '께서'가 '할아버지'를 선택하는 것은 아니며, 따라서 '께서'가 아닌 '할아버지'가 이 구성의 핵이라고 보았다.

7. 최규수(1994)에서는 격조사는 격을 할당하는 통사적 기능을 갖는다는 점, 우리말은 항상 중심어가 뒤에 오는 '중심어-뒤' 구조를 갖는다는 점을 들어 격조사를 통사적 핵으로 보았다. 그러나 이 또한 조사가 격을 할당한다고 보는 경우에만 유효하며, 격조사를 격표지로 보면 유지될 수 없는 주장이다.

8. 최동주(1997), 한정한(2003)에서는 후치사는 선행 요소에 격을 할당하며, 따라서 통사적 핵이라고 보았다. 본 연구에서는 후치사라는 용어 대신 의미역조사라는 용어를 쓰고 이들 조사는 선행 명사구의 의미역을 표시하는 것(5장의 2절 참조)으로 보았으므로, 의미역조사 또한 통사적 핵이 아니라고 본다. 그리고 보조사도 그 의미 기능이 꼭 선행 명사구에 한정되는 것이 아니므로(4장의 1절과 7장 참조) 통사적 핵이 아니라고 본다.

(7) '철수가'의 통사구조 (최동주 1997:205)

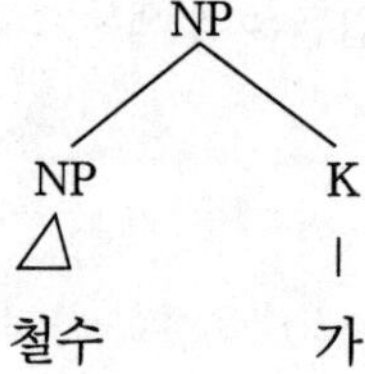

(8) '철수에게만의 승리를'의 통사구조 (한정한 2003:178)

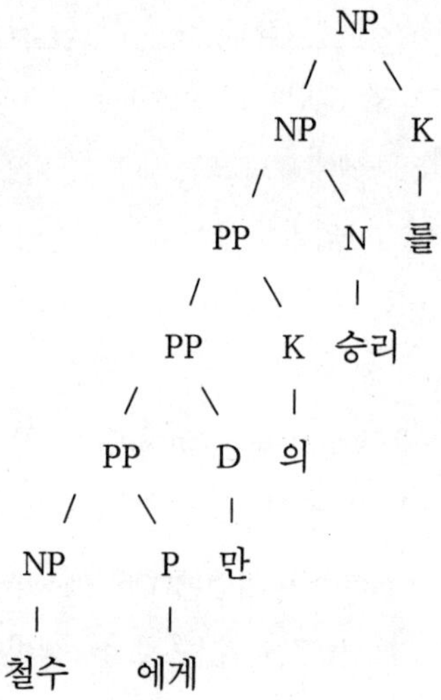

격조사를 통사적 핵이 아닌 것으로 보는 데에는 국어의 격이 통사 구조에 의해 할당되는 격, 곧 구조격이며, 조사는 선행 명사구에 할당된 격을 '표시'하는 표지(case marker)일 뿐이라는 인식이 전제되어 있다. 이와 달리 격조사를 통사적 핵으로 보는 연구에서는 대체로 조사가 선행 명사구에 격을 '할당'한다고 본다.[9] 물론 다음과 같이 이

---

9. 임동훈(1991)에서와 같이 주격, 목적격(대격), 관형격(속격)을 구조격으로 보면서 주격조사, 목적격조사, 관형격조사를 통사적 핵으로 보는 견해도 있다. 그러나 이렇게 볼

두 가지의 차이가 분명하게 드러나지 않기도 하지만 생성문법의 격이론이 국어문법 연구에 도입된 이후에는 이를 분명하게 구별하는 것이 보통이다.

> (9) ㄱ. 이 생각씨와 걸림씨(토씨)와의 가름은 다만 그 뜻이나 꼴로써 한 것이 아니라, 참으로 월을 만들기에 미치는 작용의 다름을 따라 가른 것이다. 곧 생각씨는 월의 중요한 거리(材料)가 되고, 걸림씨는 그 거리들을 얽어매어서 월을 만들어내는 버금(副次) 거리이다. (최현배 1961:156)
>
> ㄴ. 걸림씨 또는 토씨(關係詞 또는 助詞)는 다른 생각씨 곧 임자씨, 풀이씨 더러는 꾸밈씨에 붙어서 그것들의 걸림(관계)을 밝게 보이는 씨를 이름이니라. (최현배 1961:194-195)

(9ㄱ)에서는 조사가 문장성분들을 '얽어매는' 기능을 갖는 것으로 보았다. 이를 조사 없이는 문장성분들이 서로 얽어매어지지 않는다는 것을 뜻하는 것으로 이해하면, 최현배(1961)에서는 조사가 선행 명사구에 격을 할당하는 기능을 갖는 것으로 본 셈이다. 이와 달리 (9ㄴ)에서는 조사가 문장성분들 사이의 관계를 '밝게 보이는' 기능을 갖는 것으로 보았다. 이를 조사 없이도 문장성분들 사이의 관계는 성립하지만 다만 그 관계가 겉으로 드러나지 않는다는 것을 뜻하는 깃으로 이해하면, 최현배(1961)에서는 조사가 단순히 선행 명사구에 할당된 격을 표시하는 기능을 갖는 것으로 본 셈이다.

격조사가 분명하게 격을 할당하는 기능을 갖는다고 본 연구로는 최

경우 격을 할당하는 등의 적극적인 기능을 갖지 못하는 이들 조사를 왜 통사적 핵으로 봐야 하는지 설명해야 하는 문제가 있다.

규수(1994)를 들 수 있다. 최규수(1994:94-98)에서는 격조사(자리토씨)가 선행 명사구와 서술어(풀이씨)의 관계를 맺어주는 기능을 한다는 점에서 '(황금을 보)기, (어제 우리가 다리에서 만나)은' 등의 어미와 통사적 기능이 다를 것이 없으며, 선행 명사구는 격조사가 덧붙어야 주어(임자말), 목적어(부림말), 관형어(매김말), 부사어(상황말)가 된다고 보았다.

(10) ㄱ. 그 사람이 저기 간다.

     [[그 사람]이]

  ㄴ. 황금을 보기를 돌 같이 하라.

     [[황금을 보]기]

(11) ㄱ. 자리토씨와 맺음씨끝은 어떤 어휘적 범주를 다른 어휘적 범주와 <u>어떤 문법적 관계를 맺어주는</u> 기능을 한다는 것을 알 수 있다.

  ㄴ. 한국어는 어떤 NP에 임자자리토씨가 덧붙으면 그 NP가 임자말이 되고, 부림자리토씨가 덧붙으면 부림말이 되고, 매김자리토씨가 덧붙으면 매김말이 되며, 상황자리토씨가 덧붙으면 상황말이 된다. 영어는 한국어의 경우와 사정이 다르다. 영어는 임자말이나 부림말이 되는 NP는, 그 NP가 임자말과 부림말임을 나타내는 별도의 표지가 없기 때문에, 구조적으로 드러낼 수밖에 없다.

국어의 격은 구조격으로서 통사구조에 의해 할당된다고 본 연구로는 고창수(1992ㄴ), 최동주(1997), 한정한(2003), 이정훈(2004/2008), 황화상(2005ㄷ) 등이 있다. 고창수(1992ㄴ)에서는 (12)와 같은 Chomsky(1981)의 격 할당 조건을 원용하여 국어의 격이 (13)과 같은 구조적 조건에서 할당되는 것으로 보았다.

(12) Chomsky(1981)의 격 할당

　ㄱ. AGR의 지배를 받는 명사구는 주격이다.

　ㄴ. 하위범주화자질 [_NP]를 갖는 동사의 지배를 받는 명사구는 목적격이다.

　ㄷ. 전치사의 지배를 받는 명사구는 사격이다.

　ㄹ. [NP_X'] 형상의 명사구는 속격이다.

　ㅁ. 명사구는 [-N] 지배자의 속성에 따라 본유적으로(inherent)으로 격표시된다.

(13) 고창수(1992ㄴ:45)의 격 할당

　ㄱ. [+V] 자질을 갖고 있는 핵은 그 자질을 자신이 지배하는 지정어에 투사한다. 그리고 그럴 경우에 자질을 투사받은 논항은 [+nom]의 자질값을 갖게 되고, 이 논항은 주격이다.

　ㄴ. [-N] 자질을 갖고 있는 핵은 그 자질을 자신이 지배하는 보충어에 투사한다. 그리고 그럴 경우에 자질을 투사받은 논항은 [+obj]의 자질값을 갖게 되고, 이 논항은 대격이다.

　ㄷ. [-V] 자질을 갖고 있는 핵은 그 자질을 자신이 지배하는 지정어에 투사한다. 그리고 그럴 경우에 자질을 투사받은 논항은 [+gen]의 자질값을 갖게 되고, 이 논항은 속격이다.

　생성문법의 이론적 틀이 변화를 겪으면서 '할당'이라는 용어 대신 '인허(license)'라는 용어를 사용하고, 격이 아닌 격조사의 측면에서 설명하기는 했지만, 국어의 격을 구조격이라고 본 것은 이정훈(2004/2008)

에서도 다름이 없다.

> (14) 이정훈(2004/2008:77-78)의 구조격조사 인허조건
>
>   구조격조사는 인허되어야 한다.
>
>   ㄱ. 주격조사 '-이/가'의 인허 위치
>
>   ㉮ V[최대] 범주에 포함되는 위치, 또는
>
>   ㉯ [-통제성] V[-최대] 범주에 포함되는 위치
>
>   ㄴ. 대격조사 '-을/를'의 인허 위치
>
>   [+통제성] V[-최대] 범주에 포함되는 위치
>
>   ㄷ. 격조사 인허 영역을 교차할 수 없다.

구조격이라는 용어를 사용하지는 않았지만 국어에서 격이 통사적 관계에서 할당될 수 있다는 점은 이미 안병희(1966)에서도 지적된 바 있다. 안병희(1966)에서는 Ramstedt(1939)의 견해를 받아들이고 이를 확대하여 곡용어간(체언)에 서술어가 통합되면 주격, 체언이 통합되면 속격, 타동사에 통합되면 대격이 표시되는데, 이때 격조사가 결합하면 그 격이 강조되어 통합관계가 명확해진다고 보았다. 그리고 이와 같이 통합만으로 격이 표시되는 격을 부정격(不定格, Casus Indefinitus)이라고 부를 것을 제안했다.

이남순(1987ㄱ/1998ㄴ)에서도 이와 같은 견해를 받아들여 부정격(不定格, Casus Indefinitus)을 격표지에 의한 주격, 대격, 속격, 처격, 조격, 공동격 등의 정격(定格, Casus Definitus)과 구별했다. 이남순(1987ㄱ/1998ㄴ:224)에 따르면 (15)에서와 같이 S교점 아래에서 가장 먼저 자매관계를 형성하는 체언인 NP$_0$에는 주격이 할당되며, VP$_0$교점 아래에서 가장 먼저 자매관계를 형성하는 체언인 NP$_1$에는 목적격이 할당된

다. 그리고 NP_1교점 아래에서 가장 먼저 자매관계를 형성하는 NP_2에는 속격이 할당된다. (↔ 표시는 이것으로 연결된 두 항이 자매관계를 맺고 있다는 것을 뜻한다.)

(15) 영이(가) 어머니(의) 편지(를) 읽는다. (S)

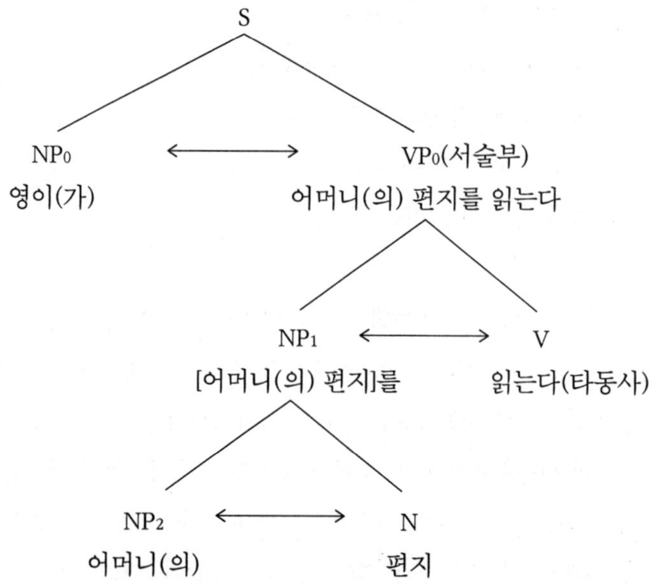

본 연구에서는 국어의 격은 구조격이며, 조사는 격을 할당하는 것이 아니라 격표지로서 단순히 선행 명사구에 할당된 격을 표시한다고 본다. 무엇보다도 (16)에서와 같이 조사가 있고 없고에 관계없이 어떤 명사구가 주어인지 목적어인지 관형어인지 하는 것은 충분히 예측 가능하기 때문이다.

(16) ㄱ. <u>철수</u> 밥 다 먹었니?

ㄴ. 영이가 <u>어머니</u> 편지를 읽는다.

그리고 본 연구에서는 격조사는 통사적 핵이 아니라고 본다. 국어의 격이 구조격이며, 격조사는 단순히 선행 명사구에 할당된 격을 표시하는 것이라면, 더욱이 격조사가 때에 따라 실현되지 않을 수 있는 것이라면, 격조사가 문장에서 핵의 역할을 할 만한 어떤 통사적 기능을 갖는다고 보기는 어렵기 때문이다.

6.2. 격조사의 비실현

의미역조사, 보조사 등 그 기능이 의미적인 것과 관련된 조사와 달리 주격조사, 목적격조사, 관형격조사 등의 격조사는 나타나지 않을 때가 많다. 특히 구어에서는 (1ㄱ)과 같이 격조사를 모두 쓰는 것보다 오히려 (1ㄴ)과 같이 쓰지 않는 것이 더 자연스러울 때도 있다.[10]

    (1) ㄱ. <u>철수가</u> <u>밥을</u> 먹었니?

         <u>영희의</u> <u>모자를</u> 돌려주었니?

      ㄴ. <u>철수</u> 밥 먹었니?

         <u>영희</u> 모자 돌려주었니?

---

10. 소량의 코퍼스를 대상으로 한 것이기는 하지만 임홍빈(2007)에서 KAIST 말뭉치와 21세기 세종계획의 균형 말뭉치를 분석한 결과에 따르면 조사 없이 쓰인 명사구는 문어체에서 5.6%, 구어체에서 47.8%로 구어체가 문어체의 8배를 넘는다. 구체적인 수치에는 차이가 있지만 그 비율은 권재일(2006)에서 격조사 실현이 상정되는 4977개 구어 예, 5063개 문어 예를 분석하여 제시한 것(문어 179개/3.56%, 구어 1393개/27.99%, 7.86배)과 별다른 차이가 없다.

이 절에서는 명사구가 어떤 조건에서 격조사 없이 쓰일 수 있는지, 그리고 이와 같은 현상을 문법적으로 어떻게 이해할 수 있는지에 대해 차례대로 살펴보기로 한다.

6.2.1. 격조사 비실현의 조건

격조사의 비실현 현상은[11] 문어보다는 구어에서 더 흔하다. 이는 구어가 갖는, 문어와는 다른 특성에 따른 것으로 볼 수 있는데, 구어에서의 격조사 비실현을 구어의 특성과 관련지어 살펴본 연구로는 김지은(1991)이 있다.

> (2) 구어체의 특성은 화자와 청자가 일정한 시·공간적 배경을 공유하고 있으며, 화자의 발화 그 순간에 청자가 그것을 듣는 대화 형태라는 데에 있다. 또한 구어체는 문어체에 비해 상대적으로 간결하며 화자와 청자가 서로의 의식 속에서 더 명확하게 부각되어 있는 상태에서 발화된다. 구어체의 이러한 특성은 곧 'NP₁∅'가 나타날 수 있는 환경의 특성이며, 이는 뒤에서 살펴볼 'NP₁∅'가 나타나는 문장·담화상의 특징과 밀접하게 관련되어 있다. (김지은 1991:72)

임홍빈(2007:88-89)에서는 김지은(1991)에서 지적한 (3ㄱ,ㄴ), 노대규(1996)에서 지적한 (3ㄷ)에[12] (3ㄹ,ㅁ)을 추가하여 구어체 담화가 (3)과

---

11. 격조사 생략으로 볼지, 격조사 비실현으로 볼지, 영형태 실현으로 볼지에 대해서는 후술하기로 하고, 일단 이와 같은 현상을 편의상 '격조사 비실현'으로 통칭하기로 한다.

12. 노대규(1996)에서는 구어(입말)는 '다양성, 즉각성, 친교성, 표현성, 포함성, 구체성, 순간성, 동태성, 모호성, 비논리성, 비격식성, 상황 의존성'을, 문어(글말)는 '단순성, 계

같은 특성을 갖는 것으로 보았다. 그리고 이 가운데 특히 (31ㄹ)이 명사구가 격조사 없이 쓰이는 현상과[13] 밀접히 관련되는 것으로 보고, 이를 (4)와 같이 설명했다.

> (3) ㄱ. 화자와 청자가 일정한 시/공간적 배경을 공유하고 있다.
>
>   ㄴ. 화자와 청자가 서로의 의식 속에서 명확하게 부각되어 있는 상태에서 발화된다.
>
>   ㄷ. 구어체 담화는 비격식적이다.
>
>   ㄹ. 구어체 담화는 많은 것이 활성화된 상태에서 진행된다.
>
>   ㅁ. 구어체 담화에서 청자는 대체로 우호적인 것으로 가정한다.
>
> (4) 활성화된 대상은 구어체 문장에서 쉽게 무조사구로 나타난다.

격조사의 비실현은 문어보다는 구어에서 흔하기는 하지만 구어라고 해서 늘 격조사가 나타나지 않는 것은 아니며, 또 문어에서도 때에 따라 격조사는 나타나지 않을 수 있다. 격조사의 비실현 가능성은 선행 명사구의 특성, 문장의 특성, 담화의 특성 등 다양한 요인에 의해 결정되는 것으로 보인다. 용어, 범위, 구체적인 설명의 방식 등에서는 차이가 있지만 김지은(1991), 이익섭·채완(1999), 이선웅(2005), 국립국어원(2005), 임홍빈(2007) 등에서 살펴본 것을 중심으로 격조사의 비실현 가능성을 결정하는 조건을 살펴보자.

획성, 제보성, 서술성, 분리성, 추상성, 영구성, 정태성, 명시성, 논리성, 격식성, 문맥 의존성'을 갖는 것으로 보았다.

13. 임홍빈(2007)에서는 이를 테면 (1ㄴ)에서 조사 없이 쓰인 명사구는 조사가 생략된 것이 아니라 아무런 조사도 결합하지 않은 것으로 보았다. 그리고 이와 같이 아무런 조사도 가지지 않으며 격조사를 가지는 논항 조사구와 대립을 이루는 명사구를 '무조사 명사구', 줄여서 '무조사구'라고 했다.

먼저 격조사의 비실현 가능성은 선행 명사구의 특성과 어느 정도 관련이 있는 것으로 보인다. 곧 (5)와 같이 한정적 명사구, 대명사가 핵인 명사구에서는 격조사의 비실현이 쉬우며, 수식어가 긴 명사구에서는 격조사의 비실현이 어렵다.[14]

(5) ㄱ. 한정적 명사구에서는 격조사의 비실현이 쉽다.

예) 한 사람{이, ∅} 더 올 거예요.

(비교) 많은 사람{이, *∅} 더 올 거예요.

ㄴ. 수식어가 길 때에는 격조사의 비실현이 어렵다.

예) 공부 잘하는 너(네){가, *∅} 그런 쉬운 문제를 못 풀다니.

ㄷ. 대명사가 쓰일 때에는 격조사의 비실현이 쉽다.

예) 걔{가, ∅} 영어를 아주 잘한다며?

(비교) 영희{가, *∅} 영어를 아주 잘한다며?

다음으로 격조사, 특히 주격조사의 비실현 가능성은 문장의 특성과도 어느 정도 관련이 있는 것으로 보인다. 곧 (6)과 같이 내포문의 주어 명사구, 다른 성분이 생략된 문장에 쓰인 주어 명사구, 대립되는 다른 명사구가 있는 주어 명사구에서는 주격조사의 비실현이 어렵다.

(6) ㄱ. 내포문의 주어 명사구에서는 격조사의 비실현이 어렵다.

예) 여기가 율곡{이, *∅} 태어난 곳이다.

ㄴ. 다른 문장성분이 생략되었을 때에는 격조사의 비실현이 어렵다.

---

14. 여기에서 제시하는 대부분의 예문은 앞서 밝힌 선행 연구에서 제시한 것들로서 설명의 편의를 위해 일부 형식적인 수정을 가한 것도 있음을 밝힌다.

예) 영희{가, *∅} 꽃이라도 한 송이 사 주려고 했었어.

ㄷ. 대립되는 다른 명사구가 있을 때에는 격조사의 비실현이 어렵다.

예) 동생 대신 형{이, *∅} 왔어요.

다음으로 격조사의 비실현 가능성은 담화의 특성과도 어느 정도 관련이 있는 것으로 보인다. 곧 (7ㄱ, ㄴ)과 같이 신정보인 명사구, 초점이 있는 명사구에서는 격조사의 비실현이 어렵다. 그리고 (7ㄷ)과 같이 대답하는 문장에서 설명의 내용이 되는 명사구에서도 격조사의 비실현이 어려운데, 이는 이들 명사구가 신정보라는 점에서 (7ㄱ)과 무관하지 않다.

(7) ㄱ. 신정보인 명사구에서는 격조사의 비실현이 어렵다.

예) 옛날 옛날에 한 나무꾼{이, *∅} 살았습니다.

ㄴ. 초점이 있는 명사구에서는 격조사의 비실현이 어렵다.

예) 왜 너(네){가, *∅} 가니?

ㄷ. 질문에 대해 대답하는 문장에서 설명의 내용이 되는 명사구에서는 격조사의 비실현이 어렵다.

예) 누가 이겼니? 철수{가, *∅} 이겼어요.

철수가 널 도와줬니? 아뇨, 영희{가, *∅} 도와줬어요.

그러나 (8ㄱ)과 같이 수식어가 긴 명사구에서도 격조사는 결합하지 않을 수 있으며, (8ㄴ)과 같이 내포문의 주어 명사구도 조사가 결합하지 않고 쓰일 수 있다. 그리고 (8ㄷ)과 같이 대립되는 다른 명사구가 있을 때에도 문제의 명사구가 목적어일 때에는 격조사 없이 쓰일 수 있으며, (8ㄹ)과 같이 질문에 대답하는 문장에서 설명의 내용이 되는 명사구라고 하더라도 목적어일 때에는 격조사 없이 쓰일 수 있다. 또한 (6ㄴ)도 '영희'가 여격의 명사구('영희에게')라면 (8ㅁ)과 같이 격조사 없이 쓰일 수 있다.[15]

(8) ㄱ. 일부로 종교 믿는 사람들{이, Ø} 많잖아요. (권재일 2006:435)

  내가 어제 산 책{이, Ø} 꽤 비싸더라.

 ㄴ. 비{가, Ø} 온 흔적은 있는데 우산은 제자리에 있다.

 ㄷ. (나는 어제) 철수 대신 영희{를, Ø} 만났어요.

 ㄹ. 어제 누구를 만났니? 철수{를, Ø} 만났어요.

  너 철수를 도와줬니? 아뇨, 영희{를, Ø} 도와줬어요.

 ㅁ. 영희{에게, Ø} 꽃이라도 한 송이 사 주려고 했었어.

한편 이익섭·채완(1999:196-197)에서는 (9)와 같이 두 명사구 사이의 의미 관계가 소유 관계가 아닐 때에는 관형격조사 '의'가 결합해야 하며, (10)과 같이 소유주-피소유주, 전체-부분, 친족 관계일 때에는 '의'가 결합하지 않을 수 있다고 보았다.

(9) ㄱ. {*젊은날, 젊은날의} 고뇌

 ㄴ. {*평화, 평화의} 종소리

 ㄷ. {*철수, 철수의} 오해

 ㄹ. {*7년만, 7년만의} 외출

 ㅁ. {*시골, 시골의} 아름다운 풍경

---

15. 김지은(1991)에서 (6ㄴ)에 대해 'NP₁과 V 사이에 대격이나 여격 성분이 생략되어 있거나 다른 위치로 이동되어 있을 때'라는 단서를 붙인 것도 이런 까닭에서이다.

    ㅂ. {*독서, 독서의} 계절
(10) ㄱ. 영희(의) 책
    ㄴ. 책상(의) 서랍
    ㄷ. 철수(의) 누나

그러나 '시골(의) 풍경'은 (9ㅁ)과 달리 가능하며, 두 명사구 사이의 관계가 소유 관계는 아니지만 '두 명사구(의) 사이', '북한산성(의) 보수', '도시(의) 재건' 등에서도 격조사는 결합하지 않을 수 있다.

이와 같이 격조사의 실현 가능성에는 다양한 요인이 작용하는데 반례가 있는 것도 있고, 문제의 명사구가 어떤 문장성분인지에 따라서 격조사의 실현 가능성이 다른 것도 있어서, 현재로서는 격조사의 실현과 비실현을 결정하는 엄밀한 조건을 설정하기가 쉽지 않다. 다만 문어보다는 구어에서 격조사의 비실현이 흔하며, 명사구, 문장, 담화의 특성에 따라 격조사의 실현 가능성이 다르다는 것을 확인할 수 있을 뿐이다.

6.2.2. 격조사 비실현의 문법

(1ㄴ)과 같이 명사구가 조사 없이 쓰이는 현상은 크게 세 가지 서로 다른 관점에서 이해할 수 있다. 첫째, (1ㄴ)의 각 명사구에는 본래 '이/가, 의, 을/를' 등의 격조사가 실현되었으나 문장의 도출 과정에서 생략되었다. 둘째, (1ㄴ)의 각 명사구에는 영형태의 격조사가 실현되었다. 셋째, (1ㄴ)의 각 명사구에는 격조사가 실현되지 않았다. 이 가운데 격조사의 생략과 영형태의 실현은 개념적으로 차이가 있지만 모두 격조사의 실현을 전제한다는 공통점이 있으며, 또 선행 연구에 따

라서는 그 구별이 분명하지 않은 것도 있어서[16] 한데 묶어서 제시하기로 한다.[17]

(1) ㄱ. <u>철수가</u> 밥을 먹었니?

<u>영희의</u> 모자를 돌려주었니?

ㄴ. <u>철수</u> 밥 먹었니?

<u>영희</u> 모자 돌려주었니?

(11) ㄱ. 격조사의 실현(격조사 생략 혹은 영형태 실현)

이숭녕(1953), 김민수(1969), 권재일(1989), 임동훈(1991), 최규수(1994), 한정한(2003) 등

ㄴ. 격조사의 비실현[18]

---

16. 예를 들어 이숭녕(1953)에서는 'Zero 형태'라는 용어를 사용하는데 이것이 격조사의 하나로 영형태를 설정해야 한다는 것을 뜻하는 것인지는 분명하지 않다. 이숭녕(1953:50)에서는 '격은 선행하는 명사 대명사와 연결되어서 비로소 존재할 수 있으며 형태는 얼마라도 생략될 수 있는 것이다.'고 보았기 때문이다.

17. 때에 따라서는 격조사의 생략과 격조사의 비실현도 구별하기가 쉽지 않다. 예를 들어 권재일(1989)에서는 '격조사 생략'이라는 용어를 사용했지만 '모든 조사는 문법적 관념과 어휘적 관념을 함께 가지고 있다. 다만 문법적 관념의 비중에는 정도의 차이가 있을 따름이다.'(134쪽)고 한 점을 고려하면, 곧 격조사도 어느 정도의 의미를 가지고 있다고 본 점을 고려하면, 이는 말 그대로의 생략이라기보다는 격조사의 비실현을 지칭하는 것으로 볼 수 있을 듯하지만 분명하지 않다. (11ㄱ) 가운데 (1ㄴ)과 같은 현상을 분명하게 격조사 생략으로 본 연구로는 한정한(2003)이 있고, 이를 분명하게 영형태 실현으로 본 연구로는 임동훈(1991), 최규수(1994) 등이 있다.

18. 안병희(1966), 이남순(1998ㄱ/1998ㄴ)에서는 격조사 없이 통합만으로 격이 표시되는 격을 부정격(不定格, Casus Indefinitus)이라고 하여 격조사에 의해 표시되는 정격(定格, Casus Definitus)과 구별했다. 이에 대해 민현식(1982)에서는 '부정격'이라는 용어가 개념상 격이 정해지지 않았다는 뜻으로 오해받을 소지가 있다고 보고, '부정격, 정격'이라는 용어를 대신하여 각각 '무표격(unmarked case), 유표격(marked)'이라는 용어를 쓸 것을 제안했다. '무표격, 유표격'이라는 용어는 김영희(1991), 김용하(1999)에서도 받아들여졌다. 한편 임홍빈(2007)은 무조사구를 조사가 없을 뿐만 아니라 격도 없는 명사구로 보았다는 점에서 다른 선행 연구와는 다르다. 이에 대해서는 후술하기로 한다.

안병희(1966), 민현식(1982), 김영희(1991), 김지은(1991), 이남순(1998ㄱ/1998ㄴ), 김용하(1999), 임홍빈(2007) 등

먼저 (1ㄴ)을 격조사의 생략으로 보는 데에는 이론적인 어려움이 있다. 생략은 복원 가능성을 전제하지만[19] 다음과 같이 격조사가 나타나지 않은 명사구에 조사를 복원하는 것이 어려울 때도 있기 때문이다.[20]

(12) ㄱ. 자기한테두 좋을 거/??거가 하나 없어. (임홍빈 2007:74)

　　ㄴ. 밥은(*을) 먹었니?

　　영화도(*를) 봤다.

　　책이나(*를) 읽자.

　　철수야(*가) 왔겠지? (황화상 2003:129)

그리고 (1ㄴ)을 조사의 생략으로 보는 데에는, 후술하겠지만 격조사가 쓰인 문장과 쓰이지 않은 문장 사이에 의미 차이가 있는 때도 있다는 문제가 있다. 임홍빈(2007:74-75)에서 지적했듯이 생성문법의 관점에서 보면 격조사 생략은 격조사가 결합해 있다가 특정한 환경에서 변형에 의해 탈락된다는 것을 의미하는데, 변형 전후의 의미가 다르다면 이는 '의미 보존 가설'을 어기는 결과를 초래하기 때문이다.

다음으로 (1ㄴ)을 영형태의 실현으로 보는 데에는 무엇보다도 음성 형식을 갖는 격조사 형태가 쓰이는 조건과 음성 형식을 갖지 않는 격

---

19. 한정한(2003:178)에서는 '생략된 격조사의 형태는 술어의 어휘 개념 구조(LCS)로부터 연결 알고리듬에 의하여 복원이 가능하다.'고 보았다.

20. (12ㄱ)은 '거가'를 '것이'로 바꾸면 좀 더 자연스러워 보이기는 한다. 그러나 (12ㄱ)을 '것이'에서 '이'가 생략되면서 '것'이 '거'로 바뀐 것으로 볼 수는 없다.

조사 형태, 곧 영형태가 쓰이는 조건을 이론적으로 구별하여 기술하기 어렵다는 문제가 있다. 주격, 목적격, 관형격을 표시하는 영형태를 각 격조사의 이형태 가운데 하나로 설정하기 위해서는 각 영형태가 '이/가, 을/를, 의' 등의 격조사와 동일한 기능을 갖는다는 것을 전제해야 하며, 또 이들이 교체되는 조건을 자연스럽게 기술할 수 있어야 한다.

'이/가', '을/를'의 경우에는 이형태 교체의 이유를 음운론적으로 자연스럽게 설명할 수 있다. 그러나 영형태의 경우에는 그 교체의 조건을 어떻게 설명할 수 있을지 의문이다. 임동훈(1991:129)에서는 영형태(∅)가 적극적인 기능을 갖는다는 유동석(1984)의 견해를 들어 주격조사, 대격조사(목적격조사), 속격조사(관형격조사)가 특정의 화용론적 조건에서 ∅로 교체되는 것으로 보았다. 그러나 ∅가 '이/가, 을/를, 의' 등의 격조사와 다른 어떤 적극적인 기능을 갖는다고 보면 이를 이형태 관계에 있는 격조사의 형태들로 보기 어렵다는 모순에 빠진다. 기능의 동질성이 보장되지 않기 때문이다.

(1ㄴ)을 영형태의 실현으로 보는 데에는, 물론 이론 내적인 문제라고 볼 수도 있지만, 격조사가 나타날 수 없는 때가 있다는 문제도 있다.

(13) ㄱ. 너 어제 하루 종일 뭐 했니?

ㄴ. (하루 종일) <u>소설책만</u> 읽었어.

황화상(2003)에 따르면 (13ㄴ)에서 목적격조사의 영형태는 보조사 '만'에 선행하여 결합할 수 없다. (13'ㄴ①)에서 알 수 있는 것처럼 ∅가 명사구 전체를 작용역으로 갖지 못하기 때문이다. 그렇다고 영형태가 보조사 '만'에 후행하여 결합할 수도 없다. (13'ㄴ②)에서 알 수 있

는 것처럼 작용역('소설책을 읽다')이 넓은 조사 '만'이 작용역('소설책만')
이 좁은 조사(∅)를 선행하여 작용역이 교차하는 부적격한 구성을 도
출하기 때문이다.[21]

(13'ㄴ) ① (하루 종일) <u>소설책∅만</u> 읽었어.
　　　　② (하루 종일) <u>소설책만∅</u> 읽었어.

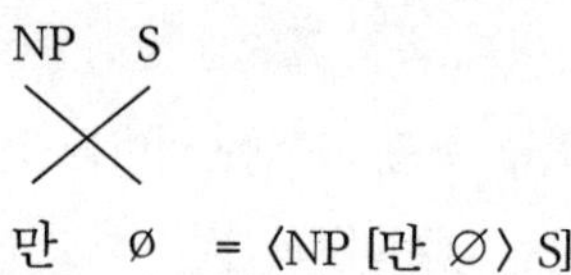

　끝으로 (1ㄴ)을 격조사의 비실현으로 보는 데에는 대체로 격조사가
격을 표시하는 기능 외에도 어떤 의미적인 기능과 관련되어 있으며,
따라서 (1)의 각 대응 문장들 사이에는 어떤 의미적인 차이가 존재한
다는 인식이 전제되어 있다. 예를 들어 이남순(1998ㄱ/1998ㄴ:251)에서
는 단순히 흡연 여부를 물을 때에는 (14ㄱ)이 자연스럽고, 상대방이 흡
연하는 사실을 모르고 있다가 알게 되었거나 그것을 의외의 사실로
여길 때에는 (14ㄴ)이 자연스럽다고 보았다. 곧 (14ㄴ)은 '흡연' 여부를
묻는 것 이외에 다른 특별한 의미가 섞여 있다는 것이다.

(14) ㄱ. 담배 피우세요?

　　　ㄴ. 담배를 피우세요?

---

21. (13ㄴ)에서 '만'의 작용역은 선행 명사구 '소설책'이 아니라 문장 '소설책을 읽다' 전체
　　이다. 한편 황화상(2003)에 따르면 구조격조사의 작용역은 명사구 전체이며, 조사가
　　중첩할 때에는 작용역이 좁은 조사가 작용역이 넓은 조사를 선행한다. 이에 대해서
　　는 본서의 7장을 참조할 수 있다.

이에 따라 이남순(1998ㄱ/1998ㄴ)에서는 '생략'과 '비실현'을 개념적으로 구분하고 (14ㄱ)의 목적어 '담배'는 (14ㄴ)의 '담배를'에서 격조사가 생략된 것이 아니라 격조사가 비실현된 것이라고 보았다. 그리고 우리말에서는 격조사가 실현되지 않는 것이 보통이며 오히려 격조사가 실현되는 것이 특별한 경우라고 보았다.

> (15) 지금까지 살펴 본 주격, 대격, 속격 표지들의 실현/비실현 현상을 통해서 생각해 볼 수 있는 것은, 특별한 의미를 전달하려 할 때 이들 격표지가 실현된다는 것이다. 의미론적으로 제자리를 벗어나, 즉 보통의 의미를 전달하지 않고 이를 벗어나, 보다 특별한 의미를 전달하려고 할 때 격표지의 실현형을 사용한다는 것이다.
>
> (이남순 1998ㄱ/1998ㄴ:254)

다음의 경우에도 조사의 사용 여부에 따라 의미 차이가 느껴지는, 아니면 적어도 조사를 사용한 문장과 조사를 사용하지 않은 문장이 서로 다른 문맥이나 대화 상황에서 쓰이는 것으로 보인다. (16ㄱ)은 '철수가 오리라는 것을 알고 있는 화자가 (인기척을 느끼고) 청자에게 철수가 왔는지를 확인하는 상황', 혹은 '밖에 온 사람이 철수인 것 같다고 생각하는 화자가 이를 확인하는 상황'에서 좀 더 자연스럽게 쓰일 수 있는 듯하며, (16ㄴ)은 '철수가 아닌 다른 사람이 오리라고 생각했던 화자가 철수의 목소리가 들리는 듯하여 그 사실을 확인하는 상황'에서 좀 더 자연스럽게 쓰일 수 있는 듯하다.

> (16) ㄱ. 철수 왔니?
>
> ㄴ. 철수가 왔니?

격조사가 격표지로서의 기능 외에 어떤 의미적인 기능을 갖는다고 보거나,[22] 더 나아가서 격조사가 격에 관련된 기능을 갖는 것이 아니라 보조사와 같이 의미에 관련된 기능을 갖는다고 보기도 하는 것은 이러한 점에 주목한 것이다.[23] 예를 들어 고석주(2001)에서는 '가'를 '선택 지정'의 의미를 갖는 양태조사(보조사)로 보았다.

(17) ㄱ. 요즘은 아무{*가, Ø}나 대학에 간다.

ㄴ. 철수{가, *Ø} 먼저 도착했다.

영이{가, *Ø} 가장/제일 예쁘다. (고석주 2001:132-134)

고석주(2001:132-135)에 따르면 (17ㄱ)에서 '아무'에는 조사 '가'가 쓰일 수 없는데, 이는 '부정(不定, 특별히 정하지 않은)'이라는 대명사 '아무'의 의미와 조사 '가'의 의미(선택 지정)가 서로 모순되기 때문이다. 그리고 (17ㄴ)에서 '철수, 영이'에는 반드시 조사 '가'가 결합해야 하는데, 이는 '가장, 먼저, 제일' 등과 같이 비교되는 다른 대상이 있음을 함축하는 표현이 쓰였기 때문이다. 이때 조사 '가'는 '예쁘다'의 주어가 발화 상황

---

22. 유동석(1984)에서는 '이/가, 을/를'을 양태조사로 보고, 통사적인 기능과 의미·화용론적인 기능을 동시에 갖는 것으로 보았다. 성기철(1994)에서도 '를'은 목적격표지 기능 외에 '강조'의 의미적인 기능도 갖는 것으로 보았다. 예를 들어 여러 아이들 중에서 한 사람을 선발해서 어디에 보내려고 하는 상황에서 '철수 보내지'와 '철수를 보내지'는 모두 쓰일 수 있는데, '를'을 쓰면 '철수'가 더 드러나기도 하고 더 강조되기도 한다는 것이다. 한편 임동훈(1991), 이남순(1998ㄱ/1998ㄴ)에서도 격조사의 사용 여부(혹은 영형태로의 교체 여부)가 의미적 혹은 화용적 조건에 의해 결정된다고 보았는데, 이는 단지 조건일 뿐 격조사가 어떤 의미 기능을 갖는다고 본 것은 아닌 것으로 보인다.

23. 임홍빈(1972), 목정수(1998ㄱ,ㄴ/2003), 고석주(2001) 등에서 이러한 견해가 제시되었다. 임홍빈(1972)에서는 '가'와 '를'의 의미 기능을 주제화로 설명했으며, 목정수(1998ㄱ,ㄴ/2003)에서는 '가'와 '를'은 한정사로서 초점·배제('가'는 주체 지향, '를'은 객체 지향)의 의미 기능을 갖는 것으로 보았다.

에서 주어로 쓰일 수 있는 집합의 원소(개체)들 중에서 '영이'임을 '선택 지정'하는 기능을 한다.

그리고 고석주(2001)에서는 '를'도 '가'와 같이 의미 기능을 갖는 양태 조사로서 '대상의 선택 지정'의 의미를 갖는다고 보았다.

(18) ㄱ. 영이는 요즘 아무{*가, Ø}나 만나.

ㄴ. 순이는 누구{를, ??#Ø} 만나러 외출했다. (고석주 2001: 201-204)

고석주(2001:201-204)에 따르면 (18ㄱ)에서 조사 '가'가 쓰일 수 없는 것은 (17ㄱ)과 마찬가지이다. 그리고 (18ㄴ)에서 '누구'가 평서문에 쓰여 '불특정 대상'을 나타낼 때에는 조사 '를'이 반드시 쓰여야 하는데, 이는 '를'이 '대상의 선택 지정'이라는 의미를 가진 '보조사'라는 것을 보여준다.

본 연구에서도 (1ㄴ)의 각 명사구는 격조사가 생략되거나 영형태가 실현된 것이 아니라 격조사가 실현되지 않은 것으로 본다. 다만 본 연구에서는 '이/가, 을/를, 의' 등의 격조사가 특별한 의미 기능을 갖는 것은 아니라고 본다. 때에 따라 격조사가 쓰인 문장과 쓰이지 않은 문장 사이에 어느 정도의 의미 차이가 있는 것은 분명해 보인다. 그러나 격조사가 쓰인 문장과 쓰이지 않은 문장 사이에 늘 어떤 유형적인 의미 차이가 존재한다고, 곧 격조사가 쓰인 문장은 격조사가 쓰이지 않은 문장과 다른 어떤 공통된 유형적인 의미를 늘 갖는다고 보기도 어렵기 때문이다.

본 연구에서는 격조사는 단지 격을 표시하는 표지일 뿐이므로 꼭 실현되어야 하는 것은 아니지만, (19)와 같이 명사구의 격 관계를 형식적으로 드러내기 위해 특별한 의미적 전제가 없이도 실현될 수 있다고 본다.[24] 다만 (20ㄴ)과 같이 선행 명사구의 격 관계를 '분명하게' 드러낼 필요가 있거나,[25] (21ㄴ), (22ㄴ)과 같이 선행 명사구가 초점을 받거나 강조를 받는[26] 등의 이유로 문장 안에서 다른 성분들보다 특별히 부각되는 경우에는 격조사가 실현되는 것이 보통이라고 본다.

(19) ㄱ. 물 참 시원하네요.

ㄴ. 물이 참 시원하네요.

(20) 철수 좋아하는 사람이 영희니?

ㄱ. 철수(를) 좋아하는 사람이 영희니?

ㄴ. 철수*(가) 좋아하는 사람이 영희니?

(21) ㄱ. 너 어제 학교에 안 갔다면서?

ㄴ. (철수가 아니라) 네가 어제 학교에 안 갔다면서?

(22) ㄱ. 이 책 정말 비싸다.

ㄴ. 이 책이 비싸니 저 책이 비싸니?

한편 임홍빈(2007:74, 83)에서는 (1ㄴ)의 명사구를 조사가 없을 뿐만 아니라 격도 없는 명사구로서 무조사구라고 보았다. 그리고 무조사구는 정규 논항으로 분석될 수 없는 것으로서 통사 분석의 나머지인 잉여 성분이며, 담화 화용적 원리에 의하여 제시어의 일종인 주제(제시 주제)의 자격을 부여받는 것으로 보았다.

---

24. (19)의 두 문장은 동일한 대화 상황에서, 이를 테면 한 사람이 물에 손을 담그면서 다른 사람에게 그 느낌을 이야기하는 대화 상황에서 특별한 의미적 전제 없이 쓰일 수 있다.

25. 김지은(1991)에서 지적했듯이 (20)에서 '철수'는 '좋아하다'의 목적어로 해석될 가능성이 높으므로, 주어로 쓰인 것일 때에는 (20ㄴ)과 같이 주격조사가 결합하여야 한다.

26. (21ㄴ)에서는 '너'가 '철수'와 대비되어 강조되며, (22ㄴ)에서는 '이 책'과 '저 책'이 서로 대비되어 강조된다.

(23) ㄱ. 무조사구의 표현 가치

　　　무조사구는 격조사구와 다른 고유한 표현 가치를 갖는다.

　　ㄴ. 무조사구의 '제시 주제' 가설

　　　무조사구는 제시어의 일종으로서 '제시 주제'의 성격을 가진
　　　다.

　　이에 따라 임홍빈(2007:84-85)에서는 예를 들어 '나 밥 먹는다.'는 다음과 같은 통사구조를 갖는 것으로 보았다.[27] 그리고 [ei]는 정규 논항 대격 조사구의 자리이고 [ej]는 정규 논항 주격 조사구의 자리이며, '밥'은 VB의 부가 위치에 상정되는 성분 주제이고 '나'는 VP의 부가 위치에 상정되는 문장 주제라고 보았다.

---

27. 여기에서 NKP는 주격조사구를, AKP는 대격조사구를, VB는 V-bar(V')를 뜻한다.

(24)

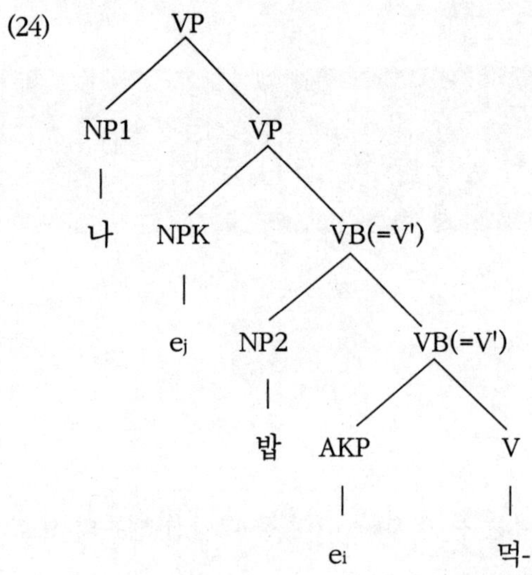

그러나 '나, 밥'을 격이 없는 명사구로 가정하는 것이 이론적으로
가능한지, 각각 문장 주제와 성분 주제로 구별하기는 했지만 한 문
장 안에 '나'와 '밥'이라는 두 개의 주제를 설정하는 것이 가능한지,
'나'와 '밥'이 잉여 성분이라면 이 문장은 주어와 목적어가 없는 문장
이 되는데 이것이 이론적으로 가능한지 등에 대해서는 좀 더 검토가
필요하리라고 본다.

7. 조사의 통사적 기능과 조사 중첩

국어의 조사는 체언류는 물론 부사, 어미 등 다양한 범주의 요소에 결합한다.[1] 특히 체언류에 결합할 때에는 둘 이상의 조사가 중첩되기도 하는데, 이에는 일정한 제약이 있다. 두 조사의 기능이 충돌하거나 의미가 모순되는 경우, 곧 두 조사의 문법적 기능이 상보적일 때에는 어떤 경우에도 중첩이 허용되지 않는다.

   (1) ㄱ. *철수<u>가를</u> 만났다.

      ㄴ. *여기<u>까지부터</u> 읽었다.

그런데 두 조사의 문법적 기능이 상보적이 아니라고 해서 꼭 중첩이 허용되는 것은 아니다. 보조사[2] '만'과 '도'는 모두 목적격조사 '을/를'과

---

1. 이 장의 내용은 황화상(2003)에서 살펴본 것에 이후의 관련 연구 성과를 반영하여 일부 내용을 보완하고, 본서의 체재에 맞게 일부 용어를 수정('내재격조사'를 '의미역조사'로 수정)하고, 조사 중첩형의 선행 형태를 [참고]의 형식으로 덧붙인 것이다.

2. 본 연구에서는 그 동안 특수조사, 보조사, 후치사, 한정(조)사, 첨사 등으로 불려 왔던, 격조사 이외의 조사를 포괄하는 개념으로 보조사를 사용하기로 한다. 선행 연구에서 사용했던 용어도 특별히 필요한 때를 제외하고는 편의상 보조사로 바꿔 사용하기로 한다. 한편 본 연구에서 제시한 예문 가운데 많은 것이 〈21세기 세종계획〉에서

상보적이지 않지만, '만'과 '을'의 중첩은 허용되는 반면 '도'와 '를'의 중첩은 허용되지 않는다.

(2) ㄱ. 너<u>만(을)</u> 사랑해.
ㄴ. 너<u>도(*를)</u> 사랑해.

중첩이 허용될 때에도 그 결합 순서에는 일정한 제약이 있다. 보조사 '만'의 경우 '으로'와는 그 순서를 달리하여 중첩될 수 있지만, '에서'와는 후행할 때에만 중첩이 허용되며, '도'와는 선행할 때에만 중첩이 허용된다.[3]

(3) ㄱ. 빵{으로만, 만으로} 살 수는 없다.
ㄴ. 그는 노래방{에서만, *만에서} 노래를 부른다.
ㄷ. 바나나 한 쪽{*도만, 만도} 판다.

성광수(1977:214-15)에서는 '명사구의 격 관계가 의미 한정보다는 근본적'이므로 격조사가 보조사를 선행하는 것이 일반적이라고 보았다. 홍사만(1983:193)에서는 명사의 격 의미를 한정하는 경우에는 보조사가 후행하고, 명사 자체를 한정하는 경우에는 격조사가 후행한다고 보았다. 이남순(1996)에서도 어간 명사만이 격을 받는 경우에는 격조사가 보조사를 선행하고, 어간 명사와 보조사의 통합체가 격을 받는

구축한 550만 어절 규모의 형태소 분석 말뭉치에서 추출(일부 수정)한 것임을 밝힌다.

3. 국어 각 조사의 결합 관계에 대해서는 류구상(1965), 성광수(1977), 홍사만(1983), 김승곤(1989), 남윤진(2000), 임동훈(2004), 최웅환(2004), 유하라(2006) 등을 참조할 수 있다.

경우에는 보조사가 격조사를 선행한다고 보았다.[4] 그러나 두 조사가 동일한 순서로 결합할 때에도 중첩이 허용되기도 하고 그렇지 않기도 하여, 격이나 의미 한정 관계만으로는 조사 결합의 순서를 충분히 설명하기 어렵다.

(4) ㄱ. 윗옷만도 팔아요?
　　　*나는 어제 빵만도 먹었다.
　　ㄴ. 그의 유년 시절 이야기는 5권까지에 실려 있다.
　　　*나는 학교까지에 갔다.

조사 중첩이 각 조사의 문법적 기능과 무관하지 않을 것임에는 틀림이 없다. 문제는 각 조사의 문법적 기능의 차이를 유형적으로 포착할 수 있는 장치를 마련하는 데 있다. 격조사와 보조사의 유형적 구분은 의미 있는 것이기는 하지만, 적어도 조사 중첩을 설명하는 데에는 그 자체만으로는 충분하지 않다.

조사 중첩에서 격조사와 보조사를 동시에 다루기 위해서는 이들을 구분하는 개념(격과 의미)뿐만 아니라 통합할 수 있는 개념도 필요하다. 공통성에 먼저 주목하게 되면 차이를 찾아내는 것이 어렵지 않지만,[5] 차이에 먼저 주목하게 되면 공통성을 놓치기 쉽기 때문이다. 본 연구에서는 조사의 문법적 기능을 통합할 수 있는 개념으로 작용역

---

4. 이밖에 임동훈(1991:122), 최동주(1997), 이정훈(2003)에서는 조사 결합의 순서와 제약에 통사론적인 이유가 있다고 보았다.

5. 홍종선(1986/1990)에서 파생 명사와 명사형의 기능적 유사성에 주목하여 이를 체언화로 묶어 설명한 것이나, 목정수(1998)에서 '가, 를, 도, 는'의 담화적 기능에 주목하여 이를 한정사(déterminant)로 묶어 설명한 것이나, 황화상(2001, 2002)에서 합성어와 파생어(의미적 유사성), 굴절접사와 파생접사(기능적 유사성)를 구분하지 않고 복합어의 형태와 의미를 설명한 것 등은 모두 이러한 맥락에서 이해할 수 있다.

(scope)을[6] 설정한다. 따라서 조사의 문법적 기능이 작용역과 어떻게 관련되며, 각 조사의 작용역이 어떠하며, 조사 중첩이 작용역과 어떤 관계가 있는지를 설명하는 것이 본 연구의 주된 목적이다.

7.1. 조사의 작용역

여기에서는 조사의 문법적 기능에 대한 이해를 토대로 조사의 작용역 설정에 관련된 기존 논의의 문제점을 검토하고, 조사의 작용역을 어떻게 설정해야 하며, 어떤 문법 단위가 조사의 작용역이 될 수 있으며, 조사의 작용역이 조사 중첩의 다양한 양상을 설명하는 데 어떤 역할을 하는지 차례대로 살펴보기로 한다.

국어의 조사는 모두 형태론적으로는 명사에 부착되어 있지만, 그것의 작용역은 명사구 전체에 걸치는 것으로 인식되어 왔다. 특히 보조사의 경우에도 통사론적으로 명사구에 결합한다는 가장 일반적인 기술에서부터, 그것의 결합을 통사적 파생(고창수 1986, 1992ㄷ, 임홍빈 1989/1993, 시정곤 1994 등)으로[7] 보거나, 그것이 통사구성의 핵(윤종렬 1990, 시정곤 1994 등)이 된다고 보거나, 그것을 문장 형성소(고영근 1993 등)나 교착소(임홍빈 1997 등)나 통사 원자(박진호 1994 등)로 보는 데 이르기까지 이러한 인식이 전제되어 있다.

물론 통사론적 차원의 문제와 의미론적 차원의 문제를 구별할 수도

---

6. 홍사만(1983)에서는 조사의 결합 순서를 설명하기 위해, 최재웅(1996)에서는 조사 '만'의 의미 기능을 설명하기 위해 작용역이라는 개념을 사용했다.

7. 임홍빈(1989)에 따르면 통사적 파생은 문법적인 요소가 통사적인 연결 장치 없이 통사적인 구성 뒤에 붙는 것을 말한다. 한편 똑같이 통사적 파생이라는 개념을 전제하지만 김양진(1995), 황화상(1996, 2001) 등에서는 조사가 어휘부에서 명사에 결합한다고 가정한다. 따라서 이런 문제에서는 조금 벗어나 있다고 볼 수 있다. 그러나 그것의 문법적 기능이 명사구에 걸치는 것이라고 본다는 점에서는 다른 논의와 다르지 않다.

있다. 그러나 그것의 의미 기능에 주목한 경우에도 명사구의 의미를 한정한다거나 명사구를 의미론적으로 요구한다거나 하여 그 영역을 대체로 명사구에 국한시켰다. 예를 들어 박진호(1994:23, 32-33, 52)에 따르면 조사(보조사 포함)는 명사구를 작용역으로 하며, 의미론적으로 명사구를 요구하는데, 이는 조사가 의미상으로 불완전하기 때문이다.

보다 근본적인 문제는 명사구의 의미를 한정하거나 명사구를 의미론적으로 요구하는 보조사가 왜 통사론적으로 명사구에 결합하는지를 설명하기 어렵다는 데 있다. 격조사의 경우에는 격 자체가 통사론적으로 의의 있는 문법범주이며, 따라서 격 할당이든 격 점검이든 관계없이 그것의 문법적 기능은 일정한 통사구조에서 통사적 장치(예를 들어 지정어-핵 일치, α 이동 등)를 통해서 드러난다. 그러나 보조사의 의미나 명사구의 의미 자체는 통사론적 영역의 문제가 아니다.[8]

조사의 작용역은 그것의 문법적 기능에 따라 설정되어야 한다. 주로 격 기능을 갖는 격조사가 격에 관련된 문법 단위(즉 명사구)를 작용역으로 하듯이, 주로 의미 기능을[9] 갖는 보조사는 그것의 의미에 관련된 문법 단위(명사구, 문장 등)를 작용역으로 한다고 보는 것이 자연스럽다.

끝으로 조사의 작용역과 조사 중첩의 관계에 대해 살펴보자. 조사의 작용역은 중첩 자체는 물론 조사의 결합 순서를 설명하는 데에도

---

8. 그렇다고 해서 보조사가 명사구를 작용역으로 취할 수 없는 것은 아니다. 다만 명사구를 작용역으로 취하는 경우에 보조사는 명사구의 의미에 관련(의미 한정)되는 것이 아니라 명사구의 의미역에 관련된다. 그러나 이때에도 명사구의 의미역을 한정하는 것은 아닌데, 이에 대해서는 중첩을 설명하는 과정에서 실례를 통해 살펴보기로 한다.

9. 보조사가 의미 기능을 한다고 해서 그것의 문법적 기능이 통사론적인 것이 아니라고 단정할 수는 없다. 양화(qualification)의 문제를 양화사 이동과 같은 통사론적 장치에 의해 설명하듯이 보조사의 의미 기능도 통사론적인 장치(예를 들어 LF에서의 α-이동 등)에 의해 설명할 수 있는 것이라면 그것은 통사론적인 문제도 된다.

관련되는데, 이를 다음과 같이 요약할 수 있다.

    (5) 조사 중첩의 조건

        ㄱ. 작용역이 같고, 서로 문법적 기능이 충돌하거나 모순되는 두
           조사는 중첩되지 않는다.
        ㄴ. 작용역이 서로 다른 두 조사는 작용역이 좁은 조사가 선행
           한다.

  (5ㄱ)은 (1)과 같은 예를 설명하기 위한 일반적인 조건인데, 본 연구에서는 설정은 하되 따로 살펴보지는 않기로 한다.[10] (5ㄴ)은 예를 들어 어떤 조사 a가 명사구를 작용역으로 하고 어떤 조사 b가 명사구보다 큰 단위를 작용역으로 하는 경우, 두 조사가 '명사구+a+b'의 순서로 결합한다는 것을 의미한다.[11]

  본 연구에서는 다음의 두 가지 문제를 중심으로 조사 중첩의 조건으로서 (5ㄴ)의 타당성을 검증하기로 한다. 첫째 구조격조사와 보조사가 때에 따라 중첩이 허용되기도 하고 제약되기도 하는 이유를, 둘째 의미역조사와 보조사의 결합 순서가 어떻게 결정되는지를 (5ㄴ)을 토

---

10. (5ㄱ)은 작용역이 같더라도 문법적 기능이 충돌하거나 모순되지 않는 두 조사(의미역조사와 의미역조사, 혹은 보조사와 보조사)는 중첩될 수 있음을 내포하지만, (5)에는 이때 이들 두 조사의 결합 순서가 어떻게 결정되는지에 대해서는 설명되어 있지 않다. 작용역의 차이를 토대로 조사 중첩을 설명하는 데 주요 목적이 있으므로 이에 대해서는 따로 살펴보지 않겠지만, 본 연구에서는 작용역이 같은 두 조사의 결합 순서는 순수하게 의미에 따라 결정된다고 본다. 예를 들어 '(더 먹지 말고) 이것까지만 먹어라.'에서와 같이 '까지'와 '만'은 늘 '만'이 후행 결합한다. 이때 '만'은 행위의 대상을 한정하는데 위 예에서 행위의 대상은 '이것'이 아닌 '이것까지'이다. '만'이 '까지'에 후행 결합하는 것은 이런 이유에서이다.

11. 이는 관계가 밀접한 두 요소(명사구와 a)가 그렇지 않은 두 요소(명사구와 b)보다 형식적으로도 더 가까이 있는 것이 자연스럽다는 점에서 당연한 귀결이다.

대로 설명할 것이다.

7.2. 조사 중첩과 중첩의 제약

구조격조사와 구조격조사는 기능이 모순되므로 어떤 경우에도 서로 중첩되지 않으며, 구조격조사와 의미역조사는 그 기능이 완전히 다르므로 조건만 충족되면 늘 결합한다.[12] 그리고 의미역조사와 보조사는 두 조사의 의미 기능이 서로 모순되지 않는 한, 의미역조사와 의미역조사, 의미역조사와 보조사, 보조사와 보조사의 중첩은 늘 가능하다. 따라서 조사의 중첩과 제약에 대해서는 그 기능이 모순되지는 않지만 중첩이 허용되기도 하고 허용되지 않기도 하는 구조격조사와 보조사의 중첩에 대해서만 살펴보기로 한다.

7.2.1. 조사의 중첩

보조사 가운데 '만, 까지, 부터' 등 구조격조사와 중첩되는 조사는 때에 따라 그러한 중첩이 제약되기도 한다. 또한 '도, 는' 등 어떠한 경우에도 구조격조사와 중첩되지 않는 보조사도 있으므로, 구조격조사

---

12. 사실 구조격조사와 의미역조사의 중첩은 그리 흔한 일은 아닌데, 이는 중첩될 수 있는 조건이 '그를 만난 것은 학교에서가 아니다.'와 같은 일부 구문에서만 충족되기 때문이다. 이와 관련하여 최웅환(2004:294)에서는 구조격 조사와 내재격 조사의 중첩은 격 중첩이라는 점에서 허용되지 않는 것이 일반적인 것으로 처리되어야 한다고 지적했다. 그런데 내재격 조사라는 용어를 썼지만 '내재격 조사들 사이의 결합 순서나 보조사들 사이의 결합 순서는 의미에 따른 것이므로 …'(133쪽), '결국 내재격 조사는 명사구의 의미역 자체를 한정하고 …'(134쪽)와 같이 황화상(2003)에서는 이들 조사의 기능은 '격'에 관련된 것이 아니라 '의미(의미역)'에 관련된 것으로 보았으므로, (용어의 적절성 문제는 있을지 몰라도) 격 중첩의 문제는 생기지 않는다.

와 중첩되지 않는 것이 보조사의 일반적인 속성이라고 볼 수 있다.

(6) 구조격조사와 보조사의 중첩

　ㄱ. 철수<u>만</u>(이) 그곳에 왔다.

　　고향은 어머니나 아버지<u>까지</u>(를) 포함한 …….

　　요즈음은 백로(白露)<u>부터</u>(를) 가을로 잡는다.

　ㄴ. 철수<u>만</u>(*이) 오면 우리가 이길 수 있어.

　　벌써 숙제<u>까지</u>(*를) 했다고?

　　우리 밥<u>부터</u>(*를) 먹자.

　ㄷ. 철수<u>도</u>(*가) 그곳에 왔다.

　　너<u>는</u>(*이) 나를 우습게 보는 거니?

(6ㄱ), (6ㄴ)처럼 중첩이 수의적인 예에서 그 차이를 먼저 살펴보고, 이를 토대로 (6ㄷ)의 '은/는, 도' 등이 구조격조사와 중첩되지 않는 이유를 설명하기로 한다.

먼저 보조사 '만'의 의미 기능을 살펴보고, 이것이 구조격조사와의 중첩에 어떻게 관련되는지 살펴보자.

(7) 보조사 '만'의 의미 기능 (홍사만 1983:183-210)

　ㄱ. (의미 의존 관계) 유일한 것으로 한정됨.

　ㄴ. (함의) 피접어 이외의 자매항목은[13] 서술어의 사실 내용에서 배제됨.

---

13. 자매항의 개념은 양인석(1973)에서 비롯되어 고영근(1973), 채완(1977), 홍사만(1983) 등에서 수용된 이래, 그 개념을 직접적으로 썼든 쓰지 않았든 관계없이, 보조사의 의미를 설명하는 데 중심적인 역할을 담당해 왔다.

ㄷ. (전제) 피접어 이외의 자매항목이 반드시 존재함.

이에 따르면 '소설책만 읽었어.'는 다음과 같은 상황에서 쓸 수 있는 표현이다.

(8) ㄱ. 소설책을 유일하게 읽었다.

ㄴ. A 가운데에서 소설책을 제외한 어떤 것도 읽지 않았다.

ㄷ. A={소설책, 시집, 수필집, …}

그러나 최재웅(1996), 황미향(2002) 등에서 지적했듯이 보조사 '만'이 결합한 문장에서 늘 선행 명사구의 자매항이 전제되고, 늘 선행 명사구 이외의 모든 것이 부정되지는 않는다.

(9) ㄱ. 너 시집도 읽었니?

아니, 소설책만 읽었어.

ㄴ. 너 어제 하루 종일 뭐 했니?

(하루 종일) 소설책만 읽었어.

(9ㄱ)에서는 '소설책'의 자매항인 '시집'도 전제되며 '시집을 읽지 않았다.'도 함의되지만, (9ㄴ)에서는 자매항이 전제되지도 않으며 (9ㄴ)이 '다른 것을 읽지 않았다.'는 의도를 표현하는 것도 아니다.[14] 굳이 자매항이라는 개념을 쓴다면 (9ㄴ)에서 '만'의 자매항은 '시집, 수필집' 등

---

14. 물론 (9ㄴ)은 '다른 것을 읽지 않았다.'를 함의한다. 그러나 이는 문장 전체의 의미 ('소설책을 읽는 것, 그것만 했다.')에 의해서 함의되는 것이지, '소설책'에 '만'이 결합 했기 때문에 그런 것은 아니다.

이 아니라 '소설책을 읽는 일 이외의 다른 일', 예를 들면 '친구를 만나다, 영화를 보다' 등이 된다.[15]

다음에 제시한 예도 자매항이 전제되지 않는 상황에서 보조사 '만'이 쓰인 것이다. (10ㄱ)에서는 '눈'의 자매항을 설정하는 것조차 어려우며, (10ㄴ, ㄷ)도 각각 '눈은 오지 않고 비가 오면 ~', '철수는 오지 않고 네가 오면 ~' 등을 함의한다고 보기 어렵기 때문이다.

(10) ㄱ. 눈만 멀뚱멀뚱 뜨고 있다.

ㄴ. 비만 오면 허리가 쑤신다.

ㄷ. 너만 오면 우리가 이길 수 있을 거야.

그런데 자매항이 전제되고 그렇지 않고의 차이도 있지만 두 유형의 문장들은 구조격조사와의 중첩에서도 유형적 차이를 보인다. 곧 자매항이 전제될 때에는 구조격조사와 중첩될 수 있지만, 자매항이 전제되지 않을 때에는 중첩되지 않는다.[16]

---

15. 문장의 의미에 관련된 보조사가 명사(구)에 결합한 이유가 무엇인지는 명확하지 않다. 다만 '소설책을 읽기만 했어.'와 같이 보조사가 문장에 결합할 경우 '소설책을 (찢지는 않고) 읽기만 했어.'의 의미도 가질 수 있으므로, 이러한 혼란을 없애기 위해 '만'이 명사구에 결합했다고 볼 수 있을 듯하다. 이와 관련하여 최웅환(2004:308)에서는 '하나의 명제단위를 정보단위로 탁립하는 데 있어서 중요한 내용은 명제를 구성하는 서술내용이다. 이 서술내용은 통사적으로 서술어로 나타나는데 서술어는 어미를 교착시키는 체계를 갖고 있으므로 조사의 교착은 불가능하다. 따라서 명제 내용의 또 다른 핵심적 요소인 체언에 교착되는 통사적 방법을 취할 수밖에 없는 것이다.'라고 보았다. 참고로 '탁립'은 '특정 성분단위가 화자에 의해서 유의미하게 드러나게 하는 통사적 방식'(최웅환 2004:306)을 뜻한다.

16. 사람에 따라 (11ㄴ)과 이하에서 제시된 몇몇 예문의 문법성 판단이 본 연구에서와 다를 수 있다. 그런데 각 예문이 완전히 비문법적인 것은 아니라고 하더라도 (11ㄱ) 등의 예문에 비해 문법성이 얼마간 떨어지는 것은 분명해 보인다. 이와 관련하여 한 가지 생각할 수 있는 것은 구조격조사가 주제, 초점, 강조 등 격 이외의 기능(임홍빈 1972, 이광호 1988, 목정수 1998, 한정한 2003 등)을 가질 수도 있다는 것이다. 이때에는

    (11) ㄱ. (다른 사람이 아닌) 오직 너<u>만</u>(을) 사랑했어.

        너<u>만</u>(이) 그곳에 오지 않았다.

      ㄴ. (다른 일은 하지 않고) 하루 종일 텔레비전<u>만</u>(*을) 봤어.

        너<u>만</u>(*이) 없으면 도망갈 생각부터 한다.

        눈<u>만</u>(*을) 멀뚱멀뚱 뜨고 있다.

  자매항의 전제 가능성과 구조격조사의 중첩 사이에 긴밀한 관계가 있다고 가정해 볼 수도 있다. 그러나 다른 보조사의 경우에는 자매항이 전제된다고 해서 늘 구조격조사와 중첩되는 것은 아니라는 데 문제가 있다.

    (12) ㄱ. 우리 영희부터 만나자.

        아니, 철수<u>부터</u>(*를) 만나는 게 좋겠어.

      ㄴ. 난 사과만 먹었어.

        그래? 난 배<u>까지</u>(*를) 먹었는데.

  다른 한 가지 가능성은 다음과 같이 보조사의 문법적 기능이 명사구의 의미역에 관련될 때에만 (그것의 작용역이 명사구인) 구조격조사와 중첩된다고 보는 것이다.[17]

그것의 작용역이 꼭 명사구에 국한되는 것은 아닐 것이므로, 문장을 작용역으로 갖는 보조사 뒤에 결합할 수도 있을 것이다. 본 연구에서는 구조격조사가 순수하게 격 기능만 가질 때에는 (11ㄴ)과 같은 문장이 성립할 수 없다고 본다.

17. 이는 명사구와 관계가 없는 보조사는 명사구와 구조격조사 사이에 끼어들 수 없다는 것을 뜻하는데, 그렇게 되면 작용역이 교차하는 부적격한 구성을 도출하기 때문이다. 이에 대해서는 후술하기로 한다.

(13) 구조격조사와 보조사의 중첩 조건

　　보조사는 그것의 문법적 기능이 명사구의 문법적 기능, 곧 의미역에 관련될 때에만 구조격조사와 중첩된다.

　먼저 동일한 형태로 쓰였지만 조사 중첩에서 차이가 드러나는 다음 예문을 통해 (13)의 타당성을 검증해 보자.

(14) ㄱ. 너 어제 시집도 읽었니?

　　　아니, 소설책만(을) 읽었어.

　　ㄴ. 너 어제 하루 종일 뭐 했니?

　　　(하루 종일) 소설책만(*을) 읽었어.

　(14ㄱ)에서 '소설책'은 읽는 행위의 대상으로서 대상역을 가지며, 보조사 '만'은 읽는 행위의 대상을 '소설책'으로 한정하는 역할을 한다. 따라서 '만'의 문법적 기능은 선행 명사구 '소설책'에 관련된다. 물론 (14ㄴ)에서도 '소설책'이 대상역을 가지며, 읽은 행위의 대상이 '소설책'에 한정되는 것은 분명하다. 그러나 (14ㄴ)은 '(다른 것은 읽지 않고) 소설책을 읽었어.'의 의미를 갖는 것이 아니라 '(다른 일은 하지 않고) 소설책을 읽었어.'의 의미를 갖는다. 따라서 '만'의 문법적 기능이 명사구 '소설책'에 미치는 것이라고 보기는 어렵다.

　보조사 '만'이 때에 따라 그 기능을 달리할 수 있으며, 구조격조사와의 중첩에서 차이를 보이는 것이 이에 따른 것임은 다음 예를 통해서도 확인해 볼 수 있다. 곧 '만'은 (15ㄱ)에서는 '너'를 행위의 유일한 주체로 한정하지만, (15ㄴ)에서는 '너'와 관계가 있는 것이 아니라 전체 문장의 의미와 관계가 있다.

    (15) ㄱ. 너만(이) 그곳에 오지 않았다.

        (의미) 네가 유일하게 그곳에 오지 않았다.

        (함의) 네가 아닌 다른 사람은 그곳에 왔다.

        (배제) 다른 어떤 사람이 오지 않았다.

     ㄴ. 너만(*이) 오면 아기가 운다.[18]

        (의미) 네가 올 때마다 아기가 운다.

        (함의하지 못함) 다른 사람이 오면 아기가 울지 않는다.

        (배제하지 못함) 다른 어떤 조건에서 아기가 운다.

보조사 '만'의 문법적 기능이 명사구에 관련되기도 하고 문장에 관련되기도 한다는 것은 최재웅(1996:680)에서 제시한 다음 예에서도 잘 드러난다.

    (16) ㄱ. *모든 이만 만났어.

       ㄴ. 모든 이만 동의하면 나도 따르겠소.

(16ㄱ)이 성립하지 않는 것은 '모든'과 '만'의 의미가 명사구 안에서 충돌하기 때문이다. 곧 모든 사람을 만나는 동시에 어느 한 사람만을 만날 수는 없기 때문이다. (16ㄴ)이 성립하는 것은 '만'이 명사구의 범위를 벗어나므로, '모든'과 '만'의 의미가 충돌하지 않기 때문이다.

---

18. 홍사만(1983:207)에서도 이때의 '만'은 두 개의 사실을 필연적으로 연결시키는 역할 (~을 때마다 ~)을 한다고 보고, 이때에는 '반드시, 늘, 으레히' 등의 부사와 공기할 수 있다고 보았다. 한편 최재웅(1996)에서는 '비만 오면 다리가 쑤신다.'에서 이때의 '만' 은 문장 전체를 작용역으로 갖는데, 그것은 '~는 조건만 충족되면, 그리고 그런 조건 이 충족될 때만 유일하게 ~로 해석되는 것이 일반적이라고 보았다. 그러나 이 문장 이 '눈이 오면 다리가 쑤시지 않는다.'를 함의하거나, '평소에도 가끔 다리가 쑤신다.' 를 꼭 배제하는 것 같지는 않다.

(17) ㄱ. [[… every …]　　only]ₙₚ …

　　　*모든 이　　　만　　　만났어.

　　ㄴ. [… every …]ₙₚ only …

　　　모든 이　　　　만　동의하면 …

　　　(=모든 이가 동의하기만 하면 …)

'부터, 까지' 등 다른 보조사도 때에 따라 명사구에 관련되기도 하고 문장에 관련되기도 하는데, '만'에서와 같이 명사구에 관련될 때에만 구조격조사와 중첩된다.

(18) ㄱ. 고대 국가는 삼국 시대<u>부터</u>(를) 말한다.

　　ㄴ. 철수<u>부터</u>(*를) 만나는 게 좋겠어.

(19) ㄱ. 자시는 오전 한 시<u>까지</u>(를) 말한다.

　　ㄴ. (난 사과만 먹었어.) 그래? 난 배<u>까지</u>(*를) 먹었는데.

(18ㄱ)에서 고대 국가라고 말하는 것은 '삼국 시대'가 아니라 '삼국 시대부터'이지만, (18ㄴ)에서 만나는 행위의 대상은 '철수'이지 '철수부터'가 아니다. 또한 (19ㄱ)에서 자시라고 말하는 것은 '오전 한 시'가 아니라 '오전 한 시까지'이지만, (19ㄴ)에서 먹는 행위의 대상은 '배'이지 '배까지'가 아니다. 따라서 (18ㄴ)에서 '부터'는 행위의 대상과 관련되는 것이 아니라 '행위의 차례'와 관련되며, (19ㄴ)에서 '까지'는 해당 문장에 '행위가 배를 먹는 데까지 미침'의 의미를 더한다고 볼 수 있다.

한편 보조사가 문장의 의미에 관련될 때에는 형식적으로도 보조사가 문장에 결합한 '~는 것, 그것[만/부터/까지…] ~' 혹은 '~는 것[만/부터/까지…] ~'의 형식으로 쉽게 바꿔 쓸 수 있다. (14), (15), (18), (19)

의 예를 비교해 보자.

(20) ㄱ. (시집이 아닌) *어제 소설책을 읽는 것, 그것만 했어.

(하루 종일) 어제 소설책을 읽는 것, 그것만 했어.

ㄴ. *네가 그곳에 오지 않은 것, 그것만 ~

네가 온다. 그러기만 하면 아기가 운다.

ㄷ. *고대 국가는 삼국 시대를 말하는 것, 그것부터 ~

철수를 만나는 것, 그것부터 하는 게 좋겠어.

ㄹ. *자시는 오전 한 시를 말하는 것, 그것까지 ~

난 배를 먹는 것, 그것까지 했는데.

보조사가 어떤 통사구성에 관련된 기능을 갖는다는 것은 그것의 작용역이 그 통사구성이라는 것을 뜻한다. 따라서 구조격조사와 보조사의 중첩 조건 (13)을 조건 (5ㄴ)에 따라 결합 순서를 포함하여 다음과 같이 수정할 수 있다.

(13)' 구조격조사와 보조사의 중첩 조건

보조사는 그것의 작용역이 명사구일 때에만 구조격조사와 중첩 되는데, 보조사가 구조격조사에 선행 결합한다.[19]

위 조건은 보조사가 문장을 작용역으로 할 때에는 구조격조사의 탈락이 필수적이라는 것을 예측해 준다. 그러지 않을 경우 작용역이 교

---

19. 이때 명사구는 명사구의 기능을 갖는 문장을 포함한다. 예를 들어 '농부들은 비가 오기만을 기다렸다.'에서 '만'은 '비가 오기'에 결합했지만, '비가 오기'는 '기다리다'를 서술어로 하는 문장에서는 명사구의 기능을 가지므로, 전체 문장에서 '만'의 작용역 은 명사구가 된다.

차하는 부적격한 구성을 도출하기 때문이다.

(21) *철수부터를 만나자.

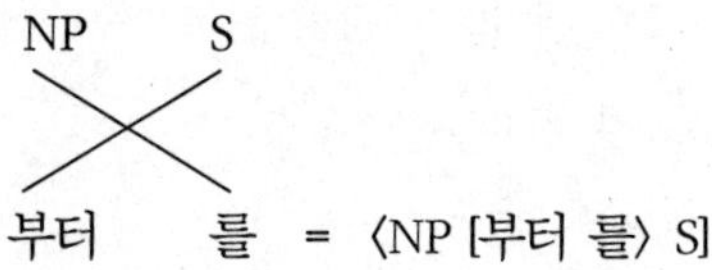

그렇다고 해서 '를'과 '부터'가 순서를 바꿔서 "철수를부터 만나자.'와 같은 구성을 도출할 수도 없다. 구조격조사 '를'이 명사구 전체('철수부터')를 작용역으로 하지 못하기 때문이다.[20]

7.2.2. 조사 중첩의 제약

보조사 '은/는, 도, 나, 야' 등은 늘 구조격조사와 중첩되지 않는다.

(22) ㄱ. 밥은(*을) 먹었니?

ㄴ. 영화도(*를) 봤다.

ㄷ. 책이나(*를) 읽자.

ㄹ. 철수야(*가) 왔겠지.

앞서 살펴보았듯이 '만, 부터, 까지' 등의 보조사도 그것의 작용역이 명사구일 때에만 구조격조사와 중첩된다. 따라서 (22)는 이들 보조사

---

20. 구조격조사는 늘 명사구의 끝에 위치하며 보조사가 한정하는 것은 명사구의 격이 아니므로, 본 연구에서는 구조격조사의 작용역은 명사구 전체가 된다고 본다. 이는 똑같이 명사구라고 하더라도 작용역이 다를 수 있으며(후술), 그 가운데에서 구조격 조사의 작용역이 가장 넓다는 것을 뜻한다.

들의 작용역이 명사구가 아니라면 조사 중첩의 조건 (5ㄴ)에 따른 당연한 귀결일 것이다.

    (23) ㄱ. 밥을 먹은 것, 그것은 했니?
        ㄴ. 영화를 본 것, 그것도 했다.
        ㄷ. 책을 읽는 것, 그것이나 하자.
        ㄹ. 철수가 온 것, 그것이야 사실이겠지.

큰 의미 차이 없이 (22)의 각 문장을 (23)과 같이 바꿔 쓸 수 있다는 사실은 이들 보조사의 작용역이 문장이라는 것을 의미한다. 물론 이들 보조사 가운데에도 때에 따라 (자매항이 전제되어) 명사구를 작용역으로 하는 것처럼 보이는 것도 있다.

    (24) 너 <u>사과만</u> 먹었니?
        ㄱ. 그래, <u>사과만</u> 먹었어.
        ㄴ. 아니, <u>배도</u> 먹었어.

그러나 앞서 살펴보았듯이 자매항이 전제된다고 해서 그것의 작용역이 꼭 명사구가 되는 것은 아니다. 보조사 '만'은 선행 명사구 외의 다른 것을 배제하고, '도'는 선행 명사구 외의 다른 것을 포함하므로, 그 문법적 기능이 다르지 않다고 볼 수도 있다.

    (25) 부인도 직장 생활을 한다. (홍사만 1983:149)
        ㄱ. [(남편 외에] 부인도 직장 생활을 한다.
        ㄴ. [(남편)과 마찬가지로] 부인도 직장 생활을 한다.

ㄷ. [(남편)뿐만 아니라] 부인도 직장 생활을 한다.

ㄹ. [(남편)처럼] 부인도 직장 생활을 한다.

홍사만(1983:148)에서는 '도'의 의미는 '동류 지시'로 기술할 수 있고, 이는 화자의 언술 속에 제시된 사실 내용과 동일, 또는 유사한 것이 전제나 함의 속에 나타날 수 있는 의미라고 보았다. 보조사 '도'가 결합한 문장이 동일한 것 혹은 유사한 것을 포함하는 명제를 함의하는 것은 분명하다. 그러나 그것이 본질적으로 '도'의 결합에 의한 것인지는 명확하지 않다.

(26) 너 어제 이 책만 읽었지?

ㄱ. (응) 이 책만 읽었어.

ㄴ. (응) 다른 책은 읽지 않았어.

ㄷ. (아니) 다른 책도 읽었어.

(27) 너 어제 이 책도 읽었지?

ㄱ. (응) 이 책도 읽었어.

ㄴ. (응) *다른 책도 읽었어.

ㄷ. (아니) *?이 책만 읽었어.

위 예는 보조사 '만'과 '도' 사이에 본질적인 차이가 있다는 것을 보여준다.[21] (26)은 단순히 '이 책만 읽었다.'는 화자의 추측을 확인하는 것이므로, (26ㄱ, ㄴ, ㄷ)이 모두 자연스럽다. 이와 달리 (27)은 '이 책 외에 다른 책을 읽었음'이 기정 사실이라는 것을 화자가 믿지 않으면 쓰

---

21. 목정수(1998:72-73)에서도 '만'은 명사적 성격이 강한 양화사로 볼 수 있다는 점에서 '도'와는 그 성격이 다르다고 보았다.

기 어려우므로, (27ㄴ, ㄷ)은 자연스럽지 못하다. 이는 (26ㄱ)이 '다른 책을 읽지 않았음'을 함의하는 것은 보조사 '만'의 결합에 의한 것이지만, (27ㄱ)이 '다른 책을 읽었음'을 함의하는 것은 보조사 '도'의 결합에 의한 것이 아니라 상황에 의한 것임을 의미한다.[22] 따라서 '도'의 문법적 기능이 본질적으로 명사구에 걸치는 것이라고 보기는 어렵다.[23]

'은/는, 도, 나, 야' 등이 명사구를 작용역으로 하지 않는다는 것은 이들을 포함한 문장을 부정해 보면 명확하게 드러난다.[24]

(28) ㄱ. *먹은 것은 밥은이 아니다.

ㄴ. *본 것은 영화도가 아니다.

ㄷ. *모인 사람은 백명이나가 아니다.

ㄹ. *온 사람은 철수야가 아니다.

'A한 것은 B가 아니다.'는 'B가 A하다.' 혹은 'B를 A하다.'를 전환한 것

---

22. (27)에서 함의가 상황에 의한 것이라면 보조사가 결합하지 않더라도 동일한 내용이 함의되어야 한다. 본 연구에서는 (27ㄱ)을 '이 책(을) 읽었어.'라고 바꾸더라도 똑같은 대화 상황에서라면 동일한 내용을 함의할 수 있다고 본다. (27)은 (다른 책을 읽은 것은 이미 알고 있는 상황에서) 단순히 '이 책을 읽었는지'를 알고 싶은 의도를 표현한 것이므로, '이 책(을) 읽었어.'라고 하더라도 질문에 대한 충분한 대답이 되며, 따라서 화자가 이미 알고 있는 것에는 아무런 영향이 미치지 않기 때문이다. 그러나 (26ㄱ)은 '이 책(을) 읽었어.'와 같이 바꾸면 '다른 책을 읽지 않았음'을 함의하지 못한다. (26)의 질문은 단순히 '이 책을 읽었는지'를 알고 싶은 것이 아니라 '(다른 책은 읽지 않고) 이 책만 읽었는지'를 알고 싶은 의도를 표현한 것이므로, '이 책(을) 읽었어.'라고 하게 되면 질문에 대한 충분한 대답이 되지 못하기 때문이다.

23. 이남순(1996:223)에서 '만' 등이 동격적인 성분을 단문의 구조 속으로 끌어들이는 기능을 지니는 것이라면 '도' 등은 의미 해석 상으로 관련이 있는 문장을 단문의 구조 속으로 끌어들이는 기능을 지닌다고 본 것도 이러한 맥락에서 이해할 수 있다.

24. 'A는 B이다.'에서도 B 자리에 '만'이 결합한 명사구는 올 수 있지만('행동의 바탕을 이루는 것이 어떤 종류의 감각 현상만이겠는가?') 이들 보조사가 결합한 명사구는 오지 못한다.

이므로, B는 A에 대해 일정한 의미적 역할(명사구의 경우에는 의미역)을 갖는 대상이어야 한다. 따라서 (28)은 이들 보조사가 선행 명사구의 의미역에 관련된 것이 아니라는 것을 보여준다.[25] '만, 까지, 부터' 등에서도 이러한 형식으로의 전환은 이들 보조사가 선행 명사구를 작용역으로 할 때에만 가능하다.

(29) ㄱ. (배는 먹지 않고) 사과만 먹었다.

　　　　먹은 것은 사과만이 아니다.

　　ㄴ. (다른 일은 하지 않고) 텔레비전만 봤다.

　　　　≠본 것은 텔레비전만이 아니다.

(30) ㄱ. 고대 국가는 삼국 시대부터를 말한다.

　　　　고대 국가라고 말하는 것은 삼국 시대부터가 아니다.

　　ㄴ. 철수부터 만났다.

　　　　*만난 사람은 철수부터가 아니다.

　결국 '은/는, 도, 나, 야' 등의 보조사가 결합한 문장이 선행 명사구와 관련된 어떤 명제를 함의할 수는 있지만, 그것이 이들 보조사가 해당 명사구에 결합했기 때문이라고 보기는 어렵다. 따라서 이들 보조사의 작용역은 명사구의 범위를 벗어나는 것이며, 이들 보조사가 구조격조사와 중첩되지 않는 것은 조사 중첩의 조건 (5ㄴ)에 따른 당연한 귀결이다. 물론 이들 보조사와 구조격조사가 그 순서를 달리하여 '*영화를이나 보자.'와 같은 구성을 도출할 수도 없다.

---

25. 검증 틀로 제시한 'A한 것은 B가 아니다.'에서 B의 자리에는, A가 문장이므로, 구조적으로 문장을 작용역으로 하는 요소가 결합한 명사구는 올 수 없다고 본다.

(31) *영화를이나 보자.

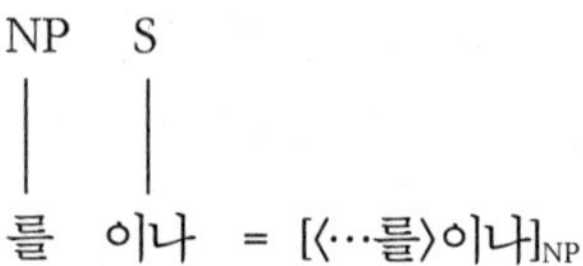

조사 중첩의 조건 (5ㄴ)은 충족하지만, 구조격 조사 '를'의 작용역(〈 〉로 표시)이 명사구 전체([ ]로 표시)가 되지 못하기 때문이다.

7.3. 조사 결합의 순서

앞서 살펴보았듯이 구조격조사와 보조사가 중첩할 때에는 늘 보조사가 선행한다. 구조격조사와 의미역조사가 중첩할 때에도 구조격조사가 선행할 경우 명사구 전체를 작용역으로 하지 못하게 되므로 늘 구조격조사가 후행한다. 그리고 의미역조사들 사이의 결합 순서나 보조사들 사이의 결합 순서는 의미에 따른 것이므로 조사의 작용역과는 별다른 관계가 없다. 따라서 조사의 결합 순서에 대해서는 의미역조사와 (명사구를 작용역으로 갖는) 보조사의 결합에 대해서만 살펴보기로 한다.

의미역조사는 보조사와 순서를 달리하여 결합하는 것도 있지만, '의미역조사+보조사'의 순서로 결합하는 일반성을 보인다.

(32) 의미역조사와 보조사의 결합 순서

ㄱ. 노래방{에서만, *만에서} 노래를 불렀다.

영희{에게만, *만에게} 주거라.

그는 의사{로서만, *만으로서} 성공했다.

영희{만큼만, *만만큼} 먹어라.

ㄴ. 산{으로만, *만으로} 갔다.

빵{으로만, 만으로} 살 수는 없다.

모두 명사구를 작용역으로 하지만 의미역조사가 보조사에 선행하는 것은 그 문법적 기능이 다르기 때문이다.

(33) ㄱ. 그가 밥만 먹었다.

ㄴ. 그가 노래방에서 노래를 불렀다.

(33ㄱ)에서 보조사 '만'은 〈행위의 대상을 '밥'으로 한정〉한다. 이와 달리 (33ㄴ)에서 의미역조사 '에서'는 〈행위의 장소를 '노래방'으로 한정〉하는 것이 아니라, 〈'노래방'을 (행위의 지향점 등이 아닌) 행위의 장소〉로 한정한다.[26] 곧 (33ㄱ)에서 '밥'은 '만'의 결합과 관계없이 먹는 행위의 대상이며 '만'은 먹는 행위의 대상을 '밥'으로 한정하는 역할을 하지만, (33ㄴ)에서 '노래방'은 그 자체로는 의미역을 갖지 못하며, '에서'가 결합해야만 비로소 행위의 장소가 된다. 결국 의미역조사는 명사

---

26. 물론 '노래방'이 '장소'의 의미를 갖지 못하는 것은 아니다. 그러나 이는 단지 어휘적 의미일 뿐 의미역과 직접 관련되는 것은 아니다. '노래방에서 노래를 불렀다.'에서 '노래방'이 행위의 장소로, '노래방으로 갔다.'에서 행위의 지향점이 되는 것은 문장에서의 문법적 기능에 따라 '에서, 로' 등의 의미역조사가 달리 결합했기 때문이다. 참고로 앞서(5장의 2절) 본서에서는 의미역조사는 의미역을 할당하는 것이 아니라 서술어에 의해 할당된 의미역을 표시한다고 보았다. 따라서 의미역조사의 기능에 대한 이 장의 기술은 이에 맞게 수정하는 게 옳겠으나, 의미역조사의 기능이 의미역에 관련된다는 점에서는 차이가 없으므로 편의상 발표 당시의 원문을 그대로 두었음을 밝힌다.

구의 의미역 자체를 한정하고, 보조사는 그렇게 한정된 의미역을 갖는 주체, 대상 등을 다시 특정 명사구로 한정하는 것이라고 볼 수 있다.

(34) ㄱ. 노래방에서만 노래를 불렀다.

ㄴ. *노래방만에서 노래를 불렀다.

두 문장의 의미가 같다면 '만'은 노래를 부른 '장소를 한정'한다고 보아야 한다. 그런데 '노래방'은 그 자체로서 행위의 장소가 된 것이 아니라 '에서'와 결합함으로써 장소가 된 것이다. 따라서 '만'이 '노래방에서' 전체를 작용역으로 하여 장소를 한정하는 (35ㄱ)만이 적격한 구성이 된다.[27]

(35) ㄱ. [[[노래방]에서]장소만]한정 (장소가 한정됨)

ㄴ. *[[[노래방]만]한정에서]장소 (장소가 한정되지 않음)

의미역조사가 의미역 자체를 한정(혹은 할당)하고 보조사가 특정 의미역을 갖는 명사구와 관련된다는 것은 의미역조사의 작용역이 보조사의 그것보다 좁다는 것을 의미한다.[28] 따라서 의미역조사가 보조

---

27. 편의상 (35ㄱ)에서 '노래방'을 의미역을 갖지 않는 명사구, '노래방에서'를 의미역을 갖는 명사구로 구분하기로 한다. 이렇게 되면 조사의 작용역이 될 수 있는 문법 단위는 결국 크기 순서대로 '의미역을 갖지 않는 명사구, 의미역을 갖는 명사구, 문장'의 셋이 된다.

28. 이는 의미역조사의 문법적 기능이 보조사의 그것보다 먼저 명사구에 작용해야 한다는 것을 뜻한다. 한편 이런 점에서 의미역조사는 (중첩될 경우 보조사에 후행하는) 구조격조사와 정반대의 일반성을 보인다. 한정한(2003)에 따라 후치사(본고의 의미역조사 가운데 부가어에 결합한 것)는 통사 핵이지만 구조격조사는 핵이 아니라고 보면, 이를 핵과 비핵의 차이로 볼 수도 있다. 선행 명사구와 핵인 의미역조사 사이에 다른 요소가 끼어드는 것은 자연스럽지 못하기 때문이다.

사를 선행하는 일반성은 결국 조사 중첩의 조건 (5ㄴ)에 따른 것이라고 볼 수 있다.

그런데 보조사 가운데에는 (32ㄴ)과 같이 의미역조사를 선행하기도 하고 후행하기도 하여 (32ㄱ)의 예와는 다른 것들도 있다. (5ㄴ)의 조건이 타당한 것이라면 보조사가 선행할 때에는 보조사의 작용역이 의미역조사의 그것보다 좁아야 한다.

(36) 빵{으로만, 만으로} 살 수는 없다.

보조사의 작용역이 다르다면 의미가 달라야 하겠지만 두 문장 사이에 별다른 의미 차이는 없어 보인다. 그러나 두 문장 가운데 어느 하나가 중의적이라면 두 문장의 의미가 같다고만 보기는 어렵다.

(37) 이 나무는 도끼로만 자를 수 있다.

   ㄱ. (함의) 다른 것을 가지고는 자를 수 없다.

   ㄴ. (함의) 다른 것 없이 도끼만 가지고 자를 수 있다.

(38) 이 나무는 도끼만으로 자를 수 있다.

   ㄱ. (함의하지 못함) 다른 것을 가지고는 자를 수 없다.

   ㄴ. (함의) 다른 것 없이 도끼만 가지고 자를 수 있다.

(37)은 (37ㄱ)을 함의하지만 (38)은 (38ㄱ)을 함의하지 못한다는 데 '으로만'과 '만으로' 구성의 근본적인 차이가 있다. (38)이 (38ㄱ)을 함의하지 못하고 (38ㄴ)을 함의한다는 것은 다음과 같이 부정문에서 더 확연하게 드러난다.[29]

(39) 이 나무는 도끼만으로는 자를 수 없다.

　　ㄱ. (함의하지 못함) 다른 것으로는 자를 수 있다.

　　ㄴ. (함의) 도끼와 다른 것을 같이 사용하면 자를 수 있다.

　(38ㄴ)과 (39ㄴ)을 통해 '도끼만으로'에서 '만'은 행위의 도구를 '도끼'로 한정하는 것이 아니라, '도끼'를 <u>다른 것과 같이가 아닌</u> 그것'으로 한정한다는 것을 알 수 있다. 그리고 '으로'는 '다른 것과 같이가 아닌 도끼'를 행위의 도구로 한정한다. 따라서 이때에는 '만'의 작용역이 '으로'의 작용역보다 좁으므로, '만'이 '으로'를 선행한다.[30]

　도구 외에도 어떤 단일한 행위에 동시에 작용 가능한 범주들, 예를 들어 수단, 이유, 원인 등의 의미역을 갖는 명사구에서는 '만'의 의미역이 더 좁으므로 '만으로'의 형태가 더 자주 쓰인다.[31][32] 그러나 논리적

---

29. (36)도 의존 명사 '수' 뒤의 '는'을 생략하고 '빵으로만 살 수 없다, 빵만으로 살 수 없다.'와 같이 바꾸면 두 문장의 함의에 차이가 있다는 것을 분명하게 알 수 있다. 한편 홍사만(1983:192-93)에 따르면 '빵만으로 살 수 없다.'는 '빵 외의 것으로는 살 수 있다.'를 함의해야 하지만 그런 것 같지는 않다.

30. 참고할 수 있도록 '21세기 세종 계획'의 550만 어절 규모의 말뭉치에서 뽑은, '만'과 '으로'의 중첩형('만으로', '으로만')의 선행 형태를 이 장의 끝([참고])에 제시한다. 아울러 '로'와 '까지', '에'와 '까지'의 선행 형태도 같이 제시하기로 한다.

31. 이와 관련하여 임동훈(2004:144-145)에서는 예컨대 다리가 홍수와 바람의 영향을 동시에 받아 무너질 수도 있으므로 '홍수만에 무너졌다'가 성립해야 할 듯한데 왜 성립하지 않는지 의문을 제기했다. 예를 들어 '(강풍과 같이가 아닌) 이 정도의 홍수만으로 저 튼튼한 다리가 과연 무너질까?'가 성립하는 것으로 보아 의미적으로는 '홍수만에 무너졌다'가 성립하지 못할 이유는 없어 보인다. 그런데 '홍수에만 무너졌다'와 같이 '만'과 '에'의 순서를 바꿔도 이 문장은 성립할 수 없다. 이는 '홍수만에 무너졌다'가 성립하지 않는 데에는 작용역의 문제 외에 다른 이유가 있다는 것으로 해석할 수 있다. 현재로선 그것이 무엇인지 명확하지는 않지만 이는 '에'와 '로'가 나타내는 이유나 원인이 동질적인 것은 아니라는 점과 관련이 있는 듯하다. '에'와 '로'의 의미 기능이 동질적이지 않다고 보는 것은 '그는 요란한 [소리에, '소리로] 잠을 깼다.', '그는 [병에, 병으로] 죽다.'와 같이 '에'와 '로'가 서로 바뀌어 쓰일 수 없는 때도 있기 때문이다. 결과적으로만 보면 '만'의 선행을 허용하는 의미역조사는 모두 '만'의 후행

으로 어떤 단일한 행위에 동시에 작용할 수 없는 범주들, 예를 들어 장소, 시간 등의 의미역을 갖는 명사구에서는 '으로'의 작용역이 더 좁으므로 '으로만'의 형태만 쓰인다.

> (40) ㄱ. 돈이 많다는 이유<u>만으로</u> 금배지를 단 사람들.
>
>   서류를 통한 신고<u>만으로</u> 감독을 면제받게 된다.
>
>   부모님이 살아 계시다는 것<u>만으로도</u> 든든하다.
>
> ㄴ. 학교<u>로만</u> 갔다.
>
>   15일 이후<u>로만</u> 서류를 접수한다.

명사구의 의미역이 어떤 단일한 행위에 동시에 작용할 수 있는 범주인지[33] 그렇지 않은지는 '에, 에서, 에게, 만큼' 등 다른 의미역조사의 결합 순서를 결정하는 데에도 똑같이 적용된다.

> (41) ㄱ. 그 가운데 25장이 제3권{까지에≠에까지} 실려 나왔다.

도 허용하지만, '만'의 후행을 허용하지 않는 의미역조사는 모두 '만'의 선행도 허용하지 않는 것으로 보인다(황화상 2006ㄱ:162 각주 20 참조).

32. 임동훈(2004:144)에서는 "'만으로'는 '가난했다는 이유 하나만으로 무시를 당했다', '대학 입시는 학교 수업만으로도 충분하다'에서 보듯이 '…을 가지고'로 대체될 수 있는 도구(또는 수단)나 이유의 '으로' 앞에 '만'이 삽입된 구성으로 판단된다. 즉 'X-을 가지고' 구성에서 '을' 앞에 '만'이 삽입될 수 있듯이 도구나 이유의 뜻을 가져서 'X-을 가지고'와 대체될 수 있는 'X-으로'도 그 사이에 '만'이 삽입될 수 있는 것으로 보인다."고 보았다. 그러나 '그 정도의 홍수로 다리가 무너질까?'와 같은 예에서는 '홍수로'를 '홍수를 가지고'와 같이 바꿔 쓰기 어렵지만 '홍수만으로' 구성이 가능하다는 점을 주목할 수 있다.

33. (4ㄱ)에서처럼 보조사 '만'과 '도'는 그 의미가 모순되므로 일반적으로 같이 쓰이지 않지만, '만'이 '~와 같이'가 아닌 X'의 의미를 가질 때에는 'X만도'와 같이 쓰일 수 있다. 예를 들어 '윗옷만도 팔아요?'는 '치마는 팔지 않고, 윗옷만 판다.'의 의미로는 쓰일 수 없고, '치마와 같이가 아닌, 윗옷만 따로 팔기도 한다.'의 의미로만 쓰일 수 있다.

ㄴ. 학교{에만, *만에} 갔다.

도서관{에서만, *만에서} 공부를 한다.

영희{에게만은, *만에게는} 꼭 비밀로 해라.

태산{만큼만, *만만큼} 컸으면 좋겠다.

(41ㄱ)에서 '까지'가 '에'를 선행하는 것은 25장이 단순히 '3권'이 아닌 '3권까지'에 실렸기 때문이다. '3권에까지'도 가능하지만 '3권까지에'와 는 의미가 다르다. 그러나 (41ㄴ)에서는 선행 명사구의 의미역이 장소, 행위의 (간접) 대상, 크기 등 어떤 단일한 행위 혹은 상태에 동시에 작 용할 수 있는 범주가 아니므로, 작용역이 더 넓은 보조사 '만'이 의미 역조사를 선행할 수 없다.

7.4. 요약

조사 중첩은 때에 따라 허용되기도 하고 그렇지 않기도 하고, 중첩 이 허용될 때에도 그 순서에 제약이 있다. 특히 동일한 두 개의 조사 가 중첩되기도 하고 그렇지 않기도 하며, 순서를 달리하여 결합하기도 하고 일정한 순서로 결합하기도 하여 복잡한 양상을 보인다.

국어의 각 조사는 그것의 문법적 기능에 관련되는 통사구성을 작용 역으로 갖는다. 조사의 작용역은 명사구가 되기도 하고 문장 전체가 되기도 하는데, 명사구 안에서도 의미역에 관련된 조사의 작용역이 격 에 관련된 조사의 작용역보다는 좁다. 그런데 조사의 작용역은 문법적 기능에 의해 결정되는 것이므로, 형태가 같더라도 관련 통사구성이 다 를 때에는 작용역도 달라진다.

조사의 중첩과 중첩의 제약, 조사의 결합 순서 등은 각 조사의 작용역에 의해 결정되는데, 이를 다음과 같이 요약할 수 있다(단 작용역이 같은 의미역조사들 사이의 결합과 보조사들 사이의 결합은 고려하지 않음).

    (42) 조사 중첩의 조건

        ㄱ. 작용역이 같고, 서로 문법적 기능이 충돌하거나 모순되는 두 조사는 중첩되지 않는다.

        ㄴ. 작용역이 서로 다른 두 조사는 작용역이 좁은 조사가 선행한다.

    (43) 조사의 작용역과 조사의 결합 순위

        ㄱ. 의미역을 갖지 않는 명사구

            ① '만, 까지' 등 ② 의미역조사

        ㄴ. 의미역을 갖는 명사구

            ③ '만, 까지' 등 ④ 구조격조사

        ㄷ. 문장

            ⑤ '만, 까지, 는, 도, 야' 등

(42ㄴ)에 따라 ①은 ②를 선행하며('바늘만으로 바느질을 할 수는 없다.'), ②는 ③을 선행한다('이 나무는 톱으로만 자를 수 있다.'). 그리고 ③은 ④를 선행하지만('철수만이 그곳에 왔다.'), ⑤는 ④를 선행하지 못한다('*철수만이 오면 아기가 운다.'). 한편 그렇게 될 경우 구조격조사가 명사구 전체를 작용역으로 하지 못하게 되므로 ④는 ⑤를 선행하지 못한다('*철수가도 왔다'). ⑤의 '는, 도, 야' 등이 어떤 경우에도 구조격조사와 중첩되지 않는 것은 바로 이런 이유에서이다.

[참고] 조사 중첩형의 선행 형태

'로'와 '만', '로'와 '까지', '에'와 '까지'는 서로 중첩되는 조사 가운데 그 순서를 달리 하여 중첩될 수 있는 대표적인 조사들이다. 여기에서는 '21세기 세종 계획'에서 구축한 550만 어절 규모의 말뭉치에서 추출한 것을 자료로 하여 각 조사 중첩형의 선행 형태를 살펴보기로 한다.[34]

1. '로'와 '만' 중첩형의 선행 형태

'로+만'의 선행 형태와 '만+으로'의 선행 형태를 차례대로 살펴보고, 그 차이를 중심으로 두 조사 중첩형의 선행 형태를 분석하기로 한다.

1.1. '로+만'의 선행 형태

'로+만'의 선행 형태 가운데 접미사, 조사, (명사형)어미, 문장 부호 등을 제외한 것을 대상으로 선행 형태의 범주 유형과 범주 빈도, 선행 형태의 빈도(고유명사 제외)를 차례대로 살펴보기로 한다.

1) '로+만' 선행 형태의 범주 유형과 빈도

---

34. 여기에서는 선행 형태의 목록만 제시한다. 참고할 수 있도록 각 조사 중첩형의 선행 형태 가운데 '로만'과 '만으로'를 모두 선행하는 형태, '로까지'와 '까지로'를 모두 선행 하는 형태, '에까지'와 '까지에'를 모두 선행하는 형태를 포함하는 문장을 [자료1]에 제 시한다. 그리고 '로만'과 '만으로' 어느 하나만 선행하는 형태, '로까지'와 '까지로' 어 느 하나만 선행하는 형태, '에까지'와 '까지에' 어느 하나만 선행하는 형태를 포함하 는 문장 가운데 일부를 [자료2]에 제시한다.

일반명사(710), 의존명사(84), 고유명사(13), 수사(3), 대명사(2)

2) '로+만' 선행 행태의 빈도

말	60	뜻	4	존재	3	바탕	2
것	27	부정적	4	책	3	반대	2
쪽	21	빛	4	풍문	3	밭	2
줄	18	소문	4	하나	3	법적	2
입	15	수단	4	행동	3	부분적	2
눈	12	자체	4	화면	3	빛깔	2
속	11	주부	4	가장자리	2	사이	2
일	11	탓	4	각도	2	손	2
정도	10	개념	3	고삘	2	시각	2
곁	9	귀	3	곳	2	아이	2
소리	9	길	3	관념	2	예술	2
밖	8	꿈	3	그림	2	외곬	2
대상	6	논리	3	긍정적	2	위	2
가치	5	논리적	3	기능적	2	위주	2
문제	5	대화	3	기사	2	육안	2
방향	5	데	3	덩어리	2	의미	2
안	5	부정	3	도시	2	이론적	2
앞	5	상상	3	등	2	이름	2
힘	5	식	3	머리	2	일변도	2
가지	4	이상	3	먼발치	2	일부	2
건성	4	정신적	3	무생물	2	저녁	2

직업	2	겉시늉	1	귀신	1	껍질	1
측면	2	결혼	1	귀염둥이	1	꽃	1
친구	2	경기	1	규정상	1	나무	1
칩	2	경우	1	그	1	날개	1
큰길	2	경제적	1	그것	1	날벼락	1
한계	2	계산	1	그늘	1	남	1
현상	2	계절	1	극한	1	낭비	1
형식	2	계통	1	근처	1	내신	1
형태	2	고궁	1	글	1	내적	1
확률적	2	고속버스	1	금액	1	노	1
흙	2	골샌님	1	금전	1	노동판	1
가까이	1	공간	1	기계	1	노래	1
가능성	1	공상	1	기교적	1	논쟁	1
가정	1	공조직	1	기념일	1	놈	1
각오	1	공학적	1	기대	1	농경의례	1
갈등	1	과오	1	기도	1	농법	1
값	1	과학	1	기록	1	농업용	1
강의	1	관	1	기쁨	1	농촌	1
개략적	1	관광객	1	기술	1	뇌물	1
개천	1	관념적	1	기억	1	눈요기	1
갯가	1	관점	1	기업가	1	눈치	1
건널목	1	구두	1	기업인	1	다리	1
건조기	1	구멍	1	길가	1	단독	1
검은색	1	구전	1	길섶	1	단문	1
겁쟁이	1	권리	1	껀	1	단짜리	1

단편적	1	메아리	1	벙어리	1	산길	1
당대	1	모깃불	1	벽	1	산문	1
대학	1	모방	1	변화	1	산술적	1
도구	1	모순투성이	1	별	1	삼베	1
도덕주의	1	모양	1	별명	1	상대	1
도전	1	모유	1	보증서	1	상업주의	1
돈	1	모자	1	복판	1	상징적	1
돌연변이	1	목표	1	본위	1	상징체계	1
동서	1	문	1	부속물	1	상태	1
동질성	1	문간	1	부족	1	색깔	1
돛	1	문자	1	분업	1	생물학적	1
뒤	1	문학	1	불	1	상송	1
뒷받침	1	문학적	1	비관적	1	서류상	1
뒷쪽	1	문화	1	비리	1	서식처	1
드라마	1	물	1	비용	1	석탄	1
때문	1	물질적	1	빈말	1	선	1
라이브	1	미	1	사건	1	설명문	1
레저용	1	미국말	1	사례	1	소극적	1
마디	1	믿음	1	사리	1	소녀	1
마음속	1	발	1	사무적	1	소망	1
매듭	1	발견자	1	사물	1	소설	1
맥주	1	발작	1	사실	1	소실	1
머릿속	1	방법	1	사태	1	소음	1
먹	1	백	1	사회적	1	수	1
메뉴	1	벌	1	산	1	수로	1

수준	1	안채	1	욕구	1	입속	1
수치상	1	애교	1	용수	1	자	1
수평적	1	야담	1	우세	1	작가	1
수표	1	야채	1	우월감	1	작용	1
순위	1	양	1	원가	1	작품	1
술망나니	1	어깨	1	원권	1	잘못	1
술판	1	어린이	1	유발	1	잣대	1
승리	1	어머니	1	유형	1	장기적	1
시간상	1	언어	1	육신	1	장난질	1
시나리오	1	여사원	1	윤리적	1	장석	1
시청자	1	역사	1	은총	1	장소	1
신경질적	1	연결	1	읍	1	장식용	1
신고	1	연구	1	의결	1	장식품	1
신도시	1	연민	1	의식	1	장치	1
신앙	1	열	1	이론상	1	재현	1
신호	1	염원	1	이미지	1	저항	1
실루엣	1	영락	1	이상주의적	1	전조	1
실화	1	예감	1	이자	1	전화	1
심미적	1	오류	1	인격적	1	전화기	1
심혈	1	오른쪽	1	인도	1	절규	1
싸구려	1	왜곡	1	인위적	1	절망적	1
아래	1	외지	1	일본인	1	절의	1
아마추어	1	외형상	1	일환	1	정서	1
아픔	1	왼쪽	1	입구	1	정신	1
악	1	요인	1	입놀림	1	정치가	1

정치적	1	지식	1	컴퓨터	1	한편	1
제재	1	지평	1	통일	1	합리적	1
제한적	1	지휘	1	통치	1	허상	1
제휴	1	직선	1	투쟁	1	헌법상	1
조각	1	집단	1	패배사	1	현기증	1
존비속	1	창밖	1	퍼센트	1	현실주의	1
종교관	1	책임	1	편지	1	형식상	1
종이	1	처세	1	평가	1	형식적	1
죄인	1	처신	1	풀잎	1	활동	1
주민	1	철학	1	풍경	1	활자	1
주사	1	체벌	1	풍수적	1	황금색	1
죽음	1	추억	1	풍습	1	회귀	1
중심	1	추이	1	하류	1	회사	1
중첩	1	출신	1	학문적	1	후계자	1
증거	1	출입구	1	학술적	1	흑백	1
증대	1	충고	1	학습	1	희망	1
지도	1	취미	1	한국말	1	흰색	1
지시	1	침묵	1	한문	1	힘줄	1

1.2. '만+으로'의 선행 형태

'만+으로'의 선행 형태 가운데 접미사, 조사, (명사형)어미, 문장 부호 등을 제외한 것을 대상으로 선행 형태의 범주 유형과 범주 빈도, 선행 형태의 빈도(고유명사 제외)를 차례대로 살펴보기로 한다.

1) '만+으로' 선행 형태의 범주 유형과 빈도

일반명사(519), 의존명사(157), 대명사(54), 수사(37), 고유명사(6)

2) '만+으로' 선행 행태의 빈도

것	143	성적	3	도움	2	숫자	2
이유	59	소득	3	마리	2	시설	2
그것	42	소리	3	마음	2	심리	2
하나	36	신고	3	말	2	얘기	2
사실	29	심사	3	말씀	2	여성	2
자체	18	점	3	명분	2	원칙	2
힘	16	가능성	2	모습	2	음식	2
이것	11	개념	2	모유	2	이야기	2
생각	10	개정	2	문제	2	인성론	2
가지	9	개혁	2	물	2	일면	2
상상	5	결단	2	미봉책	2	자료	2
일	5	결정	2	보도	2	정도	2
노력	4	광고	2	보증	2	제시	2
돈	4	규제	2	사람	2	텔레비전	2
요인	4	그래픽	2	사랑	2	통계	2
이름	4	기능	2	상반신	2	표정	2
정책	4	눈	2	상황	2	행동	2
감정	3	단속	2	선거	2	행색	2
빵	3	대책	2	수입	2	형태	2

희생	2	공사	1	나비	1	대화	1
가상	1	공통점	1	나열	1	덧마루	1
가정	1	과정	1	나이	1	덩어리	1
갈등	1	관찰	1	날개	1	독단	1
감도	1	관찰력	1	내수	1	동기	1
감탄사	1	교육열	1	내용	1	동메달	1
개런티	1	교차	1	냄새	1	동의	1
개방	1	구매자	1	노동	1	둘	1
개선	1	구상	1	논리	1	뒷바라지	1
건물	1	구성	1	논의	1	등	1
건설	1	구호	1	농수산물	1	등기부	1
건수	1	국지전	1	농업	1	등록업자	1
경기	1	굴욕	1	높이	1	등장	1
경력	1	권고	1	눈대중	1	때문	1
경험	1	그림	1	눈빛	1	마디	1
계단	1	그림자	1	눈짓	1	마우스	1
계약금	1	근거	1	느낌	1	마음가짐	1
고려	1	근무	1	능력	1	말투	1
고소	1	기계	1	단원	1	머리	1
곡	1	기대	1	답변	1	먹	1
공감	1	기술	1	대목	1	먹이	1
공격	1	기준점	1	대상	1	명령	1
공기	1	길더	1	대응	1	명색	1
공방	1	길이	1	대응책	1	명성	1
공부	1	나	1	대처	1	명제	1

모방	1	봉급	1	선언	1	심성	1
무마	1	부담	1	설계도	1	아름다움	1
무역	1	부분	1	성기	1	아미노산	1
무용	1	부품	1	성서	1	악력	1
문장	1	분별력	1	성향	1	안경	1
문항	1	분석	1	세척	1	안채	1
문헌	1	불꽃	1	세칙	1	암시	1
물건	1	비례	1	소유지	1	야당	1
물질	1	비석	1	손가락	1	야채	1
미모	1	빛	1	손길	1	양	1
바위	1	빨래	1	솔선수범	1	양심	1
반주	1	사과	1	솜씨	1	언질	1
발	1	사례	1	수	1	얼개	1
방법론	1	사료	1	수능	1	엄포	1
배상	1	사명감	1	수리	1	업적	1
배합	1	사상	1	수배	1	엉덩이	1
법	1	사임	1	수소	1	여자	1
벽돌	1	사정	1	술어	1	연극	1
변명	1	상실감	1	슬로건	1	연기	1
변화	1	생산성	1	승리	1	열의	1
보수	1	생활	1	시각	1	열정	1
보존	1	샤워	1	시간	1	영인본	1
복덕방	1	서명	1	신문	1	완벽성	1
복제	1	서비스	1	실력	1	요구	1
본능	1	선	1	실패	1	욕망	1

용서	1	자연	1	조사	1	채산	1
운동	1	자유	1	조작	1	책	1
웃음	1	자작	1	조절	1	처리	1
원	1	작용	1	조정	1	처리장	1
위임	1	장	1	조처	1	처벌	1
유지비	1	장막	1	조치	1	처신	1
음풍영월	1	장치	1	조합	1	처치	1
의결	1	재능	1	종합	1	체취	1
의무감	1	재료	1	주민등록법	1	초청	1
의혹	1	재생산	1	주사	1	추측	1
이력서	1	재수강	1	주장	1	축복	1
이론	1	전	1	줄거리	1	축적	1
이용	1	전략	1	줄기	1	충정	1
이파리	1	전력	1	중성자	1	측	1
이해	1	정	1	증가율	1	측정	1
인상	1	정력	1	지식	1	치료	1
인유	1	정보	1	직업의식	1	치즈	1
일화	1	정부	1	직원	1	캐릭터	1
입시	1	정의	1	진단	1	캠프	1
잇몸	1	정치경제학	1	진리	1	코드	1
자금	1	젖	1	질서	1	콘서트	1
자백	1	제목	1	짐작	1	클로버	1
자본	1	제재	1	집착	1	타악기	1
자세	1	제품	1	짚풀	1	테스트	1
자신	1	조미료	1	채광	1	테이프	1

토대	1	풍광	1	행렬	1	호적	1
통화	1	하늘	1	행사	1	확대	1
파동	1	하루	1	행위	1	확인	1
판단	1	학자	1	행정력	1	확인서	1
판매	1	합법성	1	허구	1	활동	1
펜션	1	합산	1	혈기	1	활용	1
편지	1	합의	1	혐의	1	후원금	1
폭격	1	항목	1	형법	1		
폭락	1	해석	1	혜택	1		
표현	1	햇빛	1	호기심	1		

1.3. '로+만'과 '만+으로'의 선행 형태 비교

'로+만'의 선행 형태는 456개이고 총 빈도는 799이다. 그리고 '만+으로'의 선행 형태는 414개이고 총 빈도는 867이다. 선행 형태의 수와 총 빈도에서 주목할 만한 차이는 발견되지 않는다.

(1) '로+만'의 선행 형태

　　ㄱ. 선행 형태의 수: 456개

　　ㄴ. 총 빈도: 799

(2) '만+으로'의 선행 형태

　　ㄱ. 선행 형태의 수: 414개

　　ㄴ. 총 빈도: 867

'로+만'의 선행 형태는 빈도 10 이상인 9개 형태가 총 빈도 185로서 형태 비율은 1.97%(456/9)이고 빈도 비율은 23.15%(799/185)이다. '만+으로'의 선행 형태는 빈도 10 이상인 9개 형태가 총 빈도 361로서 형태 비율은 2.17%(414/9)이고 빈도 비율은 41.64%(867/361)이다. '로+만'과 '만+으로' 모두 그 쓰임이 특정 선행 형태들에 치중되어 있는데 '로+만'에 비해 '만+으로'가 그 정도가 훨씬 더 크다.

(3) '로+만'의 빈도 10 이상 선행 형태

   ㄱ. 선행 형태의 수: 9개

   ㄴ. 총 빈도: 185

   ㄷ. 비율: 형태 비율(1.97%), 빈도 비율(23.15%)

(4) '만+으로'의 빈도 10 이상 선행 형태

   ㄱ. 선행 형태의 수: 9

   ㄴ. 총 빈도: 361

   ㄷ. 비율: 형태 비율(2.17%), 빈도 비율(41.64%)

'로+만'의 선행 형태 456개, '만+으로'의 선행 형태 414개 가운데 서로 중복되는 것은 63개인데, '로+만'의 선행 형태의 빈도순으로 이를 제시하면 다음과 같다.

(5) '로+만'과 '만+으로'의 중복 선행 형태(63개)

말, 것, 눈, 일, 정도, 소리, 대상, 문제, 힘, 가지, 빛, 자체, 개념, 논리, 대화, 상상, 책, 하나, 행동, 그림, 덩어리, 등, 머리, 시각, 이름, 형태, 가능성, 가정, 갈등, 경기, 그것, 기계, 기대, 기술, 날개, 돈, 때문, 마디, 먹, 모방, 모유, 물, 발, 변화, 사례, 사실, 선, 수, 승리, 신고, 안채, 야채, 양, 요인, 의결, 작용, 장치, 제재, 주사, 지식, 처신, 편지, 활동

'로+만'의 선행 형태 가운데 '만+으로'를 선행하지 않는 것은 393개이고 '만+으로'의 선행 형태 가운데 '로+만'을 선행하지 않는 것은 351개이다. '로+만'의 선행 형태로만 쓰이는 것 가운데 빈도 2이상인 것(69개)과 '만+으로'의 선행 형태로만 쓰이는 것 가운데 빈도 2이상인 것(53개)을 제시하면 다음과 같다.

(6) '로+만'의 빈도 2 이상 단독 선행 형태

　ㄱ. 빈도 3 이상

　　쪽(21), 줄(18), 입(15), 속(11), 겉(9), 밖(8), 가치(5), 방향(5), 안(5), 앞(5), 건성(4), 뜻(4), 부정적(4), 소문(4), 수단(4), 주부(4), 탓(4), 귀(3), 길(3), 꿈(3), 논리적(3), 데(3), 부정(3), 식(3), 이상(3), 정신적(3), 존재(3), 풍문(3), 화면(3)

　ㄴ. 빈도 2

　　가장자리, 각도, 고뿔, 곳, 관념, 긍정적, 기능적, 기사, 도시, 먼발치, 무생물, 바탕, 반대, 밭, 법적, 부분적, 빛깔, 사이, 손, 아이, 예술, 외곬, 위, 위주, 육안, 의미, 이론적, 일변도, 일부, 저녁, 직업, 측면, 친구, 칩, 큰길, 한계, 현상, 형식, 확률적, 흙

(7) '만+으로'의 빈도 2 이상 단독 선행 형태

　ㄱ. 빈도 3 이상

　　이유(59), 이것(11), 생각(10), 노력(4), 정책(4), 감정(3), 빵(3), 성적(3), 소득(3), 심사(3), 점(3)

　ㄴ. 빈도 2

　　개정, 개혁, 결단, 결정, 광고, 규제, 그래픽, 기능, 단속, 대책, 도움, 마리, 마음, 말씀, 명분, 모습, 미봉책, 보도, 보증, 사람, 사랑, 상반신, 상황, 선거, 수입, 숫자, 시설, 심리, 애기, 여성, 원

칙, 음식, 이야기, 인성론, 일면, 자료, 제시, 텔레비전, 통계, 표
정, 행색, 희생

'로+만'의 선행 형태 가운데에서는 13.8%의 선행 형태가 '만+으로'의
선행 형태로도 쓰이고, '만+으로'의 선행 형태 가운데에는 15.2%의 선
행 형태가 '로+만'의 선행 형태로도 쓰인다. '로+만'이나 '만+으로' 모두
선행 형태의 중복 비율이 크게 높지 않다.

2. '로'와 '까지' 중첩형의 선행 형태

'로+까지'의 선행 형태와 '까지+로'의 선행 형태를 차례대로 살펴보고,
그 차이를 중심으로 두 조사 중첩형의 선행 형태를 분석하기로 한다.

2.1. '로+까지'의 선행 형태

'로+까지'의 선행 형태 가운데 접미사, 조사, (명사형)어미, 문장 부호
등을 제외한 것을 대상으로 선행 형태의 범주 유형과 범주 빈도, 선행
형태의 빈도(고유명사 제외)를 차례대로 살펴보기로 한다.

1) '로+까지' 선행 형태의 범주 유형과 빈도

일반명사(192), 의존명사(6), 고유명사(3), 수사(1), 대명사(1)

2) '로+까지' 선행 행태의 빈도

사태	6	이념	2	도구	1	성교	1
수준	6	지평선	2	도도	1	소음	1
차원	6	파국	2	도전	1	속	1
문제	5	행위	2	도피	1	시장	1
상태	4	현상	2	리얼리즘	1	신념	1
양상	4	갈등	1	모임	1	싸움	1
정도	4	감동	1	미덕	1	안팎	1
형태	4	개헌	1	미술	1	앙상블	1
단계	3	건설적	1	미신	1	앞	1
도시	3	것	1	받이	1	얘기	1
법정	3	결혼	1	방면	1	어디	1
시대	3	고뇌	1	번	1	업적	1
죽음	3	고통	1	변화	1	영역	1
관계	2	공습	1	병명	1	영화	1
단위	2	관저	1	부인	1	옆산	1
매체	2	규범	1	분단	1	옷	1
분야	2	그룹	1	분쟁	1	운동	1
비판	2	근처	1	비유	1	위원	1
살인	2	금융계	1	사유	1	위치	1
상징	2	나르시시즘	1	시진	1	음	1
상품	2	논의	1	사회	1	의미	1
상황	2	당쟁	1	사회적	1	의병장	1
소송	2	대립	1	산	1	의사	1
식	2	대좌	1	상식	1	의식	1
위기	2	도고상인	1	생명	1	이기	1

이론	1	정신	1	쪽	1	하나	1
이름	1	정신적	1	처리	1	학대	1
이하	1	종말	1	천상	1	학문	1
이후	1	종목	1	체제	1	해체	1
인격체	1	준거	1	충돌	1	혁명	1
인신공격	1	줄	1	투쟁	1	현실	1
장난	1	중단	1	특징	1	황폐감	1
재료	1	지경	1	파동	1	회사	1
전체	1	지방	1	판매	1	회의	1
정상	1	지배	1	폭력	1		
정서	1	지적	1	풍조	1		

2.2. '까지+로'의 선행 형태

'까지+로'의 선행 형태 가운데 접미사, 조사, (명사형)어미, 문장 부호 등을 제외한 것을 대상으로 선행 형태의 범주 유형과 범주 빈도, 선행 형태의 빈도(고유명사 제외)를 차례대로 살펴보기로 한다.

1) '까지+로' 선행 형태의 범주 유형과 빈도

의존명사(24), 일반명사(19), 고유명사(1), 대명사(1)

2) '까지+로' 선행 행태의 빈도

말	6	현재	2	어디	1	초반	1
일	6	개월	1	연말	1	초순	1
년	4	대	1	자	1	하순	1
시	2	대피소	1	장	1	현대	1
원	2	살	1	전	1	환경	1
정도	2	상반기	1	정	1		
중순	2	세	1	지역	1		

2.3. '로+까지'와 '까지+로'의 선행 형태 비교

'로+까지'의 선행 형태는 142개이고 총 빈도는 200이다. 그리고 '까지+로'의 선행 형태는 26개이고 총 빈도는 44이다. 두 조사의 결합 형태 모두 빈도가 높지는 않은데 특히 '까지+로'의 빈도가 '로+까지'보다 훨씬 낮아서 그 쓰임이 극히 제약된다는 것을 알 수 있다.

    (1) '로+까지'의 선행 형태

        ㄱ. 선행 형태의 수: 142개

        ㄴ. 총 빈도: 200

    (2) '까지+로'의 선행 형태

        ㄱ. 선행 형태의 수: 26개

        ㄴ. 총 빈도: 44

'로+까지'와 '까지+로'의 선행 형태 가운데에는 빈도가 10 이상인 형태가 하나도 없다. 모두 빈도 6인 선행 형태가 최고 빈도인데 '로+까지'는 '사태, 수준, 차원'의 세 개가 있고 '까지+로'는 '말, 일' 두 개가 있다.

그리고 '로+까지'와 '까지+로'의 선행 형태 가운데 서로 중복되는 것은 '정도, 어디' 두 개가 있다.

(3) '로+까지'와 '까지+로'의 중복 선행 형태(2개)
ㄱ. '정도': '로+까지'(4), '까지+로'(2)
ㄴ. '어디': '로+까지'(1), '까지+로'(1)

'로+까지'의 선행 형태 가운데 '까지+로'를 선행하지 않는 것은 140개이고 '까지+로'의 선행 형태 가운데 '로+까지'를 선행하지 않는 것은 24개이다. '로+까지'의 선행 형태로만 쓰이는 것 가운데 빈도 2 이상인 것(29개)과 '까지+로'의 선행 형태로만 쓰이는 것 가운데 빈도 2 이상인 것(7개)을 제시하면 다음과 같다.

(4) '로+까지'의 빈도 2 이상 단독 선행 형태
사태, 수준, 차원, 문제, 상태, 양상, 형태, 단계, 도시, 법정, 시대, 죽음, 관계, 단위, 매체, 분야, 비판, 살인, 상징, 상품, 상황, 소송, 식, 위기, 이념, 지평선, 파국, 행위, 현상
(5) '까지+로'의 빈도 2 이상 단독 선행 형태
말, 일, 년, 시, 원, 중순, 현재

'까지+로'의 단독 선행 형태 가운데에는 날짜, 시간, 기간 등의 수와 관련된 선행 형태들이 많은데 이를 통해 '로+까지'와 '까지+로'의 쓰임의 차이를 확인할 수 있다.

3. '에'와 '까지' 중첩형의 선행 형태

'에+까지'의 선행 형태와 '까지+에'의 선행 형태를 차례대로 살펴보고, 그 차이를 중심으로 두 조사 중첩형의 선행 형태를 분석하기로 한다.

3.1. '에+까지'의 선행 형태

'에+까지'의 선행 형태 가운데 접미사, 조사, (명사형)어미, 문장 부호 등을 제외한 것을 대상으로 선행 형태의 범주 유형과 범주 빈도, 선행 형태의 빈도(고유명사 제외)를 차례대로 살펴보기로 한다.

1) '에+까지' 선행 형태의 범주 유형과 빈도

일반명사(463), 고유명사(30), 의존명사(24), 대명사(5), 수사(3)

2) '에+까지' 선행 행태의 빈도

집	27	위	6	속	4	눈	3
지경	13	단계	5	영역	4	동네	3
앞	10	수준	5	정도	4	부분	3
밖	9	등	4	지방	4	상태	3
귀	8	문제	4	현대	4	상황	3
경지	7	방	4	것	3	소리	3
안	6	사회	4	곳	3	죽음	3

지역	3	옥상	2	검찰	1	국외	1
차원	3	위치	2	결혼	1	규모	1
하나	3	의식	2	결혼식	1	그	1
해외	3	일	2	경계	1	그것	1
경우	2	자체	2	경찰서	1	그곳	1
교실	2	조직	2	경험	1	근육	1
근처	2	지하	2	곁	1	글	1
깊이	2	짐승	2	계곡	1	기관	1
높이	2	층	2	계획	1	기록	1
데	2	틈	2	고향집	1	기온	1
뒤	2	파출소	2	골짜기	1	깨달음	1
마루	2	판매	2	곳곳	1	나라	1
마을	2	현실	2	공연권	1	남쪽	1
면	2	후	2	공정	1	내부	1
밑	2	후손	2	공터	1	냇가	1
발견	2	가격	1	과거	1	녹화	1
방식	2	가슴	1	과일	1	농사	1
배	2	가장자리	1	관계	1	농촌	1
병원	2	가정	1	관련	1	눈앞	1
부문	2	감옥	1	광고	1	느낌	1
사이	2	강가	1	교류	1	당락	1
사태	2	개념	1	교육	1	대	1
시장	2	개발	1	구멍가게	1	대공원	1
역사	2	개화파	1	구인	1	대소사	1
옆	2	건축	1	국민학교	1	대중	1

도덕성	1	밑바닥	1	사업	1	신화	1
도로	1	바닥	1	사회관계	1	실시	1
도취경	1	바닷가	1	산	1	심부	1
독립	1	바지	1	산등성이	1	아파트	1
동물	1	반도	1	산업	1	안방	1
돼지	1	반열	1	살인	1	안보리	1
두메	1	발표	1	살해	1	야산	1
뒷목	1	밥상	1	상단	1	어디	1
등	1	방안	1	생산	1	언덕	1
등잔불	1	밭	1	생활	1	얼굴	1
등지	1	변두리	1	서리	1	에어컨	1
땅	1	보호	1	선전	1	여기	1
땅광	1	복식	1	선진국	1	여당	1
마음자리	1	부락	1	설명	1	여성	1
만화책	1	부면	1	세계	1	연결	1
면사무소	1	분석	1	세월	1	연기	1
목	1	분야	1	소도구	1	열대	1
목차	1	불안	1	소망원	1	예각	1
무덤	1	뽁	1	손	1	예술	1
무의식	1	사기업	1	수상기	1	오늘	1
문간	1	사람	1	수출	1	오늘날	1
물질세계	1	사령부	1	시가지	1	왕궁	1
미술관	1	사물	1	시비	1	왕권	1
미술품	1	사산	1	식민지	1	요소	1
믿음	1	사실	1	신진대사	1	욕조	1

우정	1	자리	1	중심	1	태고	1
우편물	1	자연계	1	중·장년층	1	텔리비전	1
운동	1	작품	1	지경	1	통설	1
운동장	1	장교	1	지구	1	판단	1
운명	1	장독대	1	지구과학	1	편성	1
위기	1	장래	1	지금	1	풀숲	1
위협	1	장부	1	지서	1	프로그램	1
유치원	1	장소	1	지위	1	할머니	1
육지	1	재판정	1	지점	1	합의	1
읍	1	저변	1	집안	1	해명	1
의미	1	전쟁	1	징역	1	해변	1
의복	1	전체	1	차	1	행동	1
의지	1	절	1	찬간	1	혈맥	1
이분화	1	절약	1	창고	1	형식	1
이야기	1	점	1	천장	1	형제국	1
인사	1	정류장	1	철학	1	회귀점	1
인생관	1	정서	1	체계	1	후반	1
인식	1	정신과	1	초목	1		
일반인	1	정치	1	최근	1		
일부	1	정치권	1	추구	1		
일상	1	제도	1	축구	1		
일생	1	제조업	1	측면	1		
임기	1	주식	1	캠프	1		
임파선	1	중년층	1	컴퓨터	1		
입가	1	중독	1	코끝	1		

3.2. '까지+에'의 선행 형태

'까지+에'의 선행 형태 가운데 접미사, 조사, (명사형)어미, 문장 부호 등을 제외한 것을 대상으로 선행 형태의 범주 유형과 범주 빈도, 선행 형태의 빈도(고유명사 제외)를 차례대로 살펴보기로 한다.

1) '까지+에' 선행 형태의 범주 유형과 빈도

의존명사(8), 일반명사(7)

2) '까지+에' 선행 행태의 빈도

년	2	권	1	정월	1	팬티	1
데	2	년대	1	지금	1	확인	1
월	2	비준	1	초기	1	회복	1

3.3. '에+까지'와 '까지+에'의 선행 형태 비교

'에+까지'의 선행 형태는 320개이고 총 빈도는 495이다. 그리고 '까지+에'의 선행 형태는 12개이고 총 빈도는 15이다. '까지+에'의 빈도가 낮아서 그 쓰임이 극히 제약된다는 것을 알 수 있다.

(1) '에+까지'의 선행 형태
ㄱ. 선행 형태의 수: 320개
ㄴ. 총 빈도: 495

(2) '까지+에'의 선행 형태

   ㄱ. 선행 형태의 수: 12개

   ㄴ. 총 빈도: 15

'에+까지'의 선행 형태 가운데에는 '집(27), 지경(13), 앞(10)'의 세 개 형태가 빈도 10 이상이고, '까지+에'의 선행 형태 가운데에는 '년, 데, 월'의 세 개 형태가 각각 빈도 2로서 최고 빈도 형태이다.[35] 그리고 '에+까지'와 '까지+에'의 선행 형태 가운데 서로 중복되는 것은 '데, 지금' 두 개가 있다.

(3) '에+까지'와 '까지+에'의 중복 선행 형태(2개)

   데, 지금

'에+까지'의 선행 형태 가운데 '까지+에'를 선행하지 않는 것은 313개이고 '까지+에'의 선행 형태 가운데 '에+까지'를 선행하지 않는 것은 10개이다. '에+까지'의 선행 형태로만 쓰이는 것 가운데 빈도 2 이상인 것(67개)과 '까지+에'의 단독 선행 형태 전체(10개)를 제시하면 다음과 같다.

(4) '에+까지'의 빈도 2 이상 단독 선행 형태

   집, 지경, 앞, 밖, 귀, 경지, 안, 위, 단계, 수준, 등, 문제, 방, 사회, 속, 영역, 정도, 지방, 현대, 것, 곳, 눈, 동네, 부분, 상태, 상황, 소리, 죽

---

35. '까지+에'를 선행하는 형식 가운데 빈도가 가장 높은 것은 명사형어미 '-기'(20회)이다. '까지+에'를 포함하는 전체 문장이 38개라는 점을 고려하면 '까지+에'는 '자기 생활을 영위할 수 있는 능력을 갖추기까지에는 상당한 시일과 학습을 필요로 한다.'와 같이 주로 '~기까지에'의 형태로 쓰인다는 것을 알 수 있다.

음, 지역, 차원, 하나, 해외, 경우, 교실, 근처, 깊이, 높이, 뒤, 마루, 마을, 면, 밑, 발견, 방식, 배, 병원, 부문, 사이, 사태, 시장, 역사, 옆, 옥상, 위치, 의식, 일, 자체, 조직, 지하, 짐승, 층, 틈, 파출소, 판매, 현실, 후, 후손

(5) '까지+에'의 단독 선행 형태

년, 월, 권, 년대, 비준, 정월, 초기, 팬티, 확인, 회복

'까지+에'의 단독 선행 형태 가운데에는 '까지+로'와 마찬가지로 수와 관련된 선행 형태들이 많은데 이를 통해 '에+까지'와 '까지+에'의 쓰임의 차이를 확인할 수 있다.

8. 조사와 통사구조

　이 장에서는 주격중출문, '와' 구문, '에(게)-이' 교체 구문을 대상으로 조사가 결합한 문장의 통사구조에 대해 살펴보기로 한다.

8.1. 주격중출문의 통사구조

　국어에는 다음과 같이 서술어로 쓰이는 용언이 하나이지만 주격조사 '이/가'가 결합한 명사구가 두 개인 문장(이하 '주격중출문')이 있다.

(1) ㄱ. 토끼가 앞발이 짧다.
　　ㄴ. 그 강이 폭이 넓다.
　　ㄷ. 철수가 친구가 많다.
　　ㄹ. 금목서가 향기가 좋다.

　주격중출문에서 '이/가'가 결합한 두 개의 명사구의 문법적 지위가 무엇이며, 또 이들 문장의 통사구조가 어떠한지에 대해서는 다양한 견해가 제시되었다. 이 가운데에서 이중주어설, 서술절설, 주제와 주어설을 중심으로 이를 살펴보면 다음과 같다.

   (2) 주격중출문의 통사구조

      ㄱ. 이중주어설: 박승빈(1935),[1] 김윤경(1948), 홍기문(1947), 김민수 (1971), 양인석(1972), 이익섭·채완(1999) 등

      [토끼가]주어 [앞발이]주어 [짧다]서술어

      ㄴ. 서술절설: 주시경(1910), 김두봉(1922),[2] 최현배(1937), 성기철 (1987), 임동훈(1997), 남기심·고영근(1985/1993), 고영근·구본 관(2008) 등

      [토끼가]주어 [[앞발이]주어 [짧다]서술어]서술어

      ㄷ. 주제와 주어설: 임홍빈(1974ㄱ), 이남순(1985), 남기심(1986), 이 홍식(1996) 등

      [토끼가]주제 [[앞발이]주어 [짧다]서술어]평언

이 가운데에서 주제와 주어설은 임동훈(1997), 고영근·구본관 (2008:513) 등에서 지적했듯이 두 개의 '이/가' 명사구를 의미론적(혹

---

1. 박승빈(1935:380)에서는 '코끼리는 코가 길다.'에서 '코'는 서술어의 주제되는 명사로서 주어이며, '코끼리'는 문장의 주제되는 명사로서 문주(文主)라고 보았다. 박승빈(1935) 의 견해는 '코끼리'를 주제로 보았으나 '코'도 주제로 보았다는 점에서, 다시 말해 주어 가 곧 주제라고 보았다는 점에서 주제와 주어를 구별하는 '주제와 주어설'과는 다르 다. 그리고 박승빈(1935:380)에서는 '普通의 境遇에는 主語가 文主의 資格을 兼함이 原則이나 右記의 例와 가튼 文에는 文의 要件이 되는 部分이 다 具備된 外에 文主가 자로 存在'한다고 보았는데, 이는 '코가 길다'를 완전한 문장으로 보았다는 점에서는 '서술절설'의 견해와 같다. 그러나 '보통의 경우에는 주어가 곧 문주'라는 위의 설명에 따르면 '코끼리'는 '코가 길다'의 주어가 아니라 '코끼리는 코가 길다' 전체 문장의 주어 라는 점에서는 '서술절설'과는 다르다.
2. 김두봉(1922:103)에서는 '그 사람이 힘이 세다.'에서 '그 사람이'는 마디 '힘이 세다'의 주 어로서 '큰임자'이며 '힘이'는 조각마디 '세다'의 주어로서 '작은임자'라고 보았는데, 이는 '그 사람이'를 '힘이 세다'의 주어로 보았다는 점에서 '이중주어설'과는 다르다.

은 화용론적) 개념인 주제와 통사론적 개념인 주어라는 서로 이질적인 개념으로 설명해야 하며, (3)과 같이 '그 집은 마당이 폭이 좁다'와 같은 문장에서 '마당이'를 주제('폭이 좁다'라는 평언에 대응하는 주제)와 주어('마당이 폭이 좁다'라는 평언의 주어)로 동시에 설명해야 한다는 등의 문제가 있다.

(3) [그 집은]주제 [[마당이]주어 [폭이 좁다]서술어]평언

   [마당이]주제 [[폭이]주어 [좁다]서술어]평언

서술절설은 무엇보다도 두 번째 '이/가' 명사구와 후행 용언이 절을 이룬다고 보기 어렵다는 문제가 있다. 절은 주어와 서술어를 다 갖춘 완전한 문장이 어느 한 품사의 단어처럼 쓰이는 것(남기심·고영근 1985/1993:237)을 말한다. 예를 들어 (4ㄱ)의 '그가 우리를 속였음'이 명사절이고 '그가 떠난'이 관형절인 것은 '그가 우리를 속였다'와 '그가 떠났다'가 완전한 문장으로서 각 문장에서 명사가 하는 역할과 관형사가 하는 역할을 하기 때문이다.

(4) ㄱ. <u>그가 우리를 속였음</u>이 분명하다.

    그가 우리를 속였다.

   ㄴ. 나는 <u>그가 떠난</u> 사실을 전혀 몰랐다.

    그가 떠났다.

그러나 (1)의 '앞발이 짧다, 폭이 넓다, 친구가 많다, 향기가 좋다' 등은 문법적으로 갖출 것을 다 갖춘 완전한 문장이라고 보기 어렵다. 그 자체만으로는 '앞발이 짧고, 폭이 넓고, 향기가 좋은 것'이 무엇이며,

'친구가 많은 것'이 누구인지가 드러나지 않기 때문이다. 이들은 예를 들어 '토끼가 앞발이 짧다'든 '토끼의 앞발이 짧다'든 그 대상이 분명하게 드러나야 의미적으로 완전한 문장이 될 수 있다.[3]

> (1') ㄱ. 토끼가 <u>앞발이 짧다</u>.
>
>   *앞발이 짧다.
>
> ㄴ. 그 강이 <u>폭이 넓다</u>.
>
>   *폭이 넓다.
>
> ㄷ. 철수가 <u>친구가 많다</u>.
>
>   *친구가 많다.
>
> ㄹ. 금목서가 <u>향기가 좋다</u>.
>
>   *향기가 좋다.

이와 같은 점은 특히 (5)와 같이 심리형용사가 서술어로 쓰인 주격 중출문에서 보다 분명하게 드러난다. '싫다, 그립다' 등의 심리형용사는 주어가 사람을 가리키는 명사(보통의 경우 1인칭 대명사)일 것을 요구한다. 따라서 (5)의 서술절 '이 가방이 싫다, 고향이 그립다'는 주술 관계를 갖춘 완전한 문장이 될 수 없다.

> (5) ㄱ. 나는 <u>이 가방이 싫다</u>. (임동훈 1997:40)
>
>   *이 가방이 싫다.

---

3. 남기심·고영근(1985/1993:237, 264)에서는 '농구선수들은 키가 대단히 크다.'에서 '키가 대단히 크다'는 완전한 문장으로서의 서술절로 보았으나, '너는 애국자가 아니야.', '그 사람이 언제 과장이 됐나?'에서 '애국자가 아니야, 과장이 됐나'는 문장으로서 완전하지 못하여 서술절이 되기 힘들다고 보았다. 그러나 '키가 크다'와 '애국자가 아니다, 과장이 되다'는 문장으로서의 완전성 측면에서 별다른 차이가 없는 것으로 보인다.

ㄴ. 나는 <u>고향이 그립다.</u>

  *고향이 그립다.

서술절을 완전한 문장으로 보기 어렵다는 점은 다음의 비교 예에서도 드러난다. (6ㄱ)에서 '철수가 학교에 가다'는 완전한 문장이므로 A와 같이 대화를 시작할 수 있다. 그리고 특별한 경우가 아니면 B1과 같이 '학교에 간 사람이 누구인지'를 다시 물어보는 말은 이어지기 어렵고, B2와 같이 긍정하는 뜻으로 대답하는 것이 보통이다. 그러나 (6ㄴ)에서 '친구가 많다'는 완전한 문장이 아니므로 A와 같이 대화를 시작하기 어렵다. 그리고 B1과 같이 '친구가 많은 사람이 누구인지'를 다시 물어보는 말이 이어지는 것이 보통이고, B2와 같이 긍정하는 뜻의 대답은 이어지기 어렵다.

(6) ㄱ. A: 철수가 학교에 갔어.

    B1: *누가 (학교에 갔어)?

    B2: 그래?

  ㄴ. A: 친구가 많아.

    B1: 누가 (친구가 많아)?

    B2: *그래?

서술절이 일반적인 문장과는 문법적으로 다르게 실현된다는 것도 서술절을 완전한 문장으로서의 절로 보는 데 걸림돌이 된다. 예를 들어 (7ㄱ)과 같이 '우리 아버지'는 높임의 대상이므로 주체 존대 선어말어미 '-시-'와 호응을 하는 것이 보통이다. 그러나 (7ㄴ)과 같이 주격중출문에 쓰이게 되면 주체 존대 선어말어미 '-시-'가 나타나지 않아야 문법적으로 바른 문장이 된다.

    (7) ㄱ. 우리 아버지가 무서우시다.
       ㄴ. 나는 우리 아버지가 무섭다.
        *나는 우리 아버지가 무서우시다.

'-시-'의 호응에 관련된 문제는 남기심(1986)에서도 지적된 바 있다. 남기심(1986:63)에서는 (8ㄱ)과 같이 어미 '-시-'는 서술절 속의 주어뿐만 아니라 (8ㄴ)과 같이 이른바 전체 주어와도 호응하므로 전체 주어를 문장의 층위 밖으로 쫓아낼 수 없다고 보았다.

    (8) ㄱ. 철수는 부모님이 계시다.
       ㄴ. 선생님은 손이 크시다.

이에 대해 임동훈(1997:59)에서는 '-시-'가 (9ㄱ)과 같이 내포된 서술절의 주어('형님')와 관련되어 해석될 때에는 그 서술절의 서술어('계-')에 결합하지만, (9ㄴ)과 같이 상위절의 주어('삼촌')와 관련되어 해석될 때에는 서술절('형님이 있-')에 결합하며, 따라서 내포된 서술절의 서술어에 결합한 '-시-'가 상위절의 주어와 관련지어 해석되는 경우는 없다고 보았다.

    (9) ㄱ. [삼촌은] [<u>형님</u>이 [계-<u>시</u>-]$_{vp}$]-다
       ㄴ. [[<u>삼촌</u>은] [[형님이 있]$_s$-<u>시</u>-]$_s$-다]

그러나 (9)와 같은 분석에도 문제는 있다. (9ㄱ)의 경우에는 상위절

의 주어 '삼촌'이 높임의 대상이지만 이에 호응하는 선어말어미 '-시-'가 없고, (9ㄴ)의 경우에는 내포된 서술절의 주어 '형님'이 높임의 대상이지만 이에 호응하는 선어말어미 '-시-'가 없다.[4] (10ㄱ)과 같이 상위절의 주어와 서술절의 주어가 모두 높임의 대상이라고 해서 '-시-'가 중복 출현할 수도 없는데, 이는 내포절의 주어에 호응하는 '-시-'와 상위절의 주어에 호응하는 '-시-'가 동시에 나타나는 (10ㄴ)과 다르다.

    (10) ㄱ. *<u>삼촌은</u> **형님**이 계<u>시</u>시다.

          ㄴ. <u>삼촌은</u> **형님**이 계시는 고향으로 떠나셨다.

    이와 같이 주격중출문에서는 '-시-'를 매개로 한, 주어와 서술어의 호응이 늘 한 번만 나타난다. 주격중출문의 이러한 특성은 이를 상위절과 하위절의 구조를 갖는 복문으로 이해하는 것보다는 단문으로 이해할 때 설명이 자연스럽다.

    그리고 주격중출문에서 늘 (9)와 같은 분석이 유효한 것도 아니다. 예를 들어 (9ㄱ)에 대응하는 (11ㄱ)은 문법적으로 자연스럽다. 그러나 (9ㄴ)에 대응하는 (11ㄴ), 곧 상위절의 주어 '삼촌'이 높임의 대상일 때에는 이에 호응하는 '-시-'가 쓰였지만 문법적으로 자연스럽지 못하다.[5]

    (11) ㄱ. [삼촌은] [형님이 일찍 [돌아가-시-]$_{vp}$]-었-다

---

4. 특히 (9ㄴ)의 '형님이 있다.'는 높임법이 제대로 실현되지 않아서 문법적으로 완전한 문장(절)이라고 보기 어렵다.

5. '-시-'를 매개로 한, 주어와 서술어의 호응은 주격중출문(혹은 주격중출문의 서술어)에 따라 그 양상어 다른 것으로 보인다. (9)와 같이 첫 번째 명사구와 두 번째 명사구 가운데 어느 하나가 '-시-'와 호응을 하는 문장도 있고, (11)과 같이 두 번째 명사구만 '-시-'와 호응을 하는 문장도 있고, (7)과 같이 두 번째 명사구는 '-시-'와 호응할 수 없는 문장도 있다.

292 | 국어 조사의 문법

　　ㄴ. *[[삼촌은] [[동생이 일찍 죽]ₛ-시-]ₛ-었-다]

　　남기심(1986:60-61)에서 지적했듯이 첫 번째 명사구가 두 번째 명사구와 서술어 사이로 이동할 수 있다는 점에서도 서술절을 설정하기는 어려워 보인다. (12ㄴ-ㄹ)에서 알 수 있는 것처럼 다른 복문의 경우에는 상위절의 요소가 내포절 안으로 이동하는 것이 불가능하지만, 주격 중출문 (12ㄱ)에서는 때에 따라 이와 같은 이동이 가능하다.

　　(12) ㄱ. 코끼리는 코가 길다.

　　　　　코가 코끼리는 길다.

　　　ㄴ. 나는 그가 범인임을 알고 있었다.

　　　　　*그가 나는 범인임을 알고 있었다.

　　　ㄷ. 경찰은 죄수가 탈옥한 사실을 모르고 있다.

　　　　　*죄수가 경찰은 탈옥한 사실을 모르고 있다.

　　　ㄹ. 옛 사람들은 적이 쳐들어오지 못하게 성벽을 쌓았다.

　　　　　*적이 옛 사람들은 쳐들오지 못하게 성벽을 쌓았다.

　　이에 대해 임동훈(1997:60-61)에서는 (13ㄱ)에서 '우리 집은'이 서술절 내부로 이동한 (13ㄴ)은 상당히 어색하며, 정문으로 해석되는 경우는 (14)의 '꽃은 장미가 좋다'와 '장미는 꽃이 좋다'처럼 기저구조에서부터 (13ㄱ)과는 구별되는 별개의 문장이라고 보았다.

　　(13) ㄱ. 우리 집은 [마당이 좁다]

　　　ㄴ. ??마당이 우리 집은 좁다.

　　(14) ㄱ. 꽃은 장미가 좋다.

ㄴ. 장미가 꽃은 좋다.

'꽃'과 '장미'의 관계가 다를 수 있는 만큼 (14)의 두 문장은 기저구조에서부터 서로 다른 문장일 수 있다. (14ㄱ)은 (14ㄴ)이 가질 수 없는 '꽃 가운데에서 장미가 좋다.'는 의미를 가질 수도 있기 때문이다.[6] 그러나 (12)의 두 문장에서 '코'와 '코끼리'의 관계, (13)의 두 문장에서 '마당'과 '우리 집'의 관계는 서로 다르지 않으며, 또 각 문장 쌍에서 (14)와 같은 의미 차이가 드러나는 것도 아니다. 따라서 (12)와 (13)을 (14)와 같은 차원에서 설명하기는 어렵다.

요컨대 서술절을 완전한 문장으로 보기 어렵다는 점, 주격중출문의 두 명사구가 모두 높임의 대상일 때에도 '-시-'의 호응은 두 명사구 가운데 어느 하나와만 가능하다는 점, 다른 복문과 달리 상위절의 요소가 하위절의 내부로 이동할 수 있다는 점 등을 고려할 때 주격중출문은 복문보다는 단문의 성격을 많이 가진 것으로 보인다. 이에 따라 본 연구에서는 주격중출문은 두 명사구가 모두 문법적으로 주어인 문장, 곧 이중주어문이라고 본다.

8.2. '와' 구문의 통사구조

'와'가 결합한 명사구(NP)는 'NP와 NP{가, 를, …} V' 구문('NP와 NP' 구문)과 'NP{가, 를, …} NP와 V' 구문('NP NP와' 구문) 등 두 가지 유형

---

6. (14ㄱ)의 '꽃'이 '장미의 꽃'을 의미하는 것이라면, 이를 테면 '꽃은 장미가 좋고, 향기는 국화가 좋다.'와 같은 문장에서 쓰인 것이라면, (14ㄱ)과 (14ㄴ)은 어순의 차이로 인해 드러나는 것을 제외하면 의미가 다르지 않으며, 따라서 이때에는 두 문장의 기저구조가 다르다고 보기 어렵다.

의 구문에서 쓰인다.[7] 그런데 서술어에 따라 두 구문의 성립 가능성에 얼마간 차이가 있다. 곧 서술어 가운데에는 (1)과 같이 두 유형의 구문이 모두 가능한 것도 있고, (2)와 같이 'NP NP와' 구문이 쓰이기 어려운 것도 있다.

    (1) ㄱ. 철수와 영수가 친하다

        ㄴ. 철수가 영수와 친하다.

    (2) ㄱ. 이 산과 저 산이 높다.

        ㄴ. *이 산이 저 산과 높다.

두 가지 유형의 구문이 모두 가능한 경우에도 두 문장 사이에 의미적인 차이가 있는지 없는지는 분명하지 않다. 이는 어느 한 문장에서 다른 한 문장을 도출할 수 있는지 없는지, 혹은 두 구문의 기저구조가 같은지 다른지 하는 문제와 관련된다. 그리고 'NP와 NP' 구문의 경우에는 두 개의 명사구가 접속된 것인지, 아니면 각 명사구를 포함하는 두 문장이 접속된 것인지도 분명하지 않다.

    (3) '와' 구문 논의의 쟁점

        ㄱ. 두 유형의 '와' 구문은 의미가 같은가? 혹은 같은 기저구조를 갖는가?

        ㄴ. 'NP와 NP V' 구문은 구접속 문장인가? 문접속 문장인가?

---

7. 두 유형의 구문이 본질적으로 다른 구문이라고 볼 때에는 'NP와 NP' 구문의 '와'는 접속조사로, 'NP NP와' 구문의 '와'는 격조사(공동격조사, 비교격조사 등)로 각각 구별하는 것이 보통이다.

이 절에서는 이와 같은 두 가지 문제를 중심으로 'NP와 NP V' 구문
과 'NP NP와 V' 구문의 통사구조에 대해 살펴보기로 한다.

8.2.1. '와' 구문의 의미와 기저구조

'와' 구문의 통사구조에 대해서는 다음 절에서 살펴보기로 하고 여
기에서는 의미를 중심으로 'NP와 NP V' 구문과 'NP NP와 V' 구문이
같은 기조구조를 갖는 문장인지 아닌지에 대해서만 살펴보기로 한다.
먼저 다음의 두 문장을 비교해 보자.

    (4) ㄱ. 철수가 영희와 밥을 먹는다.

        ㄴ. 철수와 영희가 밥을 먹는다.

    (4') ㄱ. 철수가 영희와 함께 밥을 먹는다.

        ㄴ. 철수와 영희가 함께 밥을 먹는다.

    (4") ㄱ. 철수가 영희와 {함께, *따로} 밥을 먹는다.

        ㄴ. 철수와 영희가 {함께, 따로} 밥을 먹는다.

(4)가 '철수'와 '영희'가 같이 앉아서 밥을 먹는 상황을 목격한 두 명
의 화자가 각각 발화한 것이라면 (4)의 두 문장 사이에는 별다른 의미
차이가 없다고 볼 수 있다. 이때 (4)의 두 문장은 각각 (4')과 다를 바
없다. 그러나 이러한 상황이 전제되지 않으면 꼭 두 문장의 의미가 같
다고 할 수는 없다. 이러한 전제 없이도 (4ㄱ)은 '철수'와 '영희'가 같이
밥을 먹는 상황에서만 쓰일 수 있지만, (4ㄴ)은 '철수'와 '영희'가 따로
밥을 먹는 상황에서도 쓰일 수 있기 때문이다. (4)와 같은 의미로는 (4"
ㄱ)에서 '따로'가 쓰일 수 없지만, (4"ㄴ)에서는 '함께'와 '따로'가 모두 쓰

일 수 있는 것은 바로 이런 까닭에서이다.

두 구문의 의미 차이는 다음의 두 문장에서도 드러난다. (5)는 (5')과 같이 같은 의미를 가질 수도 있다. 그러나 (5")과 같이 서로 같은 의미만 갖는 것은 아니다.

    (5) ㄱ. 철수가 영희와 싸웠다.

        ㄴ. 철수와 영희가 싸웠다.

    (5') ㄱ. 철수가 영희와 {서로, 함께 누군가와} 싸웠다.

        ㄴ. 철수와 영희가 {서로, 함께 누군가와} 싸웠다.

    (5") ㄱ. 철수가 영희와 {서로, 함께 누군가와, *각각 누군가와} 싸웠다.

        ㄴ. 철수와 영희가 {서로, 함께 누군가와, 각각 누군가와} 싸웠다.

따라서 모든 경우에 'NP와 NP V' 구문과 'NP NP와 V' 구문이 같은 기조구조를 갖는 문장이라고 보기는 어렵다. 적어도 (4ㄴ)과 (5ㄴ)이 각각 (4"ㄴ), (5"ㄴ)에서 '따로', '각각 누군가와'가 쓰일 수 있는 상황을 나타낸 것이라면 (4)의 두 문장과 (5)의 두 문장의 기조구조는 각각 다르다고 볼 수밖에 없다.

두 유형의 문장의 의미 차이는 보조사를 결합하거나 부정문을 만들었을 때 더욱 더 분명하게 드러난다. (6ㄱ)은 '철수가 영수가 아닌 다른 사람과도 싸웠다'를 힘의한다는 점에서 (6ㄴ)과 다르다. 그리고 (7ㄱ)은 '철수가 영수가 아닌 다른 사람과 싸웠다'는 뜻을 나타낼 수도 있다는 점에서 (7ㄴ)과 다른데, (8ㄱ)과 같이 보조사 '는'을 결합하면 이와 같은 뜻을 분명하게 나타낸다.

    (6) ㄱ. 철수가 영수와도 싸웠다.

[함의] 철수가 영수가 아닌 다른 사람과도 싸웠다.

　　　ㄴ. 철수와 영수도 싸웠다.

(7) ㄱ. 철수가 영수와 싸우지 않았다.

　　　[가능한 의미] 철수가 영수가 아닌 다른 사람과 싸웠다.

　　　ㄴ. 철수와 영수가 싸우지 않았다.

(8) ㄱ. 철수가 영수와는 싸우지 않았다.

　　　[함의] 철수가 영수가 아닌 다른 사람과 싸웠다.

　　　ㄴ. 철수와 영수는 싸우지 않았다.

　이러한 점은 다음의 문장에서도 마찬가지이다. (9ㄱ)과 (9ㄴ)은 (9ㄴ)이 철수와 영희를 '따로' 보내는 상황에서만 의미가 다르다고 볼 수도 있다. 그러나 보조사를 결합하거나 부정문을 만들었을 때 두 문장의 의미 차이는 더욱 더 확대된다. (10ㄱ)은 '철수가 영수를 영희가 아닌 다른 사람과도 보냈다'를 함의한다는 점에서 (10ㄴ)과 다르다. 그리고 (11ㄱ)과 (12ㄱ)은 '철수가 영수를 영희가 아닌 다른 사람과 보냈다'를 함의한다는 점에서 각각 (11ㄴ), (12ㄴ)과 다르다.

(9) ㄱ. 철수가 영수를 영희와 {함께, ?따로} 보냈다.

　　　ㄴ. 철수가 영수와 영희를 {함께, 따로} 보냈다.

(10) ㄱ. 철수가 영수를 영희와도 보냈다.

　　　[함의] 철수가 영수를 영희가 아닌 다른 사람과도 보냈다.

　　　ㄴ. 철수가 영수와 영희도 보냈다.

(11) ㄱ. 철수가 영수를 영희와 보내지 않았다.

　　　[가능한 의미] 철수가 영수를 영희가 아닌 다른 사람과 보냈다.

철수가 영수를 혼자 보냈다.

ㄴ. 철수가 영수와 영희를 보내지 않았다.

(12) ㄱ. 철수가 영수를 영희와는 보내지 않았다.

[함의] 철수가 영수를 영희가 아닌 다른 사람과 보냈다.

ㄴ. 철수가 영수와 영희는 보내지 않았다.

특히 (10-12)의 문장에 부사 '함께'를 쓰면 다음과 같이 두 문장의 의미 차이가 명확하게 드러난다. (13ㄱ)과 (13ㄴ)은 각각 '철수가 영수를 영희가 아닌 다른 사람과도 보냈다'와 '철수가 다른 사람들도 함께 보냈다'를 함의한다는 점에서 서로 다르며, (14ㄱ)과 (14ㄴ)은 각각 '철수가 영수를 영희가 아닌 다른 사람과 보냈다'와 '철수가 영수와 영희를 따로 보냈다'를 함의한다는 점에서 서로 다르다. 그리고 (15ㄱ)과 (15ㄴ)은 각각 '철수가 영수를 영희가 아닌 다른 사람과 보냈다'와 '철수가 다른 사람들은 함께 보냈다, 철수가 영수와 영희는 따로 보냈다'를 함의한다는 점에서 차이를 보인다.

(13) ㄱ. 철수가 영수를 영희와도 함께 보냈다.

[함의] 철수가 영수를 영희가 아닌 다른 사람과도 보냈다.

ㄴ. 철수가 영수와 영희도 함께 보냈다.

[함의] 철수가 다른 사람들도 함께 보냈다.

(14) ㄱ. 철수가 영수를 영희와 함께 보내지 않았다.

[가능한 의미] 철수가 영수를 영희가 아닌 다른 사람과 보냈다.

철수가 영수를 혼자 보냈다.

ㄴ. 철수가 영수와 영희를 함께 보내지 않았다.

[함의] 철수가 영수와 영희를 따로 보냈다.

(15) ㄱ. 철수가 영수를 영희와는 함께 보내지 않았다.

[함의] 철수가 영수를 영희가 아닌 다른 사람과 보냈다.

ㄴ. 철수가 영수와 영희는 함께 보내지 않았다.

[함의] 철수가 다른 사람들은 함께 보냈다.

철수가 영수와 영희는 따로 보냈다.

문제는 이를 제외한 경우에는 두 문장의 의미가 같고, 따라서 두 문장의 기저구조가 같다고 볼 수 있는가 하는 점이다. (16)의 두 문장도 마찬가지이다.

(16) ㄱ. 철수는 자기 동생과 닮았다.

ㄴ. 철수와 철수의 동생이 닮았다.

(16') ㄱ. 철수는 자기 동생과 {서로, *함께 누군가와} 닮았다.

ㄴ. 철수와 철수의 동생이 {서로, *함께 누군가와} 닮았다

(16") ㄱ. 철수는 자기 동생과 {서로, *함께 누군가와, *각각 누군가와} 닮았다.

ㄴ. 철수와 철수의 동생이 {서로, *함께 누군가와, *각각 누군가와} 닮았다

그러나 두 유형의 문장이 동일한 상황에서 쓰이며, 따라서 두 유형의 문장이 동일한 의미를 갖는다고 보기는 어렵다. 다음의 문장을 중심으로 두 유형의 문장이 쓰일 수 있는 구체적인 상황을 검토해 보자.

(17) ㄱ. 철수가 영수와 싸웠다.

ㄴ. 철수가 영수를 영희와 (함께) 보냈다.

(17') ㄱ. 철수와 영수가 싸웠다.

ㄴ. 철수가 영수와 영희를 (함께) 보냈다.

(17ㄱ)에서 화제의 초점(focus)은 '철수' 혹은 '영수'에 있다. 즉, 정보 전달 측면에서 볼 때 화자는 청자에게 '철수'와 '영수' 중 어느 한 사람을 신정보로 제공하며, 나머지 한 사람은 화자와 청자 사이에서 공유되는 구정보이다. 반면 (17'ㄱ)에서는 '철수'와 '영수' 모두 신정보가 된다.[8] 마찬가지로 (17ㄴ)에서는 '영수'와 '영희' 중 어느 한 사람이 신정보가 되며, (17'ㄴ)에서는 '영수'와 '영희'가 모두 신정보가 된다. 이러한 차이는 (17)과 (17')에 앞서는 다음과 같은 질문을 가정할 때 분명하게 드러난다.

(17'') ㄱ. 철수가 [누구와] 싸웠니?

누가 [영수와] 싸웠니?

*?누가 [누구와] 싸웠니?[9]

ㄴ. 철수가 영수를 [누구와] (함께) 보냈니?

철수가 누구를 [영희와] (함께) 보냈니?

*?철수가 누구를 [누구와] (함께) 보냈니?

(17''') ㄱ. [누구와 누구]가 싸웠니?

---

8. 물론 (17ㄱ)에서 '영수와'가 문두로 이동하면 겉으로 보기에는 (17'ㄱ)과 형식적으로 동일하다. 그러나 (17ㄱ)이 '영수와, 철수가 싸웠다'와 같이 읽히고, (17'ㄱ)이 '철수와 영수가, 싸웠다'와 같이 읽힌다는 점에서 두 구문은 서로 다른 구조를 갖는다.

9. (17''ㄱ)의 '누가 누구와 싸웠니?'와 같은 문장도 여러 명이 단체로 편을 가르고 각각 한 사람씩 일대일 대결을 하는 상황을 가정하면 충분히 쓰일 수 있는 문장이다. 그러나 이때에도 '[누가] [누구와] 싸웠니?'와 같은 구조를 갖는다는 점에서 (17'''ㄱ)의 '[누구와 누구]가 싸웠니?'와는 다르다.

*?[철수와 누구]가 싸웠니?

*?[누구와 영수]가 싸웠니?

ㄴ. 철수가 [누구와 누구]를 (함께) 보냈니?

*?철수가 [영수와 누구]를 (함께) 보냈니?

*?철수가 [누구와 영수]를 (함께) 보냈니?

남기심(1990)에서도 다음과 같이 'NP와 NP V' 형식은 자연스럽지만 'NP NP와 V' 형식은 자연스럽지 않은 문장도 있고, 반대로 'NP NP와 V' 형식은 자연스럽지만 'NP와 NP V' 형식은 자연스럽지 않은 문장도 있다는 점을 들어, 두 유형의 문장은 서로 별개의 것으로서 어느 하나가 다른 하나에서 유도되는 것이 아니라고 보았다.

(18) ㄱ. 아내의 호소와 나의 설득이 그의 마음을 움직였다.

??나의 설득이 아내의 호소와 그의 마음을 움직였다.

ㄴ. 그는 영어와 독일어를 이해한다.

*그는 독일어를 영어와 이해한다.

ㄷ. 사냥꾼들이 어제 이 산에서 여우와 노루를 잡았다.

??사냥꾼들이 어제 이 산에서 노루를 여우와 잡았다.

(18') ㄱ. 네가 당신과 결혼하고 싶소.

*당신과 내가 결혼하고 싶소.

*나와 당신이 결혼하고 싶소.

ㄴ. 우리는 거센 파도와 싸우면서 항해를 계속했다.

*거센 파도와 우리는(우리와 거센 파도는) 싸우면서 항해를 계속했다.

ㄷ. 네가 그 놈하고 싸워라.

*너하고 그놈이 싸워라.

이와 같이 'NP와 NP V' 구문과 'NP NP와 V' 구문 가운데 어느 하나만 자연스러운 문장이 있고, 두 유형의 문장이 모두 쓰이는 경우에도 의미 차이가 분명하게 드러나거나 화제의 초점이 다르다. 이에 따라 본 연구에서는 두 유형의 문장은 동일한 기저구조를 갖는 문장이 아니라고 본다.

6.2.2. 'NP와 NP V' 구문의 통사구조

'NP와 NP V' 구문 가운데에는 'NP1 V'와 'NP2 V'의 두 문장이 연결어미에 의해 하나로 연결된 문장과 의미적으로 별다른 차이가 없는 것들이 있다. 예를 들어 (19)의 세 문장은 'NP와 NP V' 형식과 'NP V-고 NP V' 형식이 모두 가능하며 형식의 차이는 있지만 의미의 차이는 거의 느껴지지 않는다. 이와 같은 유형의 'NP와 NP V' 구문을 다른 것과 구별하여 '1유형'이라고 하자.[10]

(19) 'NP와 NP V' 구문의 유형: 1유형

    ㄱ. 이 산과 저 산이 높다.

       =이 산이 높고 저 산이 높다.

    ㄴ. 철수와 영수는 영희를 좋아한다.

       =철수가 영희를 좋아하고 영수가 영희를 좋아한다.

    ㄷ. 시장에서 사과와 배를 샀다.

---

10. (19ㄴ)의 '좋아하다'는 '철수와 영희가 (서로) 좋아한다.'와 같이 쓰여서 후술할 2유형의 문장을 만들 수도 있다.

=시장에서 사과를 사고 시장에서 배를 샀다.

그리고 'NP와 NP V' 구문 가운데에는 (20)에서와 같이 두 문장으로 나누어 연결어미로 연결하는 것 자체가 불가능하거나, 혹은 가능하다고 볼 수도 있지만 그렇게 할 경우 그 의미가 달라져서 'NP V-고 NP V' 형식의 문장으로 전환하기 어려운 것들도 있다. 이와 같은 유형의 'NP와 NP V' 구문을 '2유형'이라고 하자.

(20) 'NP와 NP V' 구문의 유형: 2유형

　ㄱ. 1유형과 2유형이 다르다.

　　=*1유형이 다르고 2유형이 다르다.

　ㄴ. 철수와 철수의 동생이 닮았다.

　　=*철수가 닮았고 철수의 동생이 닮았다.

　ㄷ. 철수와 영희가 성격이 비슷하다.

　　=*철수가 성격이 비슷하고 영희가 성격이 비슷하다.

한편 'NP와 NP V' 구문 가운데에는 두 문장으로 나누어 연결어미로 연결하는 것 자체는 가능하지만 의미적으로 상당한 정도의 차이가 있는 것들도 있다. 예를 들어 (21ㄱ)에서 '와' 구문은 '철수와 영호가 따로 갔다'는 뜻과 '철수와 영호가 함께 갔다'는 뜻을 모두 가질 수 있지만 '-고' 구문은 후자의 뜻을 갖는다고 보기 어렵다. (21ㄴ), (21ㄷ)에서도 두 문장의 의미 차이는 이와 다름이 없다. 이와 같은 유형의 'NP와 NP V' 구문을 '3유형'이라고 하자.

(21) 'NP와 NP V' 구문의 유형: 3유형

ㄱ. 철수와 영호가 갔다.

≠철수가 갔고 영호가 갔다.

ㄴ. 철수와 영희가 고양이를 기른다.

≠철수가 고양이를 기르고 영희가 고양이를 기른다.

ㄷ. 어머니가 나와 동생에게 용돈을 주셨다.

≠어머니가 나에게 용돈을 주셨고 어머니가 동생에게 용돈을 주셨다.

이와 같이 'NP와 NP V' 구문은 형식적으로는 동일하지만 의미적으로는 유형적 차이가 있다. 'NP와 NP V' 구문의 기저구조를 구가 접속된 것(구 접속)으로 볼 것인지 문장이 접속된 것(문 접속)으로 볼 것인지의 문제가 생기는 것은 바로 이런 까닭에서이다.

의미적인 면에서 유형적인 차이는 있지만 본 연구에서는 'NP와 NP V' 구문은 모두 기저에서부터 구가 접속된 것으로 본다. 먼저 2유형 구문의 경우 남기심·고영근(1985/1993:401)에서 지적했듯이 (23)의 두 문장은 모두 불완전하므로 (22)는 (23)의 두 문장이 이어져서 만들어진 것으로 볼 수 없다.

(22) 형과 아우가 십 년 만에 우연히 노상에서 만났다.

(23) ㄱ. *형이 십 년 만에 우연히 노상에서 만났다.

ㄴ. *동생이 십 년 만에 우연히 노상에서 만났다.

의미적으로만 보면 김영희(1974:46-53)에서와 같이 예를 들어 문장 (24ㄱ)이 기저구조 (24ㄴ)으로부터 도출된 것으로 볼 수도 있다.[11] 그러나 표면구조의 도출을 설명하는 과정에서 '접속문 축소, 동일 구절

삭제, 접속사 합체, 접속조사 대치, 교호 대명사화, 교호 대명사의 수
의적 삭제' 등의 자연스럽지 않은 변형 규칙을 설정해야 하며, 도출 과
정에서 '[영수와 철수와] [철수에게와 영수에게와] 닮았다'와 같은 자연
스럽지 않은 문장을 가정해야 한다는 점에서 받아들이기 어렵다.

    (24) ㄱ. 영수와 철수가 닮았다.

         ㄴ. [[영수 철수에게 닮았다]고 [철수 영수에게 닮았다]]

  다음으로 1유형 문장은 의미적인 면에서 김완진(1970:4), 김영희
(1974:53), 남기심·고영근(1985/1993:400)에서 각각 제시한 (25ㄱ), (26ㄱ),
(27ㄱ)과 같이 기저구조에서는 (25ㄴ), (26ㄴ), (27ㄴ)의 두 문장이 접속
된 것으로 볼 수도 있다.

    (25) ㄱ. 눈과 솜은 희다.

         ㄴ. 눈은 희다.

           솜은 희다.

    (26) ㄱ. 철수와 영수가 영희를 좋아한다.

         ㄴ. 철수가 영희를 좋아한다.

           영수가 영희를 좋아한다.

    (27) ㄱ. 성난 군중이 앞문과 뒷문으로 들이닥쳤다.

         ㄴ. 성난 군중이 앞문으로 들이닥쳤다.

---

11. 김영희(1974:50)에서는 교호 대명사 '서로', '서로'에 첨가된 격조사, 주어 조사, 목적어
    조사들이 문체 변이문들을 유도하여 (24ㄴ)으로부터 20개의 문장이 도출되는 것으
    로 보았다. 한편 '영수와 철수가 싸운다'와 같은 문장은 김영희(1974:45-46)에서도 기
    저에서부터 구가 접속된 것으로 보았다. 참고로 김영희(1974)에서는 '닮다'와 '싸우다'
    는 각각 대칭 서술어와 무대칭 서술어로서 그 속성이 다른 것으로 보았다.

성난 군중이 뒷문으로 들이닥쳤다.

그러나 이들 문장도 다음과 같이 '모두, 똑같이, 동시에' 등의 부사
어가 같이 쓰이면 문 접속으로 보기 어렵다는 문제가 있다. (28)은 표
면구조를 도출하는 과정에서 '모두, 똑같이, 동시에' 등의 부사어가 삽
입된 것으로 보기도 어렵다. 부사어 삽입의 이유가 분명하지 않을 뿐
만 아니라 그 통사론적 과정을 자연스럽게 설명하기가 쉽지 않기 때
문이다.

(28) ㄱ. 눈과 솜은 모두 희다.
  ㄴ. 철수와 영수가 똑같이 영희를 좋아한다.
  ㄷ. 성난 군중이 앞문과 뒷문으로 동시에 들이닥쳤다.

부사어 삽입의 문제는 (29), (30)과 같은 3유형의 'NP와 NP V' 구문
에서도 마찬가지이다. 예를 들어 (29ㄱ)은 (29ㄴ)과 같이 서로 다른 의
미를 가질 수 있지만 그 차이에 관계없이 '함께, 같이', '따로, 각자' 등
의 부사어가 같이 쓰일 때에는 기저에서 문장이 접속된 것으로 보기
어렵다.

(29) ㄱ. 철수와 영호기 고양이를 기른다.
  ㄴ. 철수와 영호가 {함께, 같이} 고양이를 기른다.
    철수와 영호가 {따로, 각자} 고양이를 기른다.
(30) ㄱ. 철수와 영호가 {같은 곳으로, 다른 곳으로} 갔다.
  ㄴ. 어머니가 나와 동생에게 따로 용돈을 주셨다.

‘NP와 NP V’ 구문을 기저에서 구가 접속된 것으로 보기도 하고 문장이 접속된 것으로 보기도 하는 것은 ‘NP와 NP V’ 구문이 유형적으로 의미의 차이를 보이기 때문이다. 그러나 앞서 살펴보았듯이 그 유형에 관계없이 ‘NP와 NP V’ 구문을 기저에서 문장이 접속된 것으로 보는 데에는 한계가 있다. 이에 따라 본 연구에서는 ‘NP와 NP V’ 구문은 모두 기저에서부터 구가 접속된 문장이라고 본다.

‘NP와 NP V’ 구문이 갖는 의미의 유형적 차이는 서술어의 유형적 차이에서 비롯된 것으로서 본질적으로 서술어의 의미 특성을 토대로 설명해야 할 성질의 것이다. 예를 들어 (22)의 ‘만나다’, (24)의 ‘닮다’와 같은 서술어는 둘 이상의 주체나 대상을 필요로 하므로 이른바 구접속에 준하는 의미를 가지며, (25)의 ‘희다’와 (26)의 ‘좋아하다’, (27)의 ‘들이닥치다’와 같은 서술어는 하나의 주체, 장소를 필요로 하므로 이른바 문접속에 준하는 의미를 갖는다. 그리고 (29)의 ‘기르다’, (30)의 ‘가다, 주다’와 같은 서술어는 상황에 따라 필요로 하는 주체나 대상이 다르므로 두 가지 방식의 의미 해석이 가능하다.

물론 (31), (32)에서와 같이 하나의 똑같은 서술어가 서로 다른 유형의 문장에 쓰일 수도 있다. 그러나 이때에도 서술어와 논항의 관계를 고려하면 그 의미를 어렵지 않게 해석할 수 있다. 곧 (31ㄱ)에서는 ‘만나다’의 논항이 ‘철수와 영수’ 하나이므로 2유형의 의미로 해석되며, (31ㄴ)에서는 ‘만나다’의 논항이 ‘철수와 영수’, ‘영희’ 둘이므로 3유형의 의미로 해석된다. 그리고 (32ㄱ)에서는 ‘좋아하다’의 논항이 ‘철수와 영수’ 하나이므로 2유형의 의미로 해석되며, (32ㄴ)에서는 ‘좋아하다’의 논항이 ‘철수와 영수’, ‘영희’ 둘이므로 1유형의 의미로 해석된다.

(31) ㄱ. 철수와 영수가 (서로) 만났다.

ㄴ. 철수와 영수가 영희를 (함께, 따로) 만났다.

(32) ㄱ. 철수와 영수가 (서로) 좋아한다.

ㄴ. 철수와 영수가 영희를 (*함께, *따로) 좋아한다.

8.3. '에(게)-이' 교체 구문의 통사구조

문장은 서술어와 그 서술어가 요구하는 논항으로 구성되는데 서술어와 논항의 문법적 관계, 혹은 서술어에 대한 논항의 문법적 역할은 고정되어 있는 것이 보통이다. 예를 들어 (1)에서 '먹다'는 격(문장성분)의 관점에서 각각 주격(주어)과 목적격(목적어)으로 쓰이는, 그리고 의미역의 관점에서 각각 행위자(agent)와 대상(theme)으로 쓰이는 두 개의 논항을 요구하며, '먹다'가 동일한 뜻으로 쓰이는 문장에서는 두 논항의 이러한 문법적 역할이 바뀌지 않는다.[12]

(1) 철수(가) 밥(을) 먹었니?

그런데 국어 문장 가운데에는 서술어와 그 서술어가 요구하는 논항이 동일하지만 서술어와 논항의 문법적 관계가 하나로 고정되어 있지 않은 것들이 있다. 특히 격에 주목하면 국어 문장 가운데에는 다음과 같이 '하나의 동사가 가지는 동일한 논항에 대해 격이 문장의 명제적 의미의 변화 없이 교체되는 현상'(유혜원 2002:77), 이른바 격 교체 현상을 보이는 것들이 있다.

---

12. '대패가 잘 먹는다.', '사과에 벌레가 많이 먹었다'와 같이 '먹다'의 뜻이 바뀌면 논항의 수와 논항의 역할이 달라질 수도 있다.

(2) 격 교체의 유형(유혜원 2002:85-86)

ㄱ. 구조격-구조격

① 이-를: 철수가 손이 잡히다./철수가 손을 잡히다.

② 를-의: 영수는 말을 등을 두들겼다./영수는 말의 등을 두들겼다.

③ 이-의: 코끼리가 코가 길다./코끼리의 코가 길다.

ㄴ. 구조격-본유격

① 를-에서: 그가 공원을 거닐었다./그가 공원에서 거닐었다.

② 를-로: 그가 이 거리 저 거리를 거닐었다./그가 이 거리 저 거리로 거닐었다.

③ 를-에: 그가 학교를 갔다./그가 학교에 갔다.

④ 를-에게: 어머니가 아이를 선물을 주었다./어머니가 아이에게 선물을 주었다.

⑤ 를-와: 그가 철수를 만났다./그가 철수와 만났다.

⑥ 를-에 대해: 그가 그 일을 생각했다./그가 그 일에 대해 생각했다.

⑦ 이-로: 구름이 비가 된다./구름이 비로 된다.

⑧ 이-에/에게: 천장이 손이 닿는다./천장에 손이 닿는다.

ㄷ. 본유격-본유격

① 에-로: 나는 학교에 갔다./나는 학교로 갔다.

② 에-와: 우리 집은 학교에 가깝다./우리 집은 학교와 가깝다.

③ 에-에 대해: 그가 그 일에 간섭했다./그가 그 일에 대해 간섭했다.

ㄹ. 복합적 교체

① 처소 교차 현상: 청소부들이 건물벽에 페인트를 칠했다./청

수부들이 페인트로 건물벽을 칠했다.

② 대칭 구문의 교차 현상: 기영이가 미란이와 방을 서로 바꾸었다./기영이와 미란이가 방을 서로 바꾸었다.

이 가운데에서 본 연구에서는 (2ㄴ-⑧)과 같이 처격조사(혹은 여격조사) '에, 에게'가 주격조사 '이'로 교체되기도 하는 구문(이하 '에(게)-이' 교체 구문)의 통사구조를 살펴보기로 한다. 특히 문두의 처격 명사구를[13] 통사적 주어라고 보는 논의를 비판적으로 검토하기로 한다.

8.3.1. '에(게)-이' 교체 구문의 정의

국어 문장에서 부사어는 주어의 뒤에 오는 것이 보통이지만 다음과 같이, 어순의 변화에 따른 얼마간의 의미 차이를 제외한, 특별한 의미의 차이 없이 부사어가 주어의 앞에 오기도 한다.

(3) ㄱ. 책이 책상 위에 있다.

　　ㄴ. 책상 위에 책이 있다.

(4) ㄱ. 손이 천장에 닿는다.

　　ㄴ. 천장에 손이 닿는다.

(5) ㄱ. 돈이 철수에게 많다.

　　ㄴ. 철수에게 돈이 많다.

---

13. 선행 연구에서 주로 살펴본 것은 '에게' 명사구이고, 또 '에게' 명사구나 '에' 명사구나 통사적 지위에는 별다른 차이가 없으므로, 본 연구에서도 '에게' 명사구를 중심으로 살펴보기로 한다.

그런데 처격 명사구와 주격 명사구가 같이 쓰인 문장 가운데에는, 특히 처격 명사구가 주격 명사구를 선행할 때, (4ㄴ), (5ㄴ)과 같이 처격 명사구가 주격 명사구로 나타나는 대응 문장이 존재하는 것들도 있고, (3ㄴ)과 같이 이러한 대응 문장이 존재하지 않는 것들도 있다.

(3') ㄴ. *책상 위가 책이 있다.

(4') ㄴ. 천장이 손이 닿는다.

(5') ㄴ. 철수가 돈이 많다.

이는 두 유형의 구문이 형식적으로 유사하지만 통사적으로는 그 속성이 다를 수도 있다는 것을 뜻한다. 이 가운데에서 본 연구에서는 처격 명사구가 주격 명사구로 나타나는 대응 문장이 있는 (4ㄴ), (5ㄴ)과 같은 문장들을 "'에(게)-이' 교체 구문"이라고 하여 다른 문장들과 구별하기로 한다.[14]

8.3.2. '에(게)-이' 교체 구문의 통사적 특성

연재훈(1996:253-254)에서는 다음과 같이 하나의 논항이 때에 따라 여격의 명사구로 실현되기도 하고 주격의 명사구로 실현되기도 하는데, 형태론적으로 여격으로 실현되든 주격으로 실현되든 관계없이 그 논항은 통사적으로 주어라고 보았다. 그리고 (6)과 같이 여격 표

---

14. 연재훈(1996)에서는 '여격 주어 구문'이라는 용어를, 이영민(1999)에서는 '처격 주어 구문'이라는 용어를 사용했는데, 이는 처격(혹은 여격) 명사구가 통사적 주어라는 인식을 반영한 결과이다. 후술하겠지만 본 연구에서는 처격 명사구를 주어로 보지 않으므로, 형식적으로 문장성분에 대해 중립적인 "'에(게)-이' 교체 구문"이라는 용어를 사용하기로 한다.

지의 명사구 논항이 통사적으로 주어인 문장을 '여격 주어 구문'이라
고 보았다.

   (6) ㄱ. 나에게는 뱀이 무섭다.

       ㄴ. 나에게는 고향이 그립다.

       ㄷ. 선생에게 학생이 필요하다.

       ㄹ. 할아버지에게 아들이 있다.

       ㅁ. 할아버지에게 돈이 많다.

   (6') ㄱ. 나는 뱀이 무섭다.

       ㄴ. 나는 고향이 그립다.

       ㄷ. 선생이 학생이 필요하다.

       ㄹ. 할아버지가 아들이 있다.

       ㅁ. 할아버지가 돈이 많다.

이영민(1999:6)에서는 국어에서 처격과 여격은 그것을 격 표시하는
동사에 따라 차이가 있을 뿐이라고 보고, '에' 명사구와 '에게' 명사구
가 (7ㄴ)에서와 같이 주격의 '이' 명사구로 실현되기도 하는 (7ㄱ)과 같
은 문장을 '처격 주어 구문'으로 보았다.

   (7) ㄱ. {우리 집에/영이에게} 돈이 {있다, 없다, 많다, 적다, 필요하다}

       ㄴ. {우리 집이/영이가} 돈이 {있다, 없다, 많다, 적다, 필요하다}

유현경(1998:200-216), 신선경(2002:185)에서도 각각 (8ㄱ)의 '에' 명사
구와 '에게' 명사구, (8ㄴ)의 '에게(/께)' 명사구는 모두 문장의 주어의 역
할을 하는 것으로 보았다. 그리고 이와 같이 '에' 명사구와 '에게' 명사

구가 주격의 '이' 명사구로 나타나기도 하는 것을 '소유형용사문'(유현경 1998) 혹은 '소유' 구문(신선경 2002)의 특성으로 보았다.[15]

> (8) ㄱ. 마침 아내(에게/가) 몸살 기운이 <u>있어서</u> 혼자 길을 나선 길이었다.
>   공연되는 것을 상상하면 희곡(에/이) 소설보다 매력이 더 <u>있</u><u>다</u>.
>   ㄴ. 김 선생님께 재산이 꽤 있으시다.

구체적인 내용에 있어서는 얼마간의 차이가 있기는 하지만 연재훈 (1996), 유현경(1998), 이영민(1999), 신선경(2002) 등에서 처격의 '에(게)' 명사구를 통사적 주어라고 보는 데에는 다음과 같은 통사론적 특성이 고려되었다. 곧 '에(게)-이' 교체 구문에서 주체 존대 선어말어미 '-시-'와 호응하고, 재귀사와 결속되고, 동일 명사구 삭제 현상에 의해 생략되고, 관계화가 가능한 것은 주격 명사구가 아니라 처격 명사구이므로, 주격 명사구가 아닌 처격 명사구가 주어라는 것이다.[16]

> (9) ㄱ. 주체 존대 선어말어미 '-시-'와의 호응

---

15. 유현경(1998)에서는 소유의 '있다'와 소재의 '있다'를 구별했는데 이에 따르면 '에(게)' 명사구가 주어인 것은 소유의 '있다'가 쓰인 문장, 곧 소유형용사문에 한정된다. 한편 유현경(1998:205)에서는 소유의 '있다' 구문은 주격중출 구문으로 쓰이는 것이 '에'나 '에게'가 쓰이는 것보다 일반적이라고 보았다.

16. 이 밖에 이영민(1999)에서는 송복승(1995)에 따라 의미역 위계를 '행동주〉(도구)〉경험주(E)〉대상(T)〉도달점〉위치/장소/도구'와 같이 설정하고 처격 명사구와 주격 명사구의 통사적 지위를 살펴보았다. 그런데 '학업이(T) 아이들에게(E) 벅차다.'(이영민 1999:16)에서처럼 의미역 위계만으로 명사구의 통사적 지위를 결정하기는 어려우므로 이에 대해서는 따로 살펴보지 않기로 한다.

ㄴ. 재귀사 결속

ㄷ. 동일 명사구 삭제

ㄹ. 관계절 형성

ㅁ. ‘에게’ 생략

본 연구에서는 ‘에(게)-이’ 교체 구문에서 처격 명사구가 과연 이와 같은 특성을 갖는지, 그리고 이와 같은 특성이 처격 명사구를 통사적 주어로 보는 타당한 근거가 될 수 있는 것인지에 대해 차례대로 살펴보기로 한다.

■ 주체 존대 선어말어미 ‘-시’와의 호응

연재훈(1996:256-257)에서는 (10)의 예를 들어, 유현경(1998:210)에서는 (11)의 예를 들어 ‘에(게)-이’ 교체 구문에서 주체 존대 선어말어미 ‘-시-’와 호응하는 것은 주격의 ‘이’ 명사구가 아니라 처격의 ‘에게’ 명사구이므로, 처격의 ‘에게’ 명사구가 통사적 주어인 것으로 보았다.

(10) ㄱ. 나-에게/는 할아버지-가 제일 무섭-(*으시)-다.

ㄴ. 할아버지-에게/가 무엇보다 돈-이 필요하-시-다.

ㄷ. 나-에게/가 무엇보다 할아버지-가 필요하-(*시)-다.

(11) ㄱ. *선생님께는 낡은 집이 한 채 있다.

ㄱ'. 선생님께는 낡은 집이 한 채 있으시다.

ㄴ. 내게는 존경하는 선생님이 한 분 있다.

ㄴ'. *내게는 존경하는 선생님이 한 분 있으시다.

그러나 '-시-'와의 호응이 '에(게)-이' 교체 구문에서 통사적 주어를 판단하는 분명한 잣대가 될 수 있을지는 의문이다. (10), (11)의 각 문장에 대한 문법성 판단에 이견이 있을 수 있고, 또 '에(게)-이' 교체 구문에서 '-시-'의 호응이 늘 동일한 양상을 보이는 것도 아니기 때문이다.

먼저 (10ㄴ)은 (10'ㄴ)과 같이 '할아버지'가 처격 명사구로 나타날 때에는 문법적인 문장으로 보기 어려운 듯하다. 높임의 대상인 '할아버지'가 처격 명사구로 나타날 때에 '-시-'가 쓰이기 어려운 것은 (10ㄱ), (10ㄷ)과 같은 유형의 문장에서도 마찬가지여서 (10'ㄱ, ㄷ)은 자연스럽지 않다. 그리고 (11ㄱ)과 (11ㄴ)도 쓰일 수 있는 것으로 보인다. 특히 (11ㄴ)의 경우에는 (11'ㄴ)과 같이 '있다'가 '계시다'로 교체되어 쓰이는 것도 가능하다.

(10') ㄱ. *할아버지에게(는) 호랑이가 제일 무서우시다.

　　　ㄴ. *할아버지에게(는) 돈이 필요하시다.

　　　ㄷ. *할아버지에게(는) 내가 필요하시다.

(11') ㄴ. 내게는 존경하는 선생님이 한 분 계신다.

이와 같은 분석은 이영민(1999:13)에서 제시한 (12)의 예와 임동훈(2000:158-161)에서 제시한 (13)의 예에서도 확인할 수 있다.[17] 특히 이영민(1999:13)에서는 이와 같은 분석을 토대로 '-시-'와의 호응이 주어 확인을 위한 절대적인 통사적 기준이 될 수 없는 것으로 보았다.

(12) ㄱ. ??*할아버지에게(께) 돈이 {있으시다, 없으시다, 많으시다, 필

---

17. 주격 명사구가 아닌 처격 명사구가 통사적 주어라고 본 유현경(1998:344)에도 '그는 부모님이 계시지(를/가) 않다.'의 예가 제시되어 있다.

요하시다}

ㄴ. 할아버지가(계서) 돈이 {있으시다, 없으시다, 많으시다, 필요
하시다}

(13) ㄱ. ??선생님에게는 호랑이가 무서우시다.

ㄴ. *아버님께 고향이 그리우시겠지.

ㄷ. 삼촌에게는 형님이 계신다.

물론 (10ㄴ), (11ㄱ')과 같이 주체 존대 선어말어미 '-시-'가 처격 명사
구와 호응하는 문장도 때에 따라서는 쓰일 수 있는 것으로 보인다. 예
를 들어 임동훈(2000:174-175)에서 지적했듯이 '선생님'이 대화의 상대,
곧 청자일 때에는 (14)와 같이 쓰일 수 있다.[18] 이러한 점은 (15)에서
도 마찬가지이다.

(14) ㄱ. 선생님께는 이것이 무거우세요?

(15) ㄱ. 할아버지께도 돈이 필요하세요?

ㄴ. 할아버지께도 돈이 있으시지요?

본래 주체를 고려하는 것이기는 하지만 때에 따라 청자를 고려하기
도 하는 것은 주체 높임법의 일반적인 용법이다. 예를 들어 (16ㄱ)에
서 '아버지'는 화자(아들)에게 높임의 대상이지만 청자인 '할아비지'를
고려하여 문법적으로 높이지 않으며, (16ㄴ)에서 '아버지'는 화자(친
구)에게 높임의 대상이 아니지만 청자(친구의 아들)를 고려하여 문법적

---

18. 임동훈(2000:175)에서는 (14)에서 청자를 가리키는 호격어를 문두에 상정할 수 있고,
따라서 '-시-'가 지향하는 성분은 처격어 '선생님께'가 아니라 문두 위치에 상정될 수
있는 호격어 '선생님'이라고 보았다.

으로 높일 수 있다.

> (16) ㄱ. 할아버지, 아버지가 왔어요.
>   ㄴ. 철수야, 아버지 집에 계시니?

(17)과 같이 처격 명사구로 나타나는 인물이 청자가 아닐 때에도 '-시-'가 쓰일 수 있다면, 이 또한 처격 명사구가 꼭 통사적 주어(혹은 주체)이기 때문이 아니라 해당 문장이 높임의 대상이 경험하는 내용을 표현하기 때문인 것으로 볼 수 있다.

> (17) 박 선생님, 김 선생님께 무슨 일 있으세요?

이와 같이 '에(게)-이' 교체 구문에서 '-시-'의 호응은 늘 동일한 양상을 보이지도 않으며, 또 주체 존대 선어말어미 '-시-'의 쓰임이 꼭 주체와만 관련되는 것도 아니다. 따라서 본 연구에서는 '-시-'의 호응이 처격 명사구를 주어로 보는 통사적인 잣대는 될 수 없다고 본다.

■ 재귀사 결속

연재훈(1996:257)에서는 (18)의 예를 들어, 유현경(1998:211-212)에서는 (19)의 예를 들어 재귀사 '자기'와 결속되는 것은 주격 명사구가 아니라 처격 명사구이므로, 각 문장에서 통사적 주어는 주격 명사구가 아니라 처격 명사구라고 보았다.

> (18) ㄱ. 영수$_i$-에게(는) 순이$_j$-가 자기$_{i*j}$ 딸보다 더 좋(은 것 같)았다.

ㄴ. 영수ᵢ-에게(는) 순이ⱼ-가 자기ᵢ*ⱼ(-의) 성공을 위해 필요하다.
(19) 영희에게ᵢ 자기ᵢ 집이 두 채 있다.

이 가운데에서 (18ㄱ)은 문법성 판단이 다를 수 있다. 예를 들어 유현경(1998:212)에서는 (20)과 같이 심리형용사 구문에서는 '자기'가 처격의 명사구와 결속될 수 없는 것으로 보았다.

(20) *철수에게 자기가 선택한 직업이 좋았다.

그리고 재귀사 '자기'가 꼭 주어와만 결속되는 것도 아닌 것으로 보인다. 예를 들어 (21ㄱ)에서는 재귀사 '자기'가 문장의 주어인 '나'와 결속되는 것이 아니라 오히려 처격으로 나타난 '철수'와 결속된다. 이러한 점은 (21ㄴ)에서도 다름이 없다.

(21) ㄱ. 나ᵢ는 (영희에게는 민수 사진을 주고) 철수ⱼ에게는 {*자기ᵢ, 자기ⱼ} 사진을 주었다.
    ㄴ. 연구진ᵢ은 이들 여성ⱼ에게 {*자기ᵢ, 자기ⱼ} 사진을 보여주고 이어 웃는 얼굴 사진도 보여줬다. (《아시아경제》, 2009년 9월 16일)

이와 같이 재귀사가 꼭 주어와만 결속되는 것은 아니다. 따라서 본 연구에서는 때에 따라 재귀사가 주격 명사구가 아닌 처격 명사구와 결속되는 현상도 처격 명사구를 통사적 주어로 보는 분명한 근거가 될 수는 없다고 본다.

■ 동일 명사구 삭제

연재훈(1996:258)에서는 (22)에서처럼 접속문 구성에서 여격 명사구는 삭제될 수 있는데, 이러한 통사 절차(동일 명사구 삭제)에 의해 생략되는 성분은 문장의 주어이므로, (22)에서 통사적 주어는 여격 명사구라고 보았다.

(22) [t_i 돈이 많아서] 영수$_i$에게 친구가 많다.

그러나 동일 명사구 삭제 현상이 꼭 주어에만 일어나는 것 같지는 않다. 예를 들어 (23ㄱ)에서는 목적어 '밥(을)'이 동일 명사구 삭제 규칙에 의해 삭제되었고, (23ㄴ)에서는 처격의 명사구 '운동장(에서)'이 동일 명사구 삭제 규칙에 의해 삭제되었다.

(23) ㄱ. [철수가 t_i 먹어서] 밥$_i$이 모자란다.
　　 ㄴ. [아이들이 t_i 놀고 있어서] 운동장$_i$이 붐빈다.

이와 같이 동일 명사구 삭제 현상은 주어에만 일어나는 현상이라고 볼 수 없다. 따라서 본 연구에서는 동일 명사구 삭제 현상도 처격 명사구를 통사적 주어로 보는 잣대가 될 수는 없다고 본다.

■ 관계절 형성

연재훈(1996:259)에서는 (24)의 예를 들어, 유현경(1998:207-208)에서는 (25)의 예를 들어 처격 명사구는 관계절의 표제 명사가 될 수 있지만 주격 명사구는 관계절의 표제 명사가 될 수 없으므로, '에(게)-이' 교체 구문의 통사적 주어는 주격 명사구가 아니라 처격 명사구라고 보았다.[19]

(24) ㄱ. 개가 무서운 나

ㄱ'. ?내가 무서운 개

ㄴ. 고향이 그리운 나

ㄴ'. ?내가 그리운 고향

(25) 이럴 땐 나에게도 선약이 있다고 해야 격이 맞는데.

ㄱ. ?나에게 있는 선약

ㄴ. 선약이 있는 나

그러나 (24ㄱ), (24ㄴ), (25ㄴ)이 꼭 '에(게)-이' 교체 구문에서 관계화된 것인지 분명하지 않다. 앞서 살펴보았듯이 '에(게)-이' 교체 구문은 대응하는 주격중출문이 존재한다. 이는 (24ㄱ), (24ㄴ), (25ㄴ)이 다음과 같이 주격중출문에서 관계화된 것으로 볼 수도 있다는 것을 뜻한다.

(24') ㄱ. 나는 개가 무섭다.

→ 개가 무서운 나

ㄴ. 나는 고향이 그립다.

→ 고향이 그리운 나

(25') ㄴ. 나는 선약이 있다.

---

19. Comrie(1981/1989)에 따르면 어떤 언어에 관계절 형성 절차가 존재하면, 예외 없이 주어는 관계화될 수 있다. 또 직접 목적어가 관계화될 수 있으면, 주어도 관계화될 수 있다. 또한 간접 목적어가 관계화될 수 있으면, 직접 목적어와 주어도 관계화될 수 있다. (연재훈 1996:259 참조)

→ 선약이 있는 나

그리고 '에(게)-이' 교체 구문에서 주격 명사구가 관계화될 수 없는 것인지도 분명하지 않다. 유현경(1998:218)에서는 (26ㄱ)과 같이 주격 명사구는 관계화될 수 없는 것으로 보았지만, (27)처럼 '풍부하다'가 서술어로 쓰인 예 가운데 주격 명사구가 관계화된 예는 어렵지 않게 찾아볼 수 있다.[20]

(26) 이 고장에 물이 풍부하다.

   ㄱ. *이 고장에 풍부한 물

   ㄴ. 물이 풍부한 이 고장

(27) ㄱ. 이 고장에 풍부한 식료, 음료수를 오가는 나그네에게 팔아 ~ .

   ㄴ. 이 지방에 풍부한 들쭉과 홉·보리를 원료로 하는 ~ .

   ㄷ. 그들의 식량원은 이 지역에 풍부했던 조개였고 ~.

이와 같이 '에(게)-이' 교체 구문으로부터의 관계화와 주격중출문으로부터의 관계화를 구별하기 어려울 뿐만 아니라 '에(게)-이' 교체 구문에서 주격 명사구가 관계화될 수 없는 것도 아니다. 따라서 본 연구에서는 관계절 형성 양상도 처격 명사구를 통사적 주어로 보는 근거가 될 수는 없다고 본다.

---

20. 유현경(1998:217)에 따르면 '풍부하다'는 처격 명사구를 필수적으로 요구하는 소유형 용사 가운데 하나이다. 한편 (27)의 예는 각각 'http://www.bhgoo.com/zbxe', '네이버 백과사전', 'http://cafe.naver.com/usagoto'에서 가져온 것이다.

■ '에게' 생략

신선경(2002:187-188)에서는 (29)와 같은 '처소적 존재' 구문과 달리 (28)과 같은 '소유' 구문에서는 문두의 처격 명사구의 조사가 생략될 수 있는데,[21] 국어에서 구조격인 주격과 목적격의 생략은 비교적 자연스럽지만 내재격의 성격을 갖는 처격 따위의 사격(oblique case) 표지의 생략은 거의 허용되지 않으므로, '소유' 구문의 처격 명사구는 주어의 자격을 갖는 것으로 보았다.

(28) ㄱ. 형님, 아버지@ 돈@ 좀 있으세요?

　　ㄱ'. 형님, 아버지가/께 돈이 좀 있으세요?

　　ㄴ. 나@ 너한테 할 말@ 있어.

　　ㄴ'. 내가/에게 너한테 할 말이 있어.

(29) ㄱ. *아버지@ 할아버지 땅 문서@ 있다.

　　ㄱ'. 아버지께 할아버지 땅 문서가 있다.

　　ㄴ. *책상 위@ 책@ 있다.

　　ㄴ'. 책상 위에 책이 있다.

　　ㄷ. *길 모퉁이@ 구멍가게@ 있다.

　　ㄷ'. 길 모퉁이에 구멍가게가 있다.

그러나 이러한 분석에는 (28ㄱ)의 '아버지'와 (28ㄴ)의 '나'가 각각 (28ㄱ')의 '아버지가/께서'와 (28ㄴ)의 '내가/에게'에서 주격조사 '가'가 생략

---

21. 신선경(2002)에서는 '있다' 구문을 크게 존재 구문과 소유 구문으로 구분하고, 존재 구문을 다시 존재론적 존재 구문, 유형론적 존재 구문, 사건적 존재 구문, 처소적 존재 구문으로 하위 구분했다.

되어 만들어진 것인지 처격조사 '께, 에게'가 생략되어 만들어진 것인지 분명하지 않고, 또 처격 명사구가 주어라고 하더라도 '께, 에게'를 구조격조사로서의 주격조사로 보기는 어렵다는 문제가 있다.

그리고 국어에서 주격조사와 목적격조사의 생략이 처격조사의 생략보다 자연스럽기는 하지만 그렇다고 해서 처격조사의 생략이 불가능한 것도 아니다.

(30) ㄱ. 철수 학교(에) 갔니?
　　　ㄴ. 그 책 철수(에게) 줘라.

이와 같이 문두 명사구의 조사 생략은 '에(게)-이' 교체 구문에서 처격 명사구의 조사가 생략된 것인지 주격중출문에서 주격 명사구의 조사가 생략된 것인지 분명하지 않다. 뿐만 아니라 '에게'를 구조격조사로서의 주격조사로 보기 어려우며, 또 처격조사도 때에 따라 생략될 수 있다. 따라서 본 연구에서는 격조사 생략 현상도 처격 명사구를 통사적 주어로 보는 근거가 될 수는 없다고 본다.[22]

8.3.3. 처격 명사구의 통사적 지위

'에(게)-이' 교체 구문의 처격 명사구가 보통의 처격 명사구와 일부 다른 속성을 갖는 것은 분명해 보인다. 그러나 앞서 살펴보았듯이 이것이 처격 명사구를 주격중출문의 주어와 대등한 자격을 갖는 것으

---

22. 이 밖에 신선경(2002:187-189)에서는 복수 표지 '들'의 복제 현상도 '소유' 구문의 처격 명사구가 주어라는 점을 뒷받침하는 것으로 보았다. 그런데 복수 표지 '들'의 복제 현상은 주격중출문으로서의 '소유' 구문을 예로 하고 있어서 따로 살펴보지 않기로 한다.

로 볼 수 있는 충분한 근거가 되지는 못한다. '에(게)-이' 교체 현상이 특정 서술어가 쓰인 문장에 한정되어 일어나는 현상이고, 또 처격 명사구가 문두에 위치할 때 일어나는 현상이라는 점을 고려하면, '에(게)-이' 교체 구문이 보이는 일부 특이성은 공기하는 서술어의 특성과 어순의 차이에서 비롯되는 것으로 이해할 수 있다.

특히 어순은 단순히 논항의 순서를 바꾸는 차원을 넘어 때에 따라 쓰일 수 있는 논항의 성격에 영향을 주기도 한다. 예를 들어 (31ㄱ)과 같은 문장에서는 '에서'는 쓰이고 '에'는 쓰이기 어렵지만 (31ㄴ)과 같이 어순을 바꾸면 '에서'는 물론 '에'도 쓰일 수 있다.[23]

(31) ㄱ. 아이들이 {운동장에서, *운동장에} 놀고 있다.
　　　ㄴ. {운동장에서, 운동장에} 아이들이 놀고 있다.

그리고 '에(게)-이' 교체 구문의 처격 명사구도 어떤 대상의 '소재' 혹은 '소유주'라는, 처격의 기본적인 의미 기능을 갖는다는 점에서 다른 구문의 처격 명사구와 다름이 없다. 예를 들어 '철수'가 '돈'의 소재인 동시에 소유주라는 점은 (32)의 두 문장에서 다름이 없다.

(32) ㄱ. 철수에게 돈이 있다.
　　　ㄴ. 돈이 철수에게 있다.

---

23. (31ㄴ)에서 '에'가 쓰일 수 있는 것은 이 문장이 '상태의 처소'를 나타내는 문장으로 해석될 수 있기 때문이다. 곧 (31ㄴ)은 때에 따라 '운동장의 상태', 이를 테면 '비어 있지 않은', 혹은 '노는 아이들이 있는' 상태를 표현하는 문장으로 해석될 수 있으므로 보통 상태를 뜻하는 서술어와 공기하는 '에'가 쓰일 수 있다. 이에 대해서는 본서의 9장의 1절을 참조할 수 있다.

이에 따라 본 연구에서는 '에(게)-이' 교체 구문의 처격 명사구도 보통의 처격 명사구와 같이 처격의 부사어이며, '에(게)-이' 교체 구문이 보이는 일부 특이성은 공기하는 서술어의 특성과 어순의 차이에서 비롯되는 것이라고 본다.

제Ⅲ부 국어 조사의 의미론

국어 조사의 문법

9. 의미역조사의 의미 기능

이 장에서는 장소 명사구에 결합하는 공통성이 있는 '에, 에서, 로'
의 의미 기능, 곧 이들 의미역조사가 어떤 의미역을 표시하는지에 대
해 살펴보기로 한다. '에, 에서, 로'의 의미 기능은 단일하지 않지만 본
서에서는 처소 관련 의미 기능(처소, 소재, 방향, 도달점, 출발점 등)에 한
정하여 살펴보기로 한다. 특히 주목하고자 하는 것은 의미 기능이 유
사한 '에'와 '에서',[1] 그리고 '에'와 '로'의 차이이다.

9.1. '에'의 의미 기능

처소를 표현하는 것에 국한하면 조사 '에'의 전형적인 쓰임은 형용
사 서술어 문장(이하 '형용사문')에서 확인할 수 있다. '에' 명사구는 동
사 서술어 문장에만 쓰이는 것은 아니며, 동사 또한 '에' 명사구와만
같이 쓰이는 것은 아니다. 그러나 형용사는 '에' 명사구와만 같이 쓰인

---

1. '에'와 '에서'에 대한 본서의 논의는 황화상(2011)에서 살펴본 것 가운데 일부를 본서의
체재에 맞게 재구성한 것임을 밝힌다.

다.[2] 이는 '에'의 의미 기능을 설명하는 일이, 물론 그것이 전부는 아니겠지만, 형용사문의 유형적 특성을 살펴보는 데에서 시작될 수 있다는 것을 뜻한다.

(1) 아이들이 운동장에 있다.

형용사문인 (1)은 존재 상태를 표현하는 문장으로서 서술어('있다')와 그 서술어에 의해 표현되는 상태의 대상('아이들')인 논항으로 구성된다. 그리고 장소 명사구('운동장')가 쓰여서 대상이 존재하는 곳, 곧 '대상의 소재(所在)'를[3] 나타낸다.[4] 이에 따르면 (1)은 '아이들의 소재가

---

2. '우리 집은 학교에서 멀다.'와 같이 '에서'는 '기준점'을 나타낼 수도 있는데, 이와 같이 '처소'를 표현하는 것이 아닐 때에는 형용사문에도 '에서' 명사구가 쓰일 수 있다.

3. '소재(所在)'와 '처소(處所)'는 비슷한 뜻으로 사용되기도 하지만, 본 연구에서는 '어떤 행위가 일어나는 곳(혹은 공간, 장소)'을 지칭할 때에는 '처소(處所)'라는 용어를, '어떤 대상이 존재하는 곳(혹은 공간, 장소)'을 지칭할 때에는 소재(所在)'라는 용어를 써서 개념적으로 구별하기로 한다(『표준국어대사전』 참조). '처소'가 '행위의 처소'와 같이 서술어에 의해 표현되는 '(대상의) 행위'에 초점이 있는 개념이라면 '소재'는 '대상의 소재'와 같이 명사구 논항으로 나타나는 '대상 (그 자체)'에 초점이 있는 개념인 셈이다. 참고로 이남순(1983ㄱ/1998, 1983ㄴ/1998, 1992)에서도 '에'와 '에서'의 의미 기능을 설명하는 과정에서 기본적으로는 소재와 처소(그리고 지향)를 구별하지만, 그간의 연구를 정리한 것으로 볼 수 있는 이남순(1992)에서는 '에'(결과적 소재)와 '에서'(원인적 소재)가 모두 '소재(所在)'를 나타내는 것으로 보았다.

4. 형용사문 가운데 장소 명사구가 쓰여서 대상의 소재를 나타내는 것은 '있다, 없다(있지 않다), 많다(많이 있다)' 등이 서술어로 쓰여 의미적으로 '존재' 상태를 나타내는 것에 한정된다. 한편 후술하겠지만 동사문 가운데에도 '거주하다, 존재하다, 위치하다, 붐비다, 숨어 있다, (금이) 가다, (녹이) 슬다' 등이 서술어로 쓰일 때에는 존재 상태 혹은 상태의 변화(부재→존재)의 뜻을 포함하는데 이때에도 장소 명사구는 대상의 소재를 나타낸다. 그리고 대상의 위치(소재)의 이동을 나타내는 동사가 서술어로 쓰일 때에도 '에' 명사구는 대상의 소재를 나타낸다. 유현경(1998)에서 형용사를, 한송화(2000)에서 자동사를, 우형식(1996)에서 타동사를 유형 분류한 바에 따르면 형용사 가운데 '소재형용사, 장소교차형용사', 자동사 가운데 '장소대상자동사, 장소보어교차 대상자동사, 생성대상자동사, 위치자동사, 이동자동사', 타동사 가운데 '대상위치동사' 등이 서술어로 쓰인 문장에서 장소 명사구가 대상의 소재를 나타낸다.

운동장'이라는 뜻을 나타내는 문장이다.[5]

한편 (1)에서 '운동장'은 '아이들의 소재'인 동시에 논리적으로 '아이들이 있는 상태의 대상(혹은 그런 상태를 경험하는 대상)'이기도 하다. 특히 (2)와 같이 어순이 바뀌어 '운동장에'가 문두에 오면 '운동장이 아이들이 있는 상태'라는 뜻이 강조되는데,[6] 이때에도 논리적으로 '운동장'은 '아이들의 소재'이기도 하다.

　　(2) 운동장에 아이들이 있다.

이와 같이 어떤 대상의 존재 상태를 표현하는 형용사문에서 그 대상은 특정한 공간적 위치(소재)를 가질 수 있는데, 이때 '에'가 쓰여서 그 대상의 소재를 표시한다. 그리고 '대상의 소재'는 논리적으로 '존재 상태의 대상'이기도 하며, 때에 따라 '에'는 이를 나타내기 위해 쓰이기도 한다.

　　(3) '에'의 의미 기능
　　　예) '아이들이 운동장에 있다.'
　　　　　상태('있다') ― 대상('아이들')
　　　　대상 ＼　　／ **소재**
　　　　　공간적 위치('운동장')

---

5. '있다'는 동사로 쓰이기도 하는데 이때에도 '존재'의 뜻('있는 상태의 유지')을 가지므로 '여기에 있어라.'와 같이 '에' 명사구 쓰여 '소재'를 나타낼 수 있다.

6. (2)에서 '운동장'이 '아이들이 있는 상태의 대상'이라는 뜻을 나타낸다는 것은 이를 테면 'A: 운동장에 아무도 없지? B: 운동장에 아이들이 있던데.'와 같이 '운동장의 상태'를 주제로 하는 대화 상황에서 (2)가 쓰일 수 있다는, 곧 화자가 '운동장의 상태'를 표현하기 위해 (2)와 같은 문장을 사용할 수 있다는 사실로부터 확인할 수 있다.

‘에’가 존재 상태를 나타내는 형용사문에 쓰여서 대상의 소재를 나타내는 것은 (4)에서도 마찬가지이다. 곧 (4)에서 ‘지리산’은 ‘이 산나물’의 소재이며, 이는 조사 ‘에’에 의해 표시된다.

(4) 이 산나물은 지리산에 많다.

그런데 ‘에’가 꼭 형용사문에만 쓰이는 것은 아니다. 곧 (5ㄱ)에서처럼 ‘에’는 동사문에, 더욱이 ‘에서’와 똑같은 자리에 쓰이기도 한다. (5ㄴ)과 같이 ‘에’와 ‘에서’는 보통 같은 자리에 쓰이기 어렵다는 점을 고려하면 (5ㄱ)에서 특히 ‘에’의 분포의 특이성을 확인할 수 있다.

(5) ㄱ. 그는 {서울에, 서울에서} 산다.
　　ㄴ. 아이들이 {*운동장에, 운동장에서} 논다.

(5ㄱ)에서 ‘에’와 ‘에서’가 같은 자리에 쓰이는 것은 서술어인 동사 ‘살다’의 특이성과 관련이 있는 것으로 보인다. (6)과 같이 의미적으로 ‘살다’는 구체적인 행위(이를 테면 ‘생활하다’)를 뜻하기도 하지만 존재 상태, 혹은 상태의 지속(이를 테면 ‘거주하다’)을 뜻하기도 한다는 점에서 얼마간 특별한 동사이다.[7]

---

7. 『표준국어대사전』에 따르면 ‘생활하다’는 ‘에서’ 명사구와 쓰이고 ‘거주하다’는 ‘에’ 명사구와 쓰인다. 한편 살다’가 존재 상태(혹은 상태의 지속)를 뜻하기도 한다는 것은 ‘그가 서울에 산다.’가 후술할 (7ㄱ)의 ‘쥐가 저 구멍에 죽어 있다.’와 같은 형식의 문장에 의미적으로 대응한다는 사실로부터 직접적으로 확인할 수 있다. ‘죽다, 앉다, 피다’ 등 대부분의 동사는 보조용언 ‘(-어/아) 있다’ 구문에 쓰여 존재 상태(혹은 상태의 지속)를 나타내는 것이 보통이다. ‘살다’도 ‘개구리가 아직 살아 있다.’에서와 같이 ‘-어/아 있다’ 구문에서 쓰일 수는 있다. 그러나 이는 존재 상태(혹은 상태의 지속)를 뜻하는 것이 아니라 ‘죽지 않은’ 단순한 상태를 뜻하는 것으로 이해하는 것이 자연스럽다. 더욱

(6) ㄱ. 그는 서울에서 산다. = 그는 {*서울에, 서울에서} 생활한다.

ㄴ. 그는 서울에 산다. = 그는 {서울에, *서울에서} 거주한다.

바로 '살다'의 이러한 이중적인 속성이 (5ㄱ)에서 '에'와 '에서'가 똑같은 자리에 쓰이는 이유를 설명해 준다. 곧 '살다'가 구체적인 행위를 뜻할 때에는 '서울'이 행위의 처소이므로 '에서'가 결합하고, '살다'가 존재 상태(혹은 상태의 지속)를 뜻할 때에는 '서울'이 대상('그')의 소재이므로 '에'가 결합한다.[8]

'에'의 쓰임이 서술어의 품사에 의해 결정되는 것이 아니라 서술어(혹은 문장)의 의미(존재 상태)에 의해 결정된다는 것은 (7)에서도 확인할 수 있다. 곧 (7ㄱ)에서처럼 행위를 뜻하는 '죽다'가 쓰일 때에는 '저 구멍에서'가 자연스럽게 쓰이지만, 존재 상태(혹은 상태의 지속)를 뜻하는 '죽어 있다'가 쓰일 때에는 '저 구멍에'가 더 자연스럽게 쓰인다.[9] (7

이 '살아 있다'는 특별한 경우(이를 테면 '죽지 않은 상태'를 표현하고자 하는 경우)가 아니라면 '그가 서울에 살아 있다.'와 같이 쓰이기 어렵다. 사람이 주어라면 존재 상태(혹은 상태의 지속)를 뜻하는 문장은 '그가 서울에 산다.'나 '그가 서울에 살고 있다.'가 자연스럽다. '에, 에서'와 '-어/아 있다, -고 있다'의 다양한 공기 관계에 대해서는 이남순(1987)을 참조할 수 있다.

8. 주어 '그'는 '살다'가 구체적인 행위를 뜻할 때에는 행위자이고, '살다'가 존재 상태(혹은 상태의 지속)를 뜻할 때에는 상태의 대상이다. 한편 이광호(1984:99-101)에서도 '철수가 서울에 산다.'가 가능한 것은 '살다'가 '있다'는 뜻을 전제 조건으로 이미 가지고 있기 때문이라고 보았다. 참고로 이광호(1984:99-101)에서는 '에서'는 '소재(所在, Existence)'를 나타내고 '에'는 '닿는데(落着點, Arrival)'를 나타내는데, 서술어가 '있다'(所在)의 뜻을 포함할 때에는 의미의 변화 없이 '에서'가 '에'로 교체될 수 있다고 보았다. '에서'가 소재를 나타낸다고 보았다는 점에서, 그리고 (5ㄱ)에서 '에'가 쓰이나 '에서'가 쓰이나 의미는 같다고 보았다는 점에서 '에'가 소재를 나타내며, '에'와 '에서'의 쓰임은 의미의 차이를 반영한 것이라고 보는 본 연구와는 차이가 있다.

9. '에'는 행위의 처소를 나타내지 못하므로 '쥐가 저 구멍에 죽어 있다.'는 '쥐가 저 구멍에서 죽었다.'를 함의하지 못한다. 행위의 처소까지 나타내려면 '쥐가 저 구멍에서 죽어 있다.'와 같은 형식이 되어야 하겠지만 문장 자체가 자연스럽지 않다. 이와 같이 존재 상태(혹은 상태의 지속)를 나타내는 '-어 있다' 구문에서는 '에' 명사구가 쓰여서 대

ㄴ)과 같이 대략 '떠나지 않고 있는 그대로 있다'를 뜻하는 동사 '남다'가 서술어인 문장에 '에'가 쓰이는 것도 이와 마찬가지이다.[10]

(7) ㄱ. 쥐가 {*저 구멍에, 저 구멍에서} 죽었다.

　　　쥐가 {저 구멍에, *저 구멍에서} 죽어 있다.

　　ㄴ. 학생들이 모두 교실에 남았다.

　한편 그 자체로는 존재 상태를 뜻한다고 보기 어려운 동사가 서술어로 쓰인 문장에서도 특별한 경우 '에'의 분포를 확인할 수 있다. 예를 들어 (8ㄱ)에서처럼 '놀다'가 서술어로 쓰인 문장에서는 '에서'는 쓰이고 '에'는 쓰이기 어려운 것이 보통이지만, (8ㄴ)에서처럼 어순이 바뀌는 경우에는 '에서'는 물론 '에'도 쓰일 수 있다.

(8) ㄱ. 아이들이 {운동장에서, *운동장에} 놀고 있다.

　　ㄴ. {운동장에서, 운동장에} 아이들이 놀고 있다.

　(8ㄴ)에 '에'가 쓰일 수 있는 것은 이 문장이 때에 따라 '운동장의 상태'를 나타내는 문장으로도 해석될 수 있기 때문이다. 곧 (9)와 같은

상의 소재를 나타내는 것이 보통이다. 이는 '우리 마을은 바다에 접해 있다.', '아이가 방에 잠들어 있다.' 등에서도 확인할 수 있다.

10. 앞서 각주 4)에서 지적했듯이 장소 명사구가 쓰여서 '대상의 소재'를 나타내는 것은 '존재' 상태를 나타내는 문장에 한정된다. 따라서 '너 지금 넥타이를 맸니?'나 '너 지금 넥타이를 매고 있니?'도 상태의 뜻을 가질 수 있지만, 이때에도 단순한 상태(이를 테면 '너 지금 넥타이를 맨 상태니?')를 뜻할 뿐 '존재' 상태를 뜻하는 것은 아니므로 '에' 명사구는 쓰일 수 없다. 다만 '넥타이를 매고 있다.'의 경우에는 '넥타이를 맨 상태로 있다.'는 '존재' 상태의 의미를 분명히 가질 때에는 '너 지금 집에 넥타이를 매고 있니?'와 같이 '에' 명사구가 쓰일 수 있다.

상황에서 자연스럽게 쓰일 수 있다는 점을 고려하면, 이 문장은 '운동장의 상태', 이를 테면 '비어 있지 않은', 혹은 '노는 아이들이 있는' 상태를 표현하는 문장이라고 볼 수 있다. 따라서 '어떤 상태의 대상'을 나타내는 '에'가 쓰일 수 있다.

(9) ㄱ. 운동장 비어 있니?

ㄴ. (오다가 보니까) 운동장에 아이들이 놀고 있던데.

'에'가 동사문에 쓰여 '상태(혹은 상태변화)의 대상'을 표시하는 것은 (10)에서도 마찬가지이다.[11] 특히 (10)은 '에' 명사구가 주어 명사구를 선행하는 형태로 자주 쓰인다는 특징을 보인다. (2)와 같이 형용사문에서도 상태의 대상을 나타내는 뜻이 강조될 때에는 '에' 명사구가 문두에 쓰인다는 점을 고려하면, '에'가 상태(혹은 상태변화)의 대상을 표시하는 것은 어순과도[12] 밀접한 관계가 있는 것으로 보인다.[13]

---

11. (10ㄱ)은 '붐비다, 들끓다'가 품사는 동사이지만 대략 '한곳에 많다'라는 존재 상태의 뜻을 갖는다는 점에서 (7ㄴ)과 같은 성격의 문장이며, (10ㄴ)은 동사 자체는 존재 상태의 뜻을 갖지 않는다는 점에서 (8ㄴ)과 같은 성격의 문장이다. 그런데 (10ㄴ)은 행위문으로는 해석되기 어렵다는 점에서 (8ㄴ)과는 차이가 있다. 따라서 (10ㄴ)에서는 어순에 관계없이 행위의 처소를 표시하는 '에서'는 쓰이기 어렵다. 한편 '금이 가다, 녹이 슬다'는 상태변화('생기다' 혹은 '존재하게 되다')를 뜻한다는 점에서 '비가 오다'와는 차이가 있지만 '에' 명사구가 존재 상태 혹은 상태변화의 대상이라는 점은 다름이 없다.

12. 그것이 전부는 아니겠지만 어순은 어떤 대상을 중심으로 사태를 바라보느냐 하는, 화자의 의도와 일정하게 관련된다. 예를 들어 '그 책은 철수가 샀다.'와 같이 주제화된 성분('그 책')은 문두에 쓰이는 것이 보통이며, '경찰이 범인을 잡았다.', '범인이 경찰에게 잡혔다.'와 같이 화자는 관심의 대상이 되는 인물을 문두에 두는 방식으로 동일한 사건을 서로 다르게 표현하기도 한다. 이런 관점에서 보면 (8ㄴ)과 (10)에서 화자의 관심은 문두에 오는 '에' 명사구에 있으며, 따라서 각 문장은 '에' 명사구가 나타내는 '상태의 대상'이라는 뜻이 강조된다.

13. (10)과 같은 유형의 문장들 가운데에는 '백화점이 사람들로 붐빈다.', '놋그릇이 녹이

(10) ㄱ. 백화점에 사람들이 붐빈다.

　　　거리에 사람들이 들끓는다.

　　ㄴ. 벽에 금이 갔다.

　　　지금 창원에는 비가 온다.

　　　놋그릇에 녹이 슬었다.

　이와 같이 '에'는 주로 형용사문에 쓰이지만 존재 상태(혹은 상태변화)를 표현하는 것일 때에는 동사문에도 쓰일 수 있다. '에'의 분포는 서술어의 품사에 의해 결정되는 것이 아니라 서술어(혹은 문장)의 의미(존재 상태 혹은 상태변화)에 의해 결정되는 셈이다. 그리고 '에'의 의미 기능 또한 그 분포와 관련된다. 곧 '에'는 존재 상태(혹은 상태변화)를 표현하는 문장에서 장소 명사구에 결합하여 '대상의 소재'(혹은 '상태의 대상')를 표시한다.

　한편 위치의 이동을 표현하는 문장에서 '에'는 장소 명사구에 결합하여 도달점(혹은 지향점)을 나타내는데, 이는 '에'가 '대상의 소재'를 나타내는 것과 무관하지 않다. 대상의 어떤 위치로의 도달은 필연적으로 그 위치를 대상의 소재로 만들기 때문이다. 예를 들어 (11)에서 '가방, 필통'은 목적어 '책, 연필'의 이동의 도달점(혹은 지향점)이다. 그리고 '가방, 필통'은 위치 이동 후 '책, 연필'의 소재이기도 하다. 이 때 '책, 연필'의 소재가 '가방, 필통'이 되는 것은 '넣는' 행위의 필연적인 결과이다. 곧 '넣는' 행위는 '책, 연필'의 소재를 '가방, 필통'으로 만

슬었다.'와 같이 조사가 교체될 수 있는 것들이 많은데, 전자와 같이 '에-이'가 '이-로'로 교체되는 구문을 흔히 장소교차 교문(혹은 처소교차 구문, 교차 장소보어 구문)이라고 하고 후자와 같이 '에'가 '이'로 교체되는 구문을 처격주어 구문이라고 한다. 이들 조사 교체 구문에 대해서는 홍재성(1986), 양정석(1995), 우형식(1996), 연재훈(1996), 유현경(1998), 한송화(2000), 유혜원(2011) 등을 참조할 수 있다.

드는 행위이다.

    (11) ㄱ. 그가 가방에 책을 넣었다.

         ㄴ. 그가 필통에 연필을 넣었다.

   위치의 이동을 표현하는 문장에서 '에' 명사구는 행위의 처소가 되지 못한다는 점에서 '에서' 명사구와는 다르다. 물론 (11)에서 '가방, 필통'을 '책을 넣는, 연필을 넣는' 행위가 일어난 구체적인 공간(혹은 공간적 범위의 일부)으로 볼 수도 있다.[14] 더욱이 (12)와 같은 문장에서 '나무를 심는, 못을 박는' 구체적인 일은 다른 곳이 아니라 '산, 벽'에서 일어나는 것이 보통이다. 그러나 (12)에서 '산, 벽'이 행위의 처소로 해석되기도 하는 것은 '나무를 심는, 못을 박는' 일이 일정한 시간의 흐름을 전제하는 일로서 보통 행위가 일어나는 공간과 그 행위의 결과 대상이 위치하는 공간(도달점)이 같기 때문이지 '산, 벽'이 본질적으로 행위의 처소를 나타내기 때문은 아니다.

    (12) ㄱ. 그가 산에 나무를 심었다.

         ㄴ. 그가 벽에 못을 박았다.

   특히 (12ㄱ)에서 '산'은 행위자의 소재로 전제되는 것처럼 보이기도 한다. 그러나 '에' 명사구의 본질적인 기능이 행위자의 소재(그리고 행위의 처소)와 관련되어 있는 것이 아니라는 점은[15] 다음의 비교 예에

---

14. 그러나 '가방, 필통'에 '책, 연필'을 '던져서' 넣을 수도 있다는 점을 고려할 때 '가방, 필통'이 본질적으로 행위의 처소가 된다고 볼 수는 없다.

15. (12ㄱ)이 '그가 산에 나무를 직접 심은' 상황에서도 쓰일 수 있지만 '그가 산에 직접 나무를 심은 것은 아닌' 상황, 이를테면 '그가 산에 심을 나무를 제공하기만 한' 상황

서 보다 분명하게 드러난다.

(13) ㄱ. 우리는 바위 위에 나무를 심었다.
　　 ㄴ. 우리는 바위 위에서 나무를 심었다.

(13ㄱ)에서 '바위 위'는 '나무의 소재'이지만 '나무를 심은 처소'나 '우리의 소재'는 아닐 수도 있다. (13ㄴ)에서 '바위 위'가 '나무를 심은 처소'이며 '우리의 소재'이지만 '나무의 소재'는 아닐 수도 있는 것과 좋은 비교가 된다. 다시 말해 '에'와 '에서'는 다음과 같이 얼마간 다른 상황에서 쓰일 수 있다. (□는 '바위'를, ♣는 '나무'를 나타냄)

(14) ㄱ. '바위 위에', '바위 위에서'

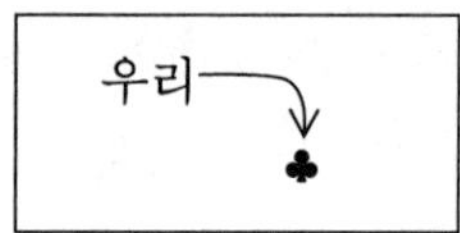

　　 ㄴ. '바위 위에', '*바위 위에서'

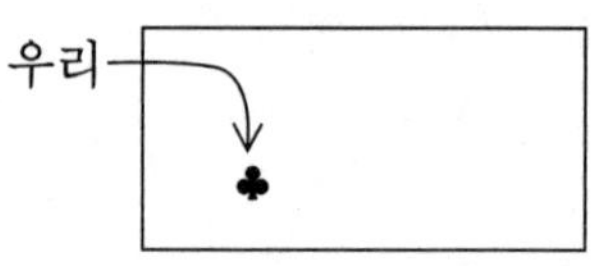

　　 ㄷ. '*바위 위에', '바위 위에서'

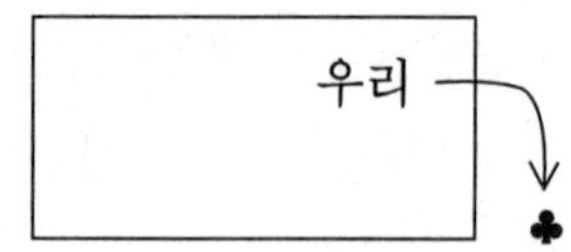

에서도 쓰일 수 있는 것은 바로 이런 까닭에서이다.

이는 (14ㄴ)과 같이 심을 대상으로서의 '나무'의 위치를 고려할 때에는 '에'가, (14ㄷ)과 같이 심는 행위의 주체로서의 '우리'의 위치를 고려할 때에는 '에서'가 쓰인다는 것을 의미한다. 물론 '나무'의 위치와 '우리'의 위치가 같은 (14ㄱ)에서는 '에'와 '에서'가 모두 쓰일 수 있다. 말하자면 (14ㄱ)에서 선행 명사구 '바위 위'는 '(대상인) 나무의 소재'인 동시에 '(주체인) 우리의 행위의 처소'인 셈이다.

(15)와 같이 '오다, 가다'가 서술어로 쓰이는 문장에서도 '에' 선행 명사구는 행위자의 소재로 전제되는 것처럼 보인다. 그러나 이는 위치 이동의 대상('그')이 곧 행위자이기 때문이지 '에' 선행 명사구가 본래부터 행위자의 소재를 전제하는 것이기 때문은 아니다.

(15) ㄱ. 그가 부산에 왔다.
ㄴ. 그가 부산에 갔다.

'에' 명사구가 본래부터 행위의 처소를 나타내는 것이 아니라는 것은 (16)에서도 확인할 수 있다. '책을 놓는' 일은 논리적으로 어떤 다른 곳에서 시작되어 그 대상('책')이 놓일 공간('책상 위')에 다다르는 순간 끝나는 일이다. 따라서 '책상 위'는 '책을 놓는' 행위가 일어나는 곳일 수 없다. 특히 (16ㄴ-ㄹ)과 같이 이동의 출발점과 도달점이 뚜렷이 구별되는 일을 표현하는 문장에서는 행위의 처소(예를 들어 '나무 밑')와 대상의 도달점(예를 들어 '연못')이 분명하게 구별된다.[16)

---

16. 이와 같이 위치의 이동을 표현하는 문장에서 때에 따라서는 '에' 명사구가 논리적으로 행위의 처소일 수도 있지만 그렇게 보기 힘든 문장도 있다. 따라서 선행 명사구가 '행위의 처소'라는 것을 나타내는 것은 '에'의 본질적인 의미 기능으로 볼 수 없다.

(16) ㄱ. 그가 책상 위에 책을 놓았다.

    ㄴ. 그가 (연못가에 있는) 나무 밑에서 연못에 돌을 던졌다.

    ㄷ. 그가 (손으로 밀어서) 철수를 물구덩이에 빠뜨렸다.

    ㄹ. 그가 우리 집에 사과를 보냈다.

이와 같이 위치의 이동을 표현하는 행위문에서 '에' 명사구는 대상의 소재이며,[17] 이런 점에서 상태문에 쓰이는 '에' 명사구와 다름이 없다. 다만 '에' 명사구는 대상의 이동의 도달점(혹은 지향점)을 나타낸다는 점에서 상태문의 '에' 명사구와 차이가 있을 뿐이다. 결국 상태문과 위치의 이동을 표현하는 문장에서 '에'의 공통된 의미 기능은 대상의 소재를 나타내는 것이라고 볼 수 있다.

(17) '에'의 의미 기능

    ㄱ. 그가 연못**에** 돌을 던졌다.

    ㄴ.

        행위자 —— 행위(이동) —— 대상

                  | **도달점** / **소재**

          공간적 위치('가방')

9.2. '에서'의 의미 기능

처소를 표현하는 것에 국한할 때 '에'의 전형적인 쓰임을 형용사문에서 확인할 수 있다면 '에서'의 전형적인 쓰임은 동사문에서 확인할 수

---

[17]. 이는 안명철(1982:266)에서 '행위가 완성된 경우에 어떤 대상이 존재하는 곳'을, 이남순(1992:287)에서 '결과적 소재'를 나타낸다고 본 것과 본질적으로 다르지 않다.

있다. '에서' 명사구는 동사문에만 쓰일 수 있기 때문이다.

    (1) 아이들이 운동장에서 놀고 있다.

    동사문인 (1)은 어떤 행위(혹은 동작)를 표현하는 문장으로서 서술어('놀다')와 그 서술어에 의해 표현되는 행위의 주체(행위자, '아이들')인 논항으로 구성된다. 그리고 장소 명사구가 쓰여서 행위가 일어나는 곳, 곧 '행위의 처소(處所)'를 나타낸다. 이에 따르면 (1)은 '아이들이 놀고 있는 곳(처소)이 운동장'이라는 뜻을 나타내는 문장이다.

    그런데 (1)에서 '운동장'은 '행위의 처소'인 동시에 논리적으로 '행위자의 소재'이기도 하다. 운동장에서 아이들이 놀기 위해서는 아이들이 운동장에 있다는 것이 전제되어야 하기 때문이다. 따라서 '에서'는 때에 따라 '대상(혹은 행위자)의 소재'를 주제로 하는 대화 상황에서도 쓰일 수 있다.

    (2) ㄱ. 아이들 어디에 있니?
        ㄴ. (아이들이) 운동장에서 놀고 있던데.

    그러나 '에서'가 '소재'를 나타내는 것은 논리적으로 전제되는 것일 뿐이지 '에서'의 본질적인 의미 기능이라고 보기는 어렵다.[18] 이는 화자가 단순히 '행위자(혹은 대상)의 소재'를 나타내기 위해서 (1)과 같은

---

18. 후술하겠지만 '행위의 처소'는 논리적으로 '행위자의 소재'이기도 한 것이 보통이지만 '행위의 처소'라고 해서 늘 '행위자의 소재'가 되는 것은 아니다. 예를 들어 '나는 다락방에서 망치를 꺼냈다.'에서 '다락방'은 '행위의 처소(그리고 '이동의 출발점')'이지만 '행위자의 소재'는 아닐 수도 있다. 이런 점에서도 '행위자의 소재'를 나타내는 것을 '에서'의 본질적인 의미 기능이라고 보기는 어렵다.

문장을 쓰지는 않는다는 것을 뜻한다.[19] 그리고 (2ㄴ)에서 '아이들의 소재가 운동장'인 것은 '노는' 행위가 일어나기 이전의 다른 행위(이를 테면 '운동장에 오다')에 의해 결정되는 것이며, '노는' 행위가 '아이들이 소재를 운동장'으로 만드는 것도 아니다.

이와 같이 동사문(혹은 행위문)은 어떤 주체(행위자)의 어떤 행위를 표현하며, 어떤 행위는 특정한 공간적 위치(처소)에서 일어나는데, '에서'가 쓰여서 그 행위의 처소를 표시한다. 그리고 '행위의 처소'는 논리적으로 '행위자의 소재'인 것이 보통이지만 '행위자의 소재'를 나타내는 것을 '에서'의 본질적인 의미 기능이라고 보기는 어렵다.[20]

(3) '에서'의 의미 기능
  예) '아이들이 운동장**에서** 논다.'
       행위('놀다') — 행위자('아이들')
    처소 \   / 소재
       공간적 위치('운동장')

'에서'가 동사문에 쓰여서 행위의 처소를 나타내는 것은 (4)에서도 마찬가지이다. 곧 (4)의 '교실, 지리산, 저 구멍'은 각각 '공부하는, 나는,

---

19. (2ㄴ)은 '대상의 소재'에 대한 질문에 '행위자의 행위'를 그 행위가 일어나는 처소와 함께 표현함으로써 이에 의해 전제되는 '행위자(혹은 대상)의 소재'를 간접적으로 답하는 특별한 형식의 문장으로 볼 수 있다. 아울러 (2ㄴ)은 상대가 요구하는 것(소재)보다 많은 정보(소재, 행위)를 제공한다는 점에서, 곧 Grice(1975)에서 제시한 '대화의 격률' 가운데 '양의 격률'을 위배한다는 점에서 특별한 형식의 문장이다.

20. (3)에서 '소재'를 점선으로 표시한 것(그리고 글자꼴을 다르게 한 것)은 이와 같은 까닭에서이다. 곧 점선은 '에서' 명사구가 늘 '행위자의 소재'인 것은 아니라는 점과 행위자의 소재인 경우에도 이를 '에서'의 의미 기능으로 볼 수 없다는 점을 반영한 것이다.

죽는' 행위가 일어나는 처소이며, 이는 조사 '에서'에 의해 표시된다.

(4) ㄱ. 학생들이 모두 교실에서 공부한다.
     ㄴ. 이 산나물은 지리산에서 난다.
     ㄷ. 쥐가 저 구멍에서 죽었다.

한편 위치의 이동을 표현하는 문장에서 '에서'는 장소 명사구에 결합하여 출발점(혹은 이탈점)을 나타낸다. 예를 들어 (5)에서 '가방, 필통'은 각각 '책, 연필'의 이동이 시작된 곳, 곧 이동의 출발점이다.

(5) ㄱ. 그가 가방에서 책을 꺼냈다.
     ㄴ. 그가 필통에서 연필을 꺼냈다.

(5)에서 '가방, 필통'은 논리적으로 위치 이동 전 '책, 연필'의 소재이기도 하다. 그러나 이는 논리적으로 전제되는 것일 뿐이지 이를 나타내는 것을 (5)에서 '에서'가 갖는 본질적인 의미 기능으로 보기는 어렵다. '책, 연필'의 소재가 '가방, 필통'인 것은 '꺼내는' 행위 이전의 다른 행위(이를 테면 '가방에 넣다', '필통에 넣다')에 의해 결정되는 것이며, '꺼내는' 행위가 '책, 연필'의 소재를 '가방, 필통'으로 만드는 것도 아니기 때문이다.

한편 '가방, 필통'은 '책, 연필'의 이동의 출발점인 동시에 행위자인 '그'가 책을 꺼내고 연필을 꺼내는 행위를 한 곳, 곧 행위의 처소이기도 하다. 이남순(1983ㄴ/1998:121)에서는 (5)에서 '가방, 필통'은 행위의 처소는 될 수 없는 것으로 보았다. 그러나 '꺼내는' 행위가 '가방, 필통'에서 일어나지 않고는 '책, 연필'을 꺼낼 수 없다는 점을 고려하면, (5)에

서 '가방, 필통'은 행위의 처소일 수밖에 없다.[21]

위치의 이동을 표현하는 문장에서 '에서' 선행 명사구가 행위의 처소가 되는 것은 다음의 자동사문에서도 마찬가지이다.

(6) ㄱ. 철수가 미국에서 왔다.

ㄴ. 철수가 자리에서 일어났다.

ㄷ. 철수가 방금 집에서 떠났다.

ㄹ. 철수가 2층에서 떨어졌다.

이남순(1983ㄴ/1998:117)에서는 (6)에서도 '미국, 자리, 집, 2층'은 행위의 처소가 될 수 없다고 보았다. 물론 '에서' 선행 명사구가 늘 행위가 일어나는 전 과정에서 행위의 처소가 되는 것은 아니다. 예를 들어 (6ㄱ)에서 '오는' 행위는 출발지에서 목적지에 이르기까지 여러 공간에 걸쳐서 일어나는 행위이므로[22] 논리적으로 행위의 처소는 특정한 지점이 아니라 일정한 범위의 공간 전체이다. 그러나 그 공간에는 '미국'도 포함되며, 따라서 '미국'이 '오는' 행위가 일어난 곳인 것은 분명한 사실이다.[23] 이는 (6ㄴ-ㄹ)에서도 마찬가지이다.

---

21. 어떤 대상('책, 연필')을 '꺼내는' 것은 그 대상이 있던 공간('가방, 필통')에서 시작되어 그 공간을 벗어나는 순간 끝나는 행위이다.

22. 이동은 출발지에서 목적지에 이르기까지의 전 과정을 포괄하지만 이와 관련된 언어적 표현은 이동의 어느 단계를 중심으로 하는지에 따라 다양하게 나타난다. 최창렬(1983)에서와 같이 이동 동사를 이동의 어느 단계에 초점을 두느냐에 따라 출발 단계에 중점이 있는 것('떠나다, 나서다' 등), 경과 단계에 중점이 있는 것('거치다, 돌다' 등), 도착 단계에 중점이 있는 것('다다르다, 이르다' 등), 여러 단계 전부를 포괄하는 것('가다, 오다' 등)으로 분류할 수 있는 것은 바로 이런 까닭에서이다.

23. 용어의 차이는 있지만 이기동(1981), 안명철(1982) 등에서도 '에서' 명사구는 행위의 처소를 나타내는 것으로 보았다. 곧 이기동(1981:21-22)에서는 '가다, 오다'와 공기하는 '에서' 명사구는 '동작이 처음 일어나는 장소'를, 안명철(1982:262-263)에서는 '가

이와 같이 위치의 이동을 표현하는 문장에서도 '에서'는 행위의 처소를 나타낸다. 그리고 이때 '에서'가 이동의 출발점(혹은 이탈점)을 나타내는 것도 '에서'가 행위의 처소를 나타내는 것과 무관하지 않다. 예를 들어 (5)에서 '꺼내는' 행위의 처소인 '가방, 필통'은, '꺼내는' 행위가 존재에서 부재로의 대상의 위치 이동을 유발하는 행위이므로, 그곳으로부터의 대상의 이탈을 전제한다.[24] 이는 (6)에서도 마찬가지이다. (6)은 자동사문으로서 행위자와 위치 이동의 대상이 같다는 점에서 그 둘이 다른 타동사문 (5)와 차이가 있을 뿐이다.

그런데 이동을 표현하는 문장에서 '에서' 명사구는 행위자의 소재로 전제되지 않는다는 점에서 단순 행위를 표현하는 문장에 쓰이는 '에서' 명사구와는 차이가 있다. 예를 들어 (5)에서 '가방, 필통'은 '그'의 소재가 될 수는 없다. (5)에 다음과 같이 행위자의 소재를 전제하는 '강의실에서, 거실에서'와 같은 명사구가 겹쳐 쓰일 수 있는 것은 바로 이런 까닭에서이다.

(7) ㄱ. 그가 강의실에서 가방에서 책을 꺼냈다.
　　ㄴ. 그가 거실에서 필통에서 연필을 꺼냈다.

다, 앉다, 주다' 등 이동의 의미를 갖는 동사와 공기하는 '에서' 명사구는 '행위가 일어나는 공간적 배경'을 나타내는 것으로 보았다. 특히 안명철(1982:262-263)에서는 '영이가 집에서 학교에 간다.'와 같이 이동의 폭이 '에서'로 제시된 공간보다 클 경우 이동 대상은 행위 결과 그 공간을 벗어나게 되어서 '에서'는 자연히 출발점을 의미하게 되며, '정원에서 아이들이 꽃에 물을 준다.'와 같이 이동 대상의 이동의 폭이 제시된 공간적 배경보다 작은 경우 '에서'는 단지 행위 전체의 공간적 배경만을 의미한다고 보았다.

24. 최창렬(1983)에서와 같이 이동 동사를 분류하면 '꺼내다'는 이동의 출발 단계에 중점이 있는 동사이며, 따라서 그 행위의 처소를 나타내는 '에서' 명사구는 동시에 그 행위에 의해 영향을 받는 대상의 이동의 출발점이 될 수밖에 없다.

이남순(1983ㄴ/1998:121-122)에서는 (5)와 달리 (8)과 같은 문장에서
는, '철수'와 '다락방, 도서관' 사이의 관계가 소재의 관계로 파악될 수
도 있으므로, '다락방, 도서관'이 행위자의 소재도 나타낼 수 있는 것
으로 보았다.

   (8) ㄱ. 철수가 다락방에서 망치를 꺼냈다.
       ㄴ. 철수가 도서관에서 책을 빌렸다.

  (8)에서 '철수'와 '다락방, 도서관' 사이의 관계가 소재의 관계로 파악
될 수 있는 것은 분명한 사실이다. 그러나 (8)이 문장성분을 모두 갖
춘 완전한 문장이라면 '다락방, 도서관'이 꼭 행위자의 소재로 전제된
다고 보기는 어렵다.[25] '다락방에서 망치를 꺼내는 일'은 행위자가 꼭
다락방에 있어야만 할 수 있는 일이 아니며, '도서관에서 책을 빌리는
일'도 꼭 주어가 도서관에 있다는 것이 전제되어야만 할 수 있는 일이
아니기 때문이다.[26] 이런 점에서 (8)의 두 문장은 주어가 꼭 도서관에
있다는 것이 전제되어야 하는 '철수가 도서관에서 영희를 만났다.'와
같은 문장과는 분명히 성격이 다른 문장이다.
  '에서' 선행 명사구가 행위자의 소재로 전제되기도 하는 것은 '오다,
가다'가 서술어로 쓰이는 (9)와 같은 문장에서는 가능하다. 그러나 이
는 (5), (8)에서와는 달리 위치 이동의 대상('그')이 곧 행위자이기 때문

---

25. 예를 들어 (8)의 두 문장이 각각 '철수가 다락방에서 공구함에서 망치를 꺼냈다.'와
    '철수가 도서관에서 영희한테서 책을 빌렸다.'와 같은 문장에서 '공구함에서'와 '영희
    한테서'가 생략된 것이라면 '다락방, 도서관'은 행위자의 소재이다.
26. (8ㄱ)은 '철수'가 '다락방 밖에서 다락방에 있는 망치를 꺼낸' 경우에도 쓸 수 있고,
    (8ㄴ)은 '철수'가 '다른 사람을 시켜서 도서관에서 책을 빌린' 경우에도 충분히 쓸 수
    있는 표현이기 때문이다.

이지 '에서' 선행 명사구가 본래부터 행위자의 소재를 전제하는 것이기 때문은 아니다.[27)

> (9) ㄱ. 그는 부산에서 왔다.
>   ㄴ. 그는 부산에서 갔다.

'행위자의 소재'는 논리적으로 '행위의 처소'일 수밖에 없지만, '행위의 처소'라고 해서 늘 '행위자의 소재'가 되는 것은 아니다. 예를 들어 (7)에서 '꺼내는' 행위가 직접적으로 일어난 공간은 '강의실, 거실'이 아니라 '가방, 필통'이다. '가방에서 책을 꺼내거나 필통에서 연필을 꺼내는' 일은 보통 '손'을 '가방, 필통에 넣어서' 하는 일이며, 따라서 '꺼내는' 일은 '손'을 통해 '가방, 필통'에서 일어나는 일이다.[28) 그러나 어떤 사람의 '손'이 '가방, 필통'에 있다고 해서 그 사람이 '가방, 필통'에 있다고 말하지는 않는다. '가방, 필통'이 행위의 처소이기는 하되 행위자의 소재가 아닌 것은 바로 이런 까닭에서이다.

한편 (7)에서 '강의실, 거실'은 행위자의 소재이므로 행위의 처소가 된다. '책, 연필'을 꺼내는 일이 어떤 사람의 '손'을 통해 '가방, 필통'에서 일어난다고 해서 그것을 '그 사람의 손의 행위'라고 말하지는 않는다. 신체의 일부인 '손'에 의한 것이라고 하더라도 그것은 궁극적으로 '그

---

27. (9)에서 표현되는 것이 행위자 자신의 위치를 변화시키는 행위라면, (5), (8)에서 표현되는 것은 다른 대상의 위치를 변화시키는 행위이다. 안명철(1982:252-254)에서도 이동 동사를 대상 자체가 스스로 그 위치를 변경하는 '가다, 오다' 등의 자동사류와 어떤 행위자가 대상(目的語)의 위치에 변경을 가하는 '보내다, 주다' 등의 타동사류로 구분했다.
28. '가방, 필통'을 손으로 뒤집어서, 혹은 발로 넘어뜨려서 '책, 연필'을 꺼낸다고 하더라도 손이나 발을 통한 행위의 처소는 역시 '가방, 필통'이다. '가방, 필통'은 '뒤집거나 넘어뜨리는' 행위에 의해 직접적인 영향을 받는 공간이기 때문이다.

사람의 행위'이다. '그'가 행위자이며, '강의실, 거실'이 행위가 일어난 구체적인 공간은 아니지만 행위의 처소인 것은 바로 이런 까닭에서이다.

행위의 처소가 행위자의 소재가 아닐 수도 있는 것은 (10)에서도 마찬가지이다. 곧 '손'에 의한 것이든 '긴 막대기'를 이용한 것이든 '망치를 꺼내고 밤을 따는' 일은 '철수'의 행위인 것이 분명하므로 '다락방, 밤나무'는 '철수'의 행위의 처소가 된다. 그러나 '철수'의 소재는 '다락방, 밤나무'가 아니라 '계단, 밤나무 밑'이다. 그리고 '계단, 밤나무 밑'은 행위자인 '철수'의 소재이므로 '철수'의 행위의 처소이다.[29]

> (10) ㄱ. 철수가 계단에서 (다락방 안으로 손을 넣어서) 다락방에서 망치를 꺼냈다.
>
> ㄴ. 철수가 밤나무 밑에서 (긴 막대기로) 밤나무에서 밤을 땄다.

이와 같이 위치의 이동을 표현하는 행위문에서도 '에서' 명사구는 행위의 처소이며, 이런 점에서 단순 행위문에 쓰이는 '에서' 명사구와 다름이 없다. 다만 '에서' 명사구는 대상의 이동의 출발점을 나타내며, 단순 행위문에서는 행위자의 소재로 전제되지만 위치의 이동을 표현하는 행위문에서는 대상의 소재로 전제된다는 차이가 있을 뿐이다. 결국 '에서'의 공통된 의미 기능은 행위문에서 행위의 처소를 표시하는 것이라고 볼 수 있다.[30]

---

29. 결국 (7), (10)의 각 문장에서 두 개의 명사구가 나타내는 행위의 처소는 그 성격이 다른 셈이다. 곧 '가방, 필통, 다락방, 밤나무'는 행위가 일어나는 구체적인 장소로서의 행위의 처소이며, '강의실, 거실, 계단, 밤나무 밑'은 행위자의 소재로서의 행위의 처소이다. 한 문장에 행위의 처소를 나타내는 두 개의 명사구가 겹쳐 쓰일 수 있는 것은 이와 같이 두 명사구가 나타내는 '행위의 처소'의 성격이 서로 다르기 때문이다.

30. (11)에서 '대상'과 '공간적 위치'를 점선으로 연결한 것은 앞서 살펴보았듯이 대상('책')의 소재가 '가방'인 것은 논리적으로 전제되는 것일 뿐이며 이를 '에서'의 본질적인 의

(11) '에서'의 의미 기능

ㄱ. 그가 가방**에서** 책을 꺼냈다.

ㄴ.

행위자 —— 행위(이동) —— 대상

처소 | | 출발점 ···· 소재

공간적 위치('가방')

9.3. '로'의 의미 기능

조사 '로'는 '에, 에서'와 마찬가지로 어떤 대상의 위치의 이동을 표현하는 문장에서 장소 명사구에 결합하는 대표적인 조사 가운데 하나인데, 특히 '에'와 기능의 유사성이 있다. 이는 예를 들어 (1)의 두 문장에서 '학교'는 이동의 대상인 '철수'가 '가는' 행위의 결과 도달한 장소(곧 '도달점')라는 공통점이 있기 때문이다.[31]

(1) ㄱ. 철수는 학교에 갔다.

ㄴ. 철수는 학교로 갔다.

그러나 (1)의 두 문장에서 선행 명사구 '학교'가 이동의 도달점이라는 것이 곧 '로'와 '에'의 의미 기능이 동일하다는 것을 뜻하는 것은 아니다. 같은 이동의 도달점이라고 하더라도 어떤 측면에서 바라보느냐에 따라 서로 다른 방식의 인식이 가능하며, 이를 조사를 달리하여 다양하게 표현하는 것이 가능하기 때문이다. 예를 들어 (2)에서 '학교'도

미 기능으로 볼 수 없기 때문이다.

31. 9장의 1절에서 살펴보았듯이 '에'는 '이동의 도달점'을 표시하는 의미 기능을 갖는다.

이동의 도달점이지만 '가는' 행위가 이루어지는 '범위의 끝'으로서의 도달점이라는 뜻이 조사 '까지'에 의해 형식적으로도 드러난다는 점에서 (1)의 '학교'와는 차이가 있다.[32]

   (2) 철수는 학교까지 갔다.

  (1)에서 '에'와 '로'의 의미 기능과 관련하여 주목할 수 있는 것은 두 문장의 의미가 동일하지 않다는 점이다. 곧 임홍빈(1974ㄴ), 홍윤표(1978), 이남순(1983ㄱ) 등에 따르면 (1ㄱ)은 '공부하러 간다.' 혹은 '등교하다'는 뜻을 가질 수 있지만 (1ㄴ)은 이런 뜻을 갖기 어렵다.[33] 따라서 (3)과 같은 대화 상황에서라면 (3ㄱ, ㄴ)은 자연스럽게 쓰일 수 있지만 (3ㄷ)은 어색하다(홍윤표 1978:115).

   (3) 너 몇 살이지? 여섯 살요.
     ㄱ. 그럼 너 언제 학교 가지?
     ㄴ. 그럼 너 언제 학교에 가지?
     ㄷ. 그럼 너 언제 학교로 가지?

---

32. 물론 '행위'라는 관점에서 보면 모든 '가는' 행위는 이동의 출발점과 도달점을 전제하며, 바로 출발점과 도달점이 이동의 범위의 양쪽 끝이다. 그러나 언어 표현으로서의 '문장'이라는 관점에서 보면 '가다'가 서술어인 문장이 늘 출발점과 도달점, 그리고 이동의 범위를 모두 표현하는 것은 아니다. 곧 문장 차원에서는 때에 따라 '학교에서 가다'와 같이 이동의 출발점을 문제 삼고, '학교에 가다'와 같이 이동의 도달점을 문제 삼고, '집에서 학교까지 가다'와 같이 이동의 범위를 문제 삼는 서로 다른 표현이 가능하다.
33. 임홍빈(1974ㄴ:149)에서는 (1ㄱ)과 달리 (1ㄴ)은 '볼 일을 보러 간다.'는 뜻을 갖기 쉽다고 보았고, 홍윤표(1978:115)에서는 (1ㄴ)은 신체적인 이동 동작만을 표현한다는 점에서 (1ㄱ)과 다르다고 보았다.

(3)과 같이 특별한 의미를 갖는 때가 아니더라도 (1)의 두 문장이 쓰이는 상황에는 적지 않은 차이가 있다. 예를 들어 (4)와 같은 대화 상황에서라면 (4ㄴ)과 같이 '에'는 자연스럽게 쓰일 수 있지만 '로'는 쓰이기 어렵다. 그리고 (5)에서처럼 길을 가다가 우연히 만난 친구에게 말을 건네는 상황에서도 '에'는 쓰일 수 있지만 '로'는 쓰이기 어렵다. 이는 '로'의 의미 기능을 단순히 이동의 도달점을 표시하는 것으로 볼 수 없다는 것을 뜻한다.

(4) ㄱ. (철수 친구) 철수야!

　　ㄴ. (철수 어머니)

　　　a. 철수 학교에 (놀러) 갔다.

　　　b. *철수 학교로 (놀러) 갔다.

(5) ㄱ. 어디(에) 가니?

　　ㄴ. 어디(*로) 가니?

'로'는 쓰일 수 있지만 '에'는 쓰일 수 없는 때도 있다. 예를 들어 (6)과 같이 선행 명사구가 '저쪽, 이쪽, 그쪽, (이, 그, 저) 방향' 등 방향을 나타내는 것일 때에는 '로'는 쓰일 수 있지만 '에'는 쓰이기 어렵다. '에'와 '로'의 이러한 차이는 (7)과 같이 '이리, 그리, 저리' 등 방향을 지시하는 부사가[34] 선행할 때에 보다 분명하게 드러난다.

---

34. 『금성판 국어대사전』(김민수 외 3인 편, 1991), 『우리말큰사전』(한글학회 편, 1991), 『표준국어대사전』(국립국어연구원 편, 1999), 『고려대 한국어대사전』(고려대학교 민족문화연구원 편, 2009) 등 대부분의 사전과 『표준국어문법론』(남기심·고영근, 1985/1993), 『국어문법론강의』(이익섭·채완, 1999) 등 대부분의 문법서에서는 '이리, 그리, 저리'를 부사로 본다. '이리, 그리, 저리'에는 "이리가, '이리를, '이리의' 등에서처럼 조사 결합이 제약되기 때문이다. 그러나 '이리로, 그리로, 저리로' 등에서처럼 조사 가운데 '로'의 결합이 가능하다는 점을 고려하면 '이리, 그리, 저리'도 어느 정도는

(6) ㄱ. *²그는 {이쪽에, 그쪽에, 저쪽에, 저 방향에} 갔다.

　　ㄴ. 그는 {이쪽으로, 그쪽으로, 저쪽으로, 저 방향으로} 갔다.

(7) ㄱ. *그는 {이리에, 그리에, 저리에} 갔다.

　　ㄴ. 그는 {이리로, 그리로, 저리로} 갔다.

(6)과 (7)에서 드러나는 '로'의 변별적 의미 기능은 '이동의 방향'이다. 이동의 도달점은 이동의 결과로 도달하여 머물 수 있는 특정 지점이어야 한다. 그러나 이동의 방향은 꼭 특정 지점일 필요는 없다. 특정 지점이든 아니든 관계없이 방향만 표시할 수 있는 것('이쪽, 저 방향, 그리' 등)이면 충분하다.[35] 이런 관점에서 보면 (1ㄴ)에서 '에'와 '로'가 모두 쓰일 수 있는 것은 '학교'가 이동의 도달점('에'에 의해 표시)인 동시에 이동의 방향('로'에 의해 표시)이기 때문이다. 홍윤표(1978:116)에서 지적했듯이 (8)에서 '에'는 쓰일 수 없지만 '로'는 쓰일 수 있는 것도 '그 밤나무'가 특정 지점이 될 수는 없지만 방향을 표시할 수는 있기 때문이다.

(8) ㄱ. *나는 뒷동산의 그 밤나무에 갔다.

　　ㄴ. 나는 뒷동산의 그 밤나무로 갔다.

'로'는 이동의 방향을 표시하므로 (9)와 같이 출발 단계(혹은 출발점)에 중점이 있는 이동 동사('떠나다, 나서다, 향하다' 등)가 서술어로 쓰인 문장에서 자연스럽게 쓰인다. (10)에서처럼 '에'가 도착 단계(혹은 도달점)에 중점이 있는 이동 동사('다다르다, 이르다, 도착하다' 등)가 서술어

(대)명사적 성격을 갖는 것으로 볼 수 있다. 참고로 최현배(1961:230)에서는 '이리, 그리, 저리'를 방향을 가리키는 대명사의 하나로 보았다.

35. 홍윤표(1978:116)에서도 '에'는 선행 명사구가 [+place] 자질을 갖출 것을 요구하지만 '로'는 이러한 제약을 갖지 않는다고 보았다.

로 쓰인 문장에서 자연스럽게 쓰이는 것과 대조적이다.[36]

    (9) ㄱ. *그는 보물섬에 떠났다.

         그는 보물섬으로 떠났다.

      ㄴ. *그는 학교에 나섰다.

         그는 학교로 나섰다.

      ㄷ. *그는 집에 향했다.

         그는 집으로 향했다.

    (10) ㄱ. 그는 드디어 보물섬에 다다랐다.

         *그는 드디어 보물섬으로 다다랐다.

      ㄴ. 그는 학교에 이르렀다.

         *그는 학교로 이르렀다.

      ㄷ. 그는 집에 도착했다.

         *그는 집으로 도착했다.

   물론 (1)에서와 같이 이동의 여러 단계를 포괄하는 동사('가다, 오다' 등)가 쓰인 문장에서는 '에'와 '로'가 모두 쓰일 수 있다. 다만 (4), (5)에서처럼 단순히 도달점으로서의 특정 지점('간 곳, 가는 곳')을 문제 삼을 때에는 '로'는 쓰이기 어렵다. 그리고 (11)에서와 같이 이동의 출발점('창원')이 분명하게 드러날 때에는 '에'를 쓰는 것보다는 '으로'를 쓰는 것이 더 자연스럽다.

    (11) ㄱ. ?그는 어제 창원에서 부산에 갔다.

---

36. 이동의 단계에 따른 이동 동사의 분류에 대해서는 각주 22)에서 제시한 최창렬(1983)을 참조할 수 있다.

ㄴ. 그는 어제 창원에서 부산으로 갔다.

‘에’와 ‘로’의 이러한 차이는 다음의 비교에서도 드러난다. (12)에서처럼 ‘책의 소재’, 곧 ‘두는’ 행위의 결과 본래 위치(‘여기’)에서 이동하여 ‘책’이 놓인 곳(도달점)을 문제 삼을 때에는 ‘에’는 자연스럽게 쓰이지만 ‘로’는 쓰이기 어렵고, (13)에서처럼 단순히 ‘책의 부재’, 곧 이동하기 전의 본래 위치(출발점)에서의 ‘책’의 부재를 문제 삼을 때에는 ‘로’는 자연스럽게 쓰이지만 ‘에’는 쓰이기 어렵다.[37]

(12) ㄱ. 여기 있던 책 어디에 뒀더라?
    ㄴ. *여기 있던 책 어디로 뒀더라?
(13) ㄱ. *여기 있던 책 어디에 갔지?
    ㄴ. 여기 있던 책 어디로 갔지?

‘로’는 도달점을 표시하지 않으므로 (14)와 같이 ‘이동의 경유지’를 표현할 때에도 쓰일 수 있다. 이때에는 ‘~를 거쳐서’의 의미를 갖는데 ‘해서’가 같이 쓰이기도 한다. 그리고 ‘로’는 (15)와 같이 ‘이동의 수단(노정, 路程)’을 표현할 때에도 쓰일 수 있다. 이때에는 ‘~를 이용해서’의 의미를 갖는다.[38]

(14) 좋을 길 놔두고 어디로 (해서) 온 거니?
(15) ㄱ. 그는 육로로 갔다.

---

37. (13ㄴ)이 ‘책의 부재를 문제 삼는다는 것은 (13ㄴ)에는 이를 테면 ‘책이 여기에 있는 줄 알았는데 없다.’는 화자의 인식이 반영되어 있다는 것을 뜻한다.
38. ‘그는 차로 갔다.’와 같이 ‘이동의 수단(도구)’을 표현할 때에도 ‘로’가 쓰이는데 ‘~를 이용해서’라는 뜻을 갖는다는 점에서 (15)의 ‘로’와 다름이 없다.

　　ㄴ. 나는 늘 이 길로 다닌다.

　한편 '로'는 방향을 표시하므로 이동의 의미가 드러나지 않을 때에는 쓰이기 어렵다. '방향'은 어떤 지점에서 다른 지점으로의 이동을 전제하기 때문이다. 이와 달리 '에'는 이동의 의미가 드러나지 않을 때에도 쓰일 수 있다. 어떤 대상의 이동의 '도달점'은 결과적으로 어떤 대상의 '소재'이므로, '소재'의 의미만 드러나면 '에'는 쓰일 수 있기 때문이다.[39] 이러한 점은 (16), (17)에서 확인할 수 있다. 곧 이동의 의미가 없는[40] (16)에서는 '로'가 쓰이기 어렵지만, 이동의 의미가 있는 (17)에서는 '에' 와 '로'가 모두 쓰일 수 있다.

　　(16) ㄱ. 이 구멍에 숨자.

　　　　ㄴ. *이 구멍으로 숨자.

　　(17) ㄱ. 저 구멍에 숨자.

　　　　ㄴ. 저 구멍으로 숨자.

　이러한 점은 (18), (19)에서도 마찬가지이다. 곧 '이동'의 의미를 가질 수 있는 '앉다'가 서술어로 쓰인 문장 (18)에는 '에'와 '로'가 모두 쓰일 수 있지만, 이동의 의미는 갖지 못하고 '상태, 혹은 결과 상태의 지속' 의 의미만 갖는 문장 (19)에는 '로'가 쓰이기 어렵다.

　　(18) ㄱ. 우리는 그 사람의 뒤에 앉았다.

---

39. '에'가 표시하는 '도달점', '소재' 등의 의미 기능과 그 관계에 대해서는 9장의 1절을 참조할 수 있다.
40. '이 구멍'은 화자(그리고 청자)의 현재 소재이므로 (16)에서 '숨는' 행위는 화자의 이동을 필요로 하지 않는다.

ㄴ. 우리는 그 사람의 뒤로 앉았다.

(19) ㄱ. 우리는 그 사람의 뒤에 앉아 있었다.

ㄴ. *우리는 그 사람의 뒤로 앉아 있었다.

임홍빈(1974ㄴ)에서는 '로'는 [+선택적]임을 나타낸다는 점에서 '에'와는 차이가 있다고 보았다. 예를 들어 임홍빈(1974ㄴ:145-149)에 따르면 (20ㄴ)은 '산'과 '바다'를 전제해 놓고 그 중에서 '바다'를 선택하여 가자는 뜻을 갖는다는 점에서 (20ㄱ)과는 다르다. 그리고 그 근거로 (21)과 같이 '에'로는 나열이 불가능하지만 '로'로써는 가능하다는 점을 들었다.

(20) ㄱ. 여름에는 바다에 가자.

ㄴ. 여름에는 바다로 가자.

(21) ㄱ. *여름에는 산에 들에 바다에 가자.

ㄴ. 여름에는 산으로 들로 바다로 가자.

'에'와 '로'의 이러한 차이는 (22), (23)에서도 어느 정도 확인할 수 있다. 이를 테면 '철수'와 '영희' 두 사람이 '서울'과 '부산'에 한 사람씩 가야 하는 상황에서 '철수'가 간 곳을 묻는 상황에서라면, 곧 '철수'가 선택한 곳을 묻는 상황에서라면 (22ㄱ)보다는 (22ㄴ)이 더 어울릴 듯하다. 그리고 '에'를 쓴 (23ㄱ)보다는 '로'를 쓴 (23ㄴ)이 좀 더 자연스럽게 느껴진다. 그러나 (24)는 두 후보 가운데 어느 하나를 선택할 때 꼭 '로'는 쓰일 수 있지만 '에'는 쓰일 수 없다고 보기 어렵게 한다.

(22) ㄱ. 철수 어디에 갔어요?

    ㄴ. 철수 어디로 갔어요?

(23) ㄱ. ?올 피서는 산에 갈까, 바다에 갈까?

    ㄴ. 올 피서는 산으로 갈까, 바다로 갈까?

(24) ㄱ. 북한산에 갈까, 도봉산에 갈까?

    ㄴ. 북한산으로 갈까, 도봉산으로 갈까?

    요컨대 '로'는 이동의 방향을 표시한다는 점에서 이동의 도달점을 표시하는 '에'와 다르다. 그리고 '로'는 이동의 방향을 표시하므로 선행 명사구가 꼭 특정 지점일 필요는 없다. 특정 지점이든 아니든 관계없이 방향만 표시할 수 있는 것이면 충분하다. 따라서 '학교, 산, 바다' 등 특정 지점이 될 수 있는 명사구에는 '에'와 '로'가 모두 쓰일 수 있지만, '이쪽, 저 방향, 그리' 등 특정 지점이 될 수 없는 명사구(혹은 부사)에는 '로'만 쓰일 수 있다.

10. 보조사의 의미

　이 장에서는 '만, 도, 은, 까지, 부터, 나' 등의 보조사를 대상으로 보조사의 구체적인 의미 기능에 대해 살펴보기로 한다. '조차, 마저' 등은 그 의미 기능이 유사한 '까지'와 함께 살펴보기로 한다. 격조사도 그것이 쓰이는지 쓰이지 않는지에 따라 문장의 의미가 얼마간 달라지기도 하여 그 기능이 꼭 격을 표시하는 데에만 한정된다고 볼 수는 없다. 그러나 격조사의 본래의 기능은 격을 표시하는 것이므로 따라 살펴보지 않는다.

10.1. '만'과 '도'의 의미

10.1.1. '만'의 의미

　이 절에서는 보조사 '만'의 의미 기능을 '유일한 것으로 한정', '자동적 조건', '최대·최소(의) 한도', '강조' 등으로 나누어 구체적으로 살펴보기로 한다.

■ 유일한 것으로 한정

보조사 '만'은 어떤 대상이 유일하다는 것을 나타낸다. 예를 들어 (1ㄱ)에서 '만'은 '그녀'가 '내가 사랑하는 유일한 사람'이라는 것을 나타내며, (1ㄴ)에서 '만'은 '철수'가 '그곳에 오지 않은 유일한 사람'이라는 것을 나타낸다. 그리고 (1ㄷ)에서 '만'은 '축구장'이 '아이들이 축구를 하는 유일한 장소'라는 것을 나타내며, (1ㄹ)에서 '만'은 '톱'이 '이것을 자를 수 있는 유일한 도구'라는 것을 나타낸다.

(1) ㄱ. 나는 그녀만 사랑한다.

ㄴ. 철수만 그곳에 오지 않았다.

ㄷ. 아이들은 축구장에서만 축구를 한다.

ㄹ. 이것은 톱으로만 자를 수 있다.

따라서 별다른 의미 차이 없이 (1)의 각 문장을 다음과 같이 바꿔 쓸 수도 있다. 문법범주는 다르지만 '만'은 부사 '오직'이 나타내는 것과 동등한 의미를 나타내는 셈이다.

(2) ㄱ. 나는 오직 그녀를 사랑한다.

ㄴ. 오직 철수가 그곳에 오지 않았다.

ㄷ. 아이들은 오직 축구장에서 축구를 한다.

ㄹ. 이것은 오직 톱으로 자를 수 있다.

'만'이 어떤 대상이 유일하다는 것을 나타내는 것은 결과적으로 그 대상과 대등한 다른 대상들은 '배제'하는 효과를 낸다.[1) 따라서 (1)의 각 문장은 다음의 각 문장을 함의한다.

   (3) ㄱ. 나는 그녀 이외의 다른 사람은 사랑하지 않는다.

      ㄴ. 철수 이외의 다른 사람들은 그곳에 왔다.

      ㄷ. 아이들은 축구장 이외의 다른 곳에서는 축구를 하지 않는다.

      ㄹ. 이것은 톱 이외의 다른 것으로는 자를 수 없다.

보조사 '만'이 유일한 것으로 제한하는 것은 그것의 선행 명사구가 나타내는 대상인 것이 보통이다. 그러나 '만'이 꼭 선행 명사구로 나타나는 것만을 유일한 것으로 제한하는 것은 아니다. 홍사만(1983:183)에서 제시한 다음의 예를 살펴보자.

   (4) ㄱ. 얼굴만 예쁘다고 배우가 되는 것이 아니다.

      ㄴ. 부여를 찾는 이는 고적만 보아서는 안 된다.

      ㄷ. 고개만 끄덕인다.

홍사만(1983:183)에서는 (4)의 각 문장이 다음과 같이 선행 명사구를 유일한 것으로 제한하는 뜻을 갖는 것으로 보았다.

   (5) ㄱ. 예쁜 것이 얼굴 하나에 한정된다고 배우가 되는 것은 아니다.

      ㄴ. 부여를 찾는 이가 보는 것이 유일하게 고적에 한정되어선 안 된다.

---

1. 홍사만(1983:209)에서는 이를 '피접어 이외의 자매항목은 서술어의 사실 내용에서 배제됨'으로 설명했다. 여기에서 피접어는 선행 명사구를, 자매항목은 선행 명사구와 대등한 다른 대상들을 뜻한다. 예를 들어 (1ㄱ)에서 피접어는 '그녀'이고, 자매항목은 '그녀 이외의 다른 사람들'이다.

ㄷ. 고개 하나만 끄덕인다.

이는 (5)의 각 문장을 다음과 같이 바꿔 쓸 수 있다는 것을 뜻한다. 그런데 (6ㄴ)을 제외하고 나머지 두 문장은 그리 자연스럽지 못하다. 특히 (5ㄷ)이 (6ㄷ)과 같은 의미로 쓰일 수 있는 상황은 생각하기 어렵다.[2]

(6) ㄱ. (?다른 것은 예쁘지 않고) 오직 얼굴이 예쁘다고 배우가 되는 것은 아니다.

ㄴ. 부여를 찾는 이는 (다른 것은 보지 않고) 오직 고적을 보아서는 안 된다.

ㄷ. (?*다른 것은 끄덕이지 않고) 오직 고개를 끄덕인다.

(5ㄱ), (5ㄷ)은 오히려 (7ㄱ), (7ㄷ)과 같이 쓰이는 것이 자연스러우며, (5ㄴ) 또한 (6ㄴ)은 물론 (7ㄴ)과 같이 쓰일 수도 있다.[3]

(7) ㄱ. (연기력은 없이) 얼굴만 예쁘다고 배우가 되는 것은 아니다.

ㄴ. 부여를 찾는 이는 (그곳의 음식은 맛보지 않고) 고적만 보아서는 안 된다.

ㄷ. (말은 한마디도 하지 않고) 고개만 끄덕인다.

---

2. 홍사만(1983:183 각주1)에서는 "'하나'의 삽입이 오히려 부자연스러운 文이 되는 경우는 '만'의 감탄·강의적 기능이 구체적인 의미기능보다 우세한 입장에 서기 때문이다." 고 보았다. 그러나 (4ㄷ)과 같은 문장에서 '만'이 감탄·강의적 기능을 갖는 것으로 보기는 어려운 듯하다.

3. 홍사만(1983:183-186)에서도 (5ㄱ), (5ㄷ)과 함께 (7ㄱ), (7ㄷ)과 같은 뜻풀이를 제시했다.

(7)은 '만'이 유일한 것으로 한정하는 것이 선행 명사구뿐만 아니라 서술어까지를 포함하는 문장 단위일 수도 있다는 것을 잘 보여준다. '만'이 문장이 표현하는 내용을 유일한 것으로 한정한다는 것은 (7)을 (8)과 같이 바꿔 쓸 수 있다는 데에서 분명하게 드러난다.

> (8) ㄱ. (연기력은 없이) 얼굴이 예쁘기만 하다고 배우가 되는 것은 아니다.
>
> ㄴ. 부여를 찾는 이는 (그곳의 음식은 맛보지 않고) 고적을 보는 일만 해서는 안 된다.
>
> ㄷ. (말은 한마디도 하지 않고) 고개를 끄덕이기만 한다.

곧 (8)에서 대비(對比)되는 것은 '얼굴'과 '연기력', '고적'과 '음식', '고개'와 '말'이 아니라 그것을 포함하는 문장 단위이다.[4] 홍사만(1983)에서와 같이 자매항목이라는 용어를 쓴다면 자매항목은 선행 명사구와 (이와 대등한) 다른 명사구가 아니라 선행 명사구를 포함하는 문장과 (이와 대등한) 다른 문장인 셈이다.

> (9) ㄱ. 얼굴이 예쁜 것 : 연기력이 있는 것
>
> ㄴ. 고적을 보는 것 : 음식을 맛보는 것
>
> ㄴ. 고개를 끄덕이는 것 : 말을 하는 것

---

4. 홍사만(1983:186-187)에서도 "… '웃기만 한다'만을 言術했을 때 이에 補完될 수 있는 含意로서는 '말은 하지 않는다'는 項目의 事實 外에도, '화도 내지 않고' '대답도 없이' '인사도 없이' 등 狀況에 따라 內容이 다른 項目을 豫想할 수 있겠고, …"라고 하여 문장도 '만'의 자매항목이 될 수 있는 것으로 본 듯하다. 다만 이는 홍사만(1983:209)에서 결론으로 '被接語 以外의 姉妹項目은 敍述語의 事實 內容에서 排除됨'이라고 하여 자매항목을 피접어(被接語)에 관련하여 언급한 것을 고려하면 분명하지 않다.

‘만’의 의미가 선행 명사구에 관련된 것인지 문장에 관련된 것인지에 따라 격조사와의 결합에 차이가 생기기도 한다. 예를 들어 (10ㄱ)에서 와 같이 ‘만’이 의미적으로 선행 명사구에 관련될 때에는 목적격조사 ‘을’이 결합할 수 있지만 (10ㄴ)에서와 같이 ‘만’이 의미적으로 문장에 관련될 때에는 ‘을’이 결합하기 어렵다.

(10) ㄱ. (다른 사람은 사랑하지 않고) 너만(을) 사랑해.

ㄴ. (공부는 하지 않고) 너만(?*을) 쫓아다닌다.

‘만’이 의미적으로 명사구에 관련될 때에도 구체적인 기능에는 차이 가 있는 것으로 보인다. 그리고 그러한 차이가 형식적으로 드러나기도 한다. 예를 들어 (11ㄱ)은 이를테면 ‘바늘을 실과 함께 사용해야 바느 질을 할 수 있다’를 뜻하는데 이때에는 보조사 ‘만’이 의미역조사 ‘으로’ 를 선행한다. 이와 달리 (11ㄴ)은 ‘이 나무는 다른 것으로는 자를 수 없 다’를 뜻하는데 이때에는 보조사 ‘만’이 의미역조사 ‘으로’를 후행한다.

(11) ㄱ. 바늘만으로 바느질을 할 수는 없다.

ㄴ. 이 나무는 톱으로만 자를 수 있다.

이러한 차이가 생기는 것은 ‘만’의 작용역이 (11ㄱ)에서는 의미역조사 가 결합하지 않은 명사구 ‘바늘’이고 (11ㄴ)에서는 의미역조사가 결합 한 명사구 ‘톱으로’로서 서로 다르기 때문이다. 이러한 점은 (11')에서 분명하게 드러난다.

(11') ㄱ. (실과 함께가 아닌) 바늘만으로 바느질을 할 수는 없다.

(*실로가 아닌) 바늘만으로 바느질을 할 수는 없다.
ㄴ. 이 나무는 (다른 것으로가 아닌) 톱으로만 자를 수 있다.
　　 이 나무는 (*다른 것과 함께가 아닌) 톱으로만 자를 수 있다.

결국 (11ㄱ)에서 '만'이 '실과 바늘(을 함께)'과 '(그 가운데 하나인) 실'을 대비하는 기능을 갖는다면, (11ㄴ)에서 '만'은 '(톱이 아닌) 다른 것'과 '(다른 것이 아닌) 톱'을 대비하는 기능을 갖는다고 볼 수 있다.

■ 자동적 조건

보조사 '만'이 다음과 같이 '~하면 ~하다' 형식의 문장에 쓰일 때에는 선행절이 후행절의 상황이 발생하는 '자동적 조건(혹은 필연적 조건)'이 된다는 것을 나타낸다. 곧 선행절의 조건이 충족되면 자동적으로(혹은 필연적으로) 후행절의 상황이 발생한다는 것을 나타낸다.[5]

(12) ㄱ. 비만 오면 허리가 쑤신다.
　　 ㄴ. 철수만 오면 개가 짖어댄다.
　　 ㄷ. 밥만 먹으면 배가 아프다.

'~하면 ~하다'는 선행질의 조건이 충족되면 후행질의 상황이 발생한다는 것을 나타내는 조건문이다. 그러나 선행절의 조건과 후행절의 상황 사이에 꼭 필연성이 전제되는 것은 아니다. 후행절에 '가끔, 자주,

---

5. 홍사만(1983:206-208)에서는 이를 '상투적 습관'의 시간성 의미가 나타나는 것으로 보았는데 용어의 차이는 있지만 내용에 있어서는 본 연구와 별다른 차이가 없는 것으로 볼 수 있다.

늘'이 모두 쓰일 수 있는 것은 이런 까닭에서이다.

(13) ㄱ. 비가 오면 {가끔, 자주, 늘} 허리가 쑤신다.

　　ㄴ. 철수가 오면 {가끔, 자주, 늘} 개가 짖어댄다.

　　ㄷ. 밥을 먹으면 {가끔, 자주, 늘} 배가 아프다.

그런데 (12)와 같이 선행절의 명사구에 보조사 '만'이 결합하면 선행절의 조건과 후행절의 상황 사이에 필연성이 전제된다. 따라서 다음에서 알 수 있는 것처럼 '가끔, 자주'와 같이 예외가 전제되는 부사는 의미가 충돌하여 같이 쓰일 수 없고 예외를 허용하지 않는 부사 '늘'만 쓰일 수 있다.

(13) ㄱ. 비만 오면 {*가끔, *자주, 늘} 허리가 쑤신다.

　　ㄴ. 철수만 오면 {*가끔, *자주, 늘} 개가 짖어댄다.

　　ㄷ. 밥만 먹으면 {*가끔, *자주, 늘} 배가 아프다.

선행절의 조건과 후행절의 상황 사이에 필연성이 전제되므로 (12)를 다음과 같이 바꿔 쓰는 것도 가능하다.

(14) ㄱ. 비가 올 때마다 허리가 쑤신다.

　　ㄴ. 철수가 올 때마다 개가 짖어댄다.

　　ㄷ. 밥을 먹을 때마다 배가 아프다.

이때 보조사 '만'의 작용역은 선행 명사구가 아니라 조건문 전체이며, 따라서 보조사 '만'이 조건문 전체에 결합한 문장과 별다른 의미 차이를 보이지 않는다.

  (15) ㄱ. 비가 오기만 하면 허리가 쑤신다.

      ㄴ. 철수가 오기만 하면 개가 짖어댄다.

      ㄷ. 밥을 먹기만 하면 배가 아프다.

  물론 '~하면 ~하다' 형식의 조건문에 '만'이 쓰인다고 해서 그것의 작용역이 늘 조건문 전체가 되는 것은 아니다. 다음과 같은 문장에서는 '만'의 작용역이 선행 명사구에 국한된다. 따라서 (16ㄱ)은 이를테면 '철수가 데리고 오기로 한 영수는 오지 않고 철수 혼자만 오면 ~'과 같은 의미를 가지며, (16ㄴ)은 이를테면 '배는 사지 않고 사과 한 가지만 사면 ~'과 같은 의미를 갖는다.

  (16) ㄱ. 철수만 오면 선수가 모자란다.

      ㄴ. 사과만 사면 제사상을 차릴 수 없다.

  다음과 같이 동일한 문장이 그 작용역의 차이에 따라 서로 다른 두 가지 의미를 가질 때도 있다. 곧 (17), (18)은 '만'의 작용역이 선행 명사구일 때에는 (17ㄱ), (18ㄱ)의 의미를 나타내며, '만'의 작용역이 문장 전체일 때에는 (17ㄴ), (18ㄴ)의 의미를 나타낸다.

  (17) 철수만 오면 우리가 진다.

      ㄱ. (영수는 오지 않고) 철수 혼자 오면 ~

      ㄴ. (축구를 못하는) 철수가 오기만 하면 ~

  (18) 빵만 먹으면 목이 마른다.

ㄱ. (우유와 같이 먹지 않고) 빵 한 가지만 먹으면 ~

ㄴ. (퍽퍽한) 빵을 먹기만 하면 늘 ~

■ 최대·최소(의) 한도

보조사 '만'은 수량을 표현하는 명사구에 결합하여 그 수량이 '최대의 한도'라는 것을 나타내기도 한다. (19ㄱ)에서 '천 원'은 화자가 받고자 하는 값의 최대 한도이며, (19ㄴ)에서 '한 마디'는 화자가 하고자 하는 말의 최대 한도이며, (19ㄷ)에서 '십 분'은 화자가 기다리자고 하는 시간의 최대 한도이다.

(19) ㄱ. 천 원만 내세요.

ㄴ. 나도 한 마디만 하자.

ㄷ. 십 분만 더 기다려 보자.

'만'이 수량 표현의 최대 한도를 나타낸다는 것은 (19)의 각 문장이 이를테면 '더 이상은 ~ 하라고(하자고) 하지 않을 테니' 정도의 의미를 내포한다는 것을 뜻한다.

(20) ㄱ. (더 이상은 내시라고 하지 않을 테니) 천 원만 내세요.

ㄴ. (더 이상은 말하지 않을 테니) 나도 한 마디만 하자.

ㄷ. (더 이상은 기다리자고 안 할 테니) 십 분만 더 기다려 보자.

먼저 (19ㄱ)을 예로 하여 '만'의 의미 기능을 좀 더 구체적으로 살펴보자. (19ㄱ)에서 화자는 '실제의 값은 천 원 이상'이라는 점을 암묵적으로 청자에게 전달한다. 그리고 화자는 그 값대로 받지 않고 '받고자 하는 값의 최대를 천 원'으로 하겠다는 뜻을 청자에게 전달한다. 이때 '천 원'은 값의 상한선이 아니라 값의 하한선이 된다. 실제로는 '천 원' 이상을 받아야 한다는 전제가 있기 때문이다. 결과적으로 화자는 최소의 값으로 물건을 사는 것이라고 청자를 설득하는 셈이다.[6]

이와 같이 '만'이 수량의 최대의 한도를 나타낼 때에는 (19ㄱ)의 '천 원', (19ㄴ)의 '한 마디', (19ㄷ)의 '십 분'과 같이 그 수치('천 원, 한 마디, 십 분')가 청자에게 작게 느껴지는 것이어야 한다. 그 수치가 작아 보이는 것을 화자가 최대의 한도로 제시한다고 느껴야 청자는 화자의 요구나 제안에 긍정적인 반응을 보일 가능성이 높기 때문이다.

'만'이 '~어도 ~겠다' 구문에 쓰일 때에는 '최소의 한도'를 나타낸다. 예를 들어 (22ㄱ)에서 '만'은 '올 사람이 최소한 한 사람은 되어야 한다.'는 희망을, (22ㄴ)에서 '만'은 '복권이 최소한 한 장은 당첨되어야 한다.'는 희망을 나타낸다.

(21) ㄱ. 두 사람 중에 한 사람만 와도 좋겠다.

　　　ㄴ. 어제 산 복권 열 장 중에 한 장만 당첨이 돼도 좋겠다.

똑같이 수량을 표현하는 명사구에 결합하지만 '만'이 (19)와 같이 '최대의 한도'를 나타내는 것과 (21)과 같이 '최소의 한도'를 나타내는 것은 분명하게 구별된다. (19ㄱ)과 (21ㄴ)을 비교해 보자.

(22) ㄱ. 최대의 한도

---

6. 홍사만(1983:195-197)에서 '만'이 '數量의 程度가 최저(소)의 것이 되게 하는 縮小·制限의 役割'을 갖는다고 한 것은 바로 이러한 점을 반영한 것이라고 볼 수 있다.

(더 많이 내지 말고) 천 원만 내세요.

*(더 많이 내면 더욱 좋지만 적어도) 천 원만 내세요.

ㄴ. 최소의 한도

*(더 많이 당첨되지 말고) 한 장만 당첨이 돼도 좋겠다.

(더 많이 당첨되면 더 좋겠지만 적어도) 한 장만 당첨이 돼
도 좋겠다.

그리고 두 문장은 '만'의 작용역에서도 차이를 보인다. 곧 (22ㄱ)에서
는 '만'의 작용역이 선행 명사구이지만 (22ㄴ)에서는 '만'의 작용역이 후
행 서술어를 포함하는 문장이다. 따라서 다음과 같은 차이를 보인다.

(22') ㄱ. *천 원을 내기만 하세요.

ㄴ. 한 장이 당첨되기만 해도 좋겠다.

■ 강조

이 밖에 보조사 '만'은 다음과 같은 다양한 구문에 쓰여 강조의 기
능을 갖는다. (23ㄱ)에서는 '만'이 연결어미 뒤에 쓰여 강조의 뜻을, (23
ㄴ)에서는 부사형어미 뒤에 쓰여 강조의 뜻을, (23ㄷ)에서는 부사 뒤에
쓰여 강조의 뜻을, (24ㄹ)에서는 명사 뒤에 쓰여 강조의 뜻을 나타내
는데, 대체로 '만'이 쓰이지 않은 문장과 비교할 때 큰 의미의 차이는
느껴지지 않는다.

(23) ㄱ. 그가 와야만 출발할 수 있다.

ㄴ. 건강하게만 자라다오.

ㄷ. 자꾸만 기침이 난다.

ㄹ. 날만 좋다.

다만 (23ㄴ)에는 '다른 것은 바라지 않고' 정도의 의미가 덧붙어 있고, (23ㄹ)은 날이 좋으리라고 생각하지 못했던 상황, 이를테면 태풍이 온다는 예보가 있었던 상황에서 자연스럽게 쓰일 수 있는 표현이다.

그리고 (23ㄴ, ㄹ)의 경우 보조사 '만'의 작용역은 선행 요소에 한정되는 것이 아니라 후행하는 서술어를 포함하는 전체 문장이다. 따라서 별다른 의미 차이 없이 다음과 같이 바꿔 쓸 수 있다.

(23') ㄴ. 건강하게 자라기만 해 다오.

ㄹ. 날이 좋기만 하다.

10.1.2. '도'의 의미

이 절에서는 보조사 '도'의 의미 기능을 '유사항의 추가'와 '강조'로 나누어 구체적으로 살펴보기로 한다.

■ 유사항의 추가

보조사 '도'의 중심적인 의미 기능은 기존의 집합(혹은 기존항)에 그것과 유사한 새로운 항(혹은 유사항)을 추가하는 것이다.[7] 이때 새로운

---

7. 성광수(1977)에서도 '도'가 첨가의 기능을 갖는 것으로 보았다. 홍사만(1983:148-155)에서는 '도'의 이러한 기능을 '동류 제시'로 기술했다. 그러나 홍사만(1983:149)에서도 '전제나 함의분석에서 유도되는 자매문을 실제의 문 앞에 선행시키면'이라는 조건을 달기는 했지만 보조사 '도'가 '첨가(addition)'의 의미를 갖는 것으로 볼 수도 있다

항은 '도'에 선행하는 명사구이며, 기존의 집합은 그것과 의미적으로 대등한 것이어야 한다. 예를 들어 '도'는 (1ㄱ)에서는 '온 사람'의 집합에 '철수'를 추가하는 기능을, (1ㄴ)에서는 '산 물건'의 집합에 '사과'를 추가하는 기능을, (1ㄷ)에서는 '간 곳'의 집합에 '도서관'을 추가하는 기능을, (1ㄹ)에서는 '예쁜 사람'의 집합에 '영희'를 추가하는 기능을 갖는다.[8]

> (1) ㄱ. 철수도 왔다.
>
> ㄴ. 사과도 샀다.
>
> ㄷ. 도서관에도 갔다.
>
> ㄹ. 영희도 예쁘다.

'도'의 이러한 기능은 부사 '또한, 역시'가 문장에서 갖는 기능과 다르지 않다. 따라서 (1)의 각 문장은 다음의 문장과 의미적으로 별다른 차이가 없다.

> (2) ㄱ. 철수 {또한, 역시} 왔다.
>
> ㄴ. 사과 {또한, 역시} 샀다.
>
> ㄷ. 도서관에 {또한, 역시} 갔다.
>
> ㄹ. 영희 {또한, 역시} 예쁘다.

그리고 (1)의 각 문장은 '도'를 선행하는 명사구와 대등한 항의 존재를 전제하므로 각각 다음의 문장들을 함의한다.

고 보았다.

8. 다른 관점에서 보면 이는 선행 명사구가 어떤 집합에 '포함'된다는 것을 나타내는 것으로 볼 수도 있다. 예를 들어 (1)에서 '도'는 '온 사람의 집합, 산 것의 집합, 간 곳의 집합, 예쁜 사람의 집합'에 각각 '철수, 사과, 도서관, 영희'가 포함된다는 것을 나타낸다.

(3) ㄱ. 철수 이외의 다른 사람도 왔다.

　　ㄴ. 사과 이외의 다른 것도 샀다.

　　ㄷ. 도서관 이외의 다른 곳에도 갔다.

　　ㄹ. 영희 이외의 다른 사람도 예쁘다.

때에 따라 다음과 같이 기존의 집합이 미리 전제되지 않고 대등한 항이 차례대로 열거되어 한 문장에 함께 나타나기도 한다.

(4) ㄱ. 철수도 오고 민수도 왔다.

　　ㄴ. 사과도 사고 배도 사고 포도도 샀다.

　　ㄷ. 도서관에도 가고 휴게실에도 갔다.

　　ㄹ. 영희도 예쁘고 민지도 예쁘고 수진이도 예쁘다.

그런데 '도'를 결합함으로써 새로 추가되는 항과 미리 전제되는 기존의 항이 꼭 선행 명사구와 그것에 관련된 것으로 국한되는 것은 아니다. 예를 들어 (5)에서는 기존의 항 '밥'에 새로운 항 '영화'가 추가되는 것이 아니다. 이 문장에서 새로 추가되는 것은 '영화를 본 것'이며 이에 대응하는 기존의 항은 '밥을 먹은 것'이다. 이는 후행하는 서술어를 포함하는 문장 전체가 '도'의 의미 기능에 관련된 단위가 될 수 있다는 것을 뜻한다.

(5) ㄱ. 어제 그 사람이랑 밥은 같이 먹었니?

　　ㄴ. 같이 영화도 봤는걸.

다음과 같이 동일한 문장에서 '도'의 의미 기능이 선행 명사구와 문장에 동시에 걸치는 것도 가능하다.

(6) 사과도 샀다.

ㄱ. 배도 사고 사과도 샀으니 이제 집에 가자.

ㄴ. 밥도 먹고 사과도 샀으니 이제 집에 가자.

(7) 도서관에도 갔다.

ㄱ. 휴게실에도 가고 도서관에도 갔다.

ㄴ. 친구도 만나고 도서관에도 갔다.

(8) 부인도 직장생활을 한다.

ㄱ. 남편처럼 부인도 직장생활을 한다. (홍사만 2003:148)

ㄴ. 재산도 많고 부인도 직장생활을 한다.

'도'가 쓰인 문장에서는 늘 어떤 기존항이 전제되므로, '도'의 의미 기능이 선행 명사구에 관련된 것이든 문장에 관련된 것이든 관계없이 '도'가 서술어에 결합한 문장도 늘 참이 되는 속성을 갖는다.

(9) ㄱ. 배도 사고 사과도 샀다.

=배를 산 것도 사실이고 사과를 산 것도 사실이다.

ㄴ. 밥도 먹고 사과도 샀다.

=밥을 먹은 것도 사실이고 사과를 산 것도 사실이다.

한편 홍사만(1983:156-158)에서는 다음과 같은 문장에서 '도'는 '극단 제시'의 의미를 가지며, 따라서 '까지, 조차, 마저' 등의 보조사로 대치될 수 있는 것으로 보았다.

(10) ㄱ. 말단직원들도 해고되었다.

　　　ㄴ. 용돈도 주었는데 불평을 하다니.

　　　ㄷ. 종교인도 그런 것을 하느냐는 문제.

　　　ㄹ. 늘 거처하는 방도 지저분했다.

　　　ㅁ. 바람이 거세게 불더니 비도 내린다.

위 문장이 때에 따라 극단을 제시하는 것으로 해석될 수 있다는 것은 분명한 사실이다. 그러나 이때에도 '도'의 기본 의미 기능은 새로운 유사항을 추가하는 것이라는 점에서 앞서 살펴본 것과 본질적으로 다르지 않다. 차이가 있다면 새로 추가된 유사항이 극단의 예가 될 수 있다는 점이며, 위 문장이 극단을 제시하는 것으로 해석될 수 있는 것은 바로 이런 까닭에서이다.

■ 강조

보조사 '도'는 부사에 결합하여 강조의 의미를 갖기도 하는데, 홍사만(1983:167)에서 지적했듯이 '매우, 꽤, 전혀' 등 정도를 나타내는 부사에는 잘 결합하지 못한다.

(11) ㄱ. 토끼가 잘도 뛴다.

　　　ㄴ. 너무도 어려워서 문제를 풀 수 없다.

　　　ㄷ. 잠시도 쉬지 않고 일을 한다.

보조사 '도'는 부정문에서 수량을 표시하는 명사구에 결합하여 그것과 함께 강한 부정을 표시함으로써 의미를 강조하기도 하는데, 이때에는 대체로 부사 '전혀, 조금도, 잠시도' 등과 바꿔 쓸 수 있다.

> (12) ㄱ. 그는 말을 한 마디도(=전혀) 하지 않았다.
>
> ㄴ. 거짓말을 한 적이 한 번도(=전혀) 없다.
>
> ㄷ. 물을 한 모금도(=전혀, 조금도) 마시지 못했다.
>
> ㄹ. 맛이 하나도(=전혀, 조금도) 없다.
>
> ㅁ. 한 순간도(=잠시도) 그를 잊은 적이 없다.

그리고 '도'는 부정칭(不定稱) 표현에 쓰여 강한 부정을 나타내기도
한다.

> (13) ㄱ. 사람들이 아무도 내 말을 믿지 않는다.
>
> ㄴ. 이 음식은 아무 맛도 없다.
>
> ㄷ. 그는 어제 일은 자기와 어떤 관계도 없이 일어난 일이라고
> 말했다.
>
> ㄹ. 이 문제는 누구도 풀 수 없다.

보조사 '도'는 명사구에 결합하여 강조의 의미를 나타내기도 한다.

> (14) ㄱ. 참 달도 밝다.
>
> ㄴ. 말도 안 되는 일이 벌어졌다.

똑같이 강조의 의미를 나타내지만 '만'과 '도'는 그 쓰임에 어느 정도
의 차이를 보이기도 한다. 예를 들어 (14ㄱ) '달도 밝다'는 특별한 전체
가 없이도 쓰일 수 있지만, '달만 밝다'는 이를테면 '비가 와서 달을 볼

수 없다고 하더니' 정도의 상황이 전제될 때 자연스럽게 쓰일 수 있다.

이 밖에 '도'는 양보·허용의 기능을 갖기도 하는데 이때에는 조사 '라도'로 대치될 수 있다(홍사만 1983:165-166).

   (15) ㄱ. 낡은 것도 상관없다.

       ㄴ. 헐한 것도 괜찮다.

       ㄷ. 삼등차도 좋다.

       ㄹ. 죽도 개의치 않는다.

10.2. '은'의 의미

이 절에서는 보조사 '은'의 중심적인 의미 기능을 '화제 제시'와 '대조'로 나누어 살펴보기로 한다.

■ 화제 제시

보조사 '은'은 화제(topic)를 제시하는 기능을 갖는데 대체로 '~에 대하여 말하자면' 정도의 뜻을 나타낸다.[9]

   (1) ㄱ. 이것은 철수의 책이다.

      ㄴ. 철수는 내 동생의 친구이다.

      ㄷ. 어린이는 일찍 자고 일찍 일어나야 한다.

---

9. 이익섭·채완(1999:205-206)에 따르면 화제(話題, 또는 主題))는 評言(또는 설명, comment)의 짝이 되는 말로 한 문장이 주어와 서술어로 갈릴 때의 주어처럼 한 문장에서 설명되는 내용의 주제가 되는 부분, 즉 그 설명 내지 언급의 대상이 되는 부분을 가리키는 것으로서 대체로 '~로 말할 것 같으면' 정도의 의미로 풀이된다.

화제가 될 수 있는 것은 이미 알려진 정보(곧 구정보)인 것이 보통이다. 따라서 (2ㄱ)과 같이 '은'은 이야기의 첫머리에는 쓰이기 어렵고, (2ㄴ)과 같이 '무엇, 누구' 등의 의문대명사에도 결합하기 어렵다.

(2) ㄱ. 옛날에 한 {나무꾼이, *나무꾼은} 살았는데 그 나무꾼은 …

ㄴ. {무엇이, *무엇은} 필요하니?

{누가, *누구는} 내 동생의 친구니?

화제 제시의 기능을 갖는 '은'은 이중주어문의 첫 번째 주어에도 자주 결합하는데, 때에 따라 '은'이 결합하는 것이 주격조사 '이/가'가 결합하는 것보다 훨씬 더 자연스럽게 느껴지기도 한다.

(3) ㄱ. 토끼는 앞발이 짧다.

ㄴ. 나는 고양이가 무섭다.

ㄷ. 영희는 얼굴이 예쁘다.

그리고 '은'이 화제 제시의 기능을 가질 때에는 내포문(안긴 문장)의 주어나 목적어에는 결합하지 못하는 것이 보통이다.

(4) ㄱ. {비가, *비는} 퍼붓는 소리가 들린다.

ㄴ. {철수가, *철수는} 어제 만난 사람이 바로 그다.

ㄷ. {그 책을, *그 책은} 어제 산 사람이 철수다.

다만 다음과 같이 대조의 뜻을 나타낼 때에는 내포문의 주어나 목적어 자리에 '은'이 결합하기도 한다.

(5) ㄱ. <u>비는</u> 온 흔적이 있는데 우산은 제자리에 있다.

ㄴ. <u>그 책은</u> 읽은 사람이 다른 책은 왜 안 읽니?

그리고 이익섭·채완(1999:207-208)에서 지적했듯이 '은'은 정의, 속담, 격언 등에 자주 쓰이는데, 이는 정의, 속담, 격언 등은 이미 알려진 정보를 설명의 대상으로 삼는 방식의 표현이기 때문이다.

(6) ㄱ. 소나무는 상록수다.

ㄴ. 가재는 게 편이다.

ㄷ. 키 큰 사람은 싱겁다.

■ 대조

보조사 '은'은 '대조'의 의미 기능을 갖기도 하는데, 이는 '화제 제시'와 함께 '은'의 중심적인 의미 기능 가운데 하나이다.

(7) ㄱ. 철수는 그곳에 가지 않았다.

ㄴ. 그 책은 벌써 읽었다.

ㄷ. 학교에는 갔다.

보조사 '은'이 대조의 의미 기능을 가질 때에는 때에 따라 다음과 같은, 선행 명사구에 대응하는 자매항이 전제되기도 한다.

(7') ㄱ. 다른 사람은 그곳에 갔다.

ㄴ. 다른 책은 안 읽었다.

ㄷ. 다른 곳에는 안 갔다.

(7')은 보조사 '은'의 의미 기능이 앞서 살펴본 보조사 '만'과 어느 정도 겹칠 수도 있다는 것을 뜻한다. 예를 들어 (7ㄱ)에서 '는'을 '만'으로 교체한 '철수만 그곳에 가지 않았다'도 (7'ㄱ) '다른 사람은 그곳에 갔다.'를 함의하기 때문이다. 그러나 '은'이 쓰인 문장 (7)이 꼭 (7')을 함의하는 것은 아니다. (7")과 같은 상황에서도 쓰일 수 있기 때문이다. 이런 점에서 '은'은 '만'과 일정한 차이를 보인다.

(7") ㄱ. 다른 사람은 몰라도 …
　　　ㄴ. 다른 책은 몰라도 …
　　　ㄷ. 다른 곳에는 몰라도 …

이러한 차이에 주목하여 이익섭·채완(1999:203-204)에서는 예를 들어 (8)은 (8ㄱ)보다는 (8ㄴ)을 의미하는 것으로 보고, 보조사 '은'은 가능한 자매항에 대해 중립적인 입장을 취하는 것으로 보았다.

(8) 이 식물이 습지에서는 잘 자란다.
　　ㄱ. 이 식물이 습지에서는 잘 자라지만 다른 곳에서는 잘 자라지 않는다.
　　ㄴ. 이 식물이 습지에서는 잘 자라지만 다른 곳에서는 어떨지 잘 모르겠다.

선행 명사구와 대조되는 자매항은 암묵적으로 전제되기도 하지만 다음과 같이 한 문장에서 둘 이상의 항목이 명시적으로 나타나서 서로 대조되기도 한다.

> (9) ㄱ. 철수는 극장에 갔지만 영희는 가지 않았다.
>
> ㄴ. 그 책은 벌써 읽었지만 다른 책은 아직 읽지 못했다.
>
> ㄷ. 학교에는 갔지만 도서관에는 가지 않았다.

한편 보조사 '은'의 자매항이 늘 선행 명사구와 대등한 것으로 한정되는 것은 아니다. 보조사 '만'이나 '도'와 같이 '은'의 자매항도 때에 따라 서술어를 포함하는 전체 문장에 관련된 것일 수 있다. 예를 들어 (10ㄱ)에서는 '밥을 먹다'와 '마음에 들다'가 대조되며, (10ㄴ)에서는 '도서관에 가다'와 '공부를 하다'가 대조된다.

> (10) ㄱ. 만나서 밥은 같이 먹었다. 그러나 그 사람이 마음에 들지는
> 않는다.
>
> ㄴ. 도서관에는 갔다. 그러나 공부는 하지 않았다.

10.3. '까지'와 '부터'의 의미

10.3.1. '까지'의 의미

보조사 '까지'의 중심적인 의미 기능은 극단(極端)을 제시하는 것이다. 예를 들어 (1)에서 '까지'를 선행하는 요소 '너'는 화자가 자신을 의심하리라고 전혀 생각하지 못했던, 혹은 자신을 의심하리라고 예상했던 사람들 가운데 그 순위가 매우 낮은 극단의 사람이다. 그리고 '까지'가 극단을 제시하는 기능을 가질 때에는 '조차, 마저, 도' 등의 보조

사와 교체가 가능할 때도 있다.

(1) 너{까지, 조차, 마저, 도} 나를 의심하는구나.

그런데 '까지, 조차, 마저'는 그 의미 기능이 유사하지만 늘 자유롭게 교체되어 쓰일 수 있는 것은 아니다. 예를 들어 (2ㄱ)에서는 '까지'는 자연스럽게 쓰일 수 있지만 '조차'나 '마저'는 쓰이기 어렵고, (2ㄴ)에서는 '조차'나 '마저'는 자연스럽게 쓰일 수 있지만 '까지'는 쓰이기 어렵다.

(2) ㄱ. 학원(에){까지, *조차, *마저} 다녔는데 그 문제도 못 푸니?
    ㄴ. 학교(에){*까지, 조차, 마저} 다니지 못했는데 그 문제를 어떻게 풀겠니?

(2ㄱ)에서는 '학원에 다니는 것'이 '그 문제를 풀 수 있는 충분한 조건'이라는 화자의 생각이 전제되어 있다. 곧 (2ㄱ)에서는 청자가 그 문제를 당연히 풀 것이라고 화자가 기대하는 상황이 전제된다. 그리고 이때 '학원에 다니는 것'은 그 문제를 당연히 풀 것이라고 생각할 수밖에 없는 '극단'의 조건이다. 그리고 (2ㄴ)에서는 '학교에 다니는 것'이 '그 문제를 풀 수 있는 최소한의 조건'이라는 화자의 생각이 전제되어 있다. 그리고 그 최소한의 조건을 갖추지 못했다는 것은 그 문제를 풀 수 없는 이유를 설명할 수 있는 극단의 조건이 된다. 이와 같이 어떤 상황이 발생할 수 있는 '충분한 극단의 조건'을 제시하고 실제의 상황이 이러한 조건에서 기대하기 어려운 부정적인 상황이라는 것을 강조하여 나타낼 때에는 '까지'가, 어떤 상황이 발생할 수 있는 '최소한의 극단의 조건'을 부정적으로 제시하고 실제의 상황이 조건에 따른 당연한 결과

라는 것을 강조하여 나타낼 때에는 '조차'와 '마저'가 쓰인다.

(3) 〈그 문제를 풀 수 있는 조건〉
　　학교에 다니다 : 〈최소한의 조건〉 (부정) → '조차, 마저'
　　　　⋮　　　　　　　↓(그 문제를 풀 가능성이 높아짐)
　　학원에 다니다 : 〈충분한 조건〉　(긍정) → '까지'

그리고 (4)와 같이 '불충분한 조건'에서 '극단의 좋은 결과'가 생겼다는 것을 강조할 때에는 '까지'가, '충분한 조건'에서 '극단의 좋지 않은 결과'가 생겼다는 것을 강조할 때에는 '조차'와 '마저'가 자연스럽게 쓰인다.

(4) ㄱ. (70점밖에 못 받았는데) 금상{까지, *조차, *마저} 받다니.
　　ㄴ. (90점이나 받았는데) 동상{*까지, 조차, 마저} 못 받다니.

결국 '충분한 극단의 조건'을 제시하거나 '극단의 좋은 결과'를 제시할 때에는 '까지'가, '최소한의 극단의 조건'을 부정적으로 제시하거나 '극단의 좋지 않은 결과'를 제시할 때에는 '조차'와 '마저'가 더 자연스럽게 쓰인다고 볼 수 있다.[10]

다음과 같이 그 우위가 다른 두 개의 항목 가운데 더 우위에 있다고 생각되는 것('상')에는 '까지'가 자연스럽게 결합하고, 그렇지 않은 것('칭찬')에는 '조차'가 결합하는 것도 이와 같은 사실과 무관하지 않다. (5ㄱ)에서 '상을 받는 것'은 '극단의 좋은 결과'로 해석되며, (5ㄴ)에서 '칭

---

10. 홍사만(1983:273)에서는 "(+)의 지향성을 가진 극단예시로는 '까지'가, (-)의 극단예시로는 '조차', '마저'가 해당"된다고 하였다.

찬을 받지 못하는 것'은 '극단의 좋지 않은 결과'로 해석된다.

   (5) ㄱ. 철수는 칭찬은 물론 상까지 받았다.

      ㄴ. 철수는 상은커녕 칭찬조차 못 받았다. (홍사만 1983:274)

  (5)에 대해 홍사만(1983:274-275)에서 '까지'와 '조차'는 의미상 부정의 지향성이 상반되는데, (5ㄱ)에서는 받은 것 중에 '상'을 극단 제시함으로써 그보다 격하(格下)의 가치를 가진 '칭찬'에 대해서는 논외로 당연시 긍정하고, (5ㄴ)은 못 받은 것 중에 '칭찬'을 극단 제시함으로써 그보다 격상(格上)의 가치를 가진 '상'에 대해서는 당연히 부정하고 있다고 본 것도 이러한 해석과 다르지 않다.

 '까지'와 '조차, 마저'의 기능의 차이는 다음과 같은 예에서도 분명하게 드러난다. 이를테면 (6ㄱ)은 밥을 먹는 것보다 이전에 이미 어떤 일을 끝낸 것이 전제되는 상황에서 자연스럽게 쓰이며, (6ㄴ)은 밥을 먹은 후에 어떤 일을 해야 하는 것이 전제되는 상황에서 자연스럽게 쓰인다. 그리고 (6ㄱ)은 생각했던 것보다 일이 빨리 진행되었다고 생각하는 상황에서, (6ㄴ)은 생각했던 것보다 일이 더디게 진행된다고 생각하는 상황에서 쓰인다. 말하자면 (6ㄱ)에서 '밥을 먹은 일'은 '극단의 좋은 결과'인 셈이며, (6ㄴ)에서 '밥을 먹지 못한 일'은 '극단의 좋지 않은 결과'인 셈이다.

  (6) ㄱ. 밥까지 먹었다.

      ㄴ. 밥조차 먹지 못했다.

        밥마저 먹지 못했다.

　이러한 차이는 같이 쓰일 수 있는 부사의 차이로도 드러난다. 곧 (6ㄱ)에서는 '벌써'가 자연스럽게 쓰이고 (6ㄴ)에서는 '아직'이 자연스럽게 쓰인다.

(6') ㄱ. 벌써 밥까지 먹었다.
　　 ㄴ. 아직 밥조차 먹지 못했다.
　　　 아직 밥마저 먹지 못했다.

　한편 '까지'는 어떤 '범위의 끝'을 제시하는 기능을 갖기도 한다. (7ㄱ)에서는 '까지'가 시간적 범위의 끝을, (7ㄴ)에서는 공간적 범위의 끝을 나타낸다. 그리고 이때에는 어떤 '범위의 시작'을 제시하는 '부터, 에서' 등과 함께 쓰이는 것이 보통이다.

(7) ㄱ. 두 시부터 세 시까지 책을 읽었다.
　 ㄴ. 서울에서 부산까지 2시간 만에 도착할 수 있다.

　앞서 살펴보았듯이 '까지'가 극단 제시의 기능을 갖는 것도 '까지'가 범위의 끝을 나타낸다는 것과 무관하지 않다. 범위의 끝이 바로 극단일 수 있기 때문이다.

10.3.2. '부터'의 의미

　보조사 '부터'의 주된 의미 기능은 어떤 '범위의 시작'을 제시하는 것이다. (1ㄱ)에서 '아홉 시'는 공부를 시작한 시간이며, (1ㄴ)에서 '여기'는 화자가 청소를 시작하는 곳으로 청자에게 제안하는 장소(혹은 공간)이다.

    (1) ㄱ. 아홉 시부터 (열 시까지) 공부를 했다.
        ㄴ. 여기부터 (저기까지) 청소하자.

   '부터'가 쓰이면 기본적으로 어떤 시간적 혹은 공간적 범위가 전제되며, '부터'가 쓰이지 않으면 (2)에서와 같이 이러한 범위가 전제되지 않는다. 물론 예를 들어 공부를 하는 데에도 시작하는 시간이 있고 끝나는 시간이 있으며 그 사이에 어느 정도의 시간적 범위가 존재한다. 그리고 (2ㄱ)에서도 '아홉 시'는 공부를 시작한 시간일 수 있다. 그러나 (2ㄱ)에는 이러한 것이 언어적으로 전제되어 있지 않다는 점에서 (1ㄱ)과는 다르다.

    (2) ㄱ. 아홉 시에 공부를 했다.
        ㄴ. 여기를 청소하자.

   '부터'는 어떤 행위의 첫 번째 대상을 제시하는 기능을 갖기도 한다. 예를 들어 (3ㄱ)에서 '사과'는 먹고자 하는 여러 대상(이를테면 '포도, 배, 딸기' 등) 가운데 처음으로 먹을 대상으로 선택된 것이다. (3ㄴ)에서 '나'도 이와 다름이 없다.

    (3) ㄱ. 사과부터 먹자.
        ㄴ. 나부터 화장실에 갈게.

   '부터'는 어떤 행위 자체를 여러 행위 가운데 첫 번째 것으로 제시하는 기능을 하기도 한다. 예를 들어 (4ㄱ)은 이를테면 '밥을 먹는 일'과 '철수를 만나는 일' 가운데에서 '밥을 먹는 일'을 먼저 하자고 제안하는 상황에서 쓰일 수 있고, (4ㄴ)은 이 두 가지 일 가운데 '철수를 만나는 일'을 먼저 하자고 제안하는 상황에서 쓰일 수 있다.

(4) ㄱ. 밥부터 먹자.

　　ㄴ. 철수부터 만나자.

(5) ㄱ. 밥부터 먹고 (나서) 철수를 만나자.

　　ㄴ. 철수부터 만나고 (나서) 밥을 먹자.

'부터'가 (3)과 같이 어떤 행위의 첫 번째 대상을 지시하거나, (4)와 같이 어떤 행위 자체를 첫 번째 것으로 제시하는 기능을 할 때에는 그 기능이 유사한 부사 '먼저'로 바꿔 쓸 수 있다. 그리고 이런 점에서 (1)과 같이 시간적·공간적 범위의 시작을 나타내는 기능을 하는 것과는 구별된다.

(6) ㄱ. *아홉 시에 먼저 (열 시까지) 공부를 했다.

　　ㄴ. *여기 먼저 (저기까지) 청소하자.

(7) ㄱ. 사과를 먼저 먹자.

　　ㄴ. 내가 먼저 화장실에 갈게.

(8) ㄱ. 밥을 먼저 먹자.

　　ㄴ. 철수를 먼저 만나자.

한편 '부터'는 극단을 제시하는 기능을 하기도 한다. 예를 들어 (9)에서 '나'는 적어도 동생의 일을 알 것으로 기대되는 극단의 인물이다. 그 기능이 유사하므로 이때에는 '부터'가 쓰이는 자리에 '조차'도 쓰일 수 있다.

(9) 나{부터(도), 조차} 내 동생의 일을 알지 못했다.

이와 같이 '부터'가 극단을 제시하는 기능을 갖는 것은 '부터'가 범위의 시작을 제시하는 기능을 갖는다는 것과 무관하지 않다. 범위의 시작이 곧 극단일 수 있기 때문이다. 그리고 이와 같은 것은 '까지'가 극단 제시의 기능을 갖는다는 것과 대등한 현상이다.

10.4. '(이)나'의 의미

이 절에서는 보조사 '(이)나'의 의미 기능을 크게 '소극적 선택', '임의의 선택', '강조'로 나누어 살펴보기로 한다.

■ 소극적 선택

보조사 '(이)나'는 어떤 행위의 선택이 필요에 따른 적극적인 태도에 의한 것이 아니라 주어진 여건을 고려한 소극적인 태도에 의한 것임을 나타낸다.[11] 예를 들어 (1ㄱ)에서 '책을 읽는 것'은 책을 읽고 싶어서 선택한 것이 아니라 '심심하기 때문에' 선택한 것이다. 정도의 차이는 있겠지만 (1ㄴ-ㄹ)에서도 이러한 점은 마찬가지이다. 특히 (1ㄹ)에서는 '빵을 사 먹는 것'을 선택한 것이 무엇보다도 '돈이 부족한 상황'을 고려한

---

11. 이익섭·채완(1999:213-215)에서는 '(이)나'의 이런 기능을 '차선의 선택'으로 설명했는데 용어의 차이는 있으나 그 근본적인 뜻은 본 연구에서의 그것과 다름이 없다.

것이라는 점이 분명하게 드러나 있다.

    (1) ㄱ. 심심한데 책이나 읽어야지.
       ㄴ. 이번 주말에 극장에나 가자.
       ㄷ. 장사 그만 두고 농사나 짓자.
       ㄹ. 돈이 좀 부족하니 빵이나 사 먹자.

'(이)나'를 사용하는 데에는 선택된 행위가 쉽게 할 수 있는 행위, 혹은 보잘것없는 행위라는 인식이 전제되기도 한다. 예를 들어 (1ㄷ)에는 '농사를 짓는 것'이 장사를 하는 것보다 쉽다는, 혹은 장사를 하는 것보다 마음 편하게 할 수 있다는 화자의 인식이 반영되어 있는 것으로 볼 수 있다. 이러한 점은 다음과 같은 예에서도 마찬가지이다.

    (2) ㄱ. (등산은 힘들 것 같고) 가볍게 산책이나 해야겠다.
       ㄴ. (괜히 끼어들지 말고) 굿이나 보고 떡이나 먹자.
       ㄷ. (피자까지는 바라지 않을 테니) 빵이나 하나 사 주겠니?

(3ㄱ)은 자연스럽게 쓰일 수 있지만 (3ㄴ)은 자연스럽게 쓰일 수 없는 것도 이와 같은 관점에서 이해할 수 있다. '삼계탕을 끓이는 것'보다는 '라면을 끓이는 것'이 비교적 쉽고 편하게 할 수 있는 일이다. 따라서 쉽고 편하게 한 끼 식사를 해결하고자 하는 화자가 선택할 수 있는 것은 '삼계탕을 끓이는 것'이 아니라 '라면을 끓이는 것'이다. 이와 달리 좀 귀찮더라도 제대로 된 식사를 하고 싶은 화자는 '라면을 끓이는 것'보다는 '삼계탕을 끓이는 것'을 선택하는 것이 보통이다. 따라서 (4)와 같이 '삼계탕을 끓이는 것'을 선택한 상황에서는 '(이)나'는

쓰이기 어렵다.

> (3) ㄱ. (귀찮은데) 삼계탕 대신 라면이나 끓여 먹자.
>
> ㄴ. *(귀찮은데) 라면 대신 삼계탕이나 끓여 먹자.
>
> (4) ㄱ. *(귀찮더라도 몸을 생각해서) 라면 대신 삼계탕이나 끓여 먹자.
>
> ㄴ. (귀찮더라도 몸을 생각해서) 라면 대신 삼계탕을 끓여 먹자.

'(이)나'는 본래 어떤 행위의 선택이 주어진 여건을 고려한 것임을 나타내지만 이와 같은 전제 없이 습관적으로 쓰이기도 한다. 그리고 때에 따라서는 오히려 선택된 행위가 적극적인 태도에 의한 것일 때 '(이)나'를 사용하기도 한다. 예를 들어 (1ㄴ)에서 '극장에 가는 것'은 특별한 의도를 가지고 적극적인 태도에 의해 선택된 것, 이를테면 친구와 좀 더 가깝게 지내고자 하는 상황에서 적절한 방법의 하나로 선택된 것일 수도 있다. 이러한 점은 특히 청유문에서 두드러지게 나타나는데 이는 자신의 제안이 보잘것없다는 점을 드러냄으로써 청자를 고려하려는, 혹은 자신의 제안이 들어주기 힘든 것이 아니라는 점을 드러냄으로써 청자의 승낙을 유도하려는 화자의 의도가 반영된 것으로 볼 수 있다.

'(이)나'와 유사한 의미 기능을 갖는 것으로 '(이)나마'가 있다. 그런데 다음과 같이 서로 교체되어 쓰이기 힘든 때도 있고, 또 같이 쓰일 수 있는 경우에도 의미 기능에는 분명한 차이가 있는 것으로 보인다.

> (5) ㄱ. 빵{이나마, 이나} 같이 먹자.
>
> ㄴ. 멀리서{나마, ?나} 그의 모습을 볼 수 있었다.
>
> ㄷ. 전화로{나마, 나} 안부 인사를 드려라.

ㄹ. 늦게{나마, *나} 무사히 도착해서 다행이다.

(5)의 예를 분석해 보면 '(이)나'는 선행 요소가 아니라 '선행 요소에 관련된 행위'에 대한 화자의 태도를 반영하고, '(이)나마'는 '선행 요소 자체'에 대한 화자의 태도(이를테면 '보잘것없음', '좋지 않음' 등)를 반영하는 것으로 보인다. 이는 다음과 같이 두 형태가 자연스럽게 쓰일 수 있는 상황이 다르다는 것을 통해 확인할 수 있다.[12]

(6) ㄱ. (밥이면 더 좋겠지만 아쉬운 대로 …)

　　빵이나마 같이 먹자.

　　*빵이나 같이 먹자.

ㄴ. (가까이서 볼 수 있으면 더 좋겠지만 아쉬운 대로 …)

　　멀리서나마 그의 모습을 볼 수 있었다.

　　*멀리서나 그의 모습을 볼 수 있었다.

ㄷ. (직접 찾아뵙고 안부 인사를 드리면 더 좋겠지만 아쉬운 대로 …)

　　전화로나마 안부 인사를 드려라.

　　*전화로나 안부 인사를 드려라.

ㄹ. (좀 더 일찍 도착했으면 더 좋았겠지만 아쉬운 대로 …)

　　늦게나마 무사히 도착해서 다행이다.

(7) ㄱ. (영화라도 보러 가면 좋겠지만 사정이 여의치 않으니 아쉬운 대로 …)

　　*?빵이나마 같이 먹자.

　　빵이나 같이 먹자.

---

12. 예를 들어 (6ㄱ)에서는 '빵'이 '밥'에 비해 '보잘것없다'는 화자의 태도가 반영되어 있고, (7ㄱ)에서는 '영화를 보는 것'에 비해 '빵을 먹는 것'이 '보잘것없다'는 화자의 태도가 반영되어 있다.

ㄴ. (<u>집으로 찾아갈</u> 생각하지 말고 …)

*전화로나마 안부 인사를 드려라.

<u>전화로나 안부 인사를 드려라.</u>

'(이)나'와 '(이)나마' 사이의 의미 기능의 차이는 (8)에서도 확인해 볼 수 있다. 어미 '-(으)려무나'는 부드러운 명령이나 허락을 나타내는 종결어미로서 보다 친근한 느낌으로 이야기하고자 할 때, 말하자면 청자를 어느 정도 배려하고자 할 때 쓴다. 그리고 '(이)나마'는 어떤 대상이 보잘것없다는 화자의 태도를 드러냄으로써 결과적으로 자신을 낮추어 청자를 배려하는 효과를 갖는다.[13] 따라서 '-(으)려무나'와 '(이)나마'는 아주 자연스럽게 같이 쓰일 수 있다. 그러나 행위 자체가 보잘것없다는 화자의 태도를 드러내는 '(이)나'는 '-(으)려무나'와 같이 쓰이기 어렵다. (8ㄴ)과 같이 '-(으)려무나'가 '(이)나'와 같이 쓰이면 그 본래의 의미 기능('부드러움, 친근함' 등)은 상실된다. 그리고 (8ㄷ)에서 알 수 있는 것처럼 (8ㄴ)과 같은 상황에서는 '-(으)려무나'와 '(이)나마'가 같이 쓰이기 어렵다.

(8) ㄱ. (보잘것없지만 아쉬운 대로) 찬밥이나마 먹으려무나.

*(보잘것없지만 아쉬운 대로) 찬밥이나 먹으려무나.

ㄴ. (더운밥 먹을 생각은 아예 하지도 말고) 찬밥이나 먹으려무나.

ㄷ. *?더운밥 먹을 생각은 아예 하지도 말고, 찬밥이나마 먹으려무나.

---

13. '보잘것없는 음식이나마 맛있게 드세요.'와 같은 예에서, 곧 '자신이 정성을 다해 만든 음식'을 '보잘것없는 것'으로 표현한 것에서 이러한 효과를 확인할 수 있다.

(9)와 같이 상대방의 의향을 물어보는 구문에서 '(이)나'는 쓰이기 어렵고 '(이)나마'는 자연스럽게 쓰이는 것도 이와 마찬가지 이유에서이다.

(9) '찬밥을 먹겠는지' 물어보는 상황에서
　　ㄱ. *찬밥이나 먹으려느냐?
　　ㄴ. 찬밥이나마 먹으려느냐?

■ 임의의 선택

보조사 '(이)나'는 다음과 같이 둘 이상의 후보 가운데에서 어느 것을 선택해도 상관이 없다는 뜻을 나타내기도 하는데, 이때에는 '어디든지/어느 곳이든지, 무엇이든지/어떤 것이든지, 누구든지/어떤 사람이든지' 등이 같이 쓰일 수 있다.

(10) ㄱ. 산으로 갈까? 바다로 갈까?
　　　　산이나 바다나 ([어디든지, 어느 곳이든지]) 난 상관없어.
　　　ㄴ. 사과나 배나 ([무엇이든지, 어떤 것이든지]) 하나만 사자.
　　　ㄷ. 철수나 민호나 ([누구든지, 어떤 사람이든지]) 한 사람만 사
　　　　 귀이라.

그리고 '(이)나'는 다음과 같이 때에 따라서는 둘 이상의 후보를 포괄하는 뜻으로 쓰이기도 한다. 이는 둘 이상의 후보 가운데 '어느 것을 선택해도 그러하다.'라는 의미에서 비롯된 것으로 볼 수 있다는 점에서 (10)의 '(이)나'와 기본적으로는 다름이 없다. 다만 (11)의 '(이)나'는

‘도’와 대치될 수 있다는 점에서 (10)의 ‘(이)나’와 다르다.

(11) ㄱ. 그는 소설이나 시나 수필이나 ({무엇이든지, 다}) 잘 쓴다.

　　ㄴ. 그는 낮이나 밤이나 ({언제든지, 늘}) 책을 읽는다.

　　ㄷ. 철수나 영희나 ({누구든지, 모두}) 그 사실을 알고 있다.

　　ㄹ. 학교에서나 집에서나 (어디에서든지) 놀 생각만 한다.

(12) ㄱ. 그는 소설도 시도 수필도 잘 쓴다.

　　ㄴ. 그는 낮에도 밤에도 책을 읽는다.

　　ㄷ. 철수도 영희도 그 사실을 알고 있다.

　　ㄹ. 학교에서도 집에서도 놀 생각만 한다.

　‘(이)나’가 ‘누구, 어디, 무엇, 언제’ 등의 대명사에 결합할 때에도 전체를 포괄하는 뜻으로 쓰이는데, 이 또한 (10), (11)에서의 ‘(이)나’의 쓰임과 다름이 없다.

(13) ㄱ. 누구나 그 사실을 안다.

　　ㄴ. 그는 어디에서나 책을 읽는다.

　　ㄷ. 그는 무엇이나 잘 먹는다.

　　ㄹ. 그는 언제나 잘 웃는다.

　그리고 이때에도 ‘(이)나’는 ‘도’와 교체되기도 하는데 ‘도’가 주로 부정문에 자연스럽게 쓰이는 것과 달리 ‘(이)나’는 긍정문과 부정문에 두루 쓰인다.

(14) ㄱ. {누구나, ?누구도} 그 사실을 안다.

{누구나, 누구도} 그 사실을 모른다.

ㄴ. 그는 {어디에서나, ?어디에서도} 책을 읽는다.

그는 {어디에서나, 어디에서도} 책을 읽지 않는다.

■ 강조

보조사 '(이)나'는 수량이 많거나 정도가 높다는 것을 강조하는 기능을 갖기도 한다. 그리고 (15ㄱ, ㄴ, ㄷ)에서와 같이 때에 따라서는 '놀람'의 뜻이 수반되기도 한다.[14)

(15) ㄱ. 벌써 반이나 읽었니?

ㄴ. 철수가 벌써 열 살이나 되었니?

ㄷ. 이번 백일장에 천 명이나 왔었다고?

ㄹ. 그는 돈푼이나 있다고 거들먹거린다.

ㅁ. 갓 입대한 놈이 마치 병장이나 되는 것처럼 군다.

ㅂ. 그들은 겨우 예선을 통과했을 뿐이지만 마치 우승이나 한 것처럼 기뻐했다.

특히 수량 표현에 결합하여 얼마간 놀람의 뜻을 나타낼 때에는 그 기능이 보조사 '밖에'와 대비된다. '(이)나'는 긍정문에서 쓰이고 '밖에'는 부정문에서 쓰인다.

(16) ㄱ. 벌써 반이나 읽었니?

---

14. '돈푼'은 '쉽사리 헤아릴 만큼 그다지 많지 아니한 돈'을 뜻하지만 (15ㄷ)은 전체적으로 돈이 꽤 있다는 것을 강조한 것으로 볼 수 있다.

아직 반밖에 못 읽었니?

ㄴ. 철수가 벌써 열 살이나 되었니?

철수가 아직 열 살밖에 안 되었니?

ㄷ. 이번 백일장에 천 명이나 왔었다고?

이번 백일장에 천 명밖에 안 왔었다고?

(17)과 같이 '(이)나'는 의문문에서 '몇, 얼마' 등에 결합하여 수량을 어림잡는 뜻을 나타내기도 한다. 강조의 뜻이 분명하게 드러나는 것은 아니지만 기본적으로는 (15)에서의 '(이)나'의 쓰임과 다르지 않다고 볼 수 있다. (17)에서 강조의 뜻이 드러나지 않는 것은 '(이)나'가 수량이 정해지지 않은 의문사에 결합한 때문으로 보인다.

(17) ㄱ. 저 아이 나이가 몇이나 돼 보이니?

ㄴ. 먹고 남은 게 몇 개나 될까?

ㄷ. 그곳까지 몇 시간이나 걸릴까?

ㄹ. 저 산은 높이가 얼마나 될까?

(17)에서 '(이)나'는 수량을 어림잡는 뜻을 나타내므로 비슷한 의미 기능을 갖는 접미사 '-쯤', 명사 '정도' 등과 바꿔 쓸 수 있다. 그리고 '-쯤, 정도' 뒤에 다시 '(이)나'를 겹쳐 쓰는 것도 가능하다.

(18) ㄱ. 저 아이 나이가 몇{이나, (살)쯤, (살) 정도} 돼 보이니?

저 아이 나이가 몇 살{쯤이나, 정도나} 돼 보이니?

ㄴ. 먹고 남은 게 몇 개{나, 쯤, 정도} 될까?

먹고 남은 게 몇 개{쯤이나, 정도나} 될까?

ㄷ. 그곳까지 몇 시간(이나, 쯤, 정도) 걸릴까?

　그곳까지 몇 시간(쯤이나, 정도나) 걸릴까?

ㄹ. 저 산은 높이가 얼마(나, 쯤, 정도) 될까?

　저 산은 높이가 얼마(쯤이나, 정도나) 될까?

이와 같이 '(이)나'는 어떤 행위의 선택이 주어진 여건을 고려한 소극적인 태도에 의한 것임을 나타내기도 하고, 둘 이상의 후보 가운데에서 어떤 것을 선택해도 상관이 없다는 뜻을 나타내기도 한다. 그리고 '(이)나'는 수량이 많거나 정도가 높다는 것을 강조하는 기능을 갖기도 한다.

강길운(2002). 『통시국문법정설(상권)』 한국문화사.

고광주(1995). "국어의 비대격 구문 연구-비대격 술어의 논항구조와 통사적 양상," 고려대 석사학위논문.

고광주(2001). "국어의 능격성 연구," 고려대 박사학위논문.

고려대학교 민족문화연구원 편(2009). 『고려대 한국어대사전』 고려대 민족 문화연구원.

고석주(2001). "한국어 조사의 연구―'-가'와 '-를'을 중심으로―," 연세대 박사 학위논문.

고석주 옮김(1998). 『격』 한신문화사.

고석주·양정석 옮김(1999). 『의미구조론』 한신문화사.

고영근(1968). "주격조사의 한 종류에 대하여," 『이숭녕박사송수기념논총』 (을유문화사), 15-30. 고영근(1989), 112-125 재록.

고영근(1972). "현대국어의 접미사에 대한 구조적 연구(1)-확립기준을 중심 으로," 『서울대학교논문집』 18. 고영근(1989), 495-534 재록.

고영근(1973). "특수조사의 의미분석―"까지, 마저, 조차"를 중심으로," 『문법 연구』 3.

고영근(1989). 『국어형태론연구』 서울대학교 출판부.

고영근(1993). 『우리말의 총체서술과 문법체계』 일지사.

고영근(2008). "조사의 문법적 특성-인수칭 주격조사의 설정과 관련하여-,"
『이숭녕 현대국어학의 개척자』(서울대 국어연구회 편, 태학사).

고영근·구본관(2008). 『우리말 문법론』 집문당.

고창수(1986). "어간형성접미사의 설정에 대하여," 고려대 석사학위논문.

고창수(1992ㄱ). "국어의 격이론,"『홍익어문』(홍익대) 10·11.

고창수(1992ㄴ). "고대국어의 구조격 연구," 고려대 박사학위논문.

고창수(1992ㄷ). "국어의 통사적 어형성,"『국어학』 22.

곽충구(1994). "강세 접미사의 방언형과 그 문법화 과정에 대하여,"『선청어
문』(서울대 국어교육과) 22.

구본관(1992). "생성문법과 국어 조어법 연구 방법론,"『주시경학보』 9.

구본관(1998). 『15세기 국어 파생법에 대한 연구』 태학사.

국립국어연구원 편(1999). 『표준국어대사전』 두산동아.

국립국어원(2005). 『외국인을 위한 한국어문법1』 커뮤니케이션북스.

권재일(1989). "조사의 성격과 그 생략 현상에 대한 한 기술 방법,"『어학연
구』(서울대 어학연구소) 25-1.

권재일(2006). "구어 문법과 조사의 생략,"『국어학논총(이병근선생퇴임기
념)』(편집위원회편, 태학사).

김광해(1983). "계사론,"『난대 이응백박사 회갑기념논문집』(보진제).

김규식(1909). 『유인 대한문법』. 김민수·하동호·고영근 편(1977). 『역대한국
문법대계』 1-14 재록. 탑출판사.

김두봉(1922). 『깁더 조선말본』 상해: 새글집. 김민수·하동호·고영근 편
(1983). 『역대한국문법대계』 1-23 재록. 탑출판사.

김무림(1992). 『국어음운론』 한신문화사.

김민국(2009). "'이서'의 분포와 문법범주,"『형태론』 11-2.

김민수(1954). "국어 문법의 유형-국어 문법사 시고-,"『국어 국문학』 10.

김민수(1960). 『국어문법론 연구』 통문관. 김민수·하동호·고영근 편(1983).
『역대한국문법대계』 1-98 재록. 탑출판사.

김민수(1964/1986). 『신국어학(전정판)』 일조각.

김민수(1969). 『유인 국어구문론연구』. 김민수·하동호·고영근 편(1986). 『역대한국문법대계』 1-122 재록. 탑출판사.

김민수(1971/1986). 『국어문법론(중판)』 일조각.

김민수(1980). 『신국어학사(전정판)』 일조각.

김민수 외 3인 편(1991). 『금성판 국어대사전』 금성출판사.

김백련(2005). 『조선어 문장론』 사회과학출판사.

김석득(1992). 『우리말 형태론-말본론-』 탑출판사.

김승곤(1989). 『우리말 토씨 연구』 건국대 출판부.

김승곤(1996). 『현대 나라 말본』 박이정.

김승곤(2003). 『현대표준말본』 한국문화사.

김양순(1988). *Licensing Principles and Phrase Structure*(Ph.D. dissertation. University of Wisconsin). Hanshin Publishing Co.

김양진(1995). "국어 동사의 단어구성 연구," 고려대 석사학위논문.

김양진(1999ㄱ). "의사 주격 '에서'의 형태통사론적 연구," 한국어학회 제123차 월례발표회 발표문.

김양진(1999ㄴ). "국어 형태 정보 연구," 고려대 박사학위논문.

김영희(1973). "처소격조사 '에서'의 생성적 분석," 『연세어문학』(연세대) 5.

김영희(1974). "대칭 관계와 접속 조사 '와'," 『한글』 154.

김영희(1984). 『한국어 셈술화 구문의 통사론』 탑출판사.

김완진(1970). "문접속의 '와'와 구접속의 '와'," 『어학연구』 6-2.

김용하(1999). 『한국어 격과 어순의 최소주의 문법』 한국문화사.

김윤경(1948). 『나라말본』 동명사. 김민수·하동호·고영근 편(1983). 『역대한국문법대계』 1-54 재록. 탑출판사.

김의수(2004). "국어의 격과 의미역 연구," 고려대 박사학위논문.

김지은(1991). "국어에서 주어가 조사 없이 나타나는 환경에 대하여," 『한글』 212.

김창섭(1984). "형용사 파생 접미사들의 기능과 의미—'-답-, -스럽-, -롭-, -하-'와 '-적'의 경우—," 『진단학보』 58.

김창섭(1994/1996). 『국어의 단어형성과 단어구조 연구』 태학사.

김창섭(2002). "서평: 『국어형태론연구(초판)』," 『고영근의 국어학 세계』(금산회, 삼경문화사).

김창섭(2010). "조사 '이서'에 대하여," 『국어학』 58.

김희상(1909). 『초등국어어전』 경성: 유일서관. 김민수·하동호·고영근 편(1986). 『역대한국문법대계』 1-16 재록. 탑출판사.

남기심(1986). "'서술절'의 설정은 타당한가?" 『국어학신연구 I』(탑출판사).

남기심(1990). "토씨 '와/과'의 쓰임에 대하여," 『동방학지』 66.

남기심·고영근(1985/1993). 『표준국어문법론(개정판)』 탑출판사.

남길임(2004). 『현대 국어 「이다」 구문 연구』 한국문화사.

남윤진(2000). 『현대국어의 조사에 대한 계량언어학적 연구』 태학사.

노대규(1996). 『한국어의 입말과 글말』 국학자료원.

류구상(1965). "현대국어의 격형배열 연구," 고려대 석사학위논문.

류구상(1986). "주격조사에 대하여-설정과 의미를 중심으로-," 『국어학 신연구(약천김민수교수화갑기념)』(탑출판사).

목정수(1998ㄱ). "한국어 조사 {가}, {를}, {도}, {는}의 의미 체계-불어 관사와의 대응성과 관련하여-," 『언어연구』 18.

목정수(1998ㄴ). "한국어 격조사와 특수조사의 지위와 의미—유형론적 접근—," 『언어학』 23.

목정수(2003). 『한국어 문법론』 월인.

민현식(1977). "국어조사와 격에 대하여-의미격, 성분격 및 체언화 기능을 중심으로-," 『선청어문』(서울대 사대) 8.

민현식(1982). "현대 국어의 격에 대한 연구: 무표격의 정립을 위하여," 『국어연구』 49.

민현식(1999). 『국어 문법 연구』 도서출판 역락.

박승빈(1935). 『조선어학』 경성: 조선어학연구회. 김민수·하동호·고영근 편(1985). 『역대한국문법대계』 1-50 재록. 탑출판사.

박양규(1972). "국어의 처격에 대한 연구-통합상의 특징을 중심으로-," 『국어

연구』 27.

박양규(1975). "존칭체언의 통사론적 특징.『진단학보』 40.

박지홍(1986).『우리현대말본』 과학사.

박진호(1994). "통사적 결합 관계와 논항구조," 서울대 석사학위논문.

백선기(1985). "처격조사 '에'의 의미기능과 문구성요소 연구,"『목원어문학』
        (목원대) 5.

서병국(1967). "수관형사와 '이다'의 품사처리에 대한 이견,"『국어국문학』
        34·35.

서정목(1984). "후치사 '-서'의 의미에 대하여,"『언어』 9-1.

서정목(1993). "계사 구문과 그 부정문의 통사 구조에 대하여,"『국어사 자
        료와 국어학의 연구』(서울대 국어연구회편, 문학과 지성사).

서정목(1994).『국어 통사구조 연구I』 서강대 출판부.

서정목(1998).『문법의 모형과 핵 계층 이론』 태학사.

서정수(1984).『존대법의 연구』 한신문화사.

서정수(1996).『국어문법(수정 증보판)』 한양대학교 출판원.

성광수(1976). "불완전명사 + {하(다), 이(다)}에 대한 생성론적 분석,"『어문
        논집』(고려대) 17.

성광수(1977). "국어 조사에 대한 연구," 고려대 박사학위논문.

성기철(1970). "국어 대우법 연구,"『논문집』(충북대) 4.

성기철(1987). "문서술어 복합문,"『국어학』 16.

성기철(1994). "조사 '-를'의 의미,"『한국말교육』 5.

송복승(1995).『국어의 논항구조 연구』 보고사.

송철의(1992).『국어의 파생어형성 연구』 태학사.

시정곤(1993). "'이다'의 '이-'가 접사인 이유,"『주시경학보』(주시경연구소) 11.

시정곤(1994).『국어의 단어형성 원리』 국학자료원.

시정곤(2001). "〈'이다'의 문법범주와 의미〉에 대한 토론,"『국어학』 37.

신선경(2002).『'있다'의 어휘 의미와 통사』 태학사.

신지영·차재은(2003).『우리말 소리의 체계-국어 음운론 연구의 기초를 위

하여-』 한국문화사.

신현숙(1982). "목적격표지 /를/의 의미연구," 『언어』 7-1.

안명철(1982). "처격 '에'의 의미," 『관악어문연구』(서울대) 7.

안명철(1985). "보조조사 '-서'의 의미," 『국어학』 14.

안병희(1966). "부정격의 정립을 위하여," 『동아문화』 6.

양동휘(1973). "Inner and Outer Locatives in Korean," 『어학연구』(서울대 어학연구소) 9-1.

양인석(1972). *Korean Syntax*. 백합출판사.

양인석(1973). "Semantics of Delimiters," *Language Research* 9-2.

양정석(1995). 『국어동사의 의미분석과 연결이론』 박이정.

양정석(1996). "'이다' 구문과 재구조화," 『한글』 232.

양정석(2001). "'이다'의 문법범주와 의미," 『국어학』 37.

양정호(2003). "'이다'의 문법범주에 대한 고찰," 『형태론』 5-2.

엄정호(1989). "소위 지정사 구문의 통사구조," 『국어학』 18.

엄정호(1993). "'이다'의 범주 규정," 『국어국문학』 110.

엄정호(2000). "조사의 범주 특성," 『형태론』 2-1.

연재훈(1996). "국어 여격주어 구문에 대한 범언어적 관점의 연구," 『국어학』 28.

오미라(1991). "The Korean Copula and Palatalization," 『어학연구』 27-4.

우순조(2000). "'이다'와 '아니다'의 상관성," 『형태론』 2-1.

우순조(2001). "'이다'의 '이'가 조사인 새로운 증거들," 『형태론』 3-1.

우형식(1996). 『국어 타동구문 연구』 박이정.

유동석(1984). "양태조사의 통보기능에 대한 연구-{이}, {을}, {은}을 중심으로-," 『국어연구』 60.

유동석(1995). 『국어의 매개변인 문법』 신구문화사.

유하라(2006). "현대국어 조사의 배열 양상," 성균관대 박사학위논문.

유현경(1998). 『국어 형용사 연구』 한국문화사.

유혜원(1997). "'-시-'에 대한 형태 통사적 고찰," 고려대 석사학위논문.

유혜원(2002). "국어의 격 교체 구문의 연구," 고려대 박사학위논문.

유혜원(2011). "'이'와 '에'의 교체 구문에 대한 연구," 『한국어학』 50.

윤종렬(1990). *Korean Syntax and Generalized X-bar Theory.* 한신문화사.

이광호(1984). "처격어미 {에}, {에서}의 의미와 그 통합 양상," 『어문학』(국민대) 3.

이광호(1988). 『국어 격조사 '을/를'의 연구』 탑출판사.

이기동(1981). "조사 '에'와 '에서'의 기본 의미," 『한글』 173·174.

이길록(1969). "체언의 용언적 기능에 대하여-'이다'의 형태론적 분석-," 『국어교육』 15.

이길록(1974). 『국어 문법 연구』 일신사.

이남덕(1954ㄱ). "지정사 '이다'에 대하여(상)," 『국어국문학』 11.

이남덕(1954ㄴ). "지정사 '이다'에 대하여(하)," 『국어국문학』 12.

이남순(1983ㄱ). "'에'와 '로'의 통사와 의미," 『언어』 8-2.

이남순(1983ㄴ). "양식의 '에'와 소재의 '에서'," 『관악어문연구』(서울대) 8.

이남순(1985). "주격 중출문의 통사 구조," 『국어국문학』 93.

이남순(1987ㄱ). "국어의 부정격과 격표시," 『홍익대학교 논문집』(인문사회과학편) 19.

이남순(1987ㄴ). "'에', '에서'와 '-어 있(다)', '-고 있(다)'," 『국어학』 16.

이남순(1992). "'에'와 '에서'의 의미기능," 『홍익어문』(홍익어문연구회) 10·11.

이남순(1996). "특수조사의 통사기능," 『진단학보』 82.

이남순(1998ㄱ). "격표지의 비실현과 생략," 『국어학』 31.

이남순(1998ㄴ). 『격과 격표지』 월인.

이병근·채완·김창섭 편(1993). 『형태』 태학사.

이선웅(2005). "국어의 문장 제시어에 대하여," 『어학연구』 33-1.

이성하·구현정 옮김(2000). 『형태론: 의미-형태의 관계에 대한 연구』 한국문화사.

이숭녕(1953). "격의 독립품사 시비," 『국어국문학』 4.

이숭녕(1956). 『고등국어문법』 을유문화사. 김민수·하동호·고영근 편(1985). 『역대한국문법대계』 1-90 재록. 탑출판사.

이숭녕(1968). 『문법』 을유문화사.

이양혜(2000). 『국어의 파생접사화 연구』 도서출판 박이정.

이영민(1999). "처격 주어 연구," 『서강어문』 15.

이원근(1997). "우리말 도움토씨 연구," 연세대 박사학위논문.

이윤하(1988). "경험표현의 {-서}에 대한 연구-명사구에 나타나는 {-서}를 중심으로," 서울대 석사학위논문.

이익섭·이상억·채완(1997). 『한국의 언어』 신구문화사.

이익섭·임홍빈(1983). 『국어문법론』 학연사.

이익섭·채완(1999). 『국어문법론 강의』 학연사.

이정훈(2003). "국어 조사의 통합관계에 대한 통사적 접근," 한국어 통사론 연구회 제3차 연구발표회 발표요지.

이정훈(2004/2008). 『조사와 어미 그리고 통사구조』 태학사.

이정훈(2005). "국어의 문법형식과 통사구조 연구," 서강대 박사학위논문.

이진호(2005). 『국어 음운론 강의』 삼경문화사.

이태영(1991). "근대국어 {-끠셔}, {-겨셔}의 변천과정 재론," 『주시경학보』 8.

이홍식(1996). "국어 문장의 주성분 연구," 서울대 박사학위논문.

이희승(1949). 『초급국어문법』 박문출판사. 김민수·하동호·고영근 편 (1977). 『역대한국문법대계』 1-85 재록. 탑출판사.

이희승(1968). 『새문법』 일조각.

이희승(1975). "단어의 정의와 조사·어미의 처리문제," 『현대국이문법(논문선)』(남기심 외 공편, 계명대 출판부).

임동훈(1991). "격조사는 핵인가," 『주시경학보』 8.

임동훈(1996). "현대 국어 경어법 어미 '-시-'에 대한 연구," 서울대 박사학위논문.

임동훈(1997). "이중 주어문의 통사 구조," 『한국문화』 19.

임동훈(2000). 『한국어 어미 '-시-'의 문법』 태학사.

임동훈(2004). "국어 조사의 하위 부류와 결합 유형,"『국어학』43.

임홍빈(1972). "국어의 주제화 연구,"『국어연구』28.

임홍빈(1974ㄱ). "주격중출론을 찾아서,"『문법연구』1.

임홍빈(1974ㄴ). "{로}와 선택의 양태화,"『어학연구』10-2.

임홍빈(1987). "국어의 명사구 확장 규칙에 대하여,"『국어학』16.

임홍빈(1989). "통사적 파생에 대하여,"『어학연구』25-1. 이병근·채완·김창
        섭 편(1993), 183-226 재록.

임홍빈(1990). "어휘적 대우와 대우법 체계의 문제,"『국어학논문집』(강신항
        교수 회갑기념) 4. 임홍빈(1998), 7-48 재록.

임홍빈(1997). "국어 굴절의 원리적 성격과 재구조화-'교착소'와 '교착법'의 설
        정을 제안하며,"『관악어문연구』22.

임홍빈(1998).『국어 문법의 심층 3』태학사.

임홍빈(2007). "한국어 무조사 명사구의 통사와 의미,"『국어학』49.

임홍빈·장소원(1995).『국어문법론 I』한국방송통신대학교 출판부.

장하일(1947).『중등 새 말본』교재연구사. 김민수·하동호·고영근 편(1979).
        『역대한국문법대계』1-74 재록. 탑출판사.

전상범·김영석·김진형 공역(1994).『형태론』한신문화사.

정인상(1990). "주어,"『국어연구 어디까지 왔나』(서울대 국어연구회 편, 동
        아출판사).

정인승(1960).『한글강화』신구문화사.

정인승(1968).『표준문법』계몽사.

정해천(1978). "'이다'의 형태적 고찰,"『국어국문학연구』(원광대) 4.

정희정(1988). "'에'를 중심으로 본 토씨의 의미-'에'와 '고, 를'의 의미비교-,"
        『국어학』17.

주복매(1986). "문장 성분으로서의 보어 설정에 관한 연구," 연세대 석사학위
        논문.

주시경(1910).『국어문법』경성: 박문서관. 김민수·하동호·고영근 편(1977).
        『역대한국문법대계』1-11 재록. 탑출판사.

주시경(1913). 『조선어문법』 경성: 박문서관. 김민수·하동호·고영근 편
　　　(1977). 『역대한국문법대계』 1-12 재록. 탑출판사.

주시경(1914). 『말의 소리』 경성: 신문관. 김민수·하동호·고영근 편(1977).
　　　『역대한국문법대계』 1-13 재록. 탑출판사.

채완(1977). "현대국어 특수조사의 연구," 『국어연구』 39.

최경봉(1997). "국어 명사의 의미 구조 연구," 고려대 박사학위논문.

최규수(1994). "토씨구의 설정에 대하여," 『우리말연구』 4.

최기용(2001). "'-이다'의 '-이'는 주격조사이다," 『형태론』 3-1.

최기용(2003). "한국어와 핵 이동: 종결형을 중심으로," 『생성문법연구』 13-1.

최동주(1997). "현대국어의 특수조사에 대한 통사적 고찰," 『국어학』 30.

최웅환(2004). "조사의 기능과 배합," 『언어과학연구』 29.

최웅환(2005). "한국어 조사의 분류와 기능에 대하여," 『언어과학연구』 33.

최재웅(1996). "「-만」의 작용역 중의성," 『언어』 21-1·2.

최재희(2004). 『한국어 문법론』 태학사.

최정순(1991). "국어의 "NP+'-이-'" 구성과 '-이-'의 형태/통사론적 특성," 『석정
　　　이승욱선생 회갑기념논총』(원일사).

최창렬(1983). 『한국어의 의미구조』 한신문화사.

최현배(1930). "조선어의 품사분류론," 『조선어문연구』(연희전문학교 문과연
　　　구집) 1. 김민수·하동호·고영근 편(1977). 『역대한국문법대계』 1-44
　　　재록. 탑출판사.

최현배(1937). 『우리말본』 경성: 연희전문학교 출판부. 김민수·하동호·고영
　　　근 편(1979). 『역대한국문법대계』 1-47 재록. 탑출판사.

최현배(1961). 『우리말본(세 번째 고침)』 정음문화사.

최형용(1997). "형식명사·보조사·접미사의 상관관계," 『국어연구』 148.

최형용(2002/2003). 『국어 단어의 형태와 통사』 태학사.

최호철(1995). "국어의 보어에 대하여," 『한국어학』 2.

한글학회 편(1991). 『우리말큰사전』 어문각.

한송화(2000). 『현대 국어 자동사 연구』 한국문화사.

한용운(2003). 『언어 단위 변화와 조사화』 한국문화사.

한용운(2005). "형태소 '서'의 독립 조사 설정 문제," 『어문연구』 33.

한정한(1999). "의미격과 화용격 어떻게 다른가," 『국어의 격과 조사』(월인).

한정한(2003). "격조사는 핵이 아니다," 『한글』 260.

허웅(1961). "서기 15 세기 국어의 「존대법」과 그 변천," 『한글』 128.

허웅(1962). "「존대법」의 문제를 다시 논함," 『한글』 130.

허웅(1966). "서기 15세기 국어를 대상으로 한 조어법의 서술방법과 몇가지 문젯점," 『동아문화』 6.

허웅(1968). 『표준문법』 신구문화사.

허웅(1979). 『국어학-우리말의 오늘·어제-』 샘문화사.

허웅(1995/2000). 『20세기 우리말의 형태론(고친판)』 샘문화사.

허철구(2007). "어미의 굴절 층위와 기능범주의 형성," 『우리말연구』 21.

허철구(2011). "조사 '인가'의 문법," 우리말연구 28.

홍기문(1927). 『조선문전요령』. 김민수·하동호·고영근 편(1986). 『역대한국문법대계』 1-38 재록. 탑출판사.

홍기문(1947). 『조선문법연구』 서울신문사. 김민수·하동호·고영근 편(1986). 『역대한국문법대계』 1-39 재록. 탑출판사.

홍사만(1983). 『국어특수조사론』 학문사.

홍윤표(1978). "방향성 표시의 격," 『국어학』 6.

홍윤표(1985). "조사에 의한 경어법 표시의 변천," 『국어학』 14.

홍재성(1986). "교차 장소보어구문 연구-한국어 자동사 구문의 한 유형에 대하여-," 『한글』 191.

홍종선(1986/1990). 『국어체언화구문의 연구』 고려대 민족문화연구원.

홍종선·고창수·시정곤 편역(1993). 『장벽이후의 생성문법』 집문당.

홍종선 엮음(1998). 『근대국어 문법의 이해』 박이정.

홍종선 외(2000). 『현대국어의 형성과 변천1(음운·형태)』 박이정.

홍종선 외(2003). 『한국어 문법론의 연구 현황과 과제』 박이정.

홍종선 외(2006). 『후기 근대국어 형태의 연구』 역락.

홍종선 외(2009). 『국어 문장의 확대와 조사의 실현』 박문사.

황미향(2002). "조사 '-도'의 텍스트 형성기능 연구," 『언어과학연구』 21.

황화상(1996). "국어 체언서술어의 연구," 고려대 석사학위논문.

황화상(1997). "국어의 접사 체계," 『한국어학』 5.

황화상(2001). 『국어 형태 단위의 의미와 단어 형성』 월인.

황화상(2002). "국어 접사의 기능과 형태 범주-복합어 내부의 개재 접사를 중심으로-," 『언어』 27-4.

황화상(2003). "조사의 작용역과 조사 중첩," 『국어학』 42.

황화상(2004). 『한국어 전산 형태론』 월인.

황화상(2005ㄱ). "'께서'의 문법범주와 형태소 결합 관계," 『사림어문』(사림어문학회) 15.

황화상(2005ㄴ). "'이다'의 문법범주 재검토," 『형태론』 7-1.

황화상(2005ㄷ). "통사적 접사 설정의 제 문제," 『한국어학』 28.

황화상(2006ㄱ). "우리말 접사의 의미론적 고찰-단어 구조와 관련하여-," 『우리말연구』 19.

황화상(2006ㄴ). "조사 '에서'의 문법범주," 『배달말』 39.

황화상(2009). "'이서'의 문법적 기능과 문법범주," 『배달말』 44.

황화상(2011). "조사 '에'와 '에서'의 의미 기능-소재(所在)와 처소(處所)를 중심으로-," 『한국어학』 52.

Allen, M.(1978). *Morphological Investigations*. Phd dissertation, University of Connecticut.

Anderson, J.(1971). *The Grammar of Case*. Cambridge University Press.

Aronoff, M.(1976). *Word Formation in Generative Grammar*. Cambridge, Mass: MIT Press.

Bauer, L.(1983). *English Word-Formation*. Cambridge: CUP.

Blake, B. J.(1994). *Case*. Cambridge University Press. 고석주 옮김(1998). 『격』 한신문화사.

Bloomfield, L.(1933). *Language*. New York: Henry Holt and Co.

Botha, R. P.(1968). *The Function of the Lexicon in Trans-formational Generative Grammar.* The Hague: Mouton.

Bybee, J. L.(1985). *Morphology: A study of the relation between meaning and form.* Amsterdam/Philadelphia: John Benjamins Publishing Company.

Chomsky, N.(1957). *Syntactic Structures.* The Hague: Mouton.

Chomsky, N.(1965). *Aspects of the theory of Syntax.* Cambridge, Mass: MIT Press.

Chomsky, N.(1970). "Remarks on Nominalization," in *Readings in English Transformational Grammar,* ed. R. Jacobs and P. Rosenbaum, Waltham, Mass: Blaisdell, 184-221.

Chomsky, N.(1981). *Lectures on Government and Binding.* Dordrecht: Foris.

Chomsky, N.(1986). *Knowledge of Language: its Nature, Origin and Use.* New York: Praeger.

Chomsky, N.(1995). *Categories and Transformations.* Cambridge, Mass: MIT press.

Comrie(1981/1989). *Language universals and linguistic typology.* Oxford: Blackwell.

Di Sciullo, A. M. and Williams, E.(1987). *On the Definition of Word.* Cambridge, MA: MIT Press.

Fillmore, C.(1968). "The Case for Case." in Bach, E. and R. T. Harms(eds.). *Universals in Linguistic Theory.* New York: Holt, Rinehart and Winston.

Grice, H. P.(1975). "Logic and conversation." in Cole P. & Morgan J. L. (eds.). 1975. *Syntax and Semantics.* Vol. 3: Speech Acts, New York: Academic Press.

Grimshaw, J.(1990). *Argument Structure.* Combridge, MA: MIT Press.

Halle, M.(1973). "Prolegomena to a theory of word-formation," *LI* 4, 3-16.

Huang, J.(1982). *Logical Relations in Chinese and the Theory of Grammar.* MIT press.

Jackendoff, R.(1990). *Semantic Structures.* Cambridge, Massachusetts: MIT Press. 고석주·양정석 옮김(1999). 『의미구조론』 한신문화사.

Langacker. R. W(1968). *Language and Its Structure.* New York: Harcourt Brace Jovanovich.

Lieber, R.(1980). *The Organization of the Lexicon.* PhD dissertation, MIT.

Nida, E.(1949/1978). *Morphology: the Descriptive Analysis of Words.* Ann Arbor: University of Michigan Press.

Ouhalla, J.(1994). *Introducing Transformational Grammar: from rules to principles and parameters.* London: Edward Arnold.

Pesetsky, D.(1985). "Morphology and Logical Form," *LI* 16.

Pustejovsky, J.(1995). *The Generative Lexicon.* Cambridge, MA: MIT Press.

Ramstedt, G. J.(1939). *A Korean Grammar.* Helsinki, Suomalais-Ugrilainen Seura.

Roeper, T. & Siegel, D.(1978). "A lexical transformation for verbal compounds," *LI* 9.

Scalise, S.(1984). *Generative Morphology.* Dordrecht: Foris Publication.

Selkirk, E.(1982). *The Syntax of Words.* Cambridge, MA: MIT Press.

Sells, P.(1995). "Korean and Japanese morphology from a lexical perspective," LI 26, 277-325.

Siegel, D.(1974). *Topics in English Morphology.* New York: Garland.

Spencer, A.(1991). *Morphological Theory.* Cambridge University Press. 전상범·김영석·김진형 공역(1994). 『형태론』 한신문화사.

Williams, E.(1981ㄱ). "On the notions 'lexically related' and 'head of a word'," *Linguistic Inquiry* 12.

Williams, E.(1981ㄴ). "Argument Structure and Morphology," *The Linguistic Review* 1.

ㅅ

ㅊ

ㅌ

자 료

국어 조사의 문법

[자료1] 조사 중첩형의 중복 선행 형태를 포함하는 문장

1) '로만/만으로' 중복 선행 형태를 포함하는 문장
 *63개 형태 ('로만' 선행 형태의 빈도순)
 *동음이의어는 구별하지 않음.

■ 말
· 말로만 듣던 것이, 머릿속으로만 상상하던 것이, 꿈속에서만 보아왔던 것이 현실이 되어 나타났을 때, 나는 자주 귓볼을 잡아당겨 보곤 했었다.
 ·아무래도 조영감의 일방적인 말만으로는 미진한 데가 있어서였다.

■ 것
· 고발이라는 것을 처음 경험하는 나는, 피고발인이 응분의 처벌을 받음으로써 간단히 끝나는 것으로만 생각했으나, 그 과정은 그리 간단한 것이 아니었다.
· 서로가 창으로 존재하는 관계는 얼마나 아름다울까 상상해 보는 것만으로도 수혜는 마음이 밝아지는 것 같았다.

■ 눈
·감상하되, 눈으로만 보지 말고 노래를 부르면서 감상해 보자.
· 상대방을 찾는 방법으로는 매미들이 갖고 있는 아주 밝은 눈만으로도 충분하다.

■ 일
· 그러나 연이는 모두 남의 말, 남의 일로만 여겨 왔는데 그게 아니었다.
· 아들 아이를 맡아 키울 일만으로도 마음이 어수선하던 승학이라 산골

로 돌아가라는 두봉의 권유가 귀에 들어올 리 없었던 것이다.

■ 정도

• 이 회장은 특히 정경 유착에 대해 "그저 권력에 두들겨 맞지 않을 정도로만 유지해 왔다"며 5공 시절 김종필 씨와의 인척 관계 때문에 청와대로부터 눈총을 받아 "병까지 얻기도 했다"고 말하기도 했다.

• 그 정도만으로도 여자아이 하나를 감동시키기엔 충분할 거예요.

■ 소리

• 영재에게는 수천 청중을 앞둔 화려한 무대 위에서, 지금 저런 거룩한 눈맵시로 바이올린을 켜고 계시는 아버지의 음악 소리로만 생각되었다.

• 실제로 제주 변돈들은 발자국 소리만으로도 자신이 선호하는 '식단'을 제공하는 '사람(식품제조자)'인지 아닌지를 일찌감치 알아채고 꿀꿀거리며 반가움을 표시하거나, 아니면 아예 멀찌감치 내빼고 만다.

■ 대상

• 반세기 동안 안팎으로 강요되어 온 남·북 분단은 우리의 통일 논의 속에 단지 문제 차원의 인식 대상으로만 존재하는 것일까?

• 질료를 생명이 없는 죽은 물건으로 생각하고 자기의 사상 표현을 위해 이용되는 수단이나 개조 대상만으로 보는 태도로부터, 즉 '자연의 인간화'라는 예술관으로부터 오늘 민족민중미술의 한계를 발견할 수도 있다.

■ 문제

• 어지간하면 집안식구와 몇 마디 상의함직도 했지만 아버지라는 사람은 얼굴이 표나게 축이 지면서도 애오라지 당신의 문제로만 치부하려는 고집스러움을 보여주었다.

· 이러한 사실은 산더미 같은 인천교육 문제가 재정 문제만으로 치부될 것은 아니라는 점을 보여주고 있다.

■ 힘

· 한쪽에서는 이런 신뢰의 실추가 쌓이는데, 다른 한쪽으로는 힘으로만 무역 공세를 강화하는 것이 미국 스스로에게도 결코 유익한 결과를 가져다 주지 못하기 때문이다.
· 이제 우린 우리 힘만으로 살아가야 해.

■ 가지

· 바람을 가르며 이따금씩 질주하는 차량들과, 하늘과 구수한 국물냄새, 이 세 가지로만 이루어진 세계.
· 거실 커튼을 바꾸거나 창틀에 페인트를 칠하는 등 한두 가지만으로도 집안 분위기를 바꿔볼 수 있다.

■ 빛

· 먼 빛으로만 그것을 지켜보고 섰던 의경들이 이번에는 직접 민순경 앞으로 가서 궁금한 것들을 캐묻기 시작했다.
· 가장 비현실적인 장면의 하나로 떠오르는, 빛만으로 가득 찬, 이건 추상적으로 그렇다는 게 아니라 물리적으로 그렇다는 뜻에서, 한없이 밝기만 한, 그 노인복지원의 환경에 연유한다.

■ 자체

· 사람들은 정작 정치의 소용돌이 자체로만 살지 않았다.
· 예술은 예술작품 자체만으로는 생명력이 없다.

■ 개념

· [터미네이터]는 지구의 시간을 일원론적 절대시간 개념으로만 인식하고 있는 현대인의 '통념의 우물'을 우회적으로 풍자하고 있는 것이다.

· 그러나 수필의 개념만으로 수필이 무엇인가를 파악하였다고 볼 수는 없다.

■ 논리

· 정부의 한 당국자는 "경제 논리로만 따지면 피크타임에 에너지 소비 절약을 위해 전기료를 올려 받는 게 맞는 얘기지만 하필 요즘 같은 시국에 인기 없는 정책을 고수해야 할지 고민"이라고 말했다.

· 그러나 우리는 윤리적 탐구가 주제인 철학 소설 『리자』의 전편을 조심스럽게 읽어 가면 어린이들이 윤리적 탐구를 수행함에 있어 논리만으로는 충분하지 못하다는 사실을 발견하게 될 것이다.

■ 대화

· 소설을 희곡과 구별해주는 요체라 할 수 있는 묘사와 서사가 배제되어 있고 화자의 개입 없이 직접화법의 대화로만 짜여진 특이한 형식을 갖추고 있다.

· 과학기술에 대한 지식과 정치적 토론의 능력을 아울러 갖춘 지식인 내지 교양있는 시민들의 대화만으로 인간해방에의 길이 열린다는 논지 자체도 의심스러운데, 하버마스 자신이 오늘날 과학지식의 극단적인 전문화와 대중의식의 비정치화 경향 때문에 지성적 대화의 광장은 이중으로 좁아져가고 있음을 힘주어 말하고 있는 것이다.

■ 상상

· 상상으로만 가능했던 영상표현이 이들 테크놀러지의 도입으로 가능해

졌다.

· 그건 상상만으로도 온몸에 모닥불을 담아 붓는 것 같았고, 그걸 행여 누가 눈치챌까봐 더욱 쌀쌀하니 새침을 떨고 있었다.

■ 책

· 책으로만 만나던 신라의 숨결을 느낄 수 있으며, 겨레의 꿈이 어린 신화가 있고 종교가 숨쉬고 문화가 깃들어 있는 곳이다.

· 그러나 이 책만으로 균형 있는 관점은 얻기 어려울 것이다.

■ 하나

· 이름 아름다운 가게 그러나 이처럼 명사 하나로만 된 이름은 아주 드물다.

· 이 나라 최대 언론 기관의 하나인 KBS에 공권력을 투입한 사실 하나만으로도 서씨는 사장직을 물러나야 옳다.

■ 행동

· 그러나 달래 주는 이의 눈에는 어린 아이의 일반적 행동으로만 보일 뿐이다.

· 그림에 미쳐 직장도 때려치운 채 밤새 붓질을 하는 모습만으로도, 게다가 가끔씩 내뱉는 괴상한 언동과 기이한 행동만으로도 평범한 사람들을 겁주기에는 충분할 것이었다.

■ 그림

· 지금 바실리카 양식으로 지은 최초의 성당 가운데 남아 있는 건 하나도 없고, 단지 그림으로만 그 면모를 짐작할 수 있을 뿐이다.

· 이것을 달력으로 꾸며보면 그림만으로 그 달의 행사를 알 수 있고 마

음의 준비도 될 것이다.

■ 덩어리

· '전통'이라는 것을 단순히 '외래'의 것과 대비되는 하나의 막연한 덩어리
로만 인식해서는 이원론적인 대립의 구도를 벗어날 수 없다.
· 실지로 인민군은 하루 세 개 또는 두 개의 밥 덩어리만으로 싸웠다.

■ 등

· 체육 성적을 낼 때 예전에는 70점, 80점 또는 수, 우, 미 등으로만 표기
하면 됐지만 이제 국민학교에서는 성취기록카드라는 게 있습니다.
· 예를 들면 생물의 조직에 있어서 거의 99%에 이르는 구성 원소가 92개
의 원소 가운데 단지 6가지 원소, 즉 산소 70%, 탄소 18%, 수소 10.5%,
질소 0.3%, 유황 0.05%, 인 0.04% 등만으로 되어 있다는 것은 흥미로운
사실이다.

■ 머리

· 머리로만 혁명을 배우고 자칭 혁명가끼리의 조직에 세월을 보낸 사람
들은 작고 세세한 일에는 별로 쓸모가 없었다.
· 그러나 학교 수업은 언제부터인가 머리만으로 하는 수업이 일반화되고
말았다.

■ 시각

· 수줍음을 이렇게 여성의 이성에 대한 유혹의 시각으로만 보는 것은 편
협된 관점인 것 같다.
· 위성교육방송을 단순히 과외라는 시각만으로 볼 것이 아니라 학교교
육의 부족한 점을 메워주고 질 좋은 교육내용을 전국적으로 방송한다는

긍정적 측면만을 살려도 존재가치는 있다고 본다.

■ 이름

· 자유의 이름으로만 그것이 가능하였다.

· 부모라는 이름만으로 자신들의 멍에를 고스란히 나에게 짐지우려는 구닥다리 세대들.

■ 형태

· 오늘날 삶은 오로지 '살림'의 형태로만 존재하는가?

· 이렇게 인간의 실천적 주체성은 세계를 문제의 연속선에 따라서 파악하는 형태만으로라도 스스로를 실현한다.

■ 가능성

· 독자가 읽어 주지 않으면 문학은 우선 단지 가능성으로만 남게 되니까 독자의 입장은 절대적이라고 할 수 있다.

· 본격적인 방송이 시작되기 전에 특정 채널의 성공을 그 가능성만으로 지목할 수는 없지만, 물망에 오른 유망 채널 가운데서도 교육채널은 전통적인 교육열을 감안할 때 성공 가능성이 가장 높은 채널 가운데 하나로 꼽히고 있다.

■ 가정

· 민 경위님도 저와 같은 아픔을 앓게 되신다…… 하지만 민 경위님에겐 아직 제가 말씀드린 최초의 가정이라는 것이 끝내 그저 가정으로만 끝나버릴 수도 있을 일이니까 말씀입니다만.

· 가정만으로도 끔찍하게 두려운 일이었다.

■ 갈등

· 개체와 집단의 갈등은 단순히 욕망과 이성, 비이성과 이성, 또는 폭력과 질서의 대립 갈등으로만 설명될 수 없다.

· 서로 다른 정치 세력들은 하나의 세력과 다른 하나의 세력 사이의 단순한 갈등만으로 이루어진 것이 아니라 한 정치집단은 여러 세력과 복합된 적대 관계를 피할 수 없었다.

■ 경기

· 10월 8일자 '조선일보' 사설에서 경평 축구로 우리 모두가 부지중에 일체가 되어 군중적 차원에서 민중적 차원으로 화합하자는 취지를 은연중에 비친 것이라든지 당시 안재홍(安在鴻) '조선일보' 부사장이 경평전 개화사에서 경기로만 끝낼 것이 아니라 조선의 역량을 과시하는 기회로서 축복돼야 한다고 말한 것 등에서 완연하다.

· 경기가 끝나자 김감독은 "주로 2진급이 뛰었기 때문에 이 경기만으로 OB야구의 특성을 파악하는 것은 무리다"고 전제한 뒤 "그러나 지금까지의 OB야구는 관리 야구의 측면이 강했다고 생각한다"며 운을 뗐다.

■ 그것

· 그것으로만은 만족치 못하였다.

· 넓은 선택의 길에서 하나를 꾸준히 가는 것, 그것만으로도 축복이다.

■ 기계

· 이것은 컴퓨터를 계산하는 기계로만 생각하거나 한글자판을 외우지 못하기 때문인데, 비싼 컴퓨터를 사서 겨우 프로그램숙제나 게임을 하는데에만 사용한다면 너무 큰 낭비가 아닐 수 없다.

· 과학자들은 우주를 모두 이해했다고 생각했으며, 뉴턴적 기계 모형은

아리스토텔레스가 단순히 기계만으로는 설명할 수 없다고 생각했던 특성까지 포함한 모든 것을 설명해 주었다.

■ 기대

· 그에게는 여운형, 이승만, 김구 같은 이름이 구원의 이름이었다가 그 구원이 가라앉아버린 뒤의 아주 작은 기대로만 만족했다.

· 설렘과 기대만으로 좌충우돌했던 5년전과 달리 실속을 챙기려는 분위기가 이번 선거에 임하는 노동계의 두드러진 특징이며 "이는 노동계가 그만큼 성숙했다는 증거"라는 게 한 전문가의 분석이다.

■ 기술

· 언론에서는 미 군부에서 국민의 지지를 유지하기 위해 미국이 가지고 있는 하이테크 무기의 우수성만 보여줌으로써 전쟁을 목표를 명중시키는 고도의 기술로만 보이게 하고 텔리비전 화면을 온통 환하게 밝히는 대폭발 등 하이테크 무기의 우수성만이 일방적으로 전달되고 있어 대량 파괴와 인명 살상 등 전쟁의 참상은 하이테크 무기의 '영광'에 의도적으로 가려져 보이지도 않는다고 지적한다.

· 과학자들은 기술만으로 말한다면 이런 정도를 대중화시키는 데 10년, 늦어도 20년 정도면 가능하리라 보는 모양이다.

■ 날개

· 시사초점 언론이 주도하는 신공안공화국 언론은 '오른쪽' 날개로만 난다.

· 우리나라에서 호주까지 멀리 이동하는 물떼도요새류는 보통 65~80km 속도로 이동한다고 하며, 건까도요새는 25시간 동안 8백20km나 이동했다는데 몸에 엔진을 단 것도 아닌데 연약한 날개만으로 그렇게 이동했

다는 것이 신비로울 뿐이다.

■ 돈
• '부자들이 자식을 돈으로만 키우면 아마도 나중에 다 저렇게 될 거야!' 정신병원에는 돈 많은 집안의 자제들이 무척 많다.
• 돈만으로는 아무리 노력을 해도 자기 존재를 확인할 수 없을 테니까…….

■ 때문
• 그는 북한이 지난해 태국에서 쌀 15만의 선적을 중단한 것을 왜 꼭 경화부족 때문으로만 보려하는지 의문을 표시했다.
• 그러나 바로 그 이유 때문만으로 똘스또이의 물음을 외면한다는 것은 서양문학에 대해 주체적인 자세로 임한다는 본래의 의도에 위배되는 일이 된다.

■ 마디
• 말 몇 마디로만 살 수 있는 사람의 삶이란 이 세상의 모든 말에 대한 체념이다.
• 작자가 갑자기 나타나 내던지고 간 아리송한 귀띔 몇 마디만으로도 지섭은 자신을 긴장시키기에 충분한 이유가 되고 남았다.

■ 먹
• 먹으로만 그린 걸 보았는데 참 이상했어요.
• 수묵화: 채색을 쓰지 않고 먹만으로 그리는 동양화 고유의 회화 양식.

■ 모방

· 모든 문학을 다 모방으로만 볼 때, 자칫하면 신통치 않은 근거에서 이것은 저것의 모방이라는 억지를 부리게도 된다.

· 모방만으로는 계승이 안 되는 것이다.

■ 모유

· 그것은 모유로만 키운 아기에게 나타나는 일반적인 현상이다.

· 모유만으로 키우는 아기는 약 6개월까지는 제대로 잘 자라지만, 6개월이 지나면 모유만으로는 영양이 부족해서 마른다.

■ 물

· 6일 동안 물로만 재배한 것과 소독제(호마이)를 사용한 것, 성장 촉진제(인돌비)와 소독제를 함께 써서 기른 콩나물 등 세 종류다.

· 애벌 빨래란 세제를 푼 물에 세탁물을 넣기 이전에 우선 물만으로 대강의 더러움을 빼는 작업을 말한다.

■ 발

· 어떻게, 그 시대에 벌써 우리나라 지도를 만들겠다고 덤벼들 수 있었는지, 요즘처럼 교통이 편리하길 했나요, 카메라가 있어서 사진을 찍을 수가 있었나요, 삼천리 강산을 온통 발로만 걸어서 누벼야 할 판인데, 그렇게 돌아다닌들 누가 알아주길 하나?

· 또 교외에서 사는 사람이 물건을 사러 마차로 읍내에 왔다가 하룻밤을 투숙해야 했고, 방문 나온 신사와 숙녀들이 발만으로 보도를 더듬어 가다가 어디서 방향이 바뀌었는지도 모르고 반 마장이나 길을 빗나가기도 했다.

■ 변화

· 또 계절과 장소의 변화를 무대바닦의 색채와 의자 등 소도구의 간단한 변화로만 묘출해내는 방식도 상당히 소박한 발상이지만 나름의 서정성을 돋보이게하는 효과를 낼 수 있었다.

· 개인과 사회의 갈등이 태도의 변화만으로 해결될 수는 없기 때문이다.

■ 사례

· 여신이 금지된 골프장을 담보로 4백 30억 원을 빌려줬는가 하면 대출금의 사후관리 미비로 용도 외로 전용된 대출금도 4백 30억 원이나 되는 것으로 나타났지만 이 문제도 국감의 단골 메뉴이면서 시정이 되지 않는 사례로만 남아 있을 뿐이다.

· 그러나 몇몇 단편적 사례만으로도 제 3 세계의 문학에 거는 우리의 기대가 전혀 근거없는 것이 아님을 충분히 암시해준다.

■ 사실

· 하여간 내가 실지로 경험한 사실로만 미루어 보아도, 이 거미에게 물리면, 사람이라도 그 상처를 버려둘 수 없을 만큼 위험한 일이라고 생각한다.

· 포장마차에 가본 적이 없다는 그 사실만으로도 수혜가 본래 순결한 천사의 모습 그대로 자신에게 온 것처럼 느껴졌기 때문이었다.

■ 선

· 이 세상은 항상 진실과 선으로만 살아갈 수 없다는 평범한 진리가 나의 머리 속에 밀려왔다.

· 세상엔 선만으로 존재하지 않듯, 언제나 공존의 이유엔 모순의 진리가 솟는 법.

■ 수

· 그러니까 우리가 흔히 생각하는 것과는 달리 우리 눈에 보이는 사물이 어떤 색깔을 띠고 있느냐는 그것이 어떤 모습을 지니고 있느냐, 그것이 받아들이는 빛의 세기와 여리기가 어떠냐, 어느 부분이 더 밝고 어느 부분이 더 어두우며, 더 또렷한 부분은 어디고 흐릿한 부분은 어디냐, 그것의 질감이 어떠냐에 견주어 세포 수로만 따질 때 백분의 일도 중요하지 않다는 거지.

· 1679년 현미경을 발명한 과학자 뢰벤호프는 한정 요인을 인구 밀도, 즉 땅의 면적당 사람 수만으로 보았지만, 이후 음식에서부터 인간의 독창성에 이르기까지 한정 요인에 관해 광범위한 연구가 이뤄졌다.

■ 승리

· 광복은 결코 연합군의 승리로만 이루어진 것은 아니었다.

· 오직 미소 연합군의 대일전 승리만으로 얻어진 것인가.

■ 신고

· 보통 화재 신고로만 기억하는 119 구급대는 제주도를 제외한 전국 곳곳에 85개 지부를 갖추고 응급 환자와 사고·재해환자의 병원 이송 활동을 펴고 있다.

· 근로자 5인 이상 30인 미만의 소규모 기업체는 앞으로 공인 노무사의 간단한 노무 관리 점검이나 서류를 통한 자진 신고만으로 노동부의 정기 근로 감독을 면제 받게 된다.

■ 안채

· [문간채이면서도 방이 안채로만 뚫려서 좋구나잉?] 그 방에 처음 효숙을 입주시키던 날, 전 사장은 미처 깨닫지 못한 그 점을 발견하자 꿍심있

는 기쁨을 감추지 못했었다.

• 'ㄱ'자형 가옥은 행랑채 없이 'ㄱ' 자형의 안채만으로 형성된 가옥을 말하며, 부엌에 접해 있는 광(또는 방)은 가옥의 규모에 따라 있을 수도 있고 없을 수도 있다.

■ 야채

• 도시락 용기도 먹어 쌀과 죽순 시금치 등 야채로만 만든 이 무공해 점심은 용기마저도 토란뿌리로 만들어 용기째 먹을 수 있게 되어 있다.

• 항간에 류머티즘 관절염 환자들에게 체질 개선(?)을 위해 포도나 야채만으로 식사를 하라는 민간 요법이 권장되고 있는 것은 정말 한심한 일이다.

■ 양

• 일본은 우리에 비해 인구로 3배, 소득으로 4배, 그리하여 양으로만도 12배의 규모를 갖고 있다.

• 양만으로는 앞으로 강대국 중심으로 각각 블록화 지역주의화, 즉 미국권 일본권 유럽권으로 구획화돼 가는 속에서 우리의 양과 규모는 이들과 겨루며 독립할 수가 없다.

■ 요인

• 그리고 공동체를 저해 요인으로만 파악하는 것도 논쟁의 결점이라고 할 수 있다.

• 이러한 차이는 시인의 개인적인 요인만으로 설명될 수는 없다.

■ 의결

• 또 의원들은 본 회의 또는 위원회 의결로만 하도록 돼 있는 대정부 자

료 제출 요구권도 정부에 대한 서면 질문권처럼 의원 개개인이 행사할 수 있도록 해야 한다고 주장하고 있다.

· 그 자리에서는 현재 내무부 장관의 승인을 받도록 돼 있는 직속 기관과 지방 공사의 설립, 지방채 발행, 읍·면·동의 명칭변경을 시·도의회의 의결만으로 가능케 하고, 시·도의회 의결에 대한 내무부 장관의 재의 요구권과 대법원 제소권을 삭제토록 하자는 의견이 제시된 것으로 알려졌다.

■ 작용

· 실제 또는 진리는 눈에 보이지 않는 것이라고 믿은 플라톤은 오직 순수한 이성의 작용으로만 실재를 파악할 수 있다고 했다.

· 약속과 현양(顯揚)의 공간으로서의 사회 물론 언어의 매개 작용만으로 개인과 개인, 개인과 사회의 평화가 확보되는 것은 아니다.

■ 장치

· 그리고 아직도 컴퓨터가 비교적 고가품이므로 모든 정보의 흐름이 첨단 장치로만 편중되어 부의 불균형이 더욱더 심화돼 결국에는 사회 갈등구조가 첨예해질 수도 있을 것이다.

· 어떤 회사에서 대형컴퓨터를 구매하려 할 때 가격을 컴퓨터와 그 부대장치만으로 산정한다면 나중에 전산실에 설치할 냉·온방기의 시설자금 때문에 큰 낭패를 당하게 될 것이다.

■ 제재

· 이양하의 〈신록 예찬〉이나 김진섭의 〈백설부〉 등과 같이 한 가지 제재로만 꾸며진 단순 구성(單純構成)과, 이희승(李熙昇)의 〈청추 수제(淸秋數題)〉처럼 벌레, 달, 이슬, 창공, 독서'와 같은 두 가지 이상의 대등한 제재로 꾸며지는 복합 구성(複合構成), 피천득의 〈수필〉과 같이 일정한 계획 없이

줄거리의 진전이 산만한 산만 구성(散漫構成), 김진섭의 〈생활인의 철학〉
이나 베이컨의 〈학문〉 등과 같이 유기적 통일성을 가지고 꽉 짜여진 긴축
구성(緊縮構成) 등의 구성법으로 그 수필의 구성을 분석·파악한다.
• 다른 문학 작품이 그렇듯이 수필은 주제 의식에 의해서 선택된 제재만
으로 작품이 되어지는 것은 아니다.

■ 주사

• 이해방 박사는 "현재 주사로만 가능했던 5-Fu 같은 항암제에 대한 실
험을 수행하고 있다"며 "결과가 매우 긍정적으로 나오고 있다"고 밝혔다.
• 장쇠 할아범의 출상 날 있었던 아버지의 해괴한 주사만으로도, 홀로
대감댁에 들어와 있는 쌍순에게는 남 보기가 부끄럽고 창피한 일이었다.

■ 지식

• 자유가 무엇인지를 다만 책에 적힌 지식으로만 배운 세대 앞에 자유가
하나의 현실적 실체로 군림해왔을 때 그것은 여지없는 괴물의 모습과 표
정을 띠는 것이었다.
• 인격은 지식만으론 이루어지는 것이 아니다.

■ 처신

• 수용소 안에서의 좌우 충돌로 양쪽에서 무수한 사람들이 쥐도 새도 모
르게 사라지는 걸 목격한 아버지로서는 당연한 처신으로만 여겨졌다.
• 그러나 단순히 여론을 의식한 처신만으로 오늘의 국가적 위국을 능동
적으로 극복할 수는 없다.

■ 편지

• 낙망한 아벨라르가 생드니 수도원의 수사가 되자 엘로이즈도 아르장퇴

유 수녀원의 수녀가 됐고, 아벨라르가 자신의 '이단적' 신학설로 감금 상
태에서 비참하게 죽을 때까지 그 두 사람은 다시 만나지 못하고 편지로
만 영적 교제를 계속했다.
• 고등학교를 다른 곳으로 배정 받아 3년 내내 편지만으로 연락을 취하
고 대학에 들어온 지금도 서로 다른 대학 때문에 편지나 삐삐로밖에 서
로의 안부를 물을 수밖에 없었던 우리는 어느 날 찻집에 앉아 우리가 얼
마나 서로를 오해했었는지를 알 수 있었다.

■ 활동
• 제가 잘못 보지 않았다면 아버님께서는 여태까지 정치적 소용돌이와는
무관하게 순수한 창작 활동으로만 평생을 살아오셨고, 바로 그러한 점
을 후학들이 높이 평가하고 있는 줄로 알고 있습니다.
• 그러한 이유는 극작 활동만으로는 생업이 보장되지 않는다는 점에 큰
원인이 있다.

2) '로까지/까지로' 중복 선행 형태를 포함하는 문장
　*2개 형태 ('로까지' 선행 형태의 빈도순)

■ 정도(전체)
• 상처의 아픔이 이젠 견딜 수 없을 정도로까지 몸 전체로 번져왔다.
• 즉 리얼리즘의 개념을 거의 허구화시킬 정도로까지 모든 심미적 가치
를 그 안에 담아보려는 노력은 마치 리얼리즘만이 예술이고 리얼리즘이
곧 심미적 가치의 동의어인 것처럼 생각하는 습관에서 연유한다고 볼 수
있다.
• 그 사건이 군의장이 생각하는 정도로까지는 엄청난 것은 아니었는지,

아니면 정상위가 유능한 군의군관이라는 사실이 어떤 고려의 대상이 되었는지는 알 수 없었지만 동영은 일단 마음이 놓였다.

· 그러나 그 자리에 있는 어느 누구도 그런 정도로까지 전문화된 지식에, 더구나 쌍칼 형의 눈알부라림을 감수하면서, 도전할 생각은 없는 모양이었다.

· 그리고 이 트임의 크기는 대개가 겨드랑 아래 길이나 허리 아래 길이에서 밑단까지의 크기이며 또는 밑단에서 위쪽으로 무릎 정도까지로 하는데 이는 보행이나 팔의 활동, 앉은 자세와 관련이 있는 것으로 보인다.

■ 어디(전체)

· 과거로의 치달음은 어디로까지 갈지 알 수가 없다.

· 그렇다면 매매춘의 범위를 어디까지로 규정할 수 있는가?

3) '에까지/까지에' 중복 선행 형태를 포함하는 문장
 *2개 형태 ('에까지' 선행 형태의 빈도순)

■ 데(전체)

· 그 이유로는 우선 내가 살고 있는 지역에서 특별하게 머리에 떠오르는 사적지가 없었고, 또 올해가 광복 50주년이 되는 해라는 데에까지 생각이 미쳤고 [독립분]에 대해 내가 알고 있는 정도라야 겨우 초보적인 단계에 지나지 않는다는 점에서 이번 기회를 잘 이용해서 좀 더 깊이 알고 싶어서였다.

· 그러나 문제는 이들이 건축과 도시 계획의 체질을 구조적으로 개선하고 개혁하는 데에까지 나아갈 수 있느냐는 것이다.

· 돈도 조금 벌 수 있고 밥도 조금 먹을 수 있지만 그것을 벌고 밥을 먹는

데까지에 이르는 사람들의 노고는 말할 수 없이 복잡합니다.

· 어린이가 거울에 비친 영상을 보고 그것을 자기의 모습이라고 인지할 수 있게 되는 데까지에는 상당히 복잡한 심리적 발전이 있어야 한다.

■ 지금(전체)

· 여기에 의례적인 외의(外衣)인 포의(袍衣)를 덧입는 형식으로 되어 있는데, 이런 방식은 고구려 이래 조선시대까지 한복의 기본형으로 계속 이어져 지금에까지 이르렀다.

· 교육당국은 지금까지에 있어서처럼 부실한 내용을 가진 4년제 대학을 분별없이 인가하지 말고, 산업사회의 추세와 그 의미를 적극적으로 홍보·계몽하여, 기능을 중요시하는 학교를 늘리도록 힘을 기울여야 할 것이다.

[자료2] 조사 중첩형의 단독 선행 형태를 포함하는 문장

1) '로만' 단독 선행 형태를 포함하는 문장
 *빈도 3이상 29개 형태 (빈도순)

■ 우리들이 방향을 바꾸지 않았으니 비는 한 쪽으로만 맞았을 테고, 만일 바람의 방향이 바뀌었다면 어느 쪽이고 마찬가지로 젖었을 거야.

■ 우연한 기회에 대화를 나누었던 히틀러 유겐트(열성적 나치주의자로 이루어진 소년단) 출신의 60대 독일인은 당시에는 모두가 정말로 히틀러가 옳은 줄로만 알았다고 고백했다.

■ 이렇게 얘기의 진이 빠질 정도로 지껄여대니 거짓말과 비밀이 없고 진기가 입으로만 오른다란 말이 나오는 것이다.

■ 경림이는 옆학교 문예반에 남학생을 좋아했는데 그 애 역시 자기 마음을 못 밝히고 속으로만 좋아했다.

■ 그는 양복 주머니엔 손도 넣지 않고, 겉으로만 위아래를 양 손바닥으로 탁탁 쳐 보이면서 찾는 시늉만 했다.

■ 밖으로만 내달리던 마음의 빛이 존재의 원천을 돌이켜 비추면 우리의 참다운 모습이 밝게 드러난다는 것이다.

■ 우리에게 집이란 단순히 물리적 가치로만 여길 수 있는 그런 것이 아니었다.

■ 운명이란 처음부터 정해져 있어, 그가 아무리 애써도 애초에 정해진 방향으로만 움직이기 마련입니다.

■ 오늘 안으로만 도착하면 되니까 아직 시간이 많이 남아 있는 셈이었다.

■ 그저 앞으로 앞으로만 흘러가는데 바빠서 어쩔 줄 몰라하는 인간들에겐 시간은 마치 비웃기나 하는 듯이 더욱 빠르게 지나간다.

■ 그는 앞에서 걸어가며 혼잣소리처럼 말했는데 은기는 그의 소리를 건성으로만 들으며 새로운 세계에 온 사람 특유의 호기심으로 병원 이곳저곳을 유심히 살펴보았다.

■ 그럼에도 불구하고 사람들은 소금과 빛의 역할을 이런 뜻으로만 이해하는 것 같다.

■ 이러한 의견 대립을 꼭 부정적으로만 볼 필요는 없겠다.

■ 만약 그 창고를 빠져나가지 못하면 자기들은 반드시 소문으로만 듣던 그 끔찍한 마구잡이 죽음을 당하리라 믿고 있는 것이었다.

■ 선전 광고는 오직 비슷한 여러 상품을 소비자가 견주어 보기 위한 상품 정보를 얻는 수단으로만 활용하는 것이 바람직한 태도이다.

■ 건강하게 회사에 다니던 남편이 암으로 갑자기 저 세상으로 떠났을 때 평범한 주부로만 살아 온 공씨도 어떻게 살아야 할지 앞날이 막막했다.

■ 청소년들의 비행을 가정 교육의 탓으로만 돌리지 말고 이 사회의 뿌리 깊은 병리 현상으로 새 대통령은 인식해 주었으면 한다.

■ 안방에는 벌써 누가 왔는지, 수군수군하는 소리가 그의 귀로만 들어오는 듯하였다.

■ 이 길로만 계속 나가면 경찰자식들 겁낼 필요 없이도 돈을 꽤 벌 수 있겠구나 싶었던 거지.

■ 그러나 더욱 산뜻하지 못한 일은 장윤 씨 자신이 그 꿈들을 단순한 꿈으로만 받아들이려 하지 않는다는 사실이었다.

■ 이와 기는 존재론적으로 동일하지만 논리적으로만 구별된다.

■ 밤을 꼬박 앉아 새우고 은근히 재촉을 하여 이튿날 아침에도 또 일찌거니 나섰으나 노파는 그저 당치 않은 데로만 끌고 다녔다.

■ 그러니까 세상 안에서의 불타의 진리는 부재와 부정으로만 확인된다.

■ 그러나 여기서 한가지 분명히 할 점은 주변부의 문화생산시장이 다국

적기업의 매개를 통해 세계체제 안으로 편입된다는 것이 단순한 경제적 메커니즘, 즉 대자본이 소규모 자본을 통합하는 식으로만 이해될 수 없다는 것이다.

■ 문학의 이해에 있어서도 완전한 이해는 오로지 이상으로만 존재할 뿐이다.

■ 넌 마치 그 녀석의 시를 좋아하듯 정신적으로만 그 녀석을 사랑한 것처럼 행세했어.

■ 즉 凡夫道로서 표시되는 인간의 미자각 상태는 인간을 단순한 자연적 존재로서 육체적 존재로만 보는 부분적 인간관이고, 羅漢道로써 표시되는 개인적 자각 상태는 인간을 단순히 思惟的 存在로서 정신적 존재로만 보는 추상적인 인간관이며, 菩薩道로써 표시되는 사회적 자각 상태는 인간을 부분적으로 또는 추상적으로 보는 인간관이 아니고, 그것은 전체적으로, 구체적으로, 사회적으로 인식하는 인간관이다.

■ 풍문으로만 들은 남의 이야기의 시비를 여기서 가려내고자 한다면 그야말로 우스운 일이 되겠지만, 실제로 우리는 양쪽의 주장 모두에 우리 나름의 의문을 제기해볼 수는 있지 않을까 싶다.

■ 중참은 됐던 아나운서인데 TV 뉴스를 평소 무심히 화면으로만 보았지 실제 현장의 상황은 알고 있지 못했다.

2) '만으로' 단독 선행 형태를 포함하는 문장
 *빈도 3이상 11개 형태 (빈도순)

■ 따지고 보면 오로지 돈이 많다는 이유만으로 금배지를 가슴에 단 사람이라 그는 누구보다도 돈의 힘, 돈의 위력을 숭상하고 있었다.

■ 그러나 이것만으로 진정한 한국의 복식미를 말하기에는 충분하지 않

으며, 이것은 다만 부분적인 대답에 불과하다고 생각한다.

■ 바가지 서로 깊이 좋아하면서도 일부러 만날 기회를 만들 필요 없이 생각만으로도 푸근해지는 친구가 있는가 하면 며칠만 목소리를 못 들어도 궁금증이 나서 전화질이라도 해야 배기는 친구도 있다.

■ 기업이 환경 문제에 가장 큰 책임이 있다 하더라도 기업의 노력만으로는 결코 환경 문제를 치유할 수 없다.

■ 3년 연속으로 연간 30%씩 늘어나는 휘발유 소비나 연간 2배씩 늘어나는 등유 소비는 가격 정책만으로 대처하기에는 한계가 있기 때문이다.

■ 그리하여 그는, 모두를 자동적으로 잠들게 하는, 사랑의 열정만으로도 녹이는 데는 한계가 있는, 저 잠의 어둠을 허물고 그녀를 찾아, 그녀를 직접 흔들어보리라 결심하고, 두꺼운 바늘을 하나 훔쳐, 그리고는 그날 처음으로, 빛과 어둠의 경계에서, 의지와 감정만으로는 종소리의 시간을 더 이상 늘일 수 없을 만치 되었다 싶은 순간, 이를 악물고, 바늘을 자신의 손바닥에 찔러, 통증으로 강제적인 어둠속에서 깨어 있는 의식을 연장시킬 것인바, 육신의 통증과 기계적으로 쏟아지는 잠의 씨름 속에서 버티기 위해, 점점 더 바늘을 살 깊이 쑤셔넣을 수밖에 없어, 입술은 피터진다.

■ 그날도 목사는 또 예의 그 〈사람이 빵만으로 사는 것은 아니오……〉를 자신에게 유리하게만 끼워맞춘 설교를 하고 있었습니다.

■ 말이 좋아 적성이지, 성적만으로 아이들의 운명을 결정짓는 이 제도에서, 빠져나갈 틈새라곤 전혀 보이지 않는 이 갇힌 굴레에서 '적성 운운' 하는 것 또한 낯뜨거운 일일 뿐이다.

■ 우리나라에서 농업 소득만으로 생활비를 충당할 수 있는 경지 면적은 약2.0Ha인데 우리농가의 평균 경지 면적이 1.2Ha이고 2.0Ha를 넘는 농가가 8%도 채 안 되는 현실을 감안하면 90% 이상의 농민들이 농사만 지어서는 먹고 살 수 없다는 것을 알 수 있다.

■ 지금까지는 검사가 영장을 청구하면 판사는 서류 심사만으로 영장

발부 여부를 결정해 왔다.

■ 서구 자연주의 내지 자연주의적 사실주의의 직수입이 아니고 이와 구별되는 리얼리즘 — 당시는 대개 '사실주의'로 번역되기는 했지만 — 을 최초로 거론했다는 점만으로도 1920~30년대 카프 논객들의 비평사적 공로는 뚜렷하다.

3) '로까지' 단독 선행 형태를 포함하는 문장

 *빈도 3이상 12개 형태 (빈도순)

■ 그러나 가뜩이나 허약한 한국 경제를 뿌리부터 뒤흔드는 미국의 지나친 '과소비 억제 운동 철회 압력'은 오히려 반미 감정을 자극하고 미제 상품 불매 운동이라는 불행한 사태로까지 번질 수 있음을 미국은 깊이 인식할 필요가 있다.

■ 따라서 우선 과학기술자의 역할에 대해 서술하고 그것만으로는 부족하다는 점을 지적함으로써 사회적 수준으로까지 시야를 확대하는 것이 중요하다.

■ 전체적인 사회관계와 각자의 의식이 자발적인 노동을 담보할 때만 그 사회가 제대로 돌아가리라는 것만은 분명한데, 러시아 농촌에 관한 레빈의 경험과 명상을 이런 차원으로까지 확대하는 것은 결코 비약이 아니다.

■ 농촌 총각들의 결혼 문제가 심각한 사회 문제로까지 언론에 등장하기 시작한 것도 이미 오래되었다.

■ 그러나 곤충이나 새 등 일부 동물에서는 난세포와 여러 개의 정자가 융합해서 생긴 개개의 개체를 성숙 상태로까지 인공적으로 육성하는 데 성공하고 있다.

■ 한국기자협회는 4일 민자당 진천·음성지구당사에서 발생한 취재기자 감금폭행사건과 관련, 성명을 내고 "이는 집권 여당의 언론탄압이 정치폭력의 양상으로까지 번져간 중대한 사태"라며 정부 당국에 철저한 진상조사 및 가담자 전원처벌, 재발방지책 수립을 촉구했다.

■ 그는 이전의 노예제사회결여설을 배격하고 우리 역사에서 아시아적 공동체의 강고한 잔존과 그 공동체 지배를 토대로 하는 전제국가의 존재를 강조하고, 그 제약 때문에 고전적 형태로까지 발전하지 못한 가내노예제 우클라드가 다른 공동체적 소농민 우클라드 등을 희생시키며 계속 발전하였다고 주장하였다.

■ 이 항조운동은 19세기 중엽에는 삼남지방을 중심으로 한 농민반란으로 확산되었고, 개항 후에는 제국주의 열강의 정치경제적 침략의 압박까지 겹침으로써 이를 배격하는 대규모 민중항쟁의 단계로까지 발전하게 되었다.

■ 1974년부터 시작된 공작기계, 중장비등의 여러 가지 기계(병기포함)공업단지 조성으로 한국 최대의 기계공업 도시가 되더니 1977년부터는 배후신도시 조성까지 착수되어 오늘날 한쪽은 공업지대, 다른 한쪽은 배후도시지구가 된 신식의 도시로까지 성장되어 있다.

■ 병원 단체들은 정부측의 만성적인 진료비 체불로 인해 병의원의 의료보호 기관 지정 기피와 환자 진료 거부 행위가 생기고 있으나 이에 대해 병의원만 비난을 사고 있다며 "자구책을 강구하겠다"는 입장을 보여 진료비 체불 문제가 법정으로까지 비화될 조짐이다.

■ 우리가 벼를 재배하기 시작한 것이 아마도 6천 년 전 신석기 시대로까지 소급된다는 고고학계의 의견에 따른다면 『위지 동이전』의 기록보다 훨씬 전부터 벼 재배와 그 밖의 농경에 따른 세시 풍속이 짜여져 왔으리라는 추측이 든다.

■ 현재 벌어지고 있는 혹독한 노동운동 탄압은 모든 노동자들에게 견디

기 어려운 고통을 안겨주고 있으며, 한 성실하고 정직한 노동자를 죽음
으로까지 몰아 넣었다.

4) '까지로' 단독 선행 형태를 포함하는 문장
 *전체 26개 형태 (빈도순)

■ 은행 등 제 1금융권에서는 오는 3월 말까지로 되어 있는 특별적립-우
대복지보험 등 탈퇴형 보험의 판매 시한을 더 연장하지 말아야 한다는
입장이고, 생보 업계는 이 상품의 판매 비중이 전체 수입 보험료의 30%
에 이르기 때문에 시한 연장이 불가피하다고 주장하고 있다.
■ 김 회장은 오는 31일까지로 예정된 방북 기간 중 북한의 주요 공업
시설을 둘러보고 특히 의류 신발 등 경공업 분야의 합작 공장 설립을 중
점 협의할 계획이다.
■ 우리 나라 말로 잔뼈가 굵어지도록 20 몇 년이라면 당신네들이 종전
(終戰)이라고 부르고 우리가 소위 해방이라고 하던 1945년까지로 마감
해서 내 생애의 거의 3분의 2에 해당합니다.
■ 1993/09/15 30 엑스포 관람 시간 단축 / 내일부터 밤 9시까지 대전 엑
스포 관람 시간이 16일부터 오전 9시 30분부터 밤 9시까지로 종전보다
1시간 단축된다.
■ 이곳에서 판매되는 버클은 4천원에서 2만 원까지로 그 모양과 값이
다양하다.
■ 그리고 이 트임의 크기는 대개가 겨드랑 아래 길이나 허리 아래 길이
에서 밑단까지의 크기이며 또는 밑단에서 위쪽으로 무릎 정도까지로 하
는데 이는 보행이나 팔의 활동, 앉은 자세와 관련이 있는 것으로 보인다.
■ 제4기: 1951년 1월 중순부터 동년 6월 중순까지로 대량 보복작전의

성공으로 연합군이 전투의 우세적 주도권을 장악하였던 시기.

■ 변동 시기는 이들이 시집와서 살기 시작한 1935년 이후에서 현재까지로 잡았다.

■ 다시 그러나 상황은 단기전의 개념을 6개월까지로도 바꿔 놓을 수 있었다.

■ 그렇다면 과천 지역의 연초재배 역사는 조선조 말의 헌종(憲宗)대까지로 시대가 올라갈 수 있을 것이다.

■ 대피소까지로 구분하여 특색이 있는 식물로는 바위 틈에 물봉선과 같이 노랑물봉선이 나타나며, 실새풀이 군락을 이루고 있는 점이 특색이라 할 수 있다.

■ 어린이들은 연령에 따라 세 집단으로 분류되는데, 다섯 살에서 일곱 살까지, 여덟 살에서 열 살까지, 그리고 열한 살에서 열다섯 살까지로 나누어진다.

■ 실제로 92년 상반기까지로 잡고 있는 금리 자유화 제 1단계의 조처는 대부분 이미 시행되고 있는 것들이어서 별다른 내용이 없고, 93년 말까지의 제 2단계 조처 또한 물가·투기·국제 수지 등등 온갖 전제 조건이 달려 있어 사실상 그 실현 가능성이 극히 의심스러울 정도이다.

■ 18세까지로 조직된 이 나치 돌격대는 국가 사회주의적 이념 속에 데모 선동 활동에 동원됐다.

■ 그렇다면 매매춘의 범위를 어디까지로 규정할 수 있는가?

■ 1992/04/15 07 위락-숙박 시설 건축 연말까지 규제 연장 / 기획원 시 지역 재개발 6월말 해제 정부는 오는 6월말이 시한인 위락 및 숙박 시설, 관람 관광 및 전시 시설 건축 규제를 연말까지로 재차 연장할 계획이다.

■ 파일명은 영문자 8자까지로 제한되어 있고, 확장자는 영문자 3자 이내로 제한되어 있다.

■ 여기서 추동되는 우스꽝스러운 갈등의 반복과 지속은 1장에서 3장까

지로 이어지는 파노라마식 구성을 보여준다.

■ 여성의 값싼 노동력은 자본에게 대단히 매력적이기 때문에 여성노동력은 여러 산업 분야에 광범위하게 흡수되지만 여성은 성별분업상 생계유지자가 아니기 때문에 여성의 노동은 형식적으로 결혼 전까지로 한정되고 임금도 남성보다 낮게 책정된다.

■ 이 사업의 결과 경기도의 경지면적은 조사전의 227, 550정(町)으로부터 335, 802정까지로 약 70%의 증가를 보았지만, 막대한 토지가 국유화되었기 때문에 토지를 잃은 농민이 많이 나타났다.

■ 그러므로 경계를 서울, 시흥, 화성, 용인, 수원, 광주 지역까지로 한정하여 과천방언(果川方言)으로 설정할 수 있을 것이다.

■ 1세대 1인 가족도 31세대나 되는데 이들의 연령분포를 보면, 20대 초반에서 30대 초반까지로 결혼적령기에 있는 부류들이다.

■ 제3기: 1950년 10월 하순부터 1951년 1월 초순까지로 중공이 '조선의 형제인민을 지원'한다는 명분으로 참전하여 연합군이 후퇴해야 했던 시기.

■ 제2기: 1950년 9월 중순부터 동년 10월 하순까지로 낙동강 방어의 성공과 서방측 연합군의 인천상륙작전으로 한국군과 연합군이 반격에 나서 중공 국경 가까이에 접근함으로써 북한정권이 중대한 타격을 입었던 시기.

■ 이는 한국 복식미에 대한 연구는 다각적인 측면에서 한 집점인 미를 향하여 연구될 수 있음을 의미한다 본 연구의 역사적 범위는 삼국시대부터 한복을 생활복으로 착용했던 현대까지로 한다.

■ 삼지(三池)는 지(池) 자체만으로나 그 환경까지로나 내지 그 내력에서나 가장 풍부한 전설소(傳說素)와 가장 적호(適好)한 전설적 동기를 가짐이 필연이지마는, 오래 황역(荒域)으로 매몰된 결과를 전하는 아무것과 징(徵)할 만한 무엇이 아울러 없다.

5) '에까지' 단독 선행 형태를 포함하는 문장

 *빈도 3이상 32개 형태 (빈도순)

■ 김 선생님은 석순의 손을 잡고 집에까지 데려다 주었습니다.

■ 이농 농가 인구의 급격한 감소는 이제 일손이 모자라 농사를 포기해야 할 지경에까지 이르렀다.

■ 몇 번이고 도로꼬를 밀어볼까 하고 동네 옆의 현장 사무소 문 앞에까지 가보았다.

■ 이 때 혜경궁이 장막 안에 들어설 때부터 비통함을 이기지 못하여 흐느끼는 소리가 장막 밖에까지 들렸다고 한다.

■ 이 노래가 진평왕의 귀에까지 들리게 되자 왕은 선화공주를 궁에서 내쫓았다.

■ 우리와는 제반 여건이 너무나 다른 마당에 어떠한 유추를 내린다는 것은 위험하기 마련이지만, 조선왕조 후기의 우리 평민문학이 그 대중성과 현실주의적 미덕을 간직한 채 귀족문화 전통에서 좀더 많은 것을 흡수하여 서구의 시민문학에 견줄 만한 경지에까지 이르지 못했다는 사실은 주체적 근대화를 이룩하지 못했다는 조선왕조 후기 역사의 실패에 대응되는 현상임이 분명하다.

■ 신라 효공왕(孝恭王)은 성 안에까지 집이 몇 개나 되는가 정례(定例)적으로 보고케하고 있는 것으로 미뤄 까치 집은 삼국시대부터 길조로 여겼던 것 같다.

■ 뒷산 마루 위에까지 올라온 나는 한참 동안 멍하니 몰라보게 달라진 자연을 바라보고 있었다.

■ 최근에는 부지난을 해소하고 기술 교환과 기계 대여를 더욱 쉽게 하기 위해 부지를 공동 매입, 공단을 조성하는 단계에까지 이르렀다.

■ 그렇다고 '나'가 작가 자신이고 '그'가 독자라든가 '나'와 '그'가 함께 작

가이자 독자라는 수준에까지 끌어간 단계는 아니었다.

■ 영화와 비디오게임에의 응용 그래픽시스템이 대중적인 비디오게임 등에까지 널리 보급되게 된 것은 1970년대초부터 개발되기 시작한 무작위 추출 기억장치라고 불리는 RAM이 보급되면서부터이다.

■ 진흥왕 때 원광(542~640)이 이른바 세속오계(世俗五戒)를 편 것은, 불교가 신라 귀족 사회의 이념으로 자리를 굳히고 세속의 문제에까지 그 영향력을 행사했음을 보여 주는 것이다.

■ 지금 샛푸른 전나무에 얹히는 눈발을 보니 눈물을 펑펑 흘리며 불을 때서 방에까지 생솔가지 연기가 들어오던 그 새벽의 냄새가 여기서도 나지 않을까 생각된다.

■ 이 조각난 관점은 나아가 사회에까지 확장되어 저마다 다른 국가, 인종, 종교, 정치 집단으로 분열된다.

■ 85/7/13 고양이 AIDS 왜 다 같은 애완동물인데 개는 집 밖에서 기르고 고양이는 이불 속에까지 들여 놓고 길렀을까.

■ 즉 기계가 인간의 고유능력인 지능과 의식, 창조의 영역에까지 침투해서 인간을 밀어내는 것이 아닌가 하는 두려움이 바로 그것이다.

■ 문명의 발달은 기계가 인간이 할 노동을 대신할 뿐 아니라, 인간의 두뇌까지 대신할 수 있을 정도에까지 이르렀다.

■ 중앙무대의 정쟁이 지방에까지 파급된 것이다.

■ 사실 이러한 미에 객관적인 태도는 현대에까지 그 평가로 이어지고 있음을 알 수 있는데, 디자인에서 응용되고 있는 원리는 지금도 이러한 기준을 근거로 하고 있는 것에서 나타나고 있다.

■ 노동이 '놀이'로 되는 것에까지 나아갔을 때의 얘기인 까닭이지요.

■ 놀고 먹는 벌은 식량이 저축된 곳에까지 기어 들어가서, 그 위에다 미장이꽃벌의 소중한 알과 나란히 해서 자기 알을 낳아 붙인다.

■ 밤낮을 가리지 않고 무덤의 망상에만 사로잡혀 지내는 그의 그 내밀하

고도 망연스런 표정이나 질서없는 행동들이 다른 사람들의 눈에까지 역력한 광태의 일종으로 비쳐지고 있었다.

■ 나는 우리 동네에까지 이런 사탕발림의 민생 경제를 위한 조치가 미칠 수 없는 현실 속에서 성장하고 있었다.

■ 그럼에도 불구하고 비전문가나 일반인에게는 카오스이론이 충분히 난해하게 보일 수 있는데, 이는 카오스의 연구가 특히 물리학, 수학 등의 분야를 중심으로 이미 매우 심오한 부분에까지 이르고 있기 때문이다.

■ 한편 소외의 정도, 즉 순환의 차단에 의한 수탈, 이에 대한 저항과 억압, 그로부터 빚어지는 수난의 정도, 고통·빈곤·기아·저임금 또는 저농산품 가격·저곡가, 수탈당하고 소외되고 사회적으로 낙후하고 정신·윤리적으로 파탄되고 뿌리뽑히고 흐르는 유민(流民) 상태로 들어가고 범죄적인 상태에까지 이르고 하는 — 이런 여러 가지 고통, 일체의 소외 정도가 가장 극심한 상태를 경과하고 있는 집단 또는 그 집단의 경과·과정을 '민중'이라고 부른다.

■ 경제 성장에 발맞춰 성장을 거듭해 온 입시전의 군수업체들은 이제 그들끼리 또 하나의 전쟁을 치루는 상황에까지 이르렀다.

■ 여자를 대하자면 남자는 구두 소리에까지도 세심한 주의를 가져야 점잖다는 우대를 받게 되는 것이라면 이건 여성에 대한 모욕이 아닐까, 생각을 하며 나는 그 다음으로 그 구두징을 뽑아버렸거니와 살아가노라면 별한 데다가 다 신경을 써가며 살아야 되는 것이 사람임을 알았다.

■ 이 축적된 지방간은 일부 간세포를 파열되게도 하며, 이것의 반복은 급기야 인간을 죽음에까지 이르게 한다.

■ 또한 감비노가는 활동 범위를 뉴욕은 물론 뉴저지, 코네티컷, 플로리다 남부 지역에까지 뻗치고 있음도 밝혀졌다.

■ 통일 내용과 목표를 상실한 과정론적인 통일 방법론, 특히 외형적 '통합방법론'에만 그치고 있고, 이로 인해 통일 실천 운동을 위한 힘을 추동

해야 할 통일 논의들이 세계 패권 국가의 지배 논리를 일반 국민의 의식 차원에까지 '학습'시키는 결과를 초래한 것 등이 지적된다.

■ 신체의 왼쪽, 오른쪽 절반의 구별은 근육 하나 하나에까지 나타나 있는데, 이렇게 비대칭이면서도 몸 전체는 균형을 이룬다.

■ 개발된 소프트웨어는 국산 중형 컴퓨터에 탑재되어 국내 기업에 무료로 보급될 뿐만 아니라 해외에까지 수출할 전망이다.

6) '까지에' 단독 선행 형태를 포함하는 문장

*전체 10개 형태 (빈도순)

■ 그러나 그 뒤에도 여진의 침입이 잦아지자, 세종은 강력한 북진 정책을 써서 최윤덕으로 하여금 이 곳을 개척하게 하여 1443 년까지에는 자성, 무창, 우예군을 설치함으로써 사군이 완성되었다.

■ 즉, 2월-7월까지에는 3급은 6개역, 2급은 5개역, 1급은 4개역을 전송하였고, 8월-정월까지에는 3급은 5역, 2급은 4역, 1급은 3역을 전송하였다.

■ 제1권에 실은 예정목차는 시리즈 전체를 7권 50장으로 설정하였는데, 그 가운데 25장이 제3권까지에 실려 나왔다.

■ 광복 이후 50년대까지에는 김중업 이광노 김재철 이희태씨 등에 의해 서강대 본관 대한극장 YWCA 메트로호텔 등이 설게됐다.

■ 따라서 우리가 회원국으로 가입한다 하더라도 조약의 비준까지에는 시간적 재량이 있다.

■ 일제 초기까지에는 어느 두레에나 악기가 수반되었던 것으로 보이나 후대에는 변화가 이루어졌다.

■ 선수들의 팬티까지에도 광고를 겸한 회사 이름이 적힌다.

- 측정 장비가 1회 고장날 경우 수리와 재가동 확인까지에는 최소한 15일 이상이 소요돼 오염치를 제대로 측정하지 못하는 경우가 많다는 것이다.
- 양전회장이 계약원인무효소송에서 이기더라도 경영권을 회복까지에는 어려움이 있을 것이란 전망이 제기되고 있는 것도 사실이다.

부 록

국어 조사의 문법

[부록1]

국어의 접사 체계

1. 서론

본고는 형태부(어휘부)의 체계화를 전제로 한 시험적 연구로서 단어 형성의 핵이 되는 접사를 대상으로 하여 그 분류 기준의 타당성 문제를 고찰하고, 이를 바탕으로 국어의 접사를 분류하여 그 체계를 새롭게 정립하는 데 목적이 있다.[1]

국어의 접사를 어떻게 분류하여 체계화할 것인가 하는 문제는 전통적으로 형태론 연구의 핵심적인 문제가 되어 왔음에도 불구하고 아직까지 논란의 여지가 많이 남아 있다. 이는 물론 형태론(Chomsky식 생성이론의 입장에서 볼 때 통사론)의 이론적 변천과도 관련된 문제이기는 하지만, 접사 분류 기준에 대한 타당성 검증이 충분히 논의되지 못했다는 데 더 근본적인 이유가 있다고 할 수 있다.

언어학적 연구 대상으로서의 모든 언어 단위는 체계성을 바탕으로 인식할 때 학문적 기술이 가능하게 된다. 따라서 언어에 대한 제 연

---

1. 본고는 황화상(1996)에서 다루었던 내용의 일부분을, 그 내용을 보완하여 구체화한 것이다.

구는 한마디로 무질서해 보이는 언어 현상들의 경험적 관찰을 통하여 그 속에 내재하는 질서를 찾아내는 과정이라고 할 수 있다. 한편 체계화에는 일정한 기준이 있기 마련인데, 그 기준을 어떻게 설정하는가에 따라 체계화의 방향과 결과, 더 나아가서 언어 현상에 대한 인식 그 자체가 달라질 수 있다. 여기에서 중요한 것은 설명력의 문제이다. 즉 경험적으로 관찰 가능한 해당 언어의 언어 현상을 얼마나 타당성 있게 설명해 낼 수 있는가 하는 것이다.

국어 접사의 체계를 올바르게 확립하기 위해서는 언어 현실을 반영하지 못하는 개념적 체계화나 개념적 타당성을 결여한 이론적 체계화의 집착에서 벗어나, 단어 형성, 문장 해석 등 문법 체계 전반에서 접사가 갖는 본질적 속성을 고려해야 한다. 이는 국어 접사가 차지하는 문법적 위치를 고려할 때 당연한 귀결이며, 또한 바람직한 접사 기술 태도라고 할 수 있다.

국어 접사의 체계를 확립하는 데 있어서 본고는 고창수(1986, 1992), 시정곤(1994) 등에서 구체화된 통사적 접사의 개념을 발전적으로 수용할 것인데, 이는 굴절접사와 파생접사의 분류 체계가 갖는 근본적인 한계를 공감하는 데 기인하는 것이다. 다만 통사적 접사의 설정과 관련하여 그간 제기되었던 문제점들을 극복하는 입장에서, 일부 근본적인 개념들에 대하여서는 새로운 검토를 시도할 것이다.

2. 문제 제기 : 새로운 접사 체계의 필요성

전통적으로 접사는 크게 두 부류로 나뉘어 인식되어 왔다. 즉 어떤 접사의 첨가가 새로운 단어를 만드는 절차로 인식되느냐, 아니면 동일 단어의 어형 변화 절차로 인식되느냐에 따라 파생접사와 굴절접사를 구분해 왔다.[2] 여기에서 접사가 첨가되어 형성된 요소가 새로운 단어인가 아닌가 하는 것은 어근의 어휘 범주의 변화 여부를 기준으로 결정된다.[3] 다음 예를 고려해 보자.

   (1) ㄱ. 자랑<u>스럽</u>다, 먹<u>이</u>, 높<u>이</u>, …

      ㄴ. 소<u>가</u>, 잡<u>았</u>다, …

이러한 접사 분류 체계는 예를 들어 '먹-'의 통사적 쓰임과 '먹이'의 통사적 쓰임, '잡-'의 통사적 쓰임과 '잡았-'의 통사적 쓰임을 고려해 볼 때 경험적 타당성이 있어 보인다. 또한 '먹이'는 '먹-'과는 다른 별개의 단어로 인식되지만, '잡았-'은 그렇지 않다는 국어 화자의 언어 직관을 고려해 볼 때 개념적 타당성이 있어 보인다. 그러나 파생접사와 굴절접사의 분류 체계는 다음과 같은 단어 형성을 다룰 수 없다는 근본적인 문제점을 내포하고 있다.

   (2) 먹<u>기</u>, 정직<u>함</u>, 예<u>쁜</u>, 만<u>날</u>, …

---

2. 파생접사와 굴절접사를 구분하기 위한 기준에 대해서는 Bloomfield(1933), Nida (1946), Scalise(1984), Bauer(1988) 등이 참고가 되는데, 전상범(1995:38-48)에서는 각각의 논의에서 제시된 기준들에 대하여 종합적으로 검토했다.

3. 파생이 새로운 단어를 만들어내는 형태론적 절차라고 볼 때, 이를 유도하는 기제에는 다음과 같은 적어도 두 가지의 기제가 존재하는 것 같다. 하나는 어근의 어휘 범주(즉 품사)의 변화와 관련된 것이며, 다른 하나는 어근의 의미 범주의 변화와 관련된 것이다. 즉 새로운 어휘 범주나 의미 범주의 필요성에 의해 파생이 유도되는 것이다. 이 가운데 본고에서는 어휘 범주의 변화와 관련이 없는 접두 파생과 일부 접미 파생('가위질, 놀이개' 등)의 경우에 대해서는 고찰하지 않기로 한다.

　(2)의 접사가 굴절접사인지 파생접사인지를 판단하기는 쉽지 않다. 어근의 어휘 범주를 변화시키지 못한다는 점에서, 그리고 (2)의 어형이 개념적으로 선행 어근과는 별개의 단어로 인식되기 어렵다는 점에서 (2)의 각 접사는 굴절접사로 분류되어야 한다. 그러나 예를 들어 '먹기'의 접사 '-기'는 '먹이'의 접사 '-이'와 마찬가지로 형성된 어형을 명사로 기능하게 한다는 점에서 이들 접사를 단순히 굴절접사로 처리하기 어려운 점이 나타난다.

　이러한 경험적 사실을 무시하고 접사 체계를 기술한다면, 굴절접사와 파생접사의 체계 내에서는 어떠한 굴절접사도 어휘 범주 자질을 갖지 못하므로, 이는 결국 어휘 범주 자질을 갖는 굴절접사를 인정해야 한다는 이론 내적 모순에 빠지는 결과가 되고 만다. 또한 이들을 굴절접사로 처리한다면, 예를 들어 '-이'(먹이)와 '-기'(먹기)의 통사적 역할이 동등하다는 언어 직관을 적절하게 설명할 수 없게 된다.

　결국 굴절접사와 파생접사의 분류 체계는 체계 내에서 (1)과 (2)의 접사들이 보이는 공통점과 차이점을 적절히 설명해 내지 못하므로, 경험적 타당성과 개념적 타당성의 획득에 실패하게 된다. 따라서 새로운 접사 체계의 필요성이 제기된다.

　굴절접사와 파생접사의 분류 체계에서 제기되는 근본적인 문제는 다음과 같은 예문에서도 확인된다.[4]

　(3) ㄱ. 영호는 {*과감히/과감한} 학생이다.

　　　ㄴ. 철호는 {*훌륭히/훌륭한} 부자답다.

　　　ㄷ. 영수는 {*용감히/용감한} 군인같다.

---

4. 아래 예문은 황화상(1996:28)에서 체언서술어문으로 설정한 것이다. 체언서술어문에 대해서는 황화상(1996)에서 종합적으로 검토한 바 있다.

굴절접사와 파생접사의 분류 체계 내에서 (3)의 예문을 어떻게 설명할 수 있을지는 의문이다.[5] 예문에서 '학생이다, 부자답다, 군인같다'는 모두 문장의 서술어로 쓰이고 있으므로 이들의 어휘 범주는 동사([V])가 되어야 하며, 따라서 '-이-, -답-, -같-'은 모두 동사파생접사인 것처럼 보인다. 그런데 문제는 이들이 부사어의 수식을 받지 못하고 관형어의 수식을 받는다는 데 있다. 국어에서 관형어의 수식을 받는 대상은 명사([N])로 제한되므로 이들 접사를 동사파생 접사로 볼 경우, (3)에서 보이는 특이성을 설명할 수 없게 된다.

파생접사와 굴절접사의 분류 체계에서 이러한 문제가 제기되는 것은 근본적으로 그것이 선행 어근의 범주 변화 여부에 따른 체계이기 때문이다. 따라서 새로운 접사 체계를 확립하는 데 있어서 선행 어근의 범주 변화 여부가 접사를 대별하는 근본적인 기준이 될 수는 없게 된다.

3. 어휘적 접사와 통사적 접사의 개념

파생접사와 굴절접사의 분류 체계에 대한 한계를 인식함으로써 그 대안으로 제시된 것이 어휘적 접사와 통사적 접사의 분류 체계이다. 이 체계에서는 접사의 활동 영역을 형태부에 국한시킨 전통적 인식의 틀에서 탈피하여, 그것의 활동 영역을 통사부까지 확대함으로써 기존의 접사 체계에서 제기되었던 문제점을 극복하고자 하였다.

---

5. 예문의 '-이-, -답-, -같-'을 접사로 보지 않고 설명할 수는 있으나, 이들을 접사가 아닌 다른 범주로 보기는 어렵다. 이들의 범주 설정에 대해서는 황화상(1996:25-31)에서 살펴본 바 있다.

비록 통사적 접사라는 명칭은 사용하지 않았으나, 이러한 접사 분류 체계에 대한 필요성은 김창섭(1984)에서 비롯되었다. 김창섭(1984)에서는 흔히 형용사 파생 접미사로 간주되어 왔던 '-답-'이 명사구에 접미하여 형용사구를 형성하는 통사론적 기능이 있음을 고찰했다. 그러나 김창섭(1984)는 이러한 관찰을 접사의 분류 체계 안에서 다루지 못했다는 데 한계가 있다. 즉 굴절접사와 파생접사의 전통적 접사 분류 체계 안에서 명사구에 접미하는 통사론적 기능의 접사 '-답-'을 어디에 포함시킬 수 있을지는 의문이다.[6]

어휘적 접사와 통사적 접사의 분류 체계에 대한 본격적인 논의는 고창수(1986, 1992)에서 비롯되어, 김원경(1993), 시정곤(1994) 등으로 이어지면서 세부적이고 체계적인 논의가 진행되었다. 고창수(1992)에서는 핵에 직접 부착되는 어휘접사와 투사범주를 어기로 하는 통사접사를 구분하고, 통사적 접미사의 통사론적 특질을 다음과 같이 기술했다(고창수 1992:263).

(4) ㄱ. 통사적 접미사들은 통사구조에서 독립된 교점을 가져야 한다.

　　ㄴ. 이때 교점의 범주명칭(label)은 어휘범주의 명칭과 같다.

　　ㄷ. 기능범주의 핵(I,C)을 제외한 모든 어휘범주의 핵이 되는 접미사는 그 형태론적 특질 때문에 지정어(SPEC) 자리를 허가할 수 없다.[7]

---

6. 그리하여 김창섭(1994)에서는 통사론적 기능의 '-답-'을 의존 형용사로 규정하게 되었다.

7. 이에 대해 엄정호(1993:323-24)에서는 '나는 [밥을 먹]V'기가 싫다'와 같은 문장에서 어휘 범주의 핵이 되는 접미사 '-기'가 쓰였으나, '먹-'이 서술어이므로 지정어 자리를 갖는다고 비판했다. 그러나 접미사 '-기'의 어휘 범주는 N이므로, 고창수(1992)에서 말한 지정어 자리는 N의 지정어 자리이지 V의 지정어 자리가 아니다.

한편 김원경(1993)은 어휘적 접사와 통사적 접사의 분류 체계를 바탕으로 접사 피동을 다룬 논의이며, 시정곤(1994)는 접사의 활동 영역의 확대, 접사의 세부적인 분류와 그에 따른 단어 형성 절차의 형식화 등 어휘적 접사와 통사적 접사의 분류 체계에 입각한 종합적인 단어 형성 논의라고 할 수 있다.

어휘적 접사와 통사적 접사에 대한 이상의 논의는 구체적인 내용에 있어서는 차이가 있긴 하지만, 어기의 투사 범주를 근본적인 분류 기준으로 삼았다는 데 공통점이 있다. 즉 어휘적 접사는 어근(X^0)을 어기로 하며, 통사적 접사는 통사구성(X', 또는 XP)을 어기로 한다는 것이다.

접사에 대한 이러한 인식은 (2)와 (3)의 예와 관련하여 제기되었던 문제점을 극복할 수 있다는 데에 그 의의가 있다. 어휘적 접사와 통사적 접사의 분류 체계 내에서 (2)의 단어가 포함된 예문과 (3ㄱ)의 예문은 다음과 같이 분석된다.[8]

  (5) ㄱ. 철수는 [[e 밥을 먹]기]를 좋아한다.

     ㄴ. 영호는 [[[*과감히/과감한] 학생]이]다.

(5)에서와 같이 '-기, -이-'는 모두 통사적 접사로서 최대 투사(XP)를 어기로 하고 있다. 이러한 분석은 결국 접사의 결합을 선행 어근과 그것을 선행하는 요소의 결합에 후행시킴으로써 설명력을 획득하

---

8. 하치근(1996)에서는 체언서술어문을 '영희는 [소녀]N이다/영희는 [예쁜 소녀]NP이다'와 같이 분석하고, 하나의 접사에 두 기능을 부여할 수 없다고 하여 시정곤(1994)의 논의를 비판했다. 그러나 이러한 분석은 잘못된 것이다. 즉 시정곤(1994)에서는 체언서술어가 통사부에서 형성되는 것으로 보았으므로, 위의 앞 예문에서 '소녀'는 N이 아니라 그것이 자체 투사된 NP가 된다.

게 된다.

그러나 어휘적 접사와 통사적 접사의 분류 체계는 접사에 대한 개념의 혼돈이라는 근본적인 문제를 내포하고 있다. 즉 이러한 접사 분류 체계에서는 접사의 본질적 속성이 무엇인지를 판단하기가 어렵게 된다. 일반적으로 접사는 어근에 상대되는 요소로서, 형태적으로 어근에 의존적인 어휘부 요소로 인식된다. 따라서 어근과 접사의 결합은 본질적으로 형태론적 절차이다. 그런데 (5)의 분석에서 알 수 있듯이 통사적 접사는 어근이 아닌 구(최대 투사)에 의존적이며, 통사적 접사의 결합은 형태론적 절차가 아닌 통사론적 절차(후술할 핵 이동)에 의해 이루어지게 된다.[9]

또한 어근과 접사의 결합은 본질적으로 접사의 형태론적인 속성(의존성)에 의해 유도되는 것이므로, 단어 형성은 이러한 속성을 만족시키는 절차라고 할 수 있다. 그런데 통사적 접사의 의존성은 어휘 항목으로서의 어근이 결합함으로써 만족되므로, 굳이 투사범주로서의 구를 어기로 취할 필요가 없다. 즉 고유 자질로 [+affix] 자질을 갖는 접사의 관점에서 보면, 그것이 필요로 하는 성분은 어근(핵)이지 그것의 투사 범주가 아니다. 따라서 기존의 접사 분류는 접사의 본질적 속성에 의한 분류가 되지 못한다.

---

9. 국어의 일부 접사(후술할 통사적 접사)는 형태적으로는 선행 어근에 의존적이지만, 통사적으로는 선행 어근이 핵이 되는 구에 의존적이라는 이중적 속성을 갖는다. 그렇다면 이러한 속성을 보이는 접사들의 영향권(scope)은 핵(X0)이 아니라 최대 투사(XP)가 된다(이러한 설명은 예를 들어 격조사의 경우 그 영향권이 명사핵이 아니라 명사구라는 사실에 의해서 직접적으로 확인된다). 따라서 국어 접사를 기술하는 데 있어서 근본적으로 생각해야 할 것은 접사의 이러한 이중적 속성을 이론 체계 내에서 어떻게 적절히 포착해 줄 것인가 하는 것이다. 이런 점에서 볼 때 기존의 통사적 접사 논의는 국어 접사의 통사적 속성은 적절히 설명했지만, 형태적 속성은 적절히 설명하지 못한 불완전한 것이라고 볼 수 있다. 후술할 통사적 접사 논의의 문제점은 근본적으로 이러한 불완전성에 기인하는 것이다.

한편 시정곤(1994:245)에서는 다음과 같은 핵 이동의 형태론적 조건을 제시하여 통사부에서의 단어 형성을 핵이동으로 설명했다.

(6) 핵 이동의 형태론적 조건
    형태론적인 의존성과] 의미론적인 의존성을 동시에 가지는 의존형태소는 [-FF:Free Form] 자질을 가지고 있으며 이 형태소는 [+FF] 형태소(어근)의 핵 이동을 유도한다.

여기에서 문제가 되는 것은 핵 이동의 타당성 문제이다. 즉 단어 형성을 위한, 통사부에서의 핵 이동이 정당화될 수 있는가 하는 것이다. Ouhalla(1994:58)에서는 통사부의 규칙(핵 이동)으로 간주되는 접사 첨가(Affix-hopping)가 어휘부의 형태 규칙과 다르지 않다고 하여, 통사부 단어 형성의 문제점을 지적했다. 고창수(1996:242)에서도 형태 이론의 측면에서 핵이동과 같은 규칙은 어기와 접사의 직접적인 결합을 우회하는 우회규칙으로 파악되며, 통사 이론의 측면에서도 핵이동은 일반 통사 규칙과 괴리되는 특이 규칙이기 때문에 이를 단순히 통사 규칙으로 상정하는 데에는 무리가 따른다고 보았다.

(6)의 조건과 관련하여 지적할 수 있는 것은 통사적 접사의 어기를 왜 투사 범주로 설정하는가 하는 것이다. (6)에 따르면 통사적 접사는 구와 결합하는 것이 아니라 선행하는 구의 핵과 결합한다. 다시 말해 선행하는 구의 핵이 이동하여 통사적 접사와 결합하게 되는 것이다. 따라서 통사부에서의 단어 형성을 인정한다고 하더라도, 그것은 본질적으로 어근과 접사의 결합이지 구와 접사의 결합은 아니다. 그렇다면 결국 시정곤(1994)의 논의는 어근과 접사의 결합을 통사부에서 처리하는 것에 불과한 것이다.

통사부에서의 운용과 관련하여 제기되는 또 다른 문제는 격 할당과 의미역 할당의 문제이다. 시정곤(1994:286-87)에서는 '-이-'의 선행 명사구가 격을 갖지 못하는 이유를 핵 이동을 통해 설명했다. 즉 선행 성분이 (6)의 조건에 의해 핵 이동하였으므로 격 할당이 이루어질 수 없다는 것이다. 그러나 격 할당에 대한 이러한 처리는 다음과 같은 점에서 문제된다.

먼저 '-이-'의 격할당 능력이 긍정문과 부정문에서 일률적이지 않다는 것을 지적할 수 있는데, 이는 하나의 어휘 항목이 두 유형의 문장에서 통사적으로 다른 기능을 한다는 점에서 문제된다. 시정곤(1994:286-87)에 따르면 '철수는 학생이 아니다'와 같은 부정문에서는 선행 명사구 '학생'이 격을 할당받지만, '철수는 학생이다'와 같은 긍정문에서는 '학생'이 격을 할당받지 못한다. 따라서 '-이-'는 긍정문과 부정문에서 격 할당 능력에 차이를 보인다.

통사부의 운용에 의해, 즉 (6)에 따른 핵 이동에 의해 긍정문에서는 '-이-'의 격 할당 자질(즉, 대격 할당 자질)이 삭제된다고 볼 수도 있다. 그렇다고 하더라도 이러한 핵 이동은 일반적인 핵 이동과는 다른 종류의 운용이라는 점에서 보편성이 없다. 즉 일반적인 핵 이동은 자질 첨가의 운용이지만,[10] 이러한 핵 이동은 자질(어휘 범주 자질) 첨가와 자질(대격 할당 자질) 삭제가 동시에 이루어지는 운용이라는 점에서 보편성이 없다.

한편 통사적 어휘 접사의 선행 어근이 논항이라고 한다면, 그것은 의미역을 받아야 한다. 시정곤(1994:294)에서는 통사적 어휘 접사 '-이-, -답-, -같-'은 의미역틀을 가지고 있어서 선행 명사구에 대상역(theme)

---

10. 예를 들어 시제소(T, tence)로의 동사 이동은 동사 복합체에 시제 자질을 첨가하는 운용이다.

을 할당한다고 보았다. 그러나 통사적 어휘 접사가 의미역틀을 가지고 있다고 보기는 어렵다. 이러한 사실은 다음 예문의 비교에서 알 수 있는데, 논항의 위치 변화는 일반적으로 (논리적) 의미의 변화를 초래하지만, '-이다' 구문의 경우에는 논항의 위치 변화가 의미 변화를 초래하지 않는다.

    (7) ㄱ. 철수가 영희를 때렸다.
        ㄴ. 영희가 철수를 때렸다.
    (8) ㄱ. 철수는 우등생이다.
        ㄴ. 우등생은 철수이다.

한편 술어와 논항 사이에 성립하는 선택 제약 관계를 통하여서도 '-이-'의 선행 어근이 의미역을 받는 논항이 될 수 없음을 확인할 수 있다. 즉 다음 예문에서 알 수 있듯이 체언서술어문에서는 주어와 '-이-'의 선행 어근 사이에 선택 제약 관계가 성립한다.[11] 그런데 선택 제약 관계는 어떠한 경우에도 논항과 논항 사이에서는 성립할 수 없으므로, '-이-'의 선행 어근을 논항이라고 볼 수 없다.

    (9) ㄱ. 철수는 학생이다.
        ㄴ. *철수는 식물이다.

통사적 어휘 접사가 의미역틀을 가지고 있다고 보기 어려운 또 다

---

11. 체언서술어문의 선택 제약 관계에 대해서는 남기심(1986)에서도 논의된 바 있다. 그러나 남기심(1986)에서는 '-이다'를 잡음씨로 보고, 이러한 선택 제약 관계(즉 주어와 보어 사이의 선택 제약 관계)를 '-이다' 구문의 특이성으로 처리했다는 점에서 본고와 다르다.

른 이유는 논리학적 개념에서 찾을 수 있다. 즉 체언서술어문은 논리적으로 'A=B'라는 명제(proposition)을 나타내는 문장이므로, 통사적 어휘 접사의 선행 명사구는 술어(predicate, 논리학 용어로는 '빈사')이며, '-이-'는 한 질료(matter)와 다른 질료를 형식적으로 연결시켜 주는 계사(copula)의 일종이다(김광해 1983).[12]

위에서 살펴본 여러 문제점에도 불구하고 이런한 접사 체계는 이전의 접사 체계에서 설명하지 못했던, 예를 들어 (3)과 같은 예문을 체계 내에서 설명할 수 있다는 점에서 그 의의를 찾을 수 있다. 따라서 본고에서는 어휘적 접사와 통사적 접사의 개념을 받아들임으로써 기존의 설명력을 수용하되,[13] 위에서 제기된 문제를 극복하는 방향에서 그 내용을 수정하기로 한다.

어휘적 접사와 통사적 접사의 분류 체계에서 제기되는 근본적인 문제점은, 접사의 작용권(XP)을 설명하기 위해, 형태적으로 어근에 의존적인 접사(통사적 접사)와 어근의 결합을 통사부에서 처리했다는 것이다. 본고에서는 이와는 반대로 어근과 접사의 결합을 어휘부에서 처리하고, 접사의 영향권에 대한 문제를 이론 내적으로 적절히 포착해 줌으로써 기존의 논의에서 제기되었던 문제점을 극복하고자 한다.

---

12. 김광해(1983:3)에 따르면 계사의 문법적 역할은 모든 언어에서 동일하지만, 그 실현은 언어마다 다르다. 예를 들어 그것은 영어에서 be 동사의 형태로 나타나지만(Mary is a child), 러시아어에서는 표면에 실현되지 않는다(Marija rebênok). 본고에서는 '-이-'가 논리적으로 계사의 일종이라는 김광해(1983)의 논의를 받아들이기로 한다. 그러나 김광해(1983)에서는 '-이-'를 (명목상의) 동사로 보았다는 점에서 본고의 입장과 다른데, 본고에서는 그것을 접사로 간주한다.

13. 본고에서의 어휘적 접사는 선행 어근과 결합하여 새로운 어휘를 만든다는 의미에서 '어휘적'이며, 통사적 접사는 형성된 단어의 통사적 쓰임에 관여한다는 의미에서 '통사적'이다.

본고의 이러한 가정은 어휘부에 대한 새로운 인식을 바탕으로 한다. 즉 본고에서는 어휘부를 새로운 어휘 항목을 만드는 절차로서의 단어 형성(따라서 형성된 단어는 어휘부에 등재된다)과 통사부 대상을 만드는 절차로서의 단어 형성(따라서 형성된 단어는 어휘부에 등재될 수 없다)을 포괄하는 문법의 한 부문으로 간주한다.[14]

모든 접사의 결합을 어휘부에서 다루기 위해서는 먼저 접사의 어기를 투사 범주가 아닌 어휘 항목으로서의 어근으로 제한해야 한다. 그리고 다음으로 두 부류의 접사, 즉 어휘적 접사와 통사적 접사가 보이는 형태·통사적인 차이를 설명해야 한다. 어휘적 접사와 통사적 접사의 근본적인 차이를 살펴보기 위해 다음 예문을 고려해 보자.

(10) ㄱ. 철수가 밥을 <u>먹</u>었다.

ㄴ. 철수가 새에게 <u>먹이</u>를 주었다.

(11) ㄱ. 영희가 민수를 <u>만났</u>다.

ㄴ. 영희는 민수를 <u>만나기</u>를 싫어한다.

(12) ㄱ. 철수는 아주 <u>어른스럽다.</u>

ㄴ. 철수는 부지런한 <u>학생이다.</u>

어휘적 접사가 결합하여 형성된 단어와 통사적 접사가 결합하여 형성된 단어의 근본적인 차이는 전자가 통사적 쓰임이 단일한 데 비

---

14. 어휘부와 단어 형성에 대한 이러한 가정은 이론적으로 Halle(1973), Williams(1981) 등에서 구체화된 강어휘론 가설(strong lexicalist hyhothesis)과 Chomsky(1995)의 어휘부에 대한 설명에 근거한 것이다. 그리고 통사부 대상을 만드는 절차로서의 단어 형성에 대한 본고의 인식은 '순수한 의미에서 통사부에 자립적인 형태소는 없다'고 한 김양진(1996:174)의 논의와 근본적으로 동일한 것이다. 한편 본고에서는 통사부 대상을 만드는 절차로서의 단어 형성은 어근과 접사의 형태적 의존성에 의해 유도되어, 통사적 자립 요소를 만드는 절차라고 가정한다.

해 후자는 통사적 쓰임이 복합적이라는 것이다. 즉 (10ㄴ)의 '먹이'는 문장에서 명사로만 기능하지만, (11ㄴ)의 '만나기'는 내포문에서는 동사로, 모문에서는 명사로 기능한다. 그리고 (12ㄴ)의 '학생이다'는 선행 요소 '부지런한'과의 관계에서는 명사로, 전체 문장에서는 동사로 기능한다. 이러한 차이를 어휘 범주 자질로 나타내어 형식화하면 다음과 같다.

(13) ㄱ. 먹- + -이 → 먹이([V] + [N] → [N])

ㄴ. 만나- + -기 →만나기([V] + [N] → [V], [N])

ㄷ. 학생- + -이 → 학생이([N] + [V] → [N], [V])[15]

(13)을 통하여 다음과 같은 두 가지 사실을 확인할 수 있게 된다. 첫째, 접사의 어휘 범주 자질은 어느 경우에도 형성된 단어에서 유지된다. 둘째, 어근의 어휘 범주 자질은 통사적 접사가 결합하는 경우에는 형성된 단어에서 유지되지만, 어휘적 접사가 결합하는 경우에는 형성된 단어에서 유지되지 못한다. 여기에서 중요한 것은 두 부류의 접사가 차이를 보이는 두 번째 사실인데, 이러한 사실에 근거하여 어휘적 접사와 통사적 접사를 우선 다음과 같이 정의해 보자.

(14) 어휘적 접사와 통사적 접사의 정의

ㄱ. 어휘적 접사는 선행 어근의 어휘 범주를 유지시키지 못하는

---

15. 본고에서는 어휘부 요소인 명사가 동사와 마찬가지로 형태적으로 의존적이라고 가정한다. 흔히 명사를 자립적인 요소로 보기도 하지만, 어떤 명사도 격조사(영형태 포함)의 결합이 없이 통사부에 삽입될 수 없으므로 본고에서는 이를 의존적인 요소로 간주한다. 통사부 대상을 만드는 절차로서의 단어 형성을 형태적 의존성을 만족시키는 절차라고 볼 때 이는 당연한 결론이다.

　　　접사이다.

　　ㄴ. 통사적 접사는 선행 어근의 어휘 범주를 유지시키는 접사
　　　이다.

　(14)는 (13)의 현상을 기술하기 위한 가설적 정의일 뿐이다. (14)가 설명적 타당성을 얻기 위해서는 각 접사가 왜 그러한 속성을 갖는지를 설명할 수 있어야 한다. 이를 위해서는 먼저 어근과 접사의 결합, 즉 단어 형성이 본질적으로 어떠한 절차인지를 밝혀야 한다.

　황화상(1996:13-19)에 따라 단어 형성이 본질적으로 자질의 연산 절차라고 가정하자. 즉 어근과 접사의 결합은 표면적으로는 어휘 항목과 어휘 항목의 형태적 결합이지만, 자질의 관점에서 보면 이는 자질과 자질의 연산 절차이다.[16] 이러한 가정의 기저에는 어떤 어휘 항목도 동일한 유형의 자질을 두 개 이상 가질 수 없다는 경험적 사실이 전제되어 있다.[17] 따라서 단어 형성의 핵이 되는 접사는 어근이 가지고 있는 동일한 유형의 자질(예를 들어 어휘 범주 자질)을 폐쇄하려는 일반적인 속성을 가지며, 반대로 어근은 자신의 자질을 상실하는 일반적인 경향을 보인다고 볼 수 있다.

　접사와 어근의 이러한 차이를 자질의 강약으로 설명할 수 있다.[18]

---

16. 단어 형성을 자질의 연산 절차라고 한 것은 단어 형성이 자질의 단순한 결합이 아님을 의미한다. 여기에서 '연산(computation)'이라는 말은 자질 사이의 상호 작용을 전제로 하는 개념이다. 그리하여 단어 형성 과정에서 서로 상충되는 자질이 만나게 되면, 어느 한 자질이 삭제되기도 하고 두 자질이 공존하기도 한다. 그러나 서로 상충되지 않는 자질은 형성된 단어에 그대로 남아 있게 된다.

17. 예를 들어 어휘부에는 명사이면서 동사인 어떠한 어휘 항목도 등재될 수 없으며, 또 경험적으로도 그러한 어휘 항목은 존재하지 않는다.

18. Pollock(1989)에서는 영어와 불어에서 발견되는 어순의 차이를 일치소(AGR)가 갖는 동사 자질의 강약의 차이로 설명했다. 한편 Chomsky(1995)에서는 모든 이동을 자질의 이동으로 가정하고, 확대 투사 원리(EPP)를 만족시키기 위한 주어 이동 등

즉 접사의 자질은 강하므로(strong) 상대적으로 약한(weak) 어근의 자질을 폐쇄하며, 반대로 약한 자질을 갖는 어근은 강한 접사의 자질로 인해 상실된다고 보는 것이다. 그러나 이러한 가정은 (13ㄱ)의 현상을 설명할 수는 있지만, (13ㄴ)의 현상은 설명하지 못한다. 결국 (13ㄴ)을 설명하기 위해서는 접사가 어근의 자질을 폐쇄하지 못하도록 해야 한다. 한 가지 방법은 통사적 접사의 자질을 어근의 자질과 마찬가지로 약하다고 보고, 다음과 같은 원리를 자질 연산 절차로서의 단어 형성 과정에 상정하는 것이다(황화상 1996:17-18).

(15) 단어 형성 원리(자질 선택 원리)

모든 자질을 선택하라.

단 자질 충돌이 발생하면, 다음과 같은 자질 우위 조건이 적용된다.

〈자질 우위 조건〉

① 두 자질의 세기가 다르면, 강한 자질을 선택하라.

② 두 자질의 세기가 동등하면, 두 자질을 모두 선택하라.

(10)-(11)에서 보이는 단어의 차이를 설명할 수 있으며, 또 (13)의 현상을 포착할 수 있으므로, (15)를 경험적으로 타당한 것으로 받아들일 수 있다. 그러면 (14)의 정의를 자질에 초점을 두어 다음과 같이 단순화할 수 있다.

의 외현적 이동을 설명하기 위해 강한 자질(strong feature)을 설정했다. 본고에서 접사를 강약으로 구분한 것은 자질의 세기 개념을 어휘부의 운용, 즉 단어 형성에 확대 적용한 것이다.

(16) 어휘적 접사와 통사적 접사의 정의

　ㄱ. 어휘적 접사는 강한 자질을 갖는 접사이다.

　ㄴ. 통사적 접사는 약한 자질을 갖는 접사이다.

(16)과 같이 정의되는 어휘적 접사와 통사적 접사는 그 자질의 차이로 인해 각각 다음과 같은 속성을 갖게 된다.

(17) ㄱ. 어휘적 접사의 속성

　a. 어휘적 접사는 어근의 어휘 범주 자질을 폐쇄(삭제)하거나, 선행 어근에 어휘적 의미를 첨가한다.[19]

　b. 어휘적 접사가 결합하여 형성된 단어는 어휘부에 별개의 어휘 항목으로 등재된다.

　c. 어휘적 접사가 결합하여 형성된 단어는 통사부에서 하나의 단위로 인식된다.

　ㄴ. 통사적 접사의 속성

　a. 통사적 접사는 어근의 어휘 범주 자질을 폐쇄하지 못하며, 선행 어근에 통사적 기능이나 문법적 의미를 첨가한다.

　b. 통사적 접사가 결합하여 형성된 단어는 어휘부에 등재되지 않는다.

　c. 통사적 접사가 결합하여 형성된 단어는 통사부에서 하나 이상의 단위로 인식된다.

---

19. 어휘적 접사에 이러한 속성을 부여한 것은 앞에서 언급했듯이 파생(본고에서는 어휘적 접사 첨가)이 두 가지 다른 요인, 즉 새로운 어휘 범주의 필요성(대부분의 일반적인 파생의 경우)과 새로운 의미 범주의 필요성(접두 파생과 일부 접미 파생의 경우)에 의해 유도된다는 가정에 따른 것이다.

(16)과 (17)은 (10-12)에서 각 단어들이 보이는 문장 기능상의 차이와 (13)의 단어들이 보이는 자질상의 차이를 적절히 포착해 준다. 또한 이러한 기술을 통해 기존의 통사적 접사 논의에서 체언서술어와 관련하여 제기되었던 문제들, 즉 선택 제약 관계, 격 할당, 의미역 할당 등의 문제를 극복할 수 있게 되었다.

결국 자질의 강약에 따른 접사 체계의 설정을 통해 통사적 접사가 형태적으로 의존적이면서 통사적 영향권을 갖는다는 사실을 적절히 융합하여 설명함으로써, 국어의 언어 현상을 다소 새로운 각도에서 바라볼 수 있게 되었다. 아울러 이러한 기술 방법은 단어의 어휘부 등재 문제, 단어의 통사적 기능 문제 등에 대한 국어 화자의 언어 직관을 적절히 포착해 준다는 점에서 설명적 타당성을 얻게 된다.

4. 어휘적 접사와 통사적 접사의 분류

접사를 세분하는 데 있어서 기본적인 것은 각 접사의 본질적 속성, 즉 고유 자질에 따라 분류하는 것이다. 이렇게 할 때 명칭(name)에서부터 해당 접사의 투명성을 보장받을 수 있게 된다. 즉 각 접사의 형태·통사적 속성을 그 명칭에서 유추할 수 있게 된다. 아울러 이렇게 할 때 접사 분류 기준의 타당성 문제를 극복할 수 있게 된다.

모든 어휘 항목은 범주 자질을 갖는 것으로 가정되므로, 접사도 그것이 갖는 범주 자질의 속성에 따라 분류해 볼 수 있다. Chomsky (1970)에서 비롯되어 Fukui & Speas(1986)에서 정립된 어휘 범주와 기능 범주의 구분을 받아들이면, 접사를 먼저 어휘 범주 자질을 갖는 접사와 기능 범주 자질을 갖는 접사로 나눌 수 있다. 그렇다면 국어 접사 중 기능 범주 속성을 갖는 존칭소, 시제소, 서법소, 보문소를 기능 접사로,[20] 그 밖의 접사를 어휘 접사로 분류할 수 있다.

한편 어휘 접사는 어떤 어휘 범주 자질을 고유 자질로 갖는가에 따라 분류할 수 있다. 그런데 접사의 어휘 범주 자질은 형성된 단어에 투사되어 그 단어를 해당 어휘 범주로 기능하도록 만든다. 따라서 이러한 개념에 어울리도록 이들 접사를 각각 명사화 접사, 동사화 접사, 부사화 접사로 명명하여 분류할 수 있다.

또한 접사는 어떤 유형의 어근을 요구하는가에 따라, 즉 그것이 고유 자질로 갖는 어근 유도 자질에 따라 분류할 수 있다. 그런데 국어의 접사는 일반적으로 어근으로 부사를 유도하지 못하므로,[21] 어근으로 동사를 유도하는 동사 접사와 어근으로 명사를 유도하는 명사 접사를 구분할 수 있다.

이상의 논의를 토대로 하여 국어 접사를 분류하면 다음과 같다.[22]

(18) 국어 접사의 분류

　　ㄱ. 어휘적 접사

---

20. 국어 기능 범주 설정에는 논란의 여지가 많지만, 여기에서는 이에 대해 자세히 다루지 않기로 한다. 덧붙여 황화상(1996:24)에서는 '-시-'의 속성에 대한 판단을 보류하고 이것을 접사의 목록에 포함시키지 않았으나, 가령 통사적 접사 뒤에 접미한다는 서열적 특성을 보이므로(선생님이시다) 이것을 통사적 기능 접사의 범주에 포함시켰다.

21. 여기에서 '일반적으로'라는 표현을 쓴 것은 이른 바 특수 조사의 경우에는 부사 뒤에도 접미할 수 있기 때문이다. 명사와 특수 조사의 결합, 부사와 특수 조사의 결합이 동질적인 것인지 아닌지에 대해서는 더 구체적인 연구가 필요하므로, 본고에서는 이에 대해서는 다루지 않기로 한다.

22. 그 개념과 분류가 본고와 동일하지는 않지만, 어휘 접사와 기능 접사의 개념 구분은 시정곤(1994)에서, 명사 접사와 동사 접사의 개념 구분은 고창수(1995), 김양진(1995)에서 이미 다루어진 바 있다.

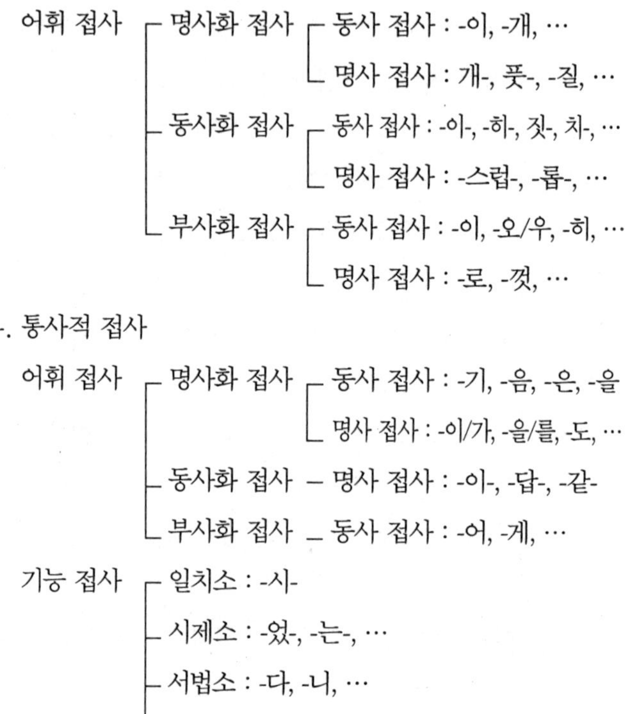

ㄴ. 통사적 접사

위 분류에서 한 가지 고려해야 할 것은 표면적으로 어휘적 접사와 통사적 접사에 모두 속하는 것으로 보이는 다음과 같은 접사들에 대한 처리 문제이다.

(19) ㄱ. 그는 우리 마을에서 제일가는 부자답다.

　　ㄴ. 그이는 정답다.

(20) ㄱ. 그는 믿을만한 학생이다.

　　ㄴ. 그는 학생이 아니다.

(21) ㄱ. 우리는 그가 가기를 원한다. (홍종선 1990:54)

ㄴ. 멋진 끝내기를 이루자. (홍종선 1990:38)

김창섭(1984), 시정곤(1994) 등에서는 (19ㄱ)의 '부자답다'와 같은 경우의 '-답-'은 통사적 접사로, (19ㄴ)의 '정답다'와 같은 경우의 '-답-'을 어휘적 접사로 나누었다. 그러나 황화상(1996:55-62)에 따라 '정답다' 등의 경우를 체언서술어의 어휘화로 처리한다면, '-답-'을 일률적으로 통사적 접사에 포함시킬 수 있다.

김원경(1993)에서는 동일한 형태가 핵에도 부착될 수 있고 투사 범주에도 부착될 수 있다고 전제하고, '-이-'를 어휘적 접사('아니다')와 통사적 접사('학생이다' 등)로 나누어 처리했다. 결국 어휘적 접사로서의 '-이-'는 확장이 불가능한 명사 '아니'를 포함하는 '아니다' 하나만을 처리하기 위해 설정한 것이다. 그러나 중세 국어에서 현대 국어로 이어지는 어느 시점에서 '아니'가 명사로서의 기능을 상실하여 '아니다'가 하나의 어휘로 굳어졌다고 본다면, '-답-'의 처리와 마찬가지로 '-이-'도 일률적으로 통사적 동사화 접사에 포함시킬 수 있다(황화상 1996:55-62).

한편 황화상(1996:24)에서는 (21ㄱ)과 같은 경우의 '-기'를 통사적 접사로, (21ㄴ)과 같은 경우의 '-기'를 어휘적 접사로 구분했으나, 동일한 접사를 두 가지로 나누는 것은 개념적으로나 설명력 측면에서나 바람직하지 못하다. 그러므로 본고에서는 홍종선(1990)에 따라 (21ㄴ)을 전성체언화한 것으로 가정하고,[23] '음, 기' 등의 명사화 접사를 일률적으로 통사적 접사에 포함하기로 한다.

---

23. 홍종선(1990)에서는 체언화를 어휘적 체언화와 통사적 체언화로 구분하고, 어휘적 체언화는 다시 전성체언화와 전용(비전성)체언화로 나누었다. 한편 홍종선(1990:51)에서는 '전성과 비전성의 구별은 거의 언중들이 갖는 의식에 의해 결정되는 직관을 기준으로 삼는다'고 하여 절대적인 구분이 불필요하다고 보았다.

6. 결론

언어 단위를 대상으로 한 체계화는 그 대상이 되는 언어 단위를 포괄하여 설명할 수 있을 때 체계로서의 의의를 갖는다. 이런 관점에서 볼 때 굴절접사와 파생접사의 분류 체계는 '먹기, 정직함, 예쁜, 만날' 등 문장에서 두 가지 기능을 갖는 단어 형성에 대한 문제를 체계 내에서 설명할 수 없다는 한계를 갖는다. 또한 '학생이다, 부자답다, 군인 같다' 등의 체언서술어를 처리하는 데 있어서 체계 내 고립을 인정해야만 했다. 이러한 문제는 근본적으로 이들 접사가 통사적 영향권을 갖는다는 사실을 적절히 포착하지 못했기 때문에 발생하는 것이다.

또한 체계화는 그 대상이 되는 언어 단위의 본질적 속성을 기준으로 할 때 개념적 타당성을 획득한다. 기존의 어휘적 접사와 통사적 접사의 분류 체계는 접사가 갖는 통사적 영향권의 문제를 설명했다는 점에서 의의있는 것이긴 하지만, 이를 위해 투사 범주를 접사의 어기로 인정해야만 한다는 개념적으로 무리한 가정을 받아들여야 했다. 그 결과 체언서술어의 처리에 있어서 핵 이동, 격 할당, 의미역 할당 등과 관련하여 여러 문제가 제기되었다.

본고에서는 기존의 통사적 접사 논의의 설명력을 수용하면서, 접사가 갖는 본질적 속성에 따라 접사를 분류함으로써 기존 논의의 문제점을 극복하고자 했다. 그리하여 Pollock(1989), Chomsky(1995) 등에서 범언어적 통사 현상을 설명하기 위해 제안된 자질의 세기(강약) 개념을 단어 형성 과정에 받아들이고, 이를 바탕으로 국어의 접사를 강한 자질을 갖는 어휘적 접사와 약한 자질을 갖는 통사적 접사로 구분했다.

이러한 구분은 통사적 접사가 갖는 이중적 속성, 즉 형태적으로는 어근(X0)에 의존적이지만 통사적으로는 선행 어근이 핵이 되는 구(XP)에 의존적이라는 사실을 적절히 포착해 준다. 또한 이러한 기술 방법은 형성된 단어의 어휘부 등재에 대한 국어 화자의 직관을 적절히 포착해 줄 뿐만 아니라, 단어 형성과 문 해석의 형태·통사적 절차에서 접사들이 보이는 차이를 설명해 낼 수 있다는 점에서 의의를 갖는다. 예를 들어 '어른스럽다, 향기롭다' 등의 어형들은 어휘적 접사가 접미하여 형성된 것들로서 어근과는 별개의 새로운 어휘로 어휘부에 등재되며, 따라서 통사적으로 단일한 기능을 하게 된다. 그러나 '먹기, 정직함, 학생이다, 부자답다' 등의 어형들은 통사적 접사가 접미하여 형성된 것들로서 어휘부에 등재되지 못하며, 또한 두 개의 어휘 범주 자질을 가지게 되어 통사부에서 두 가지 기능을 동시에 갖게 된다.

본고에서는 이론적 분류 체계는 제시했으나, 이러한 접사 체계에서 단어 형성과 문 해석의 형태·통사적 절차를 어떻게 형식화할 수 있는지에 대해서는 언급하지 못했다. 황화상(1996)에서 이러한 형식화를 일부 시도해 보았으나, 아직은 미흡하고 구체적이지 못한 상태에 있다. 이에 대한 전반적인 논의는 후고로 미룬다.

〈참고문헌〉

고창수(1986). "어간형성접미사의 설정에 대하여," 고려대 석사학위논문.
고창수(1992). "국어의 통사적 어형성,"『국어학』22, 259-69.
고창수(1995). "자질 통사론의 품사 분류,"『한남어문학』20, 13-26.
고창수(1996). "형태 이론의 점검,"『국어학』27, 233-50.
김광해(1983). "계사론.『난대 이응백박사 회갑기념논문집』보진재, 1-11.
김양진(1995). "국어의 형태구조와 접사," 한국어학회 제92차 월례발표회 발표요지.

김양진(1996). "국어의 형태구조 시론 I," 『한국어학』 4, 171-206.

김원경(1993). "국어 접사피동의 생성론적 연구," 고려대 석사학위논문.

김창섭(1984). "형용사 파생 접미사들의 기능과 의미—'-답-, -스럽-, -롭-, -하-'
　　　와 '-적'의 경우—,"『진단학보』 58, 145-61.

김창섭(1994). "국어의 단어형성과 단어구조," 서울대 박사학위논문.

남기심(1986). "'-이다' 구문의 통사적 분석,"『한불연구』(연세대) 7, 1-15.

시정곤(1994). 『국어의 단어형성 원리』 국학자료원.

양동휘(1994). 『문법론』 한국문화사.

엄정호(1993). "'이다'의 범주 규정,"『국어국문학』 110, 317-32.

전상범(1995). 『형태론』 한신문화사.

하치근(1996). "국어 통사적 접사의 수용 범위 설정에 관한 연구,"『한글』
　　　231, 43-104.

홍종선(1990). 『국어체언화구문의 연구』 고려대학교 민족문화연구소.

홍종선·고창수·시정곤 편역(1993). 『장벽이후의 생성문법』 집문당.

황화상(1996). "국어 체언서술어의 연구," 고려대 석사학위논문.

Bauer, L.(1988). *Introducing Linguistic Morphology.* Edinburgh:
　　　Edinburgh University Press.

Bloomfield, L.(1933). *Language.* New York: Henry Holt and Co.

Chomsky, N.(1970). "Remarks on Nominalization," *in Readings in English
　　　Transformational Grammar,* ed. R. Jacobs and P. Rosenbaum,
　　　184-221.

Chomsky, N.(1995). *Categories and Transformations.* Cambridge, Mass:
　　　MIT.

Fukui, N. and Speas, M.(1986). "Specifiers and Projection," *MIT Working
　　　Papers in Linguistics* 8, Cambridge, Mass: MIT Press.

Halle, M.(1973). "Prolegomena to a theory of word-formation," LI 4, 3-16.

Higginbotham, J.(1985). "On Semantics," LI 16, 547-93.

Nida, E(1946). *Morphology: the Descriptive Analysis of Words.* Ann Arbor: University of Michigan Press.

Ouhalla, J.(1994). *Introducing Transformational Grammar.* London.

Pollock, J. Y.(1989). "Verb Movement, UG and the Structure of IP," *LI* 20, 365-424.

Scalise, S.(1984). *Generative Morphology.* Dordrecht: Foris Publication.

Williams, E(1981ㄱ). "On the notions 'lexically related' and 'head of a word'," *LI* 12, 245-74.

Williams, E(1981ㄴ). "Argument Structure and Morphology. *The Linguistic Review* 1, 81-114.

(『한국어학』 5, 1997, 일부 수정)

국어 접사의 기능과 형태 범주
-복합어 내부의 개재 접사를 중심으로-

1. 서론

본 연구는 복합어 안에서 두 형성 요소 사이에 개재하는 접사들이 단어 형성의 과정에서 어떤 형태론적 기능을 갖는지에 대해, 그리고 이들 접사의 형태 범주를 어떻게 설정할 수 있을지에 대해 살펴보는 데 목적이 있다.

국어의 접사는[1] 여러 가지 방식으로 단어 형성의 과정에 참여하는데, 다양한 형태와 의미를 갖는 접사 가운데에서 특히 관심을 끄는 것은 두 단어 형성 요소 사이에 개재하는 접사(이하 '개재 접사')들이다. 먼저 복합 명사(complex noun)의 경우 '-은, -는, -을' 등의 관형사화 접

---

[1] 본 연구에서는 어휘부 등재소(listeme)로서의 형태 단위(morphological unit)를 크게 어근(root)과 접사(affix)로 구분하기로 한다. 따라서 본 연구에서의 접사는 좁은 의미의 파생접사는 물론 넓은 의미의 굴절접사(조사, 어미)를 포괄하는 개념이다. 한편 어기(base)는 단어 형성 요소로서의 어근을 지칭하는 개념으로 사용하기로 한다. 형태 단위의 개념적 구분에 대해서는 황화상(2000, 2001)을 참조할 수 있다.

사, '-이, -음, -기, -개' 등의 명사화 접사는 물론, '-의, -에(엣)' 등의 조사도 두 단어 형성 요소 사이에 개재한다.[2]

    (1) a. 동사 어근 + 접사 + 명사 어근

        ① 작은집, 흰밥, 검은깨, 감는목, 쥘부채, 땔나무, …

        ② 갈림길(갈리+음+길), 볶음밥, 구름판, 거름종이, …

        ③ 보기신경, 감이상투, 접이문, 덮개눈, 돌개물, …

      b. 동사 어근 + 접사 + 명사화 접사[3]

        ① 노는꾼, 참을성, 멜꾼, …

        ② 지짐질(지지+음+질), 붙임성, 느림보, 돈꿰미, 지짐이, 다리미, …

        ③ 싸개질, 훔치개질, 닦이장이, …

      c. 명사 어근 + 접사 + 명사 어근

        ① 사랑의 전화, 진실의 문, 스승의 날, 철도의 날, 과학의 날, …

        ② 귀엣고리, 귀엣말, 눈엣가시, 몸엣것, 입엣말, 코엣피, 한솥엣밥, …

---

2. 본 연구에서 제시한 단어 예는 주로 『우리말큰사전』(한글학회, 1991, 이하 『우리말』), 『금성판 국어대사전』(김민수외 3인 편, 1992, 이하 『금성』), 『표준국어대사전』(국립국어연구원, 1999, 이하 『표준』)에서 취했으며, 일부는 기존의 연구 논저에서 취했다. 제시한 것 가운데에는 방언형이 포함되어 있는데, 이 또한 국어 단어임에는 틀림이 없으므로 모두 연구 대상에 포함시켰음을 밝힌다.

3. 고영근(1989:544-546)에서는 어근과 접미사의 통합과 관련하여 ①'-(으)ㄴ' 관형사형을 매개로 하는 경우(앉-은-뱅이), ②'-(으)ㄹ' 관형사형을 매개로 하는 경우(앉-을-깨), ③'-어/-아' 부사형을 매개로 하는 경우(떨-어-뜨리다)의 셋을 간접적 통합이라고 하여 직접적 통합(사랑-스럽다)과 구별했다. 그런데 제시한 예에서 알 수 있듯이 '-는' 관형사형을 매개로 하는 경우(노는꾼), '-(으)ㅁ' 명사형을 매개로 하는 경우(붙임성, 느림보), '-이, -개' 명사형을 매개로 하는 경우(닦이장이, 훔치개질) 등도 찾아 볼 수 있다.

다음으로 복합 동사(complex verb)의 경우 두 형성 요소 사이에 개재하는 접사로는 부사화 접사 '-어, -고'가 대표적인데, 흔하지는 않지만 파생 명사의 내부에서 선행 명사와 후행 동사 사이에 조사 '-로, -에' 등이 개재하기도 한다.

    (2) a. 동사 어근 + 접사 + 동사 어근

        ① 뛰어가다, 건너가다, 굴러가다, 따라오다, 몰려오다, …

        ② 걸고들다, 놀고먹다, 먹고살다, 싸고돌다, 주고받다, …

     b. 동사 어근 + 접사 + 접사

      넘어뜨리다, 엎어뜨리다, 깨뜨리다, 밀어뜨리다, …

     c. 명사 어근 + 접사 + 동사 어근

        ① [볕에말리]기(=일광건조법), [물에된]바위(=수성암), …

        ② [뒤로훑]기(줄타기에서), [뒤로차]기, [앞으로가]기(줄타기에서),

          …

위의 예를 통해 알 수 있듯이 거의 모든 형태 유형의 복합어에서 접사가 개재할 수 있다.[4] 더욱이 합성 동사의 경우에는 접사가 개재하는 '[V+어+V]' 형태만이 현대 국어에서 생산적으로 형성된다.

그런데 이들 개재 접사의 형태론적 기능과 형태 범주는 명확하지 않다. 국어의 접사가 갖는 주요 기능은 특정 의미를 부여하든, 새로운 통사범주를 부여하든 관계없이 새로운 단어를 형성하는 것이다. 그런데 '검은깨, 갈림길' 등에서 알 수 있듯이 이들 접사가 결합하여 만들

---

4. 접사가 개재할 수 없는 복합어로는 '첫사랑, 치솟다' 등의 파생어가 있을 뿐이다. 명사와 동사가 결합한 합성어의 경우 '철들다, 힘쓰다' 등과 같이 대체로 접사의 개재 없이 두 어근이 직접 결합하는데, '뒤로하다'나 군사 용어인 '앞으로가, 뒤로돌아' 등 접사가 개재한 예를 일부 찾아볼 수 있다.

어진 형태 단위 '검은, 갈림'은 새로운 단어가 되지 못한다. 따라서 이들 접사를 파생접사로 볼 수는 없다. 그렇다고 하여 단어 형성 과정에 참여하는 이들 접사를 굴절접사로 볼 수도 없다.

본 연구에서는 단어 형성 과정에서 국어 접사가 갖는 기능을 크게 의미적인 것과 형태적인 것으로 구분하고, 이들 개재 접사가 두 가지 기능 가운데 주로 어떤 기능을 갖는지에 대해 살펴볼 것이다. 그리고 국어 접사들 사이에서 관찰할 수 있는 기능의 유사성과 차이에 대한 이해를 토대로 이들 개재 접사의 형태 범주를 어떻게 설정할 수 있을지에 대해 살펴볼 것이다. 논의 과정에서 이들 개재 접사가 각 복합어에서 달리 선택되는 이유에 대해서도 살펴보게 될 것이다.

2. 개재 접사의 기능과 접사 선택

본 장에서는 단어 형성 요소가 갖는 기능을 형태적인 것과 의미적인 것으로 구분하고, 두 단어 형성 요소 사이에 개재하는 접사가 어떤 형태론적 기능을 갖는지에 대해 살펴보기로 한다. 아울러 각 복합어에서 개재 접사가 어떻게 선택되는지에 대해서도 살펴보기로 한다.

2.1 개재 접사의 기능

단어 형성 요소는 특정 형태와 특정 의미(혹은 기능)를 가지며, 이들이 결합하여 형성된 단어 또한 특정 형태와 특정 의미를 갖는다. 따라서 단어 형성은 특정 형태와 의미를 갖는 둘 이상의 형성 요소를 결합하여 새로운 형태와 의미를 갖는 단어를 형성하는 절차라고 볼 수

있다. 그런데 단어 형성의 과정에서 특정 형성 요소가 갖는 역할이 항상 동일한 것 같지는 않다.[5]

    (3) a. 돌보다/돌아보다, 째지다/째어지다, …

        b. 뛰놀다/뛰어놀다, 걸앉다/걸어앉다, …

    (3)은 '[V+V]' 형태와 '[V+어+V]' 형태가 짝을 이루어 존재하는 합성 동사의 예를 보인 것인데, 형태와 의미의 관계라는 측면에서 유형적 차이를 보인다. 즉 (3a)의 합성 동사 쌍은 형태가 다를 뿐만 아니라 의미에 있어서도 일정한 차이를 보이지만, (3b)의 합성 동사 쌍은 형태는 다르지만 의미는 같다.[6]

    먼저 (3a)의 합성 동사를 형성하는 과정에서 접사 '-어'가 어떤 역할을 하는지 살펴보자. 접사가 개재한 형태와 개재하지 않은 형태 사이에 의미적 차이가 존재하므로, 접사 '-어'가 갖는 역할이 의미적인 것임에는 틀림이 없다. 문제는 그 의미적 역할이 구체적으로 어떤 것인지를 밝히는 것이다.

    가장 간단한 설명은 접사 '-어'가 특정 의미를 가지며, (3a)에서의 의미 차이가 바로 접사 '-어'의 있고 없음을 반영하는 것이라고 보는 것이다. 그러나 (3b)와 같이 접사의 개재와 관계없이 동일한 의미를 갖

---

5. 접사가 개재한 형태와 개재하지 않은 형태 사이에 의미 차이가 있는 '[V(+어)+V]' 형태의 복합어에서 개재 접사가 갖는 형태론적 기능에 대해 먼저 살펴보고, 의미 차이가 없는 '[V(+어)+V]' 형태의 복합어를 설명하는 과정에서 다른 형태 유형의 복합어에 대해 같이 살펴보기로 한다.

6. '째지다'와 '째어지다'의 예는 최형용(2002:86)에서 가져온 것인데, '째지다'는 '째어지다'가 갖는 모든 의미를 갖지만, '째어지다'가 갖지 않는 '기분이 매우 좋다.'라는 의미를 갖는다(『표준』). 한편 '걸앉다, 걸어앉다'는 '높은 곳에 궁둥이를 붙이고 두 다리를 늘어뜨리고 앉다.'를 뜻한다.(『표준』)

는 합성 동사들이 있으므로, 접사 '-어'가 특정 의미를 갖는다고 보기는 어려워 보인다. 합성 명사의 경우에도 접사가 있고 없고의 차이는 있지만 의미가 같은 예들을 흔히 찾아볼 수 있다.

(4) 접문/접이문, 접창/접이창, 묵밭/묵은밭, 묵장/묵은장, …

접사 '-어'가 두 동사 어근 사이에서 성립하는 의미 관계를 매개한다고 볼 수도 있다. 김창섭(1994/1996:91-92)에서는 접사 '-어'의 기능을 'V1이 V2를 수식하는 방식 부사가 되도록 굴절시키는 것'이라고 보았다. 이에 따르면 선행 동사 어근은 후행 동사 어근에 의해 표현되는 행위의 방식을 한정하는데, 접사 '-어'가 선행 동사 어근으로 하여금 이러한 역할을 하도록 한다.

예로 든 합성 동사 외에도 '걸어가다, 긁어먹다, 쫓아가다' 등의 예를 통해 '[V+어+V]' 형태의 합성 동사에서 두 동사 어근 사이에 대체로 방식 한정 관계가 성립함을 확인할 수 있다. 그러나 이러한 방식 한정 관계가 본질적으로 접사 '-어'의 결합에 의해 성립하는 것인지는 의문이다.

(5) 뛰놀다(=뛰어놀다), 걸앉다(=걸어앉다), 감돌다, 깔보다, 넘보다, …

방식 한정 관계가 접사 '-어'의 결합에 의해 성립하는 것이라면 접사 '-어'가 결합하지 않은 복합어에서는 이러한 관계가 성립하지 않아야 한다. 그러나 (5)의 예를 통해 알 수 있듯이 방식 한정 관계는 접사 '-어'가 없는 경우에도 두 동사 어근 사이에서 직접적으로 성립한다. 따라서 접사 '-어'가 'V1이 V2를 수식하는 방식 부사가 되도록 굴

절시키는' 역할을 한다고 보기는 어렵다.[7]

접사 '-어'의 의미적 역할을 다른 것에서 찾을 수도 있다. 한 가지 가능한 설명은 접사 '-어'가 단순히 각 합성 동사 쌍의 의미 차이를 형식적으로 보여주는 역할을 할 뿐이라고 보는 것이다.[8] 즉 그렇지 않을 경우 동음 이의 관계가 생길 것이므로, 이를 회피하기 위해 접사 '-어'를 결합하고 결합하지 않고의 차이를 둔 것이라고 보는 것이다.[9] 이와 관련하여 다음의 파생 명사 쌍을 비교해 보자.

(6) 키(((크〈크+의)/크기, 놀이/노름((〈놀+음), …

각 파생 명사 쌍은 의미가 다를 뿐만 아니라 형태적으로도 일정한

---

7. 통사구성을 대상으로 한 것이기는 하지만 임홍빈(1975, 1976), 심재기(1982) 등에서도 이와 비슷한 견해를 찾아볼 수 있다. 심재기(1982:413-14)에 따르면 '-어'는 어간 형성의 유지 수단 이상의 것으로는 볼 수 없으며, 따라서 '-어'를 이끄는 선행 동사 어간이 후행 동사와 결합했을 때, 통사적 관점에서 부사의 기능을 하는 것은 틀림이 없으나, 그것은 '-어'라는 형태에 의존하여서가 아니라 선행 동사 어간 자체가 '-어'의 존재와 관계없이 통사적 위치에 의해 자동적으로 수행하는 것이다. 이에 따라 임홍빈(1975, 1976), 심재기(1982)에서는 '-어'를 어간 형태를 온전하게 보전하기 위하여 결합하는 부정형 접미 형태소로 규정했다.

8. 최형용(2002:86)에서는 황화상(2001)에서 '-은, -는, -을, -음, -어' 등을 형태 연결 원리와 형태 연결 규칙에 의해 삽입된 것으로 본 데 대해 "이는 곧 이들이 개재한 형식과 그렇지 않은 형식 사이에 의미 차이는 존재하지 않는다고 간주한다는 것을 뜻한다."고 보았다. 그러나 황화상(2001:167)에서 '돌보다'와 '돌아보다'의 예를 통해 밝혔듯이 이것이 모든 복합어에서 접사가 개재한 것과 개재하지 않은 것 사이에 의미 차이가 없음을 뜻하는 것은 아니다. 또한 최형용(2002:86)에서는 황화상(2001)에서 이들 접사가 '삽입'된다고 본 데 대해 "'삽입'되었다는 것은 방향성이 정해졌다는 것을 의미한다. 즉 비통사적 결합어에서 통사적 결합어로 형성이 방향이 결정되었다는 것이다."고 보았다. 그러나 황화상(2001:90, 187-207)에서 밝혔듯이 '삽입'은 어떤 단어 형태(예를 들어 비통사적 복합어)가 만들어진 이후에 접사가 삽입된다는 것을 뜻하는 것이 아니라, 어떤 하나의 단어를 형성하는 과정(형태 연결 단계)에서 접사를 결합함을 뜻하는 것이다.

9. 그렇다고 하더라도 왜 다른 접사가 아닌 '-어'를 결합했는지를 설명해야 하는데, 이는 (3b)의 경우와 다르지 않을 것이므로 같이 살펴보기로 한다.

차이를 보인다. 여기에서 각 파생 명사 쌍의 의미 차이가 본질적으로 접사가 갖는 의미 차이를 반영하는 것이라고 볼 수도 있다. 즉 '놀이'와 '노름'의 의미 차이가 '-이'와 '-음'의 의미 차이를 반영한다고 보는 것이다. 그러나 접사 '-이, -음'의 의미 혹은 기능이 그렇게 확연하게 구분되는 것은 아니므로, 단순히 동음 이의 관계를 회피하기 위해 서로 다른 접사를 선택한 것이라고 보는 것이 더 타당해 보인다.[10]

결국 단어 형성은 동음 이의 관계를 회피하기 위한 문법적 장치를 갖는데, (3a)의 합성 동사 쌍에서는 접사의 개재에 차이를 두는 방식을 선택한 것이라고 볼 수 있다. 이밖에 파생 명사 '넓이'와 '너비', '놀음 (=놀음놀이)'과 '노름'의 경우에도 동음 이의 관계를 회피하기 위해 그 형태를 달리한 것이라고 볼 수 있다.[11]

다음으로 (3b)의 합성 동사에서 접사 '-어'가 어떤 역할을 하는지 살펴보자. 접사가 개재한 형태와 개재하지 않은 형태 사이에 의미적 차이가 존재하지 않으므로, 접사 '-어'가 갖는 역할이 (3a)의 합성 동사에서 그것이 갖는 역할(의미적 역할)과는 분명히 다르다고 보아야 한다. 문제는 뚜렷한 의미적 역할을 갖지 못하는 접사 '-어'가 왜 두 동사 어

---

10. 물론 이것이 예를 들어 '크기'의 형성 과정에서 왜 다른 접사(예를 들어 '-음')가 아닌 '-기'를 선택했는지를 설명하는 것은 아니다. 이것은 단지 '-이'를 선택하지 않은 이유(이미 존재하는 단어 '키'와의 동음 이의 관계를 회피하기 위해)를 설명할 뿐이다. 한편 동음 이의 관계를 회피하려는 경향은 언어에서 일반적인 것이라고 볼 수 있다. 임지룡(1993)에 따르면 이미 존재하는 동음 이의어의 경우에도 음운 변화에 의해 동음 이의 관계를 회피(시름優/角抵→시름優/씨름角抵)하기도 하며, 형태소 첨가에 의해 동음 이의 관계를 회피(별星/厓→별星/벼랑厓)하기도 하며, 대치에 의해 동음 이의 관계를 회피(구실役/稅→구실役/세금稅)하기도 한다.

11. 두 단어가 동시에 만들어진 것은 아닐 것이므로, 나중에 만들어진 단어가 이미 존재하는 단어와 다른 접사를 선택한 것이라고 보는 것이 옳겠지만, 본 연구는 단어 형성의 선후 관계를 밝히는 데 목적이 있는 것은 아니므로 이에 대해서는 고려하지 않기로 한다.

근 사이에 결합했는지를 설명하는 것이다.[12]

　(3b)의 합성 동사에서 접사 '-어'가 의미적 역할을 하는 것은 아니므로, 그것이 합성 동사의 형태와 관련된 어떤 역할을 한다고 생각해 볼 수 있다. 이와 관련하여 한 가지 주목할 수 있는 것은 (3)의 합성 동사는 물론 (1)과 (2) 등 두 어근 사이에 접사가 개재하는 복합어의 경우 그 내부 구조가 (통사범주의 측면에서) 통사 구조의 그것과 정확히 일치한다는 것이다.[13] 즉 복합 명사의 경우에는 명사구와 같이 '관형어+명사'나 '명사+명사' 가운데 어느 하나의 내부 구조를 가지며, 복합 동사의 경우에는 동사구와 같이 '부사+동사'의 내부 구조를 갖는다. 이를 통해 형태 구성이 형식적으로 통사구성을 닮아 가려고 하는 일정한 경향을 보임을 알 수 있는데,[14] 다음과 같이 형태(혹은 형태 요소)들 사이의 결합 관계를 지배하는 일반 원리와 규칙을 설정함으로써 이러한 경향을 포착할 수 있다.[15]

---

12. (1)과 (2)에서 제시한 다른 복합어들의 경우에도 개재 접사의 의미적 역할이 뚜렷하지 않으므로 같이 살펴보기로 한다.

13. 통사범주가 같다는 것이 이들 형태가 그대로 통사구성을 이룰 수 있음을 뜻하는 것은 물론 아니다. 예를 들어 '갈림길, 참을성' 등은 [N+N]의 형태 구조를 갖지만 통사 구조에서 구를 이룰 수는 없다.

14. 구본관(2002:128)에서도 '갈림길, 디딜방아, 먹음직스럽다' 등의 예를 토대로 합성이나 파생에서 통사적인 제약을 위반하지 않은 자연스러운 통사구성을 유지하려는 경향이 있음을 지적한 바 있다.

15. 익명의 심사 위원께서 형태 연결 원리의 설정이 필요한 이유가 불분명함을 지적해 주셨다. 그런데 형태 연결 원리는 국어 단어 형성에 작용하는 일반 원리로서 항구성을 갖지만, 형태 연결 규칙은 특정 시기의 단어 형성에만 작용하는 특정 규칙이라는 점에서 다르다. 따라서 중세 국어 시기나 근대 국어 시기에도 동일한 형태 연결 원리가 단어 형성에 작용했겠지만, 각 시기의 형태 연결 규칙은 다를 수도 있다. 예를 들어 중세 국어 시기에는 '-어'가 개재하지 않는 합성 동사도 생산적으로 형성되었지만, 현대 국어에서는 '-어'가 개재하는 합성 동사만이 생산적으로 형성된다. 이는 중세 국어 시기의 형태 연결 규칙은 현대 국어에서와는 달랐을 것임을 의미한다. 한편 '사랑의 전화, 스승의 날'과 같은 복합 명사의 경우 '-의'가 없이도 형태 연결 원리나 형태 연결 규칙을 준수하므로, 이때의 '-의'를 다른 복합어에 개재하는 접사들과 동일하게

(7) 형태 연결 원리(황화상 2001:173)

각 형태 요소는 적절하게 연결되어야 한다.

(8) 형태 연결 규칙(황화상 2001:173, 179, 180)

a. [동사+명사] → [동사의 관형사형+명사]('작은집') 혹은

b. [동사+명사] → [동사의 명사형+명사]('갈림길, 붙임성')

c. [부사형+명사] → [관형사형+명사]('귀엣말, 몸엣것')

d. [동사/명사+동사] → [부사형+동사]('뛰어가다, 넘어뜨리다')

(7), (8)은 합성어에는 물론 핵이 접사인 '참을성'과 같은 파생 명사 (1b), '넘어뜨리다'와 같은 파생 동사(2b)에도 광범위하게 적용된다. 그런데 형태 연결 규칙 (8)은 통사구성에서와는 달리 형태 구성에서는 모든 경우에 꼭 지켜지는 것은 아니다. 왜냐하면 (3), (4)의 예에서 알 수 있듯이 '접문/접이문, 뛰놀다/뛰어놀다' 등 접사의 개재가 수의적인 복합어가 존재하기 때문이다.[16]

(1)과 (2)에서 제시한 복합어 가운데에서 다음과 같이 접사 '-이'가 핵인 파생 명사는 개재 접사와 관련하여 다른 복합어와 얼마간 다른 양상을 보인다.

(9) 다리미, 지짐이, 돈꿰미, …

처리하기는 힘들다. 그런데 '-의'의 수의적 선택은 '어버이날, 스승의날'과 같은 형태 구성, '철수 책, 철수의 책'과 같은 통사구성에서 동일한 양상을 보이므로, 이 또한 형태 구성과 통사구성의 형식적 유사성을 보여주는 것임에는 틀림이 없다.

16. 이렇게 보면 형태 구성은 형식적으로 통사구성을 닮아 가려는 일정한 경향과 통사 구성을 닮지 않으려는 일정한 경향을 동시에 갖는다고 볼 수 있다. 형태 구성이 보이는 이러한 양면성을 어휘부의 불규칙성을 보여주는 하나의 예로 이해할 수 있을 것이다.

송철의(1977, 1989/1992:116), 김창섭(1983:86), 시정곤(1994:230-231) 등에서 지적했듯이 동사 어근에 결합하여 명사를 파생하는 접사 '-이'는 모음으로 끝나는 동사 어근에는 결합하지 못한다는 음운론적 제약을 갖는다. 이에 따르면 예를 들어 동사 어근 '다리-'는 접사 '-이'에 직접 결합할 수 없다. 그런데 그 사이에 자음으로 끝나는 특정 접사가 결합한다면 음운론적 제약을 어기지 않게 되므로, '다리-'와 '-이'의 결합은 가능해진다. 이에 근거하여 '다리미(다리+음+이)'에서 접사 '-음'은 '다리-'로 하여금 음운론적 제약을 회피하도록 하기 위해 결합한 것이라고 가정해 볼 수 있는데, 이러한 가정이 타당성을 얻기 위해서는 다음과 같은 두 가지 문제를 적절하게 설명해야 한다.

> (10) a. 동사 어근 '다리-'는 '-이'와 비슷한 의미 기능을 갖는 '-개'와 결합하여 '다리개'를 형성하지 않고, '-음'을 결합하여 음운론적 제약을 회피하는 방식으로 형성되었는가?[17]
>
> b. 음운론적 이유에서라면 왜 다른 접사가 아닌 '-음'을 결합했는가?

(10a)의 문제에 대해 먼저 살펴보자. 접사 '-이'는 적어도 현대 국어에서는 명사를 파생하는 접미사 가운데에서 생산성이 가장 높다. 이에 따라 '다리-'와 '-이'는 음운론적 제약을 어기므로 서로 결합할 수 없지만, 그 생산성으로 인해 '-이'를 선택하고, 음운론적 제약을 회피

---

17. 송철의(1989/1992:140-141)에서는 '지지미, 다리미, 꿰미' 등에서 '지지, 다리, 꿰' 등은 '-이'와 의미 기능을 공유하는 '-음, -개'와 결합하여 각각 '지짐, 다리개, 꿰개'라고 하는 것이 자연스러운 단어 형성 방법이었을 것이지만, 이런 방법을 취하지 않고 '-음'을 개입시키고, '-이'를 덧붙여 파생어를 형성시킨 이유에 대해서는 현재로선 설명이 어렵다고 보았다.

하기 위해 '-음'을 결합하는 방식으로 서로 결합하여 '다리미'를 형성했다고 가정해 볼 수 있다.

이러한 가정은 다음과 같은 두 가지 사실을 고려할 때 어느 정도 타당성을 확보할 수 있을 것으로 보인다. 첫 번째 근거는 최근에 만들어진 단어들의 경우 음운론적 제약에도 불구하고 '-음'을 개입시켜 접사 '-이'를 결합하는 강한 경향을 보인다는 사실이다. 예를 들어 '도우미, (청소년)지킴이, 알림이, 보오미, 걸르미'[18] 등은 모두 모음으로 끝나는 어근에 '-음'을 결합하고, 여기에 다시 '-이'를 결합하여 만들어진 파생 명사들이다. 두 번째 근거는 접사 '-이'가 점점 그 기능을 확대해 가는 경향을 보인다는 사실이다. 이와 관련하여 심재기(1982:310)에서는 파생접사 '-이'는 원래 동작 명사나 척도 명사와 같은 '추상성'을 가진 명사를 만드는 수단으로 사용되었으나, 점차 그 기능을 구체적 사물 명사를 만드는 것으로 확대하여 적용의 범위를 넓혀 가고 있다고 보았다.

다음으로 (10b)의 문제에 대해 살펴보자. 선행 형태 요소 '다리-'가 동사 어근이며 후행 형태 요소 '-이'가 명사의 통사범주를 가지므로, 접사 '-음'의 결합은 형태 연결 원리 (7)과 형태 연결 규칙 (8b)에 따른 것이라고 볼 수 있다. 다시 말해 국어에서 '동사'와 '명사'의 결합은 선

---

18. 익명의 심사 위원께서 '도우미'의 경우 명사 '도움'에 접사 '-이'가 결합하여 '도우미'가 만들어지고, '지킴이, 알림이' 등 다른 단어의 경우 '도우미'에서 유추된 것으로 볼 수 있는 가능성에 대해 지적해 주셨다. 그러나 '꿰'이라는 단어가 존재하지 않으므로 '(돈+)꿰+-음+-이'의 구조를 갖는다고 볼 수밖에 없는 '(돈)꿰미'와 같은 단어가 '도우미'가 만들어지기 이전(『표준』에 따르면 '도우미'는 '93대전 엑스포에서 처음 쓴 말이다.)부터 이미 존재했다. 따라서 본 연구에서는 '도우미'가 만들어지기 이전부터 국어에서 '동사+-음+-이' 형태의 단어 형성이 가능했으며, '지킴이, 알림이' 등의 경우에도 이러한 방식으로 만들어진 것이라고 본다. 참고로 '보오미'는 특정 회사 '거울'의 상품 이름이며, '걸르미'는 특정 회사 '(음식물) 쓰레기통'의 상품 이름이다.

행 동사를 '명사형'으로 하는 것이 자연스러우므로, 두 형태 요소 사이에 결합하는 접사로 다른 접사가 아닌 명사화 접사 '-음'을 선택한 것이다.[19]

요컨대 단어 형성의 과정에서 두 형태 요소 사이에 개재하는 접사는 그 형태론적 기능이 단일하지는 않다. 예를 들어 '돌아보다'에서 두 동사 어근 사이에 개재하는 접사 '-어'는, '돌아보다'의 의미와 관련된 특정 의미를 갖는다기보다는, 단순히 그것과 다른 의미를 갖는 합성 동사 '돌보다'와의 동음 이의 관계를 회피하도록 하기 위해 선행 동사 어근에 결합한 것이라고 볼 수 있다. 그러나 '뛰어가다, 걸어가다' 등에서 두 동사 어근 사이에 개재하는 접사 '-어'는 형태 구성이 통사구성([동사의 부사형+동사])을 닮아 가려고 하는 일정한 경향을 갖게 됨에 따라 선행 동사 어근에 결합한 것이라고 볼 수 있다.[20] 다른 복합어에서 두 형태 요소 사이에 개재하는 접사의 경우에도 이와 동일한 설명이 가능하다. 한편 '다리미, 돈꿰미, 지짐이' 등에서 두 형성 요소 사이에 개재하는 접사 '-음'은 접사 '-이'가 갖는 음운론적 제약을 회피하도록 하기 위해 선행 동사 어근에 결합한 것인데, 그것의 선택은 형태 연결 원리와 형태 연결 규칙에 의한 것이다.[21]

---

19. 물론 '동사의 관형사형+명사'의 결합도 자연스러우므로(8a), '-음'이 아닌 관형사화 접사 '-은, -는, -을'을 선택할 수도 있다. 이에 대해서는 후술하기로 한다.

20. 안병희·이광호(1990:106)에 따르면 중세 국어 시기에도 '[V+어+V]' 형태의 합성 동사가 존재했으므로, 형태 구성이 통사구성을 형식적으로 닮아 가려는 경향은 적어도 중세 국어 시기에는 이미 있었다고 볼 수 있다.

21. 본 연구에서 설정한 형태 연결 원리는 단어 해석의 과정을 설명하기 위한 것이 아니라 단어 형성의 과정을 설명하기 위한 것이다. 황화상(2001:78-82)에 따르면 단어는 '의미의 형성→의미와 형태의 대응→형태 연결'의 과정을 거쳐 형성되는데, 개재 접사는 형태 연결의 과정에서 두 단어 형성 요소 사이에 삽입된다. 참고로 형태 연결 원리는 황화상(2001)에서 의미의 형성을 설명하기 위한 의미 연결 원리, 의미와 형태의 대응을 설명하기 위한 형태 대응 원리(의미와 형태의 연결 원리)와 함께 연결 원

2.2 개재 접사의 선택

먼저 복합 동사의 내부에 개재하는 접사가 어떻게 선택되는지에 대해 살펴보자. 형태 연결 규칙 (8d)에 따르면 선행 동사 어근에는 '-어'는 물론 '-게, -고' 등의 부사화 접사가 모두 결합할 수 있다. 문제는, 물론 '오고가다, 싸고돌다, 주고받다, 파고들다, 먹고놀다' 등의 예가 없는 것은 아니지만,[22] '-게, -고' 등 다른 부사화 접사가 아닌 '-어'가 왜 대부분의 선행 동사 어근에 결합하는가 하는 것이다.

선행 동사 어근에 결합하는 접사의 기능에 대해 다시 한 번 생각해 보자. 앞서 살펴보았듯이 접사의 결합은 대체로 의미적인 필요성에 의한 것이라기보다는 형태적인 필요성에 의한 것이다. 이에 따라 '-게, -고'는 선행 형태와 후행 형태 사이에 결합하여 특별한 의미를 덧붙여 주는 데 비해 '-어'는 그렇지 않으므로, '-게, -고'가 아닌 '-어'가 대부분의 복합 동사에서 선택되는 것이라고 가정해 볼 수 있다. 이와 관련하여 홍종선(1986a, b)를 주목할 수 있다. 홍종선(1986a, b)에 따르면 접속어미, 체언화 어미, 그리고 합성 동사 안에서 접사 '-어, -게, -고'가 갖는 의미 기능은 다음과 같이 일정한 차이를 보인다.[23]

리(Linking Principle)의 하위 원리로서 설정된 것이다.

22. '-고'의 의미 기능을 고려할 때 두 동사 어근이 대등하게 연결되는 경우 '오고가다, 주고받다' 등과 같이 '-고'가 선행 동사 어근에 결합하는 것이 자연스럽다고 볼 수 있다. 그러나 '싸고돌다, 파고들다, 걸고들다' 등에서 알 수 있듯이 '-고'의 결합이 꼭 두 동사 어근이 대등하게 연결되는 경우에 국한되는 것은 아닌 듯하다. 현재로선 이들 예에서 '-어'가 아닌 '-고'가 선택된 이유를 설명하기는 어렵고, '-고'가 일부 합성 동사의 형성 과정에서 수의적으로 선택되었다고 볼 수밖에 없어 보인다.

23. 부사화 접사 '-어, -게, -고'의 의미 혹은 기능에 대한 연구는 Ramstedt(1939)에서 각각 완료, 미래, 현재의 부동사로 설정한 이래 성기철(1972), 장석진(1973), 이원경(1974), 임홍빈(1976), 김승곤(1977, 1978), 김홍수(1977), 이기동(1978), 김차균(1980), 왕문용(1981), 심재기(1982), 전수태(1984), 조일영(1985) 등에서 다양한 측면으로 연

> (11) '-어, -고, -게'의 의미
>> a. '-어' : [+개연성, -완료성, -결과성]
>> b. '-고' : [+개연성, +완료성, -결과성]
>> c. '-게' : [-개연성, -완료성, +결과성]

이에 따라 홍종선(1986a:449-450)에서는 합성 동사 안에서 '-어'가 가장 활발하게 쓰이는 이유에 대해 "'동사1+동사2'의 구성에서는 동사1이 동사2에 얹히는 부사어가 되기 쉬운데, 이때 동사1이 해내는 부사어적인 기능은, 너무 두드러진 의미 영역이라기보다 자연스러운 연결 정도일 것이다. 따라서 앞의 동사1에서 행동이나 상태가 제기되어 이것이 다음에 오는 동사2에 이어진다면 가장 부담이 적은 복합어 형성이 되며, 이와 같은 의미역으로는 '-게'나 '-고'가 아닌 '-어'가 가장 적격이다."고 보았다. 즉 '-게'는 동사1이 동사2의 행동의 결과가 되므로 동작의 개연성에서부터 근본적으로 거슬리게 되며, '-고'는 화제성이 완료된 입장의 동사1에 다음에 오는 동사2를 연결시키는 무리함이 따른다는 것이다.[24]

또한 앞서 살펴보았듯이 임홍빈(1975, 1976), 심재기(1982) 등에서도 이와 같은 관점에서 복합 동사의 내부에 개재하는 접사 '-어'를 어간 형태를 온전하게 보전하기 위하여 결합하는 부정형 접미 형태소로 규정했다.

구되었는데, 각기 어긋나는 의미 영역을 마련하거나 심지어는 서로 정면 충돌을 하게 되는 낭비도 볼 수 있다.(홍종선 1986a:434-436 참조)

24. 그러나 '-게'가 복합어를 이루는 자체가 거의 불가능한 데 비해 '-고'는 [-원인성]을 갖는 복합어 '놀고먹다, 두고오다, 울고가다, 치고받다, …' 등의 구성에 쓰일 수 있다. 특히 '-고'가 갖는 [+완료성]은 '넓고넓다, 보고듣다, 울고불고, 짖고까불다, …' 등의 중복형(대등 복합어)에서 이 형태가 쓰임을 잘 설명해 준다.(홍종선 1986a:450-451)

접사 '-어'에 대한 두 논의는 얼마간 차이가 있는 것은 사실이지만, 접사 '-어'가 부사화 접사 가운데에서 특별한 의미 기능을 하지 않고 선행 동사 어근에 결합할 수 있는, 의미 면에서 가장 무표적인 형태라는 데에는 견해가 일치한다. 본 연구에서도 이와 같은 입장에서 '-어'는 그 자체만으로도 수식 관계(혹은 의미 한정 관계)가 성립하는 두 형태 사이에 특별한 의미 기능을 하지 않고 결합하여 연결 기능만을 할 수 있는 형태라고 본다.[25]

다음으로 복합 명사의 내부에 개재하는 접사가 어떻게 선택되는지에 대해 살펴보자. 선행 어근이 명사인 '사랑의 전화' 등의 합성 명사를 제외하면 '-은, -는, -을' 등의 관형사화 접사, '-이, -음, -기, -개' 등의 명사화 접사가 복합 명사의 내부에 개재하는데, 특히 '-은, -는, -을, -음' 등 네 개의 접사가 생산적으로 선행 동사 어근에 결합한다.[26]

앞서 살펴보았던 '다리미, 돈꿰미' 등 '[V+음+이]'의 형태 구조를 갖는 파생 명사에서 다른 접사가 아닌 명사화 접사 '-음'이 선택된 이유에 대해 살펴보자. 생산성을 갖는 네 개의 접사 가운데에서 '-은, -는, -을'을 선택하지 않은 이유는 그것이 갖는 시제성과 일정한 관련이 있는 듯하다. 즉 기원적으로나 현대 국어에서의 쓰임에서나 동사 어근에 결합할 때 '-은, -는, -을'은 각각 과거성, 현재성, 미래성을 갖는다.[27] 그런

---

25. 익명의 심사 위원께서 중세 국어 등에서 '-어'가 갖는 의미에 대한 고찰이 필요함을 지적해 주셨다. 지적해 주신 대로 접사 '-어'는 '계속, 양보, 중단, 계기, 원인' 등의 다양한 의미를 가질 것이다. 그러나 본 연구에서는 적어도 복합 동사의 형성 과정에서는 접사 '-어'가 특정한 의미 기능을 갖지 않는다고 가정하므로, 이에 대해서는 자세히 살펴보지 않기로 한다.

26. 생산성이 떨어지는 세 개의 접사 가운데에서 '-이, -개'는 굴절의 기능을 갖지 않는다는 점에서 그러한 기능을 갖는 '-은, -는, -을, -음'과 구별된다.

27. 홍종선(1986b/1990:55-56)에 따르면 국어는 그 기원 단계에서부터 {-r(l), -m, -n}형과 {-i, -ki, -ti}라는 두 큰 계열이 체언화 어미의 주류를 이루어 왔으며, 이 가운데에서 '-r(l), -m, -n'은 알타이 제어에서 중요한 체언화형이며, 특히 국어에서는 '-r(l)' 형은 미

데 단어의 경우 일반적으로 시제성을 갖지 않으므로, '-은, -는, -을'의 결합은 그만큼 제약된다. 특히 '-은'의 결합은, '간이(=죽은 사람), 펴낸이, 찍은이, 박은이, 갓난이, …' 등의 예에서 알 수 있듯이, 형성된 복합어가 명확하게 과거성을 갖는 경우로 제한된다.[28] 이는 '젊은이, 늙은이, 작은집, 흰밥, 검은깨' 등 선행 어근이 상태 동사일 경우 일반적으로 '-은'이 결합하는 것과 좋은 대조를 이룬다.

명사화 접사 '-이'와 명사 어근 '이'의 형태가 동일하다는 것에서도 접사 선택의 이유를 찾을 수 있을 듯하다. 관형사화 접사 '-은, -는, -을'을 결합하여 '관형사형+이' 형태의 단어를 형성할 경우, 형성된 단어 '*다린이, *다리는이, *다릴이'는 각각 명사구 '다린 이, 다리는 이, 다릴 이'와 동일한 형태를 갖게 될 것이다. 그런데 현대 국어에서 접사 '-이'와는 달리 어근 '이'는 '사람'만을 의미하므로 '*다린이, *다리는이, *다릴이' 또한 각각 '다린 사람, 다리는 사람, 다릴 사람'으로 잘못 해석될 가능성이 있다. 이에 따라 통사구성과 형식적으로 구별하기 위해 접사 '-음'을 결합하여 통사구성과는 다른 '다리미' 형태의 단어를 만든 것이라고 볼 수 있다.

이들 파생 명사가 아닌 다른 복합어에서 관형사화 접사와 명사화 접사가 달리 선택되는 이유를 명확하게 설명하기는 현재로선 어렵다. 다만 핵이 접사이고 어근적 성격이 강한 경우에는 관형사화 접사와 명사화 접사가 모두 선택되지만(12a),[29] 그렇지 않은 접사가 핵인 경우 명

래, '-m' 형은 현재, '-n' 형은 과거를 나타냈다. 또한 Ramstedt(1952), 이기문(1974)등에서도 '-r(l), -m, -n'은 알타이 제어에서 각기 '미래, 현재, 과거'의 시제성을 갖는다고 보았다. 그런데 '-음'은 이후 그 기능을 '-는'에 넘겨주게 되었고, 결국 '-은, -는, -을' 세 개의 형태가 각각 과거, 현재, 미래를 나타내게 되었다.

28. 따라서 이들 복합어에서도 개재 접사는 특정한 의미적 역할을 갖는다고 볼 수 있다.
29. 접사 '-꾼'의 경우 '많은 상금이 걸린 낚시 대회에 전국의 꾼들이 모두 모였다.'(『표준』)에서와 같이 어근으로서의 '꾼'도 사전 표제어로 올라 있다.

사화 접사 '-음'이 선택되는 일반적 경향을 보인다(12b). 또한 핵이 어근인 합성 명사의 경우 다른 접사들보다 명사화 접사 '-음'이 훨씬 더 생산적으로 결합하며(12c), 선행 어근이 상태 동사인 경우 '-은'이 훨씬 더 생산적으로 결합한다(12d).

> (12) a. 노는꾼, 멜꾼, 참을성, …/모베름꾼(=모장이), 배림꾼(=대장장이),
>
> 믿음성, …
>
> b. 지짐질, 느림보, 옳보, …
>
> c. 구름판, 갈림길, 거름종이, …/쥘부채, 땔나무, …/감는목,[30]
>
> …
>
> d. 젊은이, 늙은이, 작은집, 흰밥, 검은깨, …

이밖에 '보기신경, 접이문, 싸개질, …' 등의 복합어에서 '-이, -기, -개' 등의 접사도 형태 연결 규칙에 따라 결합한 것은 사실이겠으나, 다른 접사가 아닌 이들 접사가 선택된 이유는 명확하지 않다.[31]

3. 개재 접사의 형태 범주

국어 단어 형성에 대한 연구를 크게 어휘부 단어 형성을 가정하는 연구와 통사부 단어 형성을 가정하는 연구로 구분해 볼 수 있다. 그런

---

30. '감는목'은 '판소리 창법에서, 천천히 몰아들이는 목소리.'를 뜻한다.(『표준』)

31. '-이'와 '-기'의 선택은 접사 '-이'가 모음으로 끝나는 어근에는 결합하지 못한다는 제약으로 설명이 가능할 것이다. 그러나 '-이, -기'와 '-개'의 선택은 각 접사의 의미나 결합 제약 등으로 설명하기는 어렵다. 참고로 '싸개질'은 '물건을 포장하는 일, 똥과 오줌을 마구 싸는 짓, 둘러싸고 다투며 승강이를 하는 짓' 등의 의미를 갖는다.(『표준』)

데 어휘부 단어 형성을 가정하든 통사부 단어 형성을 가정하든 관계 없이 기존의 연구는 복합어 내부에 개재하는 접사를 처리하는 데에 는 모두 일정한 한계를 갖는다.

본 장에서는 개재 접사의 형태 범주 설정과 관련하여 기존 연구의 한계가 무엇인지 살펴보고, 황화상(2001)에 따라 모든 복합어는 어휘 부에서 형성된다고 가정하고, 이러한 이론적 가정 아래에서 개재 접 사의 형태 범주를 어떻게 설정할 수 있을지에 대해 살펴보기로 한다. 따라서 본 장의 궁극적인 목적은 기존의 어휘부 단어 형성 이론을 받 아들이되, 기존 연구의 문제점을 극복하기 위한 방법을 제안하는 데 있다고 하겠다.[32]

먼저 통사부 단어 형성을 가정하는 시정곤(1994)의 논의에서 개 재 접사의 처리와 관련하여 발생하는 문제에 대해 살펴보자. 시정곤 (1994)에서는 복합 명사의 두 형성 요소 사이에 개재하는 접사 '-은, - 는, -을, -음, …' 등과 복합 동사의 두 형성 요소 사이에 개재하는 접 사 '-어'를 모두 통사적 기능접사(C)로 설정했다. 따라서 이들 접사는 통사부에서 결합하며, 이렇게 만들어진 복합어는 통사적 복합어가

---

32. 익명의 심사 위원께서 접사 '-어'가 개재하는 합성 동사의 경우 일부는 어휘부에서, 일부는 통사부에서 만들어졌다고 볼 가능성에 대해 지적해 주셨다. 그런데 통사구 성과 형식적으로 유사하다고 하더라도 복합어의 경우에는 '돌아서다, 앞서가다' 등의 예에서 알 수 있듯이 흔히 통사구성에서는 가질 수 없는, 특수한 의미를 갖는데, 통 사부 단어 형성을 가정할 경우 이러한 의미의 특수화를 통사구성의 어휘화(혹은 단 어화)라는 문법적 장치로 설명할 수밖에 없다. 그러나 통사적으로 자주 어울려 쓰이 는 두 단어가 결합하여 단어 형태가 먼저 만들어지고, 이것이 의미의 특수화 과정을 거쳐 새로운 의미를 획득했다고 보기는 어렵다. 이는 형태와 의미의 복합체로서의 단 어는 형태가 먼저 만들어지고 의미가 나중에 만들어진다기보다는 의미가 먼저 만들 어지고 형태가 나중에 만들어진다고 보는 것이 자연스럽기 때문이다(황화상 2001). 모든 합성 동사가 어휘부에서 형성된다고 가정함으로써 생기는 또 다른 이점은 '뛰 어가다'와 '달아매다' 등, 통사구성으로의 환원 가능성에는 차이가 있지만, 형태적 유 사성을 갖는 복합어의 형성을 동일한 원리와 방식으로 설명할 수 있다는 데 있다.

된다.[33]

> (13) a. 작은집, 검은깨, …
>
>   그는 작은 집으로 들어갔다, …
>
>   b. 걸어가다, 뛰어가다, …
>
>   그는 걸어(서) 가고, 그녀는 뛰어(서) 갔다, …

위에서 알 수 있듯이 형태 구성인 복합어와 통사구성인 구 사이에 형식적으로는 물론 의미적으로도 유사성이 있으므로, 개재 접사에 대한 이러한 처리는 일정한 설명력을 갖는다고 볼 수 있다. 그러나 이러한 가정은 다음과 같은 복합어에 대해서는 설명이 어렵다는 점에서 일정한 한계를 갖는다.

> (14) a. 갈림길, 볶음밥, 구름판, 거름종이, …
>
>   b. 참을성, 노는꾼, 멜꾼, …
>
>   c. 넘어뜨리다, 엎어뜨리다, 밀어뜨리다, …
>
>   d. 달아매다, 깨물다, 캐묻다, 건너뛰다, …

(14b)와 (14c)의 경우에는 후행 요소인 '-성, -꾼, -뜨리다'가 통사적으로 자립할 수 없는 접사이므로, 이들 복합어가 통사부에서 형성되었다고 보기는 어렵다. 또한 (14a)와 같이 두 형성 요소 사이에 명사화 접사 '-음'이 결합한 복합 명사의 경우에도, 김창섭(1994/1996:28)에서 지적했듯이 선행 동사 어근과 개재 접사의 결합형 '갈림, 볶음, 구

---

33. 이들 접사의 특징은 동사나 동사 상당어구에 접미되어 명사나 명사 상당어구를 형성한다는 것이다.(시정곤, 1994:39)

름, …' 등은 통사부에서 명사로 쓰이지 못하므로(*갈림이, *갈림을, *갈림의, '갈림에, …), 이들 복합어가 통사부에서 형성될 가능성은 없어 보인다. 물론 의미적으로 대응하는 명사구를 가정할 수는 있으나, 다음과 같이 형태적으로 차이를 보일 것이다.

(15) a. 그는 갈림길에 다다르자 어느 쪽으로 갈지 망설였다.

　　 그는 {갈린, 갈리는} 길에 다다르자 어느 쪽으로 갈지 망설였다.

　 b. 그는 구름판을 사용하지 않고 뛰어넘었다.

　　 그는 구르는 판을 사용하지 않고 뛰어넘었다.

또한 (14d)의 경우에는 김창섭(1994/1996:84-85)에서 지적했듯이 실제 동작의 순서와는 반대 어순으로 배열되어 다음과 같은 통사적 구성으로는 환원될 수 없는 것들이다. 따라서 이들 복합어 또한 통사부에서 형성되었다고 보기는 어렵다.

(16) *달아(서) 매다, *깨(서) 물다, *캐(서) 묻다, *건너(서) 뛰다, …

다음으로 어휘부 단어 형성을 가정하는 김창섭(1994/1996)의 논의에서 개재 접사의 처리와 관련하여 발생하는 문제에 대해 살펴보자. 김창섭(1994/1996)에서는 내부에 접사가 개재한 모든 복합어들 또한 어휘부에서 형성된다고 보고, 이를 설명하기 위해 다음과 같은 단어 형성 규칙을 제안했다.

(17) 합성 명사 형성 규칙

$[X]_{N/R}, [Y]_N \rightarrow [[[X]_{N/R} (-\text{시})]_{Adn?} [Y]_N]_N$

(18) 합성 동사 형성 규칙

$[X]_V, [Y]_V \rightarrow [[[X]_V-\text{어}]_{Adv?} + [Y]_V]_V$

(17)의 합성 명사 형성 규칙은 '$[V_{Root}(+Y)+N_{Root}]$' 형태의 합성 명사는 물론 '$[N_{Root}(+Y)+N_{Root}]$' 형태의 합성 명사를 동일한 방식으로 설명할 수 있다는 장점을 갖는다. 그러나 위와 같은 형성 규칙의 설정은 두 형성 요소 사이에 개재하는 접사의 처리를 어렵게 하는데, 이는 김창섭(1994/1996:59)의 지적대로 선행 어근, 혹은 선행 어근과 접사 결합형의 형태 범주 'Adn?'이 갖는 형태론적 지위를 설명하기 어렵기 때문이다[34]

합성 동사 형성 규칙 (18)은 '걸어가다, 뛰어넘다, …' 등 대응 동사 연결 구성이 존재하는 합성 동사는 물론 '캐묻다, 건너뛰다, …' 등 대응 동사 연결 구성이 존재하지 않는 합성 동사를 동일한 방식으로 형성할 수 있다는 장점을 갖는다. 그러나 복합 명사의 경우와 마찬가지로 두 형성 요소 사이에 접사가 개재하는 이유와 접사의 기능(혹은 의미)을 설명하기 어렵다. 이와 관련하여 김창섭(1994/1996:91-92)에서는 접사 '-어'에 대해 '단어 형성 시에는 고유한 기능을 발휘한다고 보는 편이 합리적일 것이라고 생각된다. 그리고 그것은 V1이 V2를 수식하는 방식 부사가 되도록 굴절시키는 것'이라고 보았다. 그러나 '어휘부에서

---

34. 김창섭(1994/1996:59)에서는 '관형적 성격의 무엇이어야 하는데, 우선 관형사일 수는 없다. 만일 이 명사의 관형사화가 통사론적 차원의 것이라면 그것은 관형사구(AdnP)이지만, 여기에서 문제가 된 것은 형태론적 차원(단어 형성 차원)에서만 성립하는 관형사화이다. … 그 답은 다른 연구로 미루기로 한다.'고 하여 'Adn?'의 범주에 대한 해결 방안을 제시하지는 못했다.

형성된다는 것'과 '굴절시키는 것'이라는 설명 사이에 내재하는 개념적 모순을 어떻게 설명할 수 있을지는 의문이다.[35]

개재 접사의 처리에서 직접적으로 드러나는, 기존 연구의 한계는 '하나의 형태는 하나의 (구체적이며 세부적인) 기능 혹은 의미를 갖는다.'는 접사 설정의 엄격한 기준에서 비롯된다.[36] 합성어와 파생어를 엄격하게 구분하는 기존의 연구는 단어 형성 요소의 명확한 구분을 전제로 할 수밖에 없으며, 따라서 각각의 접사는 파생접사나 굴절접사, 혹은 어휘적 접사나 통사적 접사 가운데 어느 하나이어야 한다. 그러나 어휘적 접사와 통사적 접사로 설정된 형태는 그 의미 기능이 전적으로 동일하지도 않을 뿐만 아니라, 전적으로 다르지도 않다. 예를 들어 접사 '-답-'에 대해 살펴보자.[37]

> (19) a. *그는 예쁜 꽃다운 나이에 군에 들어갔다.(그≠꽃)
>
> b. 그는 용감한 군인답게 앞서 나갔다.(그=군인)

---

35. 이는 굴절과 파생의 구분이 일정한 한계를 가짐을 의미하는 것이라고 볼 수 있다. 김창섭(1996:125)에서도 '볕에말리기, 앞으로가기, …' 등 접사 '-에, -로'가 개재한 복합어에 대해 굴절과 파생을 구별하는 현재의 이론으로서는 이들 단어의 형성을 설명하기 어려운 것으로 보았다.

36. 선행 연구에서는 '-이(먹이/높이), -답-(꽃답다/학생답다), -이-(아니다/학생이다), …' 등 선행 어근의 성격이 다르거나 파생된 단어의 의미(혹은 기능)가 다른 경우 이를 '-이1, -이2, -답1-, -답2-, -이1-, -이2-, …' 등으로 구분하는 일반적인 경향(송철의 1989/1992, 김원경 1993, 시정곤 1994, 김창섭 1984, 1994/1996 등)을 보인다. 이를 통해 '하나의 형태는 하나의 기능(혹은 의미)만을 갖는다.'라는 것이 전제되어 있음을 미루어 짐작할 수 있다.

37. 김창섭(1984)에서 통사론적 기능의 '-답1-'과 어휘적 기능의 '-답2-'를 구분한 이래, 고창수(1986, 1992), 임홍빈(1989), 시정곤(1994) 등에서는 통사부에서 구에 접미하는 접사로서의 통사적 접사를, 김양진(1995), 황화상(1996, 1997) 등에서는 어휘부에서 어근에 접미하는 접사로서의 통사적 접사를 설정한 바 있다.

(19)에서 '-답-'이 결합하여 만들어진 '꽃답다'와 '군인답다'는 통사적 쓰임의 측면에서 일정한 차이를 보인다. 즉 (19a)의 '꽃답다'는 관형어의 수식이 불가능한 반면, (19b)의 '군인답다'는 관형어의 수식이 가능하다. 또한 '꽃답다'의 경우에는 문장의 주어 '그'와 선행 명사 '꽃' 사이에 '그=꽃'의 관계가 성립하지 않지만, '군인답다'의 경우에는 '그=군인'의 관계가 성립한다. 그러나 두 파생어에서 모두 '-답-'은 접사로서 '대상이 바로 앞에 오는 체언의 긍정적인 특성이나 속성을 갖추고 있음을 나타내는 말.'(『금성』)임에는 틀림이 없다.

그런데 기존의 연구에서는 (해당 접사의) 의미 기능의 유사성이라기보다는 (만들어진 복합어의) 의미 기능의 차이를 토대로 접사를 분류했으므로, 각 접사가 갖는 유사성을 포착할 수 있는 문법적 장치를 결여한다. 이는 좁은 관점에서 의미 기능의 차이가 아니라 넓은 관점에서 의미 기능의 유사성에서 접근할 때 가능한 것이다. 본 연구에서는 이러한 관점에서 등재소(listeme)로서의 접사는 단지 접사일 뿐이지, 그것이 본질적으로 굴절접사와 파생접사, 혹은 어휘적 접사와 통사적 접사로 구분되는 것은 아니라고 가정한다.[38]

이러한 가정은 (19)에서 두 파생어 '꽃답다'와 '군인답다'가 보이는 통사적 쓰임의 차이가 본질적으로 접사 '-답-'에 의해 생기는 것은 아님을 의미한다. 오히려 이러한 차이는 형성된 단어가 어휘적 단어('꽃답다')인지 통사적 단어('군인답다')인지에 따라 생기는 것이라고 볼 수 있다.[39] 이렇게 볼 때에만 앞에서 살펴보았던 많은 접사들이 (13)에서와

---

38. 한편 홍종선(1986a, 1986b/1990)에서도 어휘적인 것과 통사적인 것이 쓰임의 차이일 뿐이며 근본적으로 다른 것은 아니라고 보았다.

39. 본 연구에서는 황화상(2001)에 따라 형태론적 단어를 어휘적 단어와 통사적 단어로 구분하고, 두 유형의 단어를 형성하는 과정이 모두 근본적으로는 형태론적 과정('접사 첨가')이라는 점에서, 어휘적 단어든 통사적 단어든 모두 어휘부(어휘적 단어 형성

같이 어휘적 단어의 형성 과정과 통사적 단어의 형성 과정에서 같이 쓰인다는 관찰적 사실을 적절하게 설명할 수 있다. 이에 따라 동일한 접사가 각 단어의 형성 과정에서 어떻게 달리 쓰이는지를 보이면 다음과 같다.[40]

(20) 접사의 형태 범주(황화상 2001:166-167)

    a. 나는 이번 방학 때 <u>작은집</u>에 다녀올 생각이다.

    〈사전〉　→　〈어휘적 단어 형성부〉　→　〈사전〉

    작(어근)　　　작(어기)+　　　　　　　작은집

    은(접사)　　　은(어휘적 접사)+　　(어휘적 단어=어근)

    집(어근)　　　집(어기)

    b. 나는 제일 <u>작은</u> 집 안으로 들어갔다.

부, 통사적 단어 형성부)에서 형성된다고 가정한다. 다만 어휘적 단어 형성의 결과로 만들어지는 어휘적 단어는 다시 어휘부에 입력되어 어휘 항목으로 추가되지만, 통사적 단어 형성의 결과로 만들어지는 통사적 단어는 통사부에 입력된다는 점에서 두 유형의 단어는 다르다. 한편 황화상(2001)에서는 어휘적 단어와 통사적 단어의 속성은 각 단어 형성부에서 서로 다르게 주어지는 것이라고 보았다. 즉 어휘적 단어 형성부에서는 핵의 통사범주 자질만 삼투하며, 따라서 예를 들어 '꽃답다'는 동사일 뿐이므로, '예쁜 꽃다운'과 같은 구는 성립할 수 없다. 그러나 통사적 단어 형성부에서는 비핵과 핵의 통사범주 자질이 모두 삼투하며, 따라서 '군인답다'는 동사인 동시에 명사이므로, '용감한 군인답다, 아주 군인답다'와 같은 구가 모두 성립할 수 있다. 참고로 통사적 단어라는 동일한 명칭을 사용하지만 기존 연구에서 그 개념은 일정한 차이를 보인다. 고창수(1986, 1992), 임홍빈(1989), 시정곤(1994) 등에서는 '통사적'은 '통사부에서 만들어지는'의 의미를 갖지만, 황화상(2000, 2001)과 본 연구에서는 '통사적 필요성에 의해 만들어지는'의 의미를 갖는다.

40. 본 연구에서는 어휘적 접사와 통사적 접사가 본질적으로 구분되는 것은 아니지만, 필요에 따라 동일한 접사라고 하더라도 어휘적 단어 형성의 과정에 참여하는 경우 어휘적 접사라는 명칭을, 통사적 단어 형성의 과정에 참여하는 경우 통사적 접사라는 명칭을 사용할 수 있다고 본다. 따라서 어휘적인 것과 통사적인 것은 어떤 접사가 갖는 고유한 속성이 아니라, 단어 형성의 관점에서만 유용한 임시적인 속성이라고 볼 수 있다.

〈사전〉　　→　〈통사적 단어 형성부〉　→　〈통사부〉

작(어근)　　　　작(어기)+　　　　　　　　　작은

은(접사)　　　　은(통사적 접사)　　　　(통사적 단어)

c. 저기 <u>뛰어가</u>는 사람이 철수다.

〈사전〉　　→　〈어휘적 단어 형성부〉　→　〈사전〉

뛰(어근)　　　　뛰(어기)+　　　　　　　　　뛰어가

어(접사)　　　　어(어휘적 접사)+　　　(어휘적 단어)

가(어근)　　　　가(어기)

d. 철수는 <u>뛰어</u>(서) 가고, 영희는 걸어(서) 갔다.

〈사전〉　　→　〈통사적 단어 형성부〉　→　〈통사부〉

뛰(어근)　　　　뛰(어기)+　　　　　　　　　뛰어

어(접사)　　　　어(통사적 접사)　　　　(통사적 단어)

이렇게 접사가 본질적으로 굴절접사와 파생접사, 혹은 어휘적 접사와 통사적 접사로 구분되는 것은 아니라고 봄으로써, 개재 접사의 처리와 관련하여 기존 논의에서 제기되었던 문제들에 대한 설명도 가능하다.

먼저 접사를 구분하지 않음으로써 김창섭(1994/1996)에서와 같이 '어휘부 단어 형성에 참여하는 굴절접사'라는 모순된 형태 범주를 설정하지 않아도 된다. 예를 들어 '뛰어가다'에서 두 동사 어근 사이에 개재하는 접사 '-어'는 굴절접사가 아니므로, 그것이 'V1이 V2를 수식하는 방식 부사가 되도록 굴절시키는' 기능을 한다고 볼 필요는 없다. 이때의 접사 '-어'는 본래부터 어휘적 접사인 것이 아니라, 어휘적 단어 '뛰어가다'를 형성하는 데 참여하므로 어휘적 접사라고 볼 수 있는 것이다.

다음으로 접사를 구분하지 않음으로써 시정곤(1994)에서 개재 접사를 통사적 접사로 설정함으로써 설명할 수 없었던 '갈림길, 참을성, 넘어뜨리다, 달아매다' 등의 복합어에 대한 설명이 가능하다. 즉 이들 단어는 모두 어휘적 단어이므로 어휘적 단어 형성부에서 형성될 것이며, 따라서 통사구성으로 환원이 불가능한 이들 복합어를 통사부에서 형성하지 않아도 된다. 이때의 접사 '-음, -을, -어' 또한 어휘적 단어를 형성하는 데 참여하므로 어휘적 접사이다.

또한 접사를 구분하지 않음으로써 '접이문, 감이상투, 훔치개질, 돌개물(=소용돌이)' 등 일반적으로 파생접사로 설정되는 형태가 두 형성 요소 사이에 개재하는 복합어들에 대해서도 설명이 가능하다. 이들 복합어들에서 생기는 문제는 '-이, -개' 등 파생접사가 결합하여 만들어진 형태 '접이, 감이, 훔치개, 돌개' 등이 파생어가 아니라는 데 있다. 그러나 본 연구에서의 가정에 따르면 '-이, -개'는 파생접사가 아니므로, '접이, 감이, 훔치개, 돌개' 등의 형태론적 지위가 문제될 이유는 없다.

5. 결론

복합어를 형성하는(혹은 구성하는) 두 요소 사이에는 관형사화 접사 '-은, -는 , -을', 명사화 접사 '-음, -이, -기, -개', 부사화 접사 '-어', 조사 '-의, -에, -로' 등 다양한 형태 유형의 접사가 개재하는데, 이들 개재 접사의 형태론적 기능이 단일하지는 않다.

합성 동사 '돌아보다' 등에서 두 동사 어근 사이에 개재하는 접사 '-어'는, '돌아보다'의 의미와 관련된 특정 의미를 갖는다기보다는, 단순히 그것과 다른 의미를 갖는 '돌보다'와의 동음 이의 관계를 회피하도록 하기 위해 선행 동사 어근에 결합한 것이라고 볼 수 있다. '뛰어가다, 걸어가다' 등에서 두 동사 어근 사이에 개재하는 접사 '-어'는 형태 구성이 통사구성([동사의 부사형+동사])을 형식적으로 닮아 가려고 하는 일정한 경향을 가지게 됨에 따라 선행 동사 어근을 부사형으로 만들기 위해 결합한 것이라고 볼 수 있다. 한편 '다리미, 돈꿰미, 지짐이' 등에서 두 형성 요소 사이에 개재하는 접사 '-음'은 접사 '-이'가 갖는 음운론적 제약(접사 '-이'는 모음으로 끝나는 동사는 어기로 취하지 못한다.)을 회피하도록 하기 위해 선행 동사 어근에 결합한 것인데, 다른 접사가 아닌 '-음'을 선택한 것은 통사구성([N+N])을 형식적으로 닮아 가려고 하는 경향에 의한 것이다.

복합 동사의 경우 두 형성 요소 사이에 개재하는 접사로는 '-어'가 대표적이다. 그런데 '-고, -게' 등 다른 부사화 접사가 아닌 '-어'가 선택된 이유는 접사 '-어'가 부사화 접사 가운데에서 특별한 의미 기능을 하지 않고 선행 동사 어근에 결합할 수 있는, 의미 면에서 가장 무표적인 형태이기 때문이다.

복합 명사의 경우 '-은, -는, -을' 등의 관형사화 접사, 명사화 접사 '-음'이 선행 동사 어근에 가장 생산적으로 결합한다. 그런데 선행 어근이 동작 동사인지 상태 동사인지에 따라, 혹은 후행 접사가 어근적 성격을 갖는지 그렇지 않은지에 따라 각 접사의 선택에 일반적 경향이 보이기는 하지만, 각 접사가 달리 선택되는 이유를 충분히 설명하기는 어려워 보인다.

한편 이들 개재 접사의 형태 범주 설정과 관련하여 어휘부 단어 형성을 가정하든 통사부 단어 형성을 가정하든 기존 연구는 일정한 한계를 갖는다. 통사부 단어 형성을 가정하는 논의에서는 '갈림길, 참을성, 넘어뜨리다, 캐묻다' 등 통사적 구성으로 환원하기 어려운 복합어들의 형성을 설명하는 데 본질적인 한계가 있다. 또한 어휘부 단어 형성을 가정하는 논의에서는 굴절접사가 단어 형성의 과정에 참여한다는 개념적 모순을 극복하기 어렵다.

　개재 접사의 형태 범주 설정과 관련하여 드러나는, 기존 연구의 한계는 '하나의 형태는 하나의 기능 혹은 의미를 갖는다.'는 접사 설정의 엄격한 기준에서 비롯된다. 그러나 굴절접사와 파생접사, 혹은 어휘적 접사와 통사적 접사로 설정된 형태는 그 의미 기능이 전적으로 동일하지도 않으며, 전적으로 다르지도 않다. 삽입 접사의 형태 범주 설정과 관련된 한계를 극복하기 위해서는 의미 기능의 차이가 아니라 의미 기능의 유사성에서 접근할 필요가 없다. 이에 따르면 등재소(listeme)로서의 접사는 단지 접사일 뿐 그것이 본질적으로 굴절접사와 파생접사, 혹은 어휘적 접사와 통사적 접사로 구분되는 것은 아니다.

〈참고문헌〉

고영근. 1989.『국어형태론연구』서울대 출판부.

고창수. 1986. "어간형성접미사의 설정에 대하여," 고려대 석사학위논문.

고창수. 1992. "국어의 통사적 어형성,"『국어학』22, 259-269.

곽충구. 1994. "강세 접미사의 방언형과 그 문법화 과정에 대하여,"『선청어문』(서울대 국어교육과) 22, 1-26.

구본관. 2002. "파생어 형성과 의미,"『국어학』39, 105-135.

국립국어연구원편. 1999.『표준국어대사전』두산동아.

김민수 외 3인 편. 1992.『금성판 국어대사전』금성출판사.

김승곤. 1977. "연결어미 {고}에 대하여,"『학술지』(건국대) 2, 49-62.

김승곤. 1978. "상태 지속 연결 어미 {아}에 대하여,"『눈뫼허웅박사환갑기념논문집』, 109-126.

김양진. 1995. "국어 동사의 단어구성 연구," 고려대 석사학위논문.

김원경. 1993. "국어 접사피동의 생성론적 연구," 고려대 석사학위논문.

김차균. 1980. "'-아 있다'와 '-고 있다'의 의미,"『언어』(충남대) 창간호, 41-54.

김창섭. 1983. "'줄넘기'와 '갈림길'형 합성명사에 대하여,"『국어학』 12, 73-99.

김창섭. 1984. "형용사 파생 접미사들의 기능과 의미-'-답-, '-스럽-, '-롭-, 하-'
        와 '-적'의 경우-,"『진단학보』 58, 145-161.

김창섭. 1994/1996.『국어의 단어형성과 단어구조 연구』태학사.

김흥수. 1977. "계기의 '-고'에 대하여,"『국어학』 5, 113-136.

성기철. 1972. "어미 '고'와 '어'의 비교 연구,"『국어교육』 18-20, 353-367.

송철의. 1977. "파생어형성과 음운현상,"『국어연구』 38.

송철의. 1989/1992.『국어의 파생어형성 연구』태학사.

시정곤. 1994.『국어의 단어형성 원리』국학자료원.

심재기. 1982.『국어어휘론』집문당.

안병희·이광호. 1990.『중세국어문법론』학연사.

왕문용. 1981. "'-게 하다'구문의 통사 특성,"『선청어문』(서울사대) 11·12,
        243-260.

이기동. 1978. "조동사 '지다'의 의미 연구,"『한글』 161, 29-61.

이기문. 1974.『국어사개설』민중서관.

이승재. 1992. "융합형의 형태분석과 형태의 화석,"『주시경학보』 10, 59-80.

이원경. 1974. "한국어의 접미어 '-고'와 '-아'에 관한 연구,"『논문집(인문·사회
        과학편)』(상명여대) 13, 349-371.

이희승. 1975. "단어의 정의와 조사·어미의 처리문제,"『현대국어문법』(남기
        심 외 공편, 계명대출판부).

임지룡. 1993.『국어 의미론』(주)탑출판사.

임홍빈. 1975. "부정법 {어}와 상태진술의 {고},"『논문집』(국민대) 8, 13-36.

임홍빈. 1976. "부사화와 대상성,"『국어학』 4, 39-60.

임홍빈. 1989. "통사적 파생에 대하여,"『어학연구』(서울대) 25-1, 167-196.

장석진. 1973. "시상의 양상 : 「계속」,「완료」의 생성적 고찰,"『어학연구』 9-2,
        58-72.

전수태. 1984. "진술 미완의 {-아}와 진술 완료의 {-고}," 『한글』 185, 67-87.

조일영. 1985. "국어 보문소 연구-통사적 의미를 중심으로-," 고려대 석사학위논문.

최형용. 2002. "국어 단어의 형태·통사론적 연구-통사적 결합어를 중심으로-," 서울대 박사학위논문.

한글학회편. 1991. 『우리말큰사전』 어문각.

홍종선. 1986a. "체언화어미 '-어, -게, -고'의 의미역," 『어문논집』(고려대) 26, 433-453.

홍종선. 1986b/1990. 『국어체언화구문의 연구』 고려대 민족문화연구소.

황화상. 1996. "국어 체언서술어의 연구," 고려대 석사학위논문.

황화상. 1997. "국어의 접사 체계," 『한국어학』 5, 267-288

황화상. 2000. "형태 단위의 구분과 어휘부," 『21세기 국어학의 과제』(솔미 정광 선생 화갑 기념 논문집 간행위원회 편. 월인), 923-945.

황화상. 2001. 『국어 형태 단위의 의미와 단어 형성』 월인.

Ramstedt, G. J. 1939. *A Korean Grammar.* Helsinki, Suomalais-Ugrilainen Seura.

Ramstedt, G. J. 1952. *Einführung in die Altaische Sprachwissenschaft II* (Formenlehre). Helsinki: Suomalais-Ugrilainen Seura. 김동소 역. 1985. 알타이어 형태론 개설. 민음사.

(『언어』 27-4, 2002, 일부 수정)

<저자 소개>

충북 제천 출생. 고려대학교 국어국문학과를 졸업(1994)하고 같은 대학의 대
학원에서 석사 학위(1996)와 박사 학위(2001)를 받았다. 고려대학교 민족문화
연구원 기계번역실에서 연구원으로 있으면서 영한·한영 기계번역 시스템 개
발에 참여했으며, 창원대학교 국어국문학과에서 부교수로 있었다. 현재 서강
대학교 국어국문학과에서 국어문법 분야의 강의를 하고 있다.
E-mail: hshwang@sogang.ac.kr

<주요 논저>

『국어 형태 단위의 의미와 단어 형성』(2001)
『한국어 전산 형태론』(2004)
『한국어와 정보』(2006)
『현대국어 형태론』(2011)
「국어 접사의 기능과 형태 범주」(2002)
「조사의 작용역과 조사 중첩」(2003)
「통사적 접사 설정의 제 문제」(2005)
「관형사와 부사의 품사 설정에 대하여」(2009)
「단어형성 기제로서의 규칙에 대하여」(2010) 등

국어 조사의 문법

초판 인쇄/ 2012년 6월 28일
초판 발행/ 2012년 7월 10일

저　　자　　황화상
책임편집　　김민경

발 행 처　　도서출판 지식과 교양
등　　록　　제2010-19호
주　　소　　132-908 서울시 도봉구 창5동 262-3번지
전　　화　　02-900-4520 / 02-900-4521
팩　　스　　02-900-1541
전자우편　　kncbook@hanmail.net

ISBN 978-89-94955-90-2 93710　　　　　　　　정가 31,000원

이 도서의 국립중앙도서관 출판도서목록(CIP)은 e-CIP홈페이지(http://www.nl.go.kr/ecip)에서
이용하실 수 있습니다. (CIP제어번호: CIP2012002929)